Brigitte Günther

Euch ein neues Vaterland

18. März 2011

Brigitte Günther

Gewidmet allen Vertriebenen dieser Welt

Brigitte Günther

Euch ein neues Vaterland

Der große Marsch
der Salzburger Exulanten
November 1731

Projekte-
Verlag

**EDITION
AMMONIT**

Impressum

1. Auflage
© Projekte-Verlag Cornelius GmbH, Halle 2010 • www.projekte-verlag.de
Mitglied im Börsenverein des Deutschen Buchhandels

Illustrationen: Agnes Rupp, Adolf Adamer
Satz und Druck: Buchfabrik Halle • www.buchfabrik-halle.de
Cover: Agnes Rupp

ISBN   978-3-86237-234-8
Preis: 15,00 EURO

Inhaltsverzeichnis

Kurze Zusammenfassung der Ausgangssituation	9
Es brodelt im Land	12
Auswanderungsbefehl	26
Fortgehen macht keinen Spaß, aber das Dableiben auch nicht	36
Entweder dableiben und katholisch werden – oder das Land verlassen	56
Alles ist erfüllt von Trauer	61
Aufbruch ins Ungewisse	68
Tittmoning	77
Weilheim	133
Kaufbeuren	163
Augsburg	211
Ebermergen	257
Harburg	270
Nördlingen	275
Kleinerdlingen	277
Oettingen	282
Nürnberg	304
Hersbruck	309
Betzenstein	333
Leipzig	351
Potsdam	356
Berlin	358
Ladeburg	364
Biesenthal	365
Angermünde	368

Stettin	371
Das Schiff legt ab	373
Wolgast	378
Pillau	391
Landweg Berlin – Königsberg	395
Danzig	397
Königsberg	400
Gumbinnen	403
Epilog	412
Was entspricht den Tatsachen?	418
Dank	419
Namensliste	421
Glossar	424
Quellenliteratur	431
Bibelstellen	435
Liedtitel	436
Transkription der Kanzleinotiz Kaufbeuren	437
Verzeichnis der Zeichnungen	439

Bittet aber, daß eure Flucht nicht geschehe im Winter.
Denn in diesen Tagen werden solche Trübsale sein,
wie sie nie gewesen sind bisher,
vom Anfang der Kreatur,
die Gott geschaffen hat,
und wie auch nicht werden wird.

Matth. 24, 20-21

Kurze Zusammenfassung der Ausgangssituation:
Durch das Augsburger Bekenntnis von 1530 wurde der Anspruch der Lutheraner auf Duldung ihres Bekenntnisses innerhalb der allgemeinen katholischen Kirche begründet. Doch bald setzte mit der Gründung des Jesuitenordens die Gegenreformation ein. Religionskriege waren die Folge, besonders der Dreißigjährige Krieg, der durch den Westfälischen Frieden 1648 beendet wurde. In diesem wurde u.a. ausdrücklich festgelegt, dass Untertanen eines katholisch regierten Landes, die 1624 der Augsburger Konfession angehörten, ihre Religionsausübung weiterhin genießen sollten.

An der Spitze des Salzburger Erzstifts stand der Erzbischof als „geborener Legat des Papstes". Während andere Staaten in ihrem Gebiet Protestanten offen duldeten, hielten die Erzbischöfe von Salzburg in ihrem Gebiet an ihrer äußeren Glaubenseinheit fest. Etwa ab 1685 nahm das Erzstift fast dauernd Ausweisungen von Protestanten vor.

Leopold Anton von Firmian, Erzbischof in Salzburg, versuchte, die Protestanten 1729 durch jesuitische Missionare zum katholischen Glauben zu bekehren. Die Jesuiten stöberten alle Protestanten auf und beschlossen, sie mit Gewalt aus dem Land zu jagen. Da sie jedoch damit den Westfälischen Frieden verletzt hätten, behaupteten sie, dass diese Leute nicht der Augsburger Konfession angehörten, sondern einer besonderen Sekte, sie seien Verbrecher und Rebellen. Die Soldaten feuerten blinde Schüsse ab. Sie zogen von Haus zu Haus und trieben die protestantischen Einwohner aus ihren Gehöften. Wer sich weigerte, den katholischen Glauben anzunehmen, wurde auf Schloss Werfen eingekerkert oder anderweitig bestraft. Das stärkte die Protestanten in ihrem Glauben offensichtlich nur noch mehr. Mitte 1731 machte sich eine Abordnung von ihnen auf den Weg zum Kaiser nach Wien, damit er sich für sie einsetze. Die Männer wurden jedoch gefasst und in Haft genommen. Am 5. August 1731 fand trotz des Versammlungsverbotes des Erzbischofs noch einmal eine große Versammlung der Protestanten in Schwarzach (etwa 150 Personen) in der „Schwarzacher Tafern" statt. Hier wurde beschlossen, von nun an keinen katholischen Gottesdienst mehr zu besuchen, die Kinder selbst zu taufen, die Toten daheim in den Gärten ohne geistlichen Beistand zu beerdigen und überdies auch die geplante Absendung von Vertretern nach Regensburg zu beschleunigen. Zur Bekräftigung ihrer Abmachungen und zum Zeichen der unzertrennlichen Schicksalsgemeinschaft wurden die Schwurfinger in Salz getaucht und abgeleckt.

Zwei Männer, Heldensteiner und Forstrack, wandten sich an den Preußischen Gesandten in Regensburg und erbaten Beistand von König Friedrich Wilhelm I. von Preußen. Der sandte unter dem Datum des 23. Oktober 1731 dem Erzbischof eine Note zu, in der er Repressalien an den katholischen Landeskindern in Preußen androhte, falls die Evangelischen in Salzburg bei der Ausübung ihrer Religion nicht in Ruhe gelassen werden sollten.

Als das Corpus Evangelicorum für die Protestanten eintrat und verlangte, dass ihnen – dem Westfälischen Frieden gemäß – die Auswanderung mit einer dreijährigen Frist gestattet werde, setzte sich Erzbischof Firmian Mitte November 1731 über alle Verordnungen hinweg und wies sie aus. Er versprach ihnen zuerst drei Monate Frist, die er jedoch nicht einhielt. Zum Teil mussten die Leute innerhalb einer Woche das Land verlassen, wurden gewaltsam außer Landes gebracht. Im November 1731 wurden als Erstes 4000 „unangesessene" Mägde und Knechte zusammengefangen und in mehreren Gruppen deportiert. Kinder unter zwölf Jahren mussten zurückgelassen werden und wurden in katholischen Häusern und Klöstern umerzogen.

Die Grenze zu Bayern verlief von Tittmoning über Waging am See nach Teisendorf bei Traunstein, zwei Tagesmärsche von Salzburg entfernt.

Eine Gruppe wurde auf der Salzach nach Tittmoning gebracht, begleitet von einem Salzburger Commissar und mehreren Soldaten. Sie erhielten jedoch keine Genehmigung, die bayerische Grenze zu überschreiten und musste zurück nach Teisendorf. Die Fahrt auf dem Wasser hatte ihnen überhaupt keinen Vorteil gebracht, nur Angst und Schrecken. In Teisendorf wurde den Leuten nach einem erbärmlichen Aufenthalt von 18 Tagen endlich die Erlaubnis erteilt, den Weg durch Bayern fortzusetzen. Sie wurden über Traunstein, Rosenheim und Weilheim nach Schongau begleitet, wo sie am 26. Dezember ankamen. Hier gab man ihnen die Freiheit, einen beliebigen Weg zu nehmen. Die Leute irrten zum Teil über weglose, verschneite Wiesen, bis sie am Abend des 27. Dezember endlich in Kaufbeuren ankamen. Im Januar erreichten sie die Stadt Augsburg, wo sie schließlich mit Hilfe rechnen durften. Bischof Firmian hatte sich mit seiner Vorgehensweise über die reichsrechtlichen Regelungen des Westfälischen Friedens hinweggesetzt. König Friedrich Wilhelm I. von Preußen erhob schweren Protest gegen die Vertreibung, der jedoch ungehört blieb. Daraufhin erließ der preußische König am 2. Februar 1732 ein Einladungspatent an die Salzburger Protestanten, in dem er ihnen versprach, sie in Preußen aufzunehmen. So bewegten sich mehrere Züge dieser Salzburger Exulanten auf unterschiedlichen Routen durch Deutschland, über Berlin nach Ostpreußen und Litauen. Die meisten dieser Vertriebenen wurden in Gumbinnen angesiedelt. Der König empfing sie in seinem Land mit den Worten:

Mir neue Söhne, Euch ein neues Vaterland.

Es brodelt im Land

Flachs, Obst, starke Pferde, fette Weiden für die Viehzucht und zufriedene Bauern, das machte dieses Salzburger Land aus. Aber nach der Reformation brodelte und kochte es, neue Verordnungen schürten Misstrauen und leisteten dem Verrat Vorschub.

In diesem gebirgigen Land zeigten sich schon vor der Reformation Spuren des evangelischen Glaubens und man erfuhr die schrecklichsten Geschichten. Als ein Priester namens Mathäus den Bewohnern des Pinzgaus im Jahre 1524 die Lehre Luthers nahe brachte, wurde er von Gerichtsdienern gefesselt auf einen Esel gesetzt und nach Mittersill gebracht. Auf Befehl des Erzbischofs verurteilte man ihn zu lebenslanger Haft im Gefängnis. Als dieser auffallende Tross nach St. Leonhard kam, kehrten die Häscher im Wirtshaus ein. Mathäus wurden die Fußfesseln vorsorglich unter dem Eselsbauch zusammengebunden. So ließ man ihn draußen schmachten. Kaum waren die Bewacher verschwunden, näherten sich ein paar neugierige Männer: „Ja, was haben sie denn mit dir gemacht? Was hast du denn angestellt? So etwas, siehst eigentlich nicht wie einer aus, den man in den Kerker werfen müsste!" Der Priester sah nun eine Möglichkeit, diesen Leuten seine Geschichte zu erzählen. Da rotteten sich sogleich ein paar von ihnen zusammen, brachen die Ketten auf und halfen ihm, von dem Grautier abzusitzen. Landmann Stöckl, der besonders schnell in Wut geriet, war auch dabei. Als die Amtspersonen angezecht aus dem Gasthaus torkelten, ging Stöckl gleich auf die beiden los: „Na, da hört man ja schöne Sachen! Schaut euch doch mal an, vom Weihwasser sind eure Nasen auch nicht so rot geworden, aber den armen Mann da malträtieren, das könnt ihr!" Zum Ergötzen der Umstehenden kam es zu einer handfesten Rauferei, in der Stöckl den Kürzeren zog. Auf bischöflichen Befehl wurde der Verlierer zur Festung Hohensalzburg gebracht und auf der Peterwiese enthauptet, da hat man kurzen Prozess gemacht.

Kaum besser ging es Simon Schoch aus Lindau, der 1530 in Salzburg wegen seines evangelisch lutherischen Bekenntnisses verbrannt wurde. Immer wieder kam es zu ähnlichen Vorfällen.

Abschrecken wollten sie die Lutherischen, aber die haben alle nur gedacht: ‚Jetzt erst recht', obwohl die Luft so vergiftet war, dass man schon beim Schnaufen hätte tot umfallen müssen. Den Lutherischen gab man einfach an allem die Schuld, egal, ob eine Kuh verworfen hat oder die Heuernte nicht rechtzeitig eingebracht werden konnte, ob der Blitz in die Scheune gefahren ist oder die Frucht im Acker verfaulte.

Ein Verfechter der wahren Glaubenslehre war der Ratsherr Martin Lodinger in Gastein. Da er das Hl. Abendmahl in beiderlei Gestalt wünschte, was im Salzburgischen streng untersagt war, wendete er sich 1532 aus einem Gewissenskonflikt heraus persönlich an Luther, um sich bei ihm Rat zu holen. Luther antwortete ihm, er solle, wenn er das Hl. Abendmahl nicht ganz empfangen könnte, es lieber gar nicht nehmen und sich indessen mit dem Glauben begnügen. Habe er aber ein Verlangen, dasselbe auch leiblich zu genießen, so solle er, wenn die Obrigkeit ihm dieses nicht erlaube, das Land verlassen.

Diesen Rat nahm er sich zu Herzen und wanderte aus. Seinen Glaubensbrüdern gab er die Nachricht, dass es ihm bei den Evangelischen, bei denen er sich aufgehalten hätte, immer gut ergangen sei und man hätte ihm gesagt, wenn auch seine Glaubensbrüder ehrliche Christen wären, würde man auch ihnen alle brüderliche Hilfe angedeihen lassen.

Die evangelische Glaubenslehre verbreitete sich im ganzen Salzburger Land. Was Prediger nicht erreichten, geschah durch Schriften. Auch Luthers Bibel war bald in jedem evangelischen Haus zu finden, selbst der Hirte auf der Alpe betete Luthers Morgensegen.

Seitens der Kirche wollte man die Leute mehr und mehr zwingen, Bilder der Heiligen zu verehren, die Gebräuche der Römischen Kirche mitzumachen, den Papst als untrüglichen Herren anzuerkennen und dergleichen. Und man forderte von ihnen, dies zu beeiden. Aber je schärfer geredet wurde, desto mehr manifestierte sich bei ihnen der evangelische Glaube. So wie Gewalt wieder Gewalt erzeugte, so bewirkte auch Zwang und Überwachung eine ungeahnte Stärke. „Wer sich nicht fügen will, muss außer Landes gehen!", hieß es immer lauter. Die Defregger wurden mitten im Winter aus ihrem Land getrieben. Währenddessen entdeckte man auch im Salzburger Land immer mehr Anhänger der Lehre Luthers, die sich heimlich zu evangelischen Andachten trafen. Diese Kunde drang bald bis zum Erzbischof vor. Zwei Sprecher wurden vor das Pfleggericht nach Hallein befohlen. Einer von ihnen war Joseph Schaitberger. Nachdem sich die beiden unnachgiebig zeigten und sich weiter ohne Scheu fest zu ihrem Glauben bekannten, warf man sie ins Gefängnis und führte sie nach drei Tagen nach Salzburg vor das Hofgericht. Hier wurden sie nochmals gefragt, ob sie römisch katholisch oder lutherisch wären. Sie bekannten sich mit Nachdruck zur lutherischen Lehre und abermals warf man sie ins Gefängnis, wo man sie durch zwei Kapuziner bekehren wollte. Doch sogar die Androhung der Todesstrafe konnte die beiden nicht umstimmen. 50 Tage blieben sie im dunklen Loch, bekamen kaum etwas zu essen oder zu trinken. Wenn doch einmal ein Wärter kam und einen Napf voll Suppe brachte, dann war die Brühe gewiss so stark gesalzen, dass sie vor Durst fast umkamen. Die Männer wurden geschlagen und bespuckt. Ihr eiserner Wille konnte dennoch nicht gebrochen werden.

„Entweder ihr duldet uns im Land oder ihr lasst uns mit Weib und Kind ziehen."
Doch das wäre dem Bischof zu einfach gewesen. Sie meinten schon, die Schikane habe endlich ein Ende, da wurde ihnen zuerst ihre Bergarbeit genommen, dann die Güter.
„Verkaufen wollt ihr auch noch euern Besitz? Ihr könnt froh sein, froh und dankbar, wenn wir euch das Leben schenken."
Wie Bluthunde, die mit triefender Zunge auf einer Fährte stöberten, hetzten die Soldaten von Hof zu Hof, um die evangelischen Bücher zu suchen. Bevor sie dann jedes Schriftstück mit lachenden Fratzen ins Feuer warfen, zerschnitten sie alles noch, damit es die Flammen leichter hatten.

Bei einem haben sie dann endlich Bücher gefunden, nachdem sie Schränke umgeworfen, Dielenbretter herausgerissen und ein verheerendes Durcheinander angerichtet hatten. Anschließend wurde die junge Hausfrau so furchtbar misshandelt und mit Stöcken geschlagen, dass der Mann zu der Überzeugung gelangte, nein, das kann doch nicht richtig sein, der Glauben als Freibrief dafür, anderen Menschen so viel Leid und Gewalt anzutun. Unser Gott ist doch ein gütiger Gott, aber wenn die Menschen ihre Hand dazwischen haben, kommt dabei einfach nichts Gescheites heraus.
Mit seiner Frau hat er das Land verlassen. Er schloss sich einem Händler an, der Schnitzereien nach Nürnberg gebracht und dort gegen Spielwaren eingetauscht hat. Dieser kannte den Weg und eines Tages brachte er sogar eine Nachricht von den beiden ins Dorf, dass es ihnen gut gehe.

Bevor die Protestanten unter Erzbischof Maximilian Gandolph endgültig vertrieben wurden, mussten sie noch bei Wasser und Brot wie Sträflinge arbeiten. Die meisten von ihnen nahmen alles auf sich, ohne sich umstimmen zu lassen. Kinder, Land und Hof wurden vom Bischof mit Gewalt zurückbehalten. Auf diese Weise wurden von 1684 bis 1686 mehr als 1000 Bergleute und Defregger aus dem Land gejagt und über 600 Kinder zurückbehalten.

Joseph Schaitberger hat 27-jährig mitten im Winter des Jahres 1685 Land, Weib und Kinder verlassen müssen. Er fand in Nürnberg seinen Wohnsitz. Hier ließ er auf Kosten zweier Kaufleute seine „Evangelischen Sendbriefe" drucken, mit denen er auch seine Landsleute zu Hause in ihrem Glauben bestärken wollte. Durch Händler und Handwerksburschen des Vertrauens wurden diese Sendbriefe bis ins Salzburger Land verbreitet. Jeder Protestant war streng darauf bedacht, die Schriften, die als ketzerisch galten, zu verstecken und geheimzuhalten – unter Dächern, in Mehlsäcken, in hohlen Bäumen oder vergraben in der Erde. Derartiger Gefahr ausgesetzt, trafen sie sich heimlich in ihren Häusern oder im Wald zu Gottesdiensten und zeigten sich im Übrigen als treue Untertanen.

Die Vertriebenen flüchteten sich nach Schwaben, wo sie teils im Herzogtum Württemberg, teils in mehreren Reichsstädten, z. B. in Augsburg, Ulm, Memmingen, Lindau, Kempten, Isny und Leutkirch, Arbeit und einen Wohnsitz fanden. Einige wurden auch im Hohenlohischen, in Nürnberg und Frankfurt am Main aufgenommen.

U. a. nahm sich Kurfürst Friedrich Wilhelm von Brandenburg der Vertriebenen an. Am 12. Februar 1685 richtete er ein Schreiben an den Erzbischof von Salzburg. Auch die evangelischen Reichsstände setzten sich wiederholt für die Sache ein. Der herzoglich württembergische Abgeordnete Johann Martin Zante reiste Ende 1687 mit einigen der Vertriebenen nach Salzburg, um mit Erlaubnis des Erzbischofs ins Defregger Tal zu kommen, wo sie ihre Güter endlich verkaufen und ihre Kinder abholen wollten. Im Januar 1688 verweigerte man ihnen schließlich den Eintritt ins Tal und sie mussten unverrichteter Dinge die Rückreise antreten. Alle Bittschriften waren vergeblich.

Über längere Zeit wurden sie in Ruhe gelassen – bis Leopold Anton Freiherr von Firmian den erzbischöflichen Stuhl bestieg.

Papst Benedikt XIII. befahl den Gruß: „Gelobt sei Jesus Christus" und der Begrüßte hatte zu antworten: „Von nun an bis in Ewigkeit". Bei der Einführung dieses Grußes hatte der Papst einen 200-tägigen Ablass auf denselben gesetzt. Das bedeutete, dass man für jedes Grüßen 200 Tage eher aus dem Fegefeuer kommen sollte. Wem es gelang, noch auf dem Sterbebett den Gruß auszusprechen, dem sollten sogar 2000 Jahre Ablass gewährt werden. Dass so etwas möglich war, wollten die Evangelischen nicht glauben.

Bei Haussuchungen gingen Geistliche in Begleitung von Soldaten von Haus zu Haus und nahmen evangelische Bücher mit, bestraften mit Gefängnis und Kerker, Hunger und Durst. Matthäus Eschenbach und sein Weib Eva gingen 1729 nach Nürnberg, Hans Lerchner und Veit Breme wurden eingekerkert und man ließ sie erst einmal schmachten. Nach ihrer Entlassung mussten sie Weib und Kinder zurücklassen und außer Landes gehen. Ihr Ziel war Regensburg, wo sie am 7. Januar 1730 den Gesandten der evangelischen Reichsstände ein Schreiben mit dem Ersuchen übergaben, eine Fürbitte bei dem Erzbischof für sie einzulegen, dass man ihnen erlaube, Hab und Gut zu verkaufen und Frau und Kinder nachzuholen. Schließlich wandten sie sich am 22. April 1730 unmittelbar an den Erzbischof. Ihre Schrift machte zwar Eindruck, der Bitte wurde jedoch nicht stattgegeben. Lerchner holte heimlich seine Familie nach und ließ sich in Regensburg nieder. Breme aber wurde gegriffen und konnte sich erst nach Misshandlung und Folter durch Flucht retten.

Besonders unmenschlich verhielt sich Franz Roman von Motzel. Gefangene kamen auf die Feste Hohensalzburg, wo sich unterirdische Kerker befanden. Das schrecklichste Gefängnis war im Reckturm. Durch eine kleine Öffnung oben im Hof wurden die Gefangenen an Ketten viele Klafter tief in ein Loch hinuntergelassen, das der Höhle eines wilden Tieres glich. Dorthin kam nie ein Strahl der Sonne. Schuldige und Schuldlose blieben ohne Verhör oder Verhandlung. Manche wurden einfach vergessen, gequält von Hunger und Durst, bis sie irgendwann der Tod erlöste, auf den sie mit Sehnsucht gewartet hatten. Da verwesten sie und waren den Nachkommenden ein Zeichen. Einige wenige sahen das Licht der Welt wieder und konnten mit diesem Licht und dieser Welt nichts mehr anfangen, waren für den Rest ihres Lebens an Leib und Seele zerstört.

Georg Frommer, im Salzburgischen geboren, war Bürger in Regensburg. Im August 1730 reiste er in seine Heimat, um nach dem Tod der Verwandten sein Erbe abzuholen. Nachdem er bezichtigt wurde, evangelische Bücher ins Land geschmuggelt zu haben, wurde er vom Pfleger in Werfen ins Gefängnis geworfen und mit Ketten an der rechten Hand und am rechten Fuß so kurz angekettet, dass er weder aufstehen noch sich umdrehen oder mit der rechten Hand zum Mund kommen konnte. Nach neun Wochen lebte er erstaunlicherweise immer noch und wurde in ein gnädigeres Gefängnis gebracht. Trotz Folter hatte man nichts aus ihm herausprügeln können. Weitere 15 Wochen später erhielt er zum ersten Mal die Erlaubnis, nach draußen ins Freie zu gehen. Anfangs konnte er kaum aufrecht stehen, seine Augen lagen tief in den Höhlen und alles um ihn herum sah er wie hinter einem milchigen Schleier. Stehen fiel ihm noch schwerer als gehen. Wenn er sich hinsetzte, kam er kaum wieder hoch. Von seinem Erbteil, 218 fl 45 kr, zog ihm der Pfleger 95 fl 50 ½ kr für Nachsteuer und Gefängniskosten ab. Daraufhin ließ man ihn frei. Der gleiche Pfleger ließ einen ledigen Knecht, Hans Langbrandtner, 15 Wochen lang einsperren, weil er seinen Bauern nicht angezeigt hatte, obwohl er angeblich hätte wissen können, dass der im Stall in der Futterkiste einen „Schaitberger" versteckt hatte. Bei der Freilassung nahm er ihm 47 fl ab, das ganze mühsam ersparte Geld, das er sich durch schwere Arbeit verdient hatte.

Noch unmenschlicher verfuhr er mit Ruprecht Winter, der zwei Stunden von Werfen entfernt wohnte. Als der Vater von 14 Kindern krank wurde, war er schon 73 Jahre alt. Völlig unangemeldet kam der Geistliche, um ihm die Letzte Ölung zu geben. Gerade als er ihm die Hostie verabreichte, entdeckte er Luthers Hauspostille, die Agathe schnell unter die Bank geworfen hatte, als sie den Pfarrer den Weg heraufkommen sah. Ausgerechnet der Pfarrer verriet ihn an den Pfleger von Werfen. Der ließ ihn vor Gericht stellen. Weil der schwache Mann aber weder allein stehen noch gehen konnte, riss man den todkranken Greis mit Gewalt aus dem Bett, zerrte ihn aus dem Haus und warf ihn neben sein Weib auf den Karren, fesselte die beiden an den Füßen zusammen und brachte sie nach Werfen. Ohne Verhör ließ der Pfleger beide in den Kerker werfen und sie auf grausamste Weise foltern und mit Schandmaske oder Ketzergabel, die um den Hals geschnallt wurde, erbarmungslos aufs Übelste zurichten. Wenn dann der Kopf vor Erschöpfung herunterfiel, bohrten sich vier scharfe Spitzen in das Fleisch unter seinem Kinn und ins Brustbein, so dass er den Kopf nicht mehr bewegen und nicht mehr verständlich reden konnte. Erst als man erkannte, dass der Alte nicht mehr lange leben würde, schaffte man die beiden wieder aus dem Verlies und belegte sie noch obendrein mit einer Geldstrafe von 100 fl.

Elf andere unbescholtene Untertanen ließ dieser Pfleger bei klirrender Kälte ins Gefängnis werfen, zu essen bekamen sie nichts. Mit einem Ochsenziemer wurden sie durch das dünne Hemd ausgepeitscht und verdroschen, dass man ihre Schreie auf den Gassen und bis in die Wohnung des Pflegers hören konnte. Der hatte seine helle Freude daran, setzte sein Lachen dagegen und war erbost darüber, dass er so gestört wurde.

Mit gebrochener Gesundheit, entkräftet und entseelt krochen sie irgendwann aus ihrem Loch und mussten noch 700 fl hergeben.

Einmal ist es einem gelungen, in die Freiheit zu springen, als er im flackernden Schein der Pechfackeln durch die Gänge vom Marienturm zum Lindenturm an einem offenen Fenster vorbeigeführt wurde. Der Wächter blieb an einer Nische stehen, weil dort eine Bank mit einem Loch für die Notdurft war. Der Gefangene stand da, schaute der Salzach entgegen, schickte seinen Blick noch einmal zu seinen Bergen hinüber, Lerchen tirilierten im Vorüberflug für ihn. Nie mehr diese Berge, nie mehr diesen Fluss, nie mehr diese Vögel – einen Blick zum Himmel und er sprang selig lächelnd mit ausgebreiteten Armen, als sei er ein Adler. Ganz erlöst fühlte er sich dabei. Wie hätte der Wärter so schnell hinrennen können mit der heruntergelassenen Hose. Er fand ihn auf einer vorspringenden Terrasse und schleifte ihn wie eine tote Katze weg.

Tagein, tagaus, jahrein, jahraus diesen Dienst zu verrichten und Gefangene in ihre Unterkunft zu bringen, wo es muffig, modrig, stinkend von Kot und Urin war, da musste man sich selbst vorkommen wie ein Gefangener. Die finstere Stiege, 219

Stufen, das allein war schon eine Folter, mindestens so schlimm wie Daumenschrauben, Schandgeigen und Streckbank.

Josef Langecker hatte über ein Jahr im Gefängnis zu sitzen, wo man ihn fast verhungern ließ. Statt Essen bekam er jeden Tag die Peitsche. Das Wasser, das ihn notdürftig am Leben hielt, kam aus einer Zisterne, in der das Regenwasser von den Dächern mitsamt dem Schmutz gesammelt wurde. Manchmal fanden sich darin Käfer, Würmer und Schnecken, auch allerlei Blätter und hin und wieder Frösche. Das bereicherte seinen Speiseplan. Ankommende Gefangene wurden, wenn sie Glück hatten, im Fallturm mit Seil und Korb zu ihm in die Zelle herabgelassen. Wärter, die sadistisch waren, stießen sie kurzerhand hinunter. „Das geht schneller", riefen sie den armen Kreaturen hinterher. Begleitet von einem irrsinnigen Lachen, ergötzten sie sich an den Schreien, die zwischen den Mauern widerhallten. Im günstigsten Fall stürzte der Gefangene mit seinem Schädel auf die Steine und war gleich tot. Dann hat es Tage gedauert, bis sich einer hinunterließ und den leblosen Körper entfernte. Im schlimmeren Fall brach er sich nur die Knochen, lehnte dann verkrüppelt an der Mauer und wartete auf seine letzte Stunde. Manchmal hörten sie den dumpfen Schlag der Pendeluhr.

Bauern verrieten ihre Nachbarn, katholische Kinder bespitzelten ihre Eltern, keiner war mehr sicher vor Denunzianten. Da war der Nachbar, der sich auf diese Weise rächte, weil er vermutete, dass man ihm irgendwann einmal das Wasser abgegraben oder unrechtmäßig ein Stück Wild erlegt hatte oder der einfach nur gehässig war und sich wichtig tuen wollte. Angedichtet war da schnell etwas und der Pfleger von Werfen machte sich gar nicht erst die Mühe, die Anschuldigungen zu überprüfen, im Gegenteil, es war ihm zunehmend ein Vergnügen, die so genannten Ketzer zu quälen, Unschuldige zu verurteilen. „Die machen sich auch noch unsichtbar. Das geht doch mit dem Teufel zu, der Wald verschlingt sie einfach, wenn sie ihre heimlichen Andachten abhalten. Jeder weiß es, keiner sieht es. Gefängnis, Folter, Zwangsarbeit, und dabei kommen sie immer noch glimpflich davon."

Seine brutale Vorgehensweise hatte sich wie ein Lauffeuer verbreitet, viele spürten nur noch Mitleid für die Verfolgten und halfen ihnen, wo sie konnten. Kaum mochten es die Leute glauben, mit welcher Härte er die Straßen vom ketzerischen Gift säuberte, wie er es nannte. Mal waren es Handwerksburschen, mal einfache Händler mit Tinkturen, Salben und Wässerchen, mit Schnürsenkeln, Kinderklappern oder Wetzsteinen, die auf den Dörfern die Nachrichten verbreiteten. Nicht selten besserten sie ihr knappes Salär auf, indem sie den Protestanten aus Nürnberg, Regensburg und sogar aus Ödenburg Gottes Wort zutrugen und Handel mit religiösen Büchern und Schriften trieben: Johann Arndts „Wahres Christentum", „Das Paradiesgärtlein", der „Schaitberger", Christian Seriwers „Seelenschatz" und seine „Zufälligen Andachten". Auch besonders gern gelesen wurde D. Jakob Heilbrunners „Lehr- und Trostschrift für die der Religion halber Bedrängten und des reinen Predigtamtes beraubten Christen". Schwere Kerkerstrafen standen auf diesen Dienst, aber dessen ungeachtet nahmen die listigen und findigen Burschen abenteuerlustig die Gefahr auf sich und wussten, wie sie es anstellen mussten, dass sie nicht eingefangen wurden.

Das ganze Land war in Aufruhr. Die Jesuiten, die Firmian ins Land geholt hatte, versuchten, jeden gegen jeden aufzuhetzen und Eheleute gegeneinander auszuspielen, logen das Blaue vom Himmel herunter, wenn es darum ging, wieder einen von den Lutherischen katholisch zu machen. Dem Ehemann erzählten sie, dass die Frau schon zum einzig wahren Glauben zurückgekehrt sei, dem Weib erzählten sie das Gleiche von ihrem Mann. Zwischen den Eheleuten wurde Streit und Unruhe entfacht, es kam zu Hass und Rebellion, Auflehnung und Krawall. Katholische Männer verprügelten ihre lutherischen Frauen, wenn diese ein evangelisches Buch zur Hand nahmen. Eltern bespitzelten ihre Kinder, Söhne verrieten ihre Väter. Ein Mann hackte seiner Frau sogar zwei Finger ab und jagte sie aus dem Haus, die Finger warf er ihr hinterher, damit sie ein Andenken hatte, wenn sie ihn verließ.

Sie wollten nicht Gewalt mit Gewalt vergelten. Doch alles Flehen nützte nichts. Obwohl der Westfälische Friede für das Verlassen des Landes, für den Verkauf von Haus und Hof eine Zeitspanne von drei Jahren vorsah, setzte sich Firmian über alles hinweg, ohne Kompromisse. Es gab nur den einen wahren Glauben mit dem Papst als Oberhaupt. Die Evangelischen aber glaubten an den Gott der Liebe, auch wenn sie in ständiger Gefahr lebten, wenn sie im Wald, unter Felsen, in Höhlen heimlich aus ihren Büchern lasen. Eine Annäherung würde es nicht mehr geben, das wussten sie nur zu gut. Schrecken und Angst wurde ihnen von Firmian eingejagt und von all den kleinen Firmians, die vor lauter Bosheit gar nicht mehr wussten, was sie noch machen sollten. Nein, ein Leben war das nicht mehr.

Im Juli sollten sich alle Protestanten in einer Liste eintragen. Die Jesuiten sorgten dafür, dass dieser Aufforderung wirklich alle nachkamen. Nachdem die Jesuiten aus den Tälern des Erzstiftes wieder abzogen, kamen die Benediktinerpatres vom Stift St. Peter und gingen von Haus zu Haus, um die ketzerischen Familien zu kontrollieren. Denen machte es sichtlich Schadenfreude, die Leute in hochtrabender Sprache, gespickt mit lateinischen Termini, zu examinieren. Aber die einfachen Leute ließen sich nicht einschüchtern und befleißigten sich in ihren Antworten einer ganz anderen Sprache. Eindeutig und deutlich für jeden gaben sie bei ihren Befragungen an: „Wir glauben an Gott, sonst nichts. Für diesen Glauben müssen wir keine Angst haben vor dem Fegfeuer und dafür müssen wir auch nicht heuchlerisch die Heiligen anrufen, ohne uns ein Beispiel an ihrem Leben zu nehmen und Christus dabei zu vergessen. Wenn ihr schon mal etwas von den Zehn Geboten gehört habt, da steht doch alles drin, ihr sollt keine anderen Götter haben neben mir. Wer Gott und Christus hat, der braucht nicht auch noch die Heiligen. Dass wir von Sünden frei werden, wenn wir Ablassbriefe kaufen, das können wir nicht glauben."

Eine Regierungskommission wurde gebildet, welcher der Kanzler von Rall, Baron von Rehling und Hofgerichtssekretär Meichelbeck angehörten. Sie erhielten den Auftrag, in den Gerichten Radstadt, Wagrain, Werfen, Bischofshofen, St. Johannis, St. Veit und Gastein die Namen und das Vermögen der Evangelischen aufzuzeichnen und sich ihre Beschwerden anzuhören. Am 9. Juli des Jahres 1731 kam es durch einen Kommissionsbeschluss Firmians zu einer Untersuchung. Wer zu seinem evangelischen Glauben stand, sollte sich vor Gericht in ein Verzeichnis einschreiben. Ehrlich wie sie waren, gaben sie den genauen Stand ihres Vermögens an. Ehrlich – und dumm – waren sie alle. 20 678 evangelische Bürger hatten sich zu ihrem Glauben bekannt. „Ihr seid den Platz nicht wert, auf dem ihr in der Kirchenbank sitzt!", wetterten die Pfarrer von der Kanzel und drohten mit ewiger Verdammnis, wenn sie sich nicht doch noch bekehren ließen. ‚Dann können wir auch wegbleiben, wenn wir doch nur beschimpft werden', dachten sie sich bald. Am Sonntag nach Jakobi machte Martin Rappold in Milbach den Anfang und verließ einfach den Gottestempel. Viele andere taten es ihm gleich. Aber sie merkten schnell, dass die Katholischen am längeren Hebel saßen. Kinder wurden nicht mehr getauft, Paaren verweigerte man die Trauung, Tote wurden nicht mehr auf dem Kirchhof beerdigt, Handwerker bekamen keine Anstellung mehr, auf den Märkten wurden sie das Vieh nicht mehr los, auch die Milch nahm ihnen keiner mehr ab.

Auswanderungsbefehl

Am 13. Juli fand in Schwarzach wieder eine heimliche Versammlung statt. Zwei, drei Stunden brauchte der ein oder andere von seinem entlegenen Dorf oder seinem einsamen Hof, bis er dort war. Jeder mied die normale Straße, um nicht in die Hände eines Schergen zu fallen.

Das Wetter war alles andere, als was man eigentlich vom Sommer erwartete. Dunkle Regenwolken hingen herab bis auf den Boden. Ein plötzlicher Schauer machte aus Rinnsalen reißende Sturzbäche, die das Gelände schlüpfrig und unwegsam werden ließen. Gutes Wetter, wenn man niemandem begegnen wollte! An diesem Abend war es allen gerade recht. Nichts sehen, das hieß auch, von niemandem gesehen zu werden. Wasser lief ihnen überall entgegen, Wasser tropfte ihnen ins Genick. Dichte Nebelwände türmten sich auf. Wolkenschwaden zogen über der Baumgrenze zu den Bergweiden. Jeder wäre jetzt wohl lieber da droben gewesen – und geblieben, bis alles vorbei war, bis sich am Ende herausstellte, dass Firmian und der ganze Klerus nur als Spuk in ihren Köpfen wohnten. Da oben gab es keine gewalttätigen Menschen, nur die Rindviecher, die ihre Zunge um ein Grasbüschel schlangen und abrissen, um sich dann zum Wiederkäuen hinzulegen. Die hatten es gut.

Rupert Stulebner war vor Jahren als Hütebub da oben gewesen, bevor er das Schmiedehandwerk erlernte. Damals wäre er am liebsten für immer klein geblieben, wollte immer Hütebub sein. Drunten im Dorf oftmals Geschrei und Gezänk, droben war er nur bei sich selbst. Sein Lieblingsplatz war an der Stelle, wo unter ihm der Bach durch den Fels tobte. Da saß er dann, gestützt auf seinen Stecken, und schaute dem Wasser

zu. Er kannte jeden Pfad, den seine Kühe im Laufe der Zeit getrampelt hatten. Einsam war es und doch war er nie allein und dem Himmel so nah wie keiner. Wald, urwüchsig, Fichte an Fichte. Tannenbart hing zottelig von den Zweigen, darunter wuchsen Fliegenpilze, die Kappen so groß wie die Hände vom Ahnen, auf den Wiesen Arnika, ganz zerzaust, Eisenhut, blau und weiß, und Johanniskraut. Zwischen den Bäumen Wacholder, Heidelbeeren, Felsplatten, überzogen von Flechten und Moos. Wenn er mit dem Muli ohne Sattel hinaufritt und die kleinen Hufe über die Holzbrücke trommelten, dann wusste er, dass er bald da war. Stefan, der Oberhirt, zeigte ihm, wo das Milchgeschirr stand und wo die Klauenzange hing. Der Stefan, der hatte es immer gut gemeint mit ihm, zwischen ihnen gab es nie einen Streit.
Jetzt war es Rupert, als wäre das in einem früheren Leben gewesen. Wenn er daheim die Augen aufschlug, schaute er aufs Tennengebirge, wenn er abends zu Bett ging, nahm er

diese schroffen Felswände, diese beeindruckenden Majestäten und die zackigen Gipfel mit hinein in seine Nacht. Die waren ihm ans Herz gewachsen, vertraut wie eine Mutter. Nie mehr da hinauf! Schlimm würde es werden. Nie mehr das Trommeln der Hufe und das Wassergemurmel des Baches? Ob der Mensch das überhaupt aushalten konnte? Wenn es sein musste?

Diese Gedanken gingen ihm durch den Kopf, bis er endlich Schwarzach erreichte. Die Tafernwirtschaft hätte jeder von ihnen auch mit geschlossenen Augen gefunden. Unter seiner Federführung drehten sich die Beratungen diesmal um die Frage, wie man sich in Zukunft bei Verhören verhalten sollte. „Natürlich bekennen wir uns unumwunden zu unserem Glauben. Schlimmstenfalls jagen sie uns zuerst zum Teufel und dann zum Land hinaus, aber was anderes, als dass wir uns zum lutherischen Glauben bekennen, geht doch gar nicht!" – Den Glauben verleugnen und sich als katholisch ausgeben? Bei einer derartigen Falschheit schüttelte es jeden gleich, als hätte er Essig getrunken. „Das kommt ja überhaupt nicht in Frage. Schwierigkeiten wird es geben, gerade genug, darauf müssen wir uns gefasst machen, vor allem du und du und du, ihr habt daheim ein katholisches Weib, aber es wird einfach gar nicht anders gehen. Warum das so sein muss, weiß keiner, warum die uns nicht einfach hier leben lassen können, weiß auch keiner. Aber so, wie es jetzt ist, das ist ja kein Leben mehr. Für uns und unseren Glauben gilt doch nur das, was in der Bibel steht. Diese Bibel ist Gottes Wort. Wenn ihr schwach werdet, dann nehmt die Sendbriefe vom Schaitberger, die helfen euch wieder weiter. Der Schaitberger, der hat es doch allen gezeigt, wie stark man sein kann. Wer keinen ‚Schaitberger' hat, ein paar habe ich noch versteckt, bis wieder neuer Nachschub kommt. Von unserem Glauben abbringen werden die uns auf jeden Fall nicht."

Bei dem Andrang, der an diesem Abend herrschte, konnte man sehen, dass sie viel über ihren Glauben nachdachten und Ruep fragte sie, was denn der Glauben für sie bedeute. Da meldete sich einer zu Wort: „Das ist für mich wie ein unsichtbarer Wollfaden, der vom Herzen eines Menschen zum anderen weitergeht und so alle Menschen miteinander verbindet." Sie schauten sich gegenseitig groß an, ganz verblüfft über diese Erklärung. Dieses Bild ist ihnen dann gar nicht mehr aus dem Kopf gegangen, diese unsichtbaren Fäden spinnen und weitergeben oder auffangen. Aber Glauben war für sie alle auch etwas Starkes, er versetzte Berge, das durften die anderen ruhig merken, auch die Katholischen, dass da etwas war, was Kreise ziehen konnte wie ein Stein, den man ins Wasser warf. Dabei spielte es gar keine Rolle, wie groß der Stein war, es entstanden immer Kreise, die sich fortpflanzten. Wenn sie sich eines Tages zwischen Glauben und Heimat entscheiden mussten, würden sie ganz gewiss den Glauben wählen, so schwer es auch sein mochte.

Mitten in ihren Diskurs platzte eine Frau in die Wirtsstube, klatschnass, ein neugeborenes Kind auf dem Arm, das schlief. Wo sie hintrat, bildete sich gleich eine Pfütze:
„Stellt euch vor, der Pfarrer weigert sich, mein Kind zu taufen. Das gibt es doch nicht, ein Kind muss doch getauft werden. Wie soll es denn sonst in den Himmel kommen zu seinem Vater." Fast weinte sie diese Worte heraus. „Schaut doch den kleinen Wurm an, der Bub lebt doch eh nicht mehr lang, der muss doch getauft werden. Sein Vater hat ihn gar nicht anschauen wollen, weil der Bub ganz leblos war und weil er keinen Schrei von ihm gehört hat. Hat nicht mal richtig schreien können." Da kam der Wirt an den Tisch.
„Hast schon einen Namen ausgesucht, wie soll er denn heißen? Taufen kann ihn auch einer von uns. Jeder darf ein Kind taufen, wenn er selber getauft ist und das sind wir al-

le. Also, wie soll dein Bub heißen? Überleg es dir, wenn du dir noch nicht sicher bist. In der Zwischenzeit hole ich eine Schüssel Wasser.

„Martin soll er heißen, so wie unser Doktor Martin Luther", murmelte sie vor sich hin. Der Wirt kam mit einer großen Schüssel Wasser zurück, über der er andächtig das Kreuz schlug. „Und, hast dir einen Namen überlegt?"

„Ja", sagte sie mit fester Stimme, „Martin soll er heißen, Martin wie unser Doktor Martin Luther." Sie wickelte die weichen weißen Tücher von dem kleinen Körper des Buben, legte sein haarloses Köpfchen in ihre linke Armbeuge und ließ seinen schwachen Körper in ihren Armen ruhen. Seine tiefliegenden Augen waren jetzt weit aufgerissen. Kein Laut, kein einziger Laut kam aus seinem Mund. Mit gedämpftem Scharren erhoben sich die Männer von ihren Stühlen und standen im Halbkreis um den Täufling, wie eine Bürgerwehr sah es aus: wehrhafte, zu allem entschlossene Gesellen.

„Der Bub muss doch auch einen Paten haben." Mehr musste der Wirt nicht sagen. Rupert Stulebner, der Schmied aus Hüttau, trat vor. Die junge Mutter bekam nasse Augen, dass ausgerechnet dieser Mann, der im ganzen Tal so angesehen war, ihren Buben über die Taufe halten wollte. Einmal hatte ihr jemand gesagt, jedes Kind bekommt vom Paten immer was mit von dessen Wesen. Überall erzählte man sich, dass der Stulebner gescheit war, Bücher lesen und Reden halten konnte.

„Dann soll mein Bub Martin Rupert heißen, er soll auch von seinem berühmten Paten den Namen tragen, egal, wie lang er lebt." Der Wirt schöpfte mit der hohlen Hand Wasser und ließ es dem Kind über den Kopf rinnen: „Im Namen des Vaters", er schöpfte wiederum Wasser aus der Blechschüssel „und des Sohnes" – noch einmal tauchte er seine Hand ins Wasser und hielt sie über den Kopf des Kindes – „und des Heiligen Geistes. Hiermit taufe ich dich auf den Namen Martin Rupert.

Dir zur Seite stehen zwei starke Männer, deine liebende Mutter und dein Vater im Himmel. Vertraue auf Gott. ER wird's wohl richten. – Lieber Taufpate, mögen deine Kraft und Geradlinigkeit, dein Mut und deine Unerschrockenheit, dein Verstand und dein unerschütterlicher Glaube diesen Buben begleiten und ihn stärken, ein Leben lang. Amen. – Kannst deinen Buben wieder einwickeln, deinen Martin Rupert, dass er sich nicht erkältet." Die Männer kramten in ihren Hosentaschen nach ein paar Münzen, der Wirt legte noch was drauf und band alles in ein sauberes Schnupftuch, das er über Kreuz fest verknotete, damit nichts herausfallen konnte. „Da, viel ist es nicht, aber manchmal ist wenig auch viel. Wirst schon selber wissen, was du machst mit dem Geld, dem bisschen. Sicher kaufst du was zum Anziehen, zwei, drei Windeln, und essen muss er. Und du auch! Laufbichler, du begleitest die Frau wieder heim mit ihrem Kind. Man kann ja heute nicht mehr auf die Straße gehen mit all dem klerikalen Pack. Als Frau schon gar nicht, als protestantische Frau erst recht nicht. Immer wieder kommt es vor, dass man Frauen ihre Kinder aus dem Arm reißt. Dieses Gesindel – und alles im Namen der Kirche. Was ist denn das für eine Kirche, die marodierend durchs Land zieht!" Nur das schlafende Kind hinderte ihn daran, dass er mit der Faust auf den Tisch haute.

Schnell verschluckte die graue Regenwand auch den letzten Mann. Wolkenberge türmten sich vor ihnen auf und schütteten Wasser über sie, als stünde das Land in der Sintflut, als hätte der Firmian da auch noch seine Hände im Spiel. Sogar die Vögel waren verstummt.

Rupert Stulebner war schon sechzig, als er sich mit Leib und Seele zum Redner entwickelte und sich für die Belange der Protestanten einsetzte. Wortgewaltig wie kein Zweiter trat er in den Versammlungen auf, hatte kaum noch Zeit für die

Arbeit an der Esse. Wer ihn zur Anzeige brachte, konnte hinterher keiner mehr sagen. „Rädelsführer, Aufwiegler" wurde ihm vorgeworfen. 600 Schwerter, Spieße und Stangen mit spitzigen Nägeln soll er angeblich geschmiedet haben, damit man gewappnet war für den Kampf. Verleumdung um Verleumdung wurde dem Untersuchungsrichter vorgelegt, so absurde Behauptungen, dass selbst der Richter nur den Kopf schüttelte. Der Kerker blieb ihm dennoch nicht erspart – 33 Wochen und zwei Tage. Hunger und Durst hätten ihn bald umgebracht. Aber den Glauben konnten sie ihm dennoch nicht brechen, immerzu hat er denken müssen: "Alle Wege führen zu Gott, einer davon eben durch diese Zelle." Wenn er genügend Kraft hatte, betete er: „Beschütze uns, gib uns Frieden, gib den Andersgläubigen auch ihren Frieden."
Seine Augen lagen tief in ihren Höhlen, waren trüb und fast blind. Bart und Haupthaar standen struppig nach allen Richtungen, matt, grau und leblos. Die Füße wollten ihn fast nicht mehr tragen, sein Kreuz war krumm geworden vom Sitzen in Ketten gelegt, als man ihn wieder das Tageslicht sehen ließ, mit dem Befehl, unverzüglich das Land zu verlassen.

Nach Tagen des Regens verzogen sich endlich die Wolken. Das ständige Rauschen der tosenden Salzach hatte für sie schon lange sein bedrohliches Wesen verloren. Schnell versickerten die Rinnsale am Weg. Abgetrocknet waren endlich auch die Pfade, so dass ihr Fuß keine Spuren mehr hinterließ, wenn sie zu einem geheimen Treffen gingen. Immer mussten sie auf der Hut sein, immer waren sie auf der Hut, duckten sich bei jedem Geräusch, bei jedem verdächtigen Knacken der Äste, bei jedem Ruf des Bussards, wussten sie doch nicht, ob ihnen jemand hinter der nächsten Biegung auflauerte. Erst wenige Tage zuvor hatten sie wieder einen von ihnen geschnappt. Aus Golling war er, nach Hohenwerfen brachten sie ihn. Wer dort einmal war, sah das Tageslicht so bald

nicht wieder. Sie hatten bis jetzt keinen fragen können, wie da oben die Tage und Jahre vergingen. Am meisten erzählten die Toten, von denen man hin und wieder erfuhr. Manchmal traf man im Wirtshaus Soldaten, die im Rausch ihren Mund nicht halten konnten. Den Willen wollten sie ihnen brechen, aber das konnte keiner.
Vom Jakobitag an wollten sie den katholischen Gottesdienst nicht mehr besuchen. In dem einen Ort schlug man die Trommel, in einem anderen band man ein weißes Leinentuch an eine Stange, um anzuzeigen, dass sie sich heimlich zur Predigt trafen.

Für Sonntag vor St. Lorenz, d. h. für den 5. August, wurde eine dritte Versammlung in Schwarzach einberufen. Die Ältesten der Gemeinden, über hundert Männer, machten sich wiederum in der Dämmerung auf den Weg, um sich dort in der Schenke zu treffen. Ein schwarzer Wolkenvorhang nahm ihnen die Sicht. Die Bäume neigten sich in heftigen Böen fast bis auf den Weg. Nebelspiralen verwirbelten am Himmel. Schwere Tropfen zerplatzten auf dem Boden, ehe unbeschreibliche Wassermassen herniedertrommelten. Donner! Blitze tauchten alles erbarmungslos in grelles Licht. Dann wieder alles schwarz. Endlich erreichten sie die Taferne in Schwarzach. Sie knieten um den Tisch, auf welchem ein Salzfass stand, und schworen bei Gott, dass sie unerschütterlich bei dem evangelischen Glauben bleiben wollten. Zur Bekräftigung tunkten sie wiederum den Finger ins Salz, zum Zeichen, dass sie alle gleiche Gesinnung waren und miteinander sich der Gefahr, Verachtung und Verfolgung entgegenstellen und unterwerfen wollten. Dieser Salzbund gab ihnen alle Kraft, ihr Schicksal gemeinsam zu meistern. Dabei wurde auch eine 31-köpfige Abordnung nach Regensburg beschlossen, die dem Corpus Evangelicorum eine Bittschrift im Namen von 19.000 Glaubensgenossen überreichen sollten, allen voran der Schmied Rupert Stulebner mit seiner schlagfertigen Rede. Zum Abschluss der Besprechung schlug er noch das Buch mit dem schwarzen Einband und dem roten Schnitt auf, um mit ihnen zu beten: „Seid Gott befohlen! ER schütze euch auf eurem Heimweg! Amen."

Rupert machte noch einen Abstecher zur Dorfkirche. Stockfinster war es drinnen, nur das Ewige Licht flackerte, als er hineinging, um Abschied zu nehmen. Einen anderen Frieden als den in seinem Glauben hätte es für ihn nicht geben können.

***

Das Mandat vom 30. August 1731 untersagte den Bauern weitere Zusammenkünfte und stempelte sie zu Rebellen ab, die das Land gefährdeten. So wollte man sich dem Westfälischen Frieden entziehen. Mitte September besetzten 3000 Soldaten die Grenzen Salzburgs und bewachten Pässe und Burgen, bezahlt wurden sie vom erzbischöflichen Hof. Die Soldaten wurden einquartiert bei der protestantischen Bevölkerung. Eine große Anzahl der Dragoner, die unter Prinz Eugen dienten, waren jedoch selbst protestantisch und wurden über kurz oder lang durch Kürassiere ausgetauscht.

Die Kunde von allen Vorgängen war mittlerweile auch nach Regensburg gedrungen. Gesandte der evangelischen Stände des deutschen Reichs bemühten sich mit aller Kraft, den bedrängten Salzburgern Hilfe zu bringen. Mit Datum 27. Oktober 1731 verfassten sie ein Schreiben an den deutschen Kaiser, in dem sie ihm mitteilten, dass mehrere tausend Menschen auswandern wollten, weil man ihnen das Leben so schwer machte. Natürlich hatte man mittlerweile auch davon erfahren, dass sich der Bischof Firmian nicht im Entferntesten an den Westfälischen Frieden hielt und sich sogar über die Einstellung des österreichischen Kaisers hinwegsetzte. Die Bauern befürchteten, dass man ihnen die Knechte und Mägde wegnahm. Doch alle Unterstützung half nichts. Selbst der Landrichter zu Gastein konnte das Vorgehen nicht verstehen und richtete ein Schreiben an die Obrigkeit, in dem er einräumte, dass es äußerst bedenklich sei, über den Winter die Auswanderung anzuordnen. Er erhielt jedoch am 14. November 1731 von Kanzler v. Rall diese Antwort:

„Die Emigrationspatente müssen vollzogen werden; es gehe, wie es wolle, leide daran, wer leiden kann; keine Gnade, kein Mittel, ein anders ist nicht zu hoffen; es koste Leben, Blut, Geld und was es immer sein wolle. Und wird man alsbald mit den Ungehorsamen, anderen zum Abscheu, ein Exempel machen, auch wider die widerspenstige Gewalt brauchen. Daher sind auf alle Weise und ohne aller Widerrede die patentes rigorosissime und mit höchstem Fleiß zu vollziehen."

Fortgehen macht keinen Spaß, aber das Dableiben auch nicht

Joseph Höller lebte mit seiner kleinen Magdalena auf dem Hof, sein Weib war gestorben, weil man die Hebamme aufgehalten hat, als es so weit war. Die Magdalena wollte mit den Füßen voran, die Höllerin war dafür zu schwach. Das war sieben Monate her. Jetzt war der Joseph allein mit seiner Magdalena. An das Alleinsein hat er sich ungern gewöhnt.
Christina war katholisch, ihren Buben hat man gar nicht tau-

fen wollen, weil Joseph zu den Ketzern gehörte, dann wollte sie auch nicht mehr zu den Katholischen in die Kirche gehen.
Der Eligius, sein Bub, der war schon großjährig und ist heimlich davon, hat nur einen Brief auf den Tisch in der Stube gelegt. Als Joseph das Papier mit den ungelenken Buchstaben dort gefunden hat, war ihm klar, warum sein Bub

sich immer beim Pfarrer rumgetrieben hat, und er hat schon gemeint, der Eligius will katholisch werden, dabei hat er nur das Schreiben und Lesen lernen wollen: „Vater, da kommt nichts Gutes auf uns zu, ich spür's. Ich schlag mich durch, allein schaff ich es, ich geh übers Gebürg, mach dir keine Sorgen nicht. Du hättest mich sicher nicht gehen lassen, und mit der Magdalena hätten wir es doch nicht geschafft. Bete für mich. Irgendwann schick ich dir eine Nachricht, wenn ich drüben bin, drüben über der Grenze, weiß noch nicht, wohin. Ja, bete für mich, ich werde dafür vielleicht nicht so viel Zeit haben." Immer wieder hat er es gelesen, bis er es hat glauben können. Jetzt war Joseph allein mit seinem kleinen Boppele. Wie er es vergötterte.

Die Nachbarin, die Bäuerlsteinbäuerin, passte auf die Kleine auf, wenn er auf dem Feld oder im Stall war, die Nachbarin trug sie liebevoll hin und her, bis sie einschlief, die Nachbarin fütterte Brei, den sie rührte, bis er fein genug war für die Kleine. Joseph sah es mit Wohlwollen, wie das Mädchen gedieh, aber seine Sorgenfalten auf der Stirn wurden immer tiefer. Bis jetzt waren es nur Gerüchte, die ihn erreichten, bis ein Handwerksbursch bei ihm vorbeikam und nach frischer Milch und einem Ranken Brot fragte, als er gerade für ein paar Minuten vor der Tür saß. Von Werfen kam er, da sei ihm allerhand zu Ohren gekommen: „Komm, sitz her, hab auch Wurst und Speck für deine Neuigkeiten. In Werfen, da muss es ja ganz besonders schlimm sein."

„Also, ich glaube, es war der Gruber Georg, dem haben sie dermaßen übel mitgespielt, bei dem sind mitten in der Nacht vierzig Soldaten in sein Haus, Gewehr im Anschlag. Als ob es vierzig Mann und Gewehre braucht, um den Georg aus dem Bett zu holen. Gefesselt haben sie ihn auf den Wagen geworfen, auf die anderen drauf, die da schon gelegen sind. Weib und Kinder sind wach geworden bei dem Krach, den sie gemacht haben, und haben gezetert und geheult und sind

dem Wagen nachgerannt. ‚Haut ab, ihr ketzerischen Hunde!', hat man ihnen zugeschrien und mit den Bajonetten hat man vor ihren Gesichtern rumgefuchtelt." Der Wanderbursch schluckte ein paarmal und ließ den Kopf hängen, riss sich von der Scheibe einen Brocken ab, steckte ihn in den Mund, kaute darauf herum, als würde das Stück immer größer, riss sich noch einmal was ab und sprach endlich weiter:
„Ruprecht Winter war schon 73 und lag krank daheim, als man ihn mitsamt seiner Frau auf einen Wagen geschmissen hat. Natürlich hat die Frau nicht bei ihm bleiben dürfen, keiner hat ihn gepflegt. Die Kosten hat man ihr obendrein auch noch berechnet, Unterkunft und Verpflegung – im Gefängnis. Dass ich nicht lach. Das kann es doch nicht sein, oder, was meinst du? Du bist doch gescheiter als ich, aber das merk sogar ich, dass das nicht sein kann. Der Ruprecht hat samt seiner Krankheit nur gebetet, stell dir vor, da hat ihn im Verlies sogar ein Frosch besucht und hat ihm zugehört und der Ruprecht hat sich gedacht: ‚Das ist bestimmt ein Zeichen, dass jetzt sogar ein Frosch zu mir kommt und dass ich nicht alleingelassen bin.' Das hat ihm geholfen, dass er das alles überstanden hat. Das ist jetzt alles schon eine Weile her, weiß nicht, was aus ihm geworden ist, aber es wird ja alles immer noch schlimmer. Keiner traut mehr keinem, jeder bespitzelt jeden, da mag man ja gar nicht mehr leben, wenn man meint, der da drüben ist dein Freund und dabei hat er dich vielleicht gerade hingehängt bei irgendeinem. Ach weißt, das Fortgehen macht keinen Spaß, aber das Dableiben ja auch nicht." Ganz zusammengefallen saß er da und schaute hinüber zum Wald.
„Ja, woher weißt du denn das alles? Das ist doch sicher nirgends gedruckt worden oder am Baum angeschlagen gewesen. Das glaub ich dir nicht, da hat dir einer einen Schmarren erzählt, ganz sicher."
„Nein, nein, gewiss nicht, vom Anton weiß ich es, der ist bei den Soldaten, war immer wieder dabei und hat selber mitma-

chen müssen, ob er wollen hat oder nicht. Dann ist er hinters Haus und hat gekotzt, so angewidert hat ihn das alles. Aber danach hat keiner gefragt. Abends ist er dann ins Wirtshaus und hat sich einen Humpen nach dem anderen hinstellen lassen von der Zenz und da hab ich ihn getroffen. Jedes Wort ist wahr, so wahr ich Eustachius heiße." Er fuchtelte mit den Händen und in seinem Gehirn war alles in höchster Erregung bei seiner sprudelnden Rede, sogar seine spärlichen Haare wollten noch mitmachen.

„In so einem Land kann man ja gar nicht mehr bleiben, aber schau das alles an!" Joseph machte eine ausholende Handbewegung. „Das kann ich doch nicht einfach stehen und liegen lassen und weggehen. Und meine Magdalena drinnen ..."

„Da wird dir nichts anderes übrig bleiben. Was meinst denn du! Die können morgen bei euch an der Tür stehen und, das kannst du mir glauben, anklopfen tun die nicht lang! Am besten, ihr geht abends in euren Kleidern ins Bett. Weil, wenn die wirklich kommen, Zeit zum Anziehen bleibt da nicht. Oder könnt ihr euch vorstellen, dass ihr bei Gewehr im Anschlag dem Soldaten sagt: ‚Wart nur, ich muss noch in die Hose springen!'", und er lachte, aber er lachte eine Spur zu laut, als dass es wirklich lustig gewesen wäre.

„Zum Lachen ist es wirklich nicht, aber ich weiß schon, wie du es meinst. Weißt, Eustachius, dass man uns das Lachen auch noch austreibt, dass mein Bub das verschmitzte Grinsen verloren hat, ist mindestens geradeso schlimm wie das ganze Elend, das man uns antut."

Der Eustachius war ganz wild geworden: „Da, schau mal da drüben deine Tanne an. Alles ist verkehrt herum, seit es den Firmian gibt. Jetzt wachsen schon die Zapfen hinauf statt hinunter." Aber da hat ihn Joseph belehren müssen, dass das immer schon so war, dass bei den Weißtannen die Zapfen nach oben stehen und bei den Rottannen am Ast hängen. Das war dem Eustachius noch nie aufgefallen und er hat weiter steif

und fest behauptet, dass daran auch der Bischof schuld war. „Wegen dem ist alles verkehrt geworden und ganz hinterfier. Dabei bleib ich." Sie schauten miteinander eine ganze Weile zu den Tannen hinüber, bis der Bauer sagte: „Da, magst noch eine frische Milch, bevor du weiterziehst? Ich muss wieder an die Arbeit."
Eustachius nickte zum Dank, fuhr mit dem Handrücken über seinen Mund, schulterte die Kraxe, warf sich seinen Lodenumhang über und ging mit schweren Schritten davon. „Behüt dich der Herrgott, wirst's nötig haben!", rief er noch über den Hof. Der Bauer glaubte es nicht recht, was der ihm gerade erzählt hatte, machte sich seinen eigenen Reim auf die Geschichten. Er schirrte das Ross an. Ins Holz wollte er, ein paar Stämme verziehen, die da schon lange lagerten. Eigentlich hätte es schon noch Zeit gehabt, aber es war ihm ganz recht, mit seinen schweren Gedanken allein zu sein. Das war für ihn immer noch das beste Rezept. Wenn der Kopf schwer war, hatten sich im Wald schon oft Wege gefunden, die er gar nicht gesucht hatte. Wem sollte er denn noch trauen? Was der alles erzählt hatte, Namen über Namen, so viele wie Sterne am Himmel und jedem erging es noch dreckiger. Wie sollte er das alles glauben: Kreuzweise angekettet und nur der Mund noch frei und darauf angewiesen, dass ihm da einer einen Schluck Wasser hineingoss, eine Gnade wäre es gewesen, wenn das Herz endlich aufgehört hätte zu schlagen. Aber so gnädig wollten die Wächter ja gar nicht sein und die Bauern waren ein gesundes Volk, die hielten schon was aus, wenn es darauf ankam. Dass das Herz aufhörte zu schlagen, so weit war es noch nicht. Gefleht hatten diese armen Kreaturen, dass man sie endlich hinüberschickte ins Jenseits, aber nein, Gnade kannten die keine, nicht einmal diese. Er traute auch nicht mehr seinem Knecht und seiner Magd, wusste gar nicht, welchen Glauben die hatten. Wie hätte er nach dem Glauben fragen sollen, wenn sie doch fleißig waren. Wer fragt

denn nach dem Gebetbuch, wenn die Magd unter der Kuh sitzt, wer fragt denn nach dem Gebetbuch, wenn der Knecht mit Steigeisen am Hang die Sense schwingt. Wenn die beiden wirklich evangelisch waren, kamen am Ende auch zu ihm noch die Soldaten und brachten ihn ins Gefängnis nach Werfen, nur weil die beiden fleißigen Leute nicht den einzigen wahren Glauben hatten, was nach deren Meinung der einzige wahre Glauben war? Sein Weib war eine gute Katholikin gewesen, dass er nicht ihren Glauben hatte, wen hat es bis jetzt interessiert? Kaum ihn selber. Wenn er ehrlich sein wollte, dann hatte er sich über seinen Glauben bis jetzt nicht so viele Gedanken gemacht. Wenn Zeit war, ging er am Sonntag mit ihr in die Messe, weil dann die Arbeit ruhen musste. Nach der Messe ging er ins Wirtshaus und leerte mit dem Georg und dem Hans und dem Mathias einen Humpen, manchmal war es auch noch einer. Er ging jedes Jahr am 26. Juli bei der Bittprozession für die Heilige Anna mit, die sie vor Gewittern verschonte, wenn sie das Heu einfuhren. So war es der Brauch und geschadet hat es keinem. Vor ein paar Jahren war er sogar mit auf der Wallfahrt nach Maria Plain. Die schöne Kirche, das Gnadenbild Maria Trost und die vielen anderen Leute im frommen Glauben zu erleben, das war schon was ganz Besonderes für ihn. Sogar das Ave Maria hat er mitgebetet, aber nie und nimmer hätte er seinen eigenen Glauben aufgegeben und keiner hat versucht, ihn zu bekehren. Es gab doch nur den einen Herrgott und manchmal zweifelte er sogar daran, ob es den einen wirklich gab. Der eine war doch genug für alle, die unter seiner Sonne wohnten. Oder? Ehrlich hat er immer sein wollen, auch im Handeln. Auf jeden Fall, jemanden verraten, das hätte er nie und nimmer wollen. Wenn auch nur ein Teil von dem wahr gewesen wäre, was der vorhin erzählt hat, dann war es immer noch mehr, als er sich selber hätte ausdenken können oder als dieser Eustachius sich hätte ausdenken können. Also musste es wohl wahr sein.

Am liebsten war ihm die Waldarbeit, da hat er seinen Gedanken nachhängen können wie nirgendwo sonst. Das war ein anderes Alleinsein als im Dorf. Die Ruhe war unvergleichlich, Geräusche der Natur und doch so still. Wolken bewegten sich und zogen dahin, ein verhaltenes Gebell, sicher vom Schweißhund des Jägers, das Angelusläuten, bei dem er sich angewöhnt hatte, bei der Arbeit kurz inne zu halten.
Wie gut sein Pferd den Weg ins Holz kannte. Er war gedankenvoll neben dem braven Pinzgauer hergetrottet und hatte gar nicht gemerkt, dass sie schon am Waldrand angekommen waren. Neben dem Weg standen die schönsten Tannen, die er kannte, Urtannen, mit bald meterlangem Bart. Graue Äste und graue, zerfurchte Rinde – er blieb immer davor stehen und betrachtete sie, ohne Worte, vielleicht auch ohne Gedanken. Ganz in der Nähe lagen die Baumstämme, die er schon vor Tagen entastet und geschält hatte. Kein Lüftchen wehte, gerade so, als wollte nicht mal das Wetter die Zukunft stören. „Hooo!" Sein Ramos ließ sich sehr gut mit der Stimme lenken und blieb stehen, bis Joseph die schwere Rückekette um den Stamm gelegt hatte. Die Lärche war zwar aus leichtem Holz, aber durch ihre raue Rinde war der Widerstand beim Ziehen besonders groß. „Hüh. Langsam Ramos." Sein Dicker stemmte sich mit aller Kraft ins Geschirr, die Kette spannte sich beim ersten Ruck, zog sich fest. Joseph hatte die Führleinen um die Finger gelegt, ging nebenher, lenkte sein Ross mit Bedacht und wusste, dass es bei jedem Schritt auf seine Stimme und die Zügel achtete. Sie waren gut aufeinander eingespielt. Wenn Ramos eine Pause wollte, warf er den Kopf mal zur einen, mal zur anderen Seite. Dann ließ Joseph ihn ein paar Atemzüge verschnaufen, beobachtete das Muskelspiel und wusste genau, wann er wieder weitergehen konnte. Ramos glänzte im Schweiß, das Fell dampfte. Äste, die über dem Weg lagen, knackten unter seinem Gewicht. Wenn er wie jetzt allein war, mit seinem Pferd im Wald, dann war für ihn die Welt in Ord-

nung. Aber er wusste, dass die Welt absolut nicht in Ordnung war. Ruckartig blieb das Pferd plötzlich stehen, schnaubte und wieherte aufgeregt und schüttelte den Kopf, so dass die Mähne hin und her wehte. Der Bauer erschrak, als er eine dunkle Gestalt zwischen den Büschen entdeckte. „Was versteckst dich denn, vor mir muss sich keiner verstecken. Sapperlot, was ist das denn für eine Zeit, in der sich unbescholtene Menschen verstecken müssen oder weiß Gott was erzählen, wenn man sie fragt. Bleib doch stehen, ich tu dir doch nichts!" Erst jetzt erkannte er den Schäfer Nikolaus.
„Ja, was haben sie denn mit dir gemacht? Siehst ja jammervoll aus!"
„Mag es gar nicht erzählen. Kommen sind sie gestern zu mir. Zuerst haben sie mich halb über den Haufen geritten, als ich gerade mit der Milch aus dem Stall und über den Hof gegangen bin. Die Eimer sind mitsamt der Milch im hohen Bogen auf den Misthaufen geflogen. Da hat es die vor Lachen fast zerrissen. Dann haben sie mit Gewalt alle Kisten und Schränke aufgebrochen. Da hat es sie vor Lachen wieder fast zerrissen, als sie endlich mein Geld gefunden haben, und gelacht haben sie, als ich ihnen auch noch Bier und Schinken und Speck aufgetischt habe. Was hätte ich denn machen sollen mit einem Bajonett im Rücken? Was hättest du denn da gemacht? Siehst, hättest geradeso alles gemacht. Wie sie dann alle vollgefressen und besoffen waren, da haben sie der Reihe nach nur noch laut gerülpst und gelallt: ‚Morgen kommen wir noch mal, da hängen wir dich dann auf deinen Zaun' und ein anderer hat dazwischengerufen: ‚nein, lieber ans Hoftor, dass alle sehen können, wie es einem wie dir geht!' Ja, und da habe ich mir jetzt im Tobel einen überhängenden Felsen gesucht, den man vom Weg her nicht sehen kann, damit ich nicht da bin, wenn die kommen. So kann es doch nicht weitergehen, oder? So doch nicht. Die Familie Unterberger vom Gut Schützach in St. Johann im Pongau, der Vater, der Ahn,

der Urahn – alle haben sie hier ihre Landwirtschaft betrieben und jetzt müssen sie alles im Stich lassen."
„Nikolaus, so geht es auch nicht weiter. Hinausgejagt werden wir, schlimmer wie das Vieh beim Auftrieb auf die Alm. Aber glaub mir, es kann nur noch besser werden. Wenn wir erst einmal weg sind von diesem Satan und von all diesen kleinen wichtigtuerischen Teufeln, dann fangen wir wieder an zu leben. Die wollen doch nur, dass wir klein beigeben. Aber das tun wir nicht. Weißt, Nikolaus, du bist ja nicht allein. Auf der Liste stehen jetzt schon über 20.000, die können sie doch nicht alle verjagen, da wird es schon eine andere Lösung geben."
„Wenn du dich da mal nicht täuschst, was die alles können. Magenweh habe ich, wenn ich daran denke, wie es denen in Werfen geht, kein Licht sehen die mehr, oder die auf der Salzburger Festung im Recktturm, gar nicht daran denken mag ich! Jetzt muss ich wieder weiter, aber am Sonntag, da treffen wir uns vor der Kirche, da werden wir dann schon hören, was die anderen dazu sagen. Joseph, mir geht es ja auch gut, im Gegensatz zu dir, habe kein Weib, habe keine Kinder, so einer wie ich schlägt sich immer durch. Ich täte ja einen Tobsuchtsanfall kriegen, wenn ich Weib und Kind hätte und denen täte was passieren!"
„Weib habe ich auch keins – keins mehr", sagte der Mann vor sich hin, mehr zu sich selbst, „und was mit der kleinen Magdalena mal wird ... mein Bub ist sowieso nimmer da ..."
Die beiden Männer saßen noch eine ganze Zeitlang schweigsam nebeneinander und stierten vor sich hin, bis der Nikolaus sein Reff schulterte und „'s wird schon, 's wird schon" murmelte und noch im Weggehen „'s wird schon."
„Sonntag, bei der Kirche!", rief ihm der andere nach.
Joseph schaute versonnen hinüber zum Wald, wo Pappel neben Platane, Lärche neben Tanne wuchs. So, wie die Bäume einträchtig nebeneinander standen, hätte er gerne mit den Andersgläubigen gelebt.

Am Sonntag tauschte er seine geflickte Hose und die zerschlissene Arbeitsjoppe gegen die ordentlichen Tracht, schaute nochmal in den Stall, warf der Lena, der Liese und der Franzi noch eine Handvoll Heu in die Raufe, bevor er Ramos das Halfter anlegte und ihn ins Geschirr vor den Wagen spannte, um zur Kirche zu fahren. Novemberwind ließ ihn frösteln und er zog seinen Lodenumhang noch fester um die Schultern und schlug die Decke, die immer auf dem Kutschbock lag, über die Knie.

‚Jetzt wäre es recht, wenn sie neben mir sitzen könnte, das täte mich wärmen, innen und außen.' So dachte er auf dem gewundenen Weg durch die Wiesen, am Wald vorbei. Mit dem Glockenläuten kam er rechtzeitig ins Dorf. Der Kirchplatz war voller Menschen, so dass er Pferd und Wagen in einer kleinen Seitenstraße abstellen musste.

„Was ist hier denn los, ist die Kirche schon voll oder lässt man uns vielleicht gar nicht mehr rein? Gerade heute hätte ich den Pfarrer hören wollen, was er uns zu sagen hat, habe immer noch die Hoffnung, dass der Spuk bald vorbei ist!"

Joseph fühlte sich genau wie die anderen von den aufgebrachten Rufen und vom lebhaften Gestikulieren der Leute angezogen.

„Ihr Hochverräter verpestet ja nur die Luft", schrien die einen.

„Lasst uns doch einfach in Ruh, ihr werdet schon selber noch draufkommen, dass man euch vor den falschen Wagen gespannt hat!", schrien die anderen.

„Werdet schon sehen, wem früher die Luft ausgeht. Lest den Anschlag an der Kirche, wenn ihr lesen könnt, und wenn ihr nicht lesen könnt, dann lesen wir euch das gerne vor und im Wirtshaus können wir uns dann weiter unterhalten."

Joseph bahnte sich seinen Weg durch die Menge. „Sst, Sepp, sst", raunte ihm einer zu. Er drehte sich um und erkannte nur mit Mühe Nikolaus.

„Wie siehst denn wieder aus ..."

„Weißt doch, dass ich Angst haben muss, lesen kann ich auch nicht und ..."

„Komm mit! Mach einen Buckel, wenn keiner dich erkennen soll, und schau mir auf die Füße, dass du mich nicht verlierst. So kennt dich gewiss keiner. Da vorn, bei der Kirche da vorn, da haben sie wohl angeschlagen, was los ist. Ja, lauf mir einfach nach, dann wirst du schon hören, warum alle so aufgebracht sind!"

„Alle unangesessenen Einwohner, Tagelöhner und Dienstboten, welche das 12. Lebensjahr erreicht haben, sollen innerhalb von acht Tagen von der Zeit der Bekanntmachung an, aus den Grenzen ziehen."

„Bist jetzt ganz närrisch geworden, was liest du mir denn für einen Schmarren vor, hätt' nicht gedacht, dass du mich so zum Narren hältst, nur weil ich nicht selber lesen kann."

„Du bist gut! Einen Schmarren. Ich wollte, es wäre ein Schmarren. Da steht's, kannst es mir glauben: Überschrift: Auswanderungsbefehl – Ich will die Ketzerei im Land gänzlich und von der Wurzel her ausrotten. Alle unangesessenen Einwohner, Tagelöhner und Dienstboten, welche das 12. Lebensjahr erreicht haben, sollen innerhalb von acht Tagen von der Zeit der Bekanntmachung an aus den Grenzen ziehen. 31. Oktober 1731, Unterschrift: Leopold Anton Eleutherius, Reichsfreiherr von Firmian, princeps et archiepiscopus salisburgensis."

„Und jetzt, wie geht es jetzt weiter? Geht es überhaupt weiter?"

„Warte, da steht noch was, so schnörkelig, schade ums Papier, schau dir nur an, wie viel Papier der gebraucht hat für seine Gehässigkeiten. Jetzt lese ich dir den Rest auch noch vor: Bei Nichtbefolgen der Verordnung wird militärisch nachgeholfen. Beamte, die sich gegenüber dieser Anordnung als ungehorsam erweisen, haben schwere Strafen zu befürchten."

„Amen!"

„Da hast wohl recht! – Gerade auch noch der 31. Oktober. Dass das ein Zufall sein soll, glaubst du ja selbst nicht. An dem Tag hat der Luther seine 95 Thesen mit lauten Hammerschlägen an die Türe von der Schlosskirche in Wittenberg genagelt. Wenn ich die Thesen jetzt hätte, Hammer und Nagel würden sich schnell finden!"
„Deinen Humor möcht ich haben, Joseph. Ich mache mich jetzt wieder aus dem Staub. Morgen komme ich bei dir vorbei, dann kannst du mir erzählen, was man im Wirtshaus geredet hat. Mach nur deine Ohren auf und meine Ohren noch dazu, wenn du kannst. Dann wirst du sicher alles mitkriegen und mir morgen sagen können, wie es weitergehen soll und ob es überhaupt weitergeht. Diese falschen Brüder, gelobt sei ... pfui Teufel, was die sich einbilden, was sie mit uns alles machen können, und wir können gar nichts machen. Die sollen schmachten in der Hölle und ..."
„Sei doch ruhig, versündige dich nicht. Das sind die gar nicht wert. Weißt doch, das kommt alles wieder zu dir zurück, was du den anderen wünschst, das hilft dir gar nichts, wenn du dich mit denen auf eine Stufe stellst. Anders geht es überhaupt nicht. Nur wenn wir ruhig bleiben, dann ärgert sich der Firmian wirklich, mitsamt seinen Helfershelfern. Denken können wir wenigstens immer noch das, was wir wollen. Bin ja früher auch immer in die Kirche gegangen, aber wenn ich es mir jetzt recht überlege – die wuchtige Kanzel und alles dick voll Gold. Wie soll da Gottes Wort noch Platz haben, wenn schon jede Ecke voller Gold ist, wie soll jemand die Nachfolge Christi antreten, wenn alles schon voller Gold ist. Steht nicht im Buch der Bücher, dass wir keine Schätze hier auf der Erde sammeln sollen, weil wir damit rechnen müssen, dass Motten und Rost sie zerfressen oder Einbrecher sie stehlen? ‚Sammelt lieber Schätze bei Gott im Himmel. Dort werden sie nicht von Motten und Rost zerfressen und können auch nicht von Einbrechern gestohlen werden.' Alles voller

Gold, dabei war Christus ein ganz bescheidener Mann. Und wie die ...", das Wort spie er aus wie giftige Galle, „... und wie die zu ihren Schätzen gekommen sind, das täte mich auch mal interessieren."

„Was ist heute für ein Tag?"

„Was meinst jetzt? Sonntag, sonst wären wir doch gar nicht vor der Kirche."

„Nein, das meine ich nicht. Der 11. November ist heute, da ist Luther getauft worden. Da zeigt es uns der Firmian aber richtig, mitsamt dem Luther will er uns ausrotten. Ja, Nikolaus, kommst morgen vorbei. Wird schon wieder eine Türe aufgehen. Immer, wenn es schlecht gegangen ist, dann ist wieder eine Türe aufgegangen."

Beim Hirschenwirt herrschte bereits ein großer Tumult, als Joseph Höller die verräucherte Gaststube betrat. Kaum hoben sich die Köpfe, als er sich einen freien Platz am Ende der Eckbank suchte und sich einen Humpen dunkles Bier bestellte, während er seine Pfeife stopfte, um geschickt seine innere Unruhe zu verbergen.

„Wo Kontrolleure noch lutherische Bücher fanden, wurden diese zerrissen, zerschnitten, zerhackt, verbrannt. Habe es selber gesehen. Drei Tage lang waren in St. Veit über den Bibeln die Feuer am Lodern, von dem Geistlichen Johann Konrad Eckardt unermüdlich angeschürt. Das muss doch für einen Christenmenschen unvorstellbar sein. Einfach nur anzünden, das war ihm aber nicht genug. Er selber hat dann die Anweisung gegeben, die Blätter der Bücher noch auseinanderzubreiten, damit sie schneller und gründlicher von den Flammen erfasst werden konnten. Dann war da noch ein anderer Pfarrer, der selbst mit Hand anlegte, wenn die Bücher nicht ganz verbrennen wollten. Das hat die hohen Herren fast zum Wahnsinn getrieben, hätte nur noch gefehlt, dass ihnen Hörner gewachsen wären, seid nur ruhig, da gibt es gar nichts zu lachen, rotgesichtige Fratzen hatten sie wie der Leibhaftige, vor lauter Zorn und Hitze, als müssten sie in der irdischen Welt schon die Qualen erleiden von denen, die zur Hölle hinabgestoßen werden. Wenn die Heiligen Schriften am Rande des Haufens lagen, raffte der gute Johann Konrad Eckardt seine Soutane zusammen, bückte sich sogar und blies mit dicken Backen hinein in die Glut, dass die Rußwolken nur so tanzten und die starke Hitze die verkohlten Papierflocken zum Himmel hinauftrugen. Aber nicht genug! Was immer noch nicht brennen wollte, legte er eigenhändig auf einen Holzklotz und zerhackte mit einer Axt die Bände in kleine Stücke. Wie besessen war er und ein paar Katholische mit ihm. Erst, wenn die Sohlen geraucht haben, sind sie weggegangen. Ich bin immer geblieben, bis zuletzt, hab doch schauen müssen, ob was übrig bleibt. Da, mehr war's nicht."

Der Wortführer legte mehrere angekohlte Blätter auf den Tisch, auch einen ledernen Buchdeckel mit einer rußüberzogenen Schnalle. Mit seinem Unterarm wischte er darüber, fuhr mit seiner Hand durch den Henkel seines Steinkrugs, nahm einen gehörigen Schluck, wischte sich mit dem Handrücken den Schaum von seinem Schnauzbart, stellte den Krug wieder zurück, bevor er in seiner Rede fortfuhr:

„Der Dechant zu Radstatt hat sogar einen speziellen Ofen setzen lassen, damit die Flammen besser um sich greifen konnten."

„Was du alles erzählst, man mag's ja gar nicht glauben, so widerwärtig."

„Doch ihr könnt es glauben, weil es wahr ist, so wahr wie ich hier sitze und mein Bier trinke. Dann hat man mir erzählt, erlebt habe ich es nicht, aber erzählt hat's mir einer, dass bei den Soldaten jetzt auch schon viele umgeschwenkt sind, vor allem im Dragoner-Regiment des Prinz Eugen. Da dienten ja größtenteils Evangelische, die haben sich na-

türlich mit den unsrigen verbrüdert. Was hat der Firmian gemacht? Er hat das Regiment einfach abgezogen und es durch Soldaten ersetzt, die ihm treu ergeben waren und sichtlich Gefallen fanden an den verlangten Schikanen und Misshandlungen."
„Dass sich doch immer genug finden, die gern zuschlagen."
„Ja, hast recht, Joseph. Dafür finden sich immer welche. Und hinterlistig waren sie noch obendrein. Bei den Bauern sind sie eingedrungen und haben denen weismachen wollen: ‚Habt ihr schon gehört, dass der Roßner Hans und der Staufer Sebastian und der Korner Michel und ihre Frauen jetzt doch katholisch geworden sind!' Aber geglaubt hat ihnen das keiner. Das hätten die gern gehabt, dass wir auch noch so dumm wie sie selber sind."
Mit allgemeinem Raunen griffen sie zu ihren Krügen und nahmen wieder einen gehörigen Schluck und wischten sich mit dem Handrücken den Schaum aus dem Schnauzbart.
„Aber jetzt hat er nochmal eins draufgesetzt zu allen Bosheiten. Wie meineidige Bösewichter und Rebellen behandelt der uns. Der wird sich noch umschauen, wenn die Protestanten alle weggehen, wenn 30.000 Salzburger Haus und Hof verlassen. Wer soll denn dann die Arbeit machen? Jetzt hat die Innsbrucker Regierung auch noch angeordnet, dass alle, die jetzt über die Grenze kommen, nach der Tiroler Bettlerordnung als Bettler zu behandeln sind und umkehren müssen, egal ob evangelisch oder katholisch. Die lassen ausdrücklich nur denjenigen ins Land, der einen Pass vorlegen kann, in dem bezeugt wird, dass er wirklich ein Emigrant ist. Viele von uns sind ja schon weg, weil sie nicht bleiben wollten, bis sie rausgeworfen werden. Am Pass Mandling warten schon 200 Auswanderer, hat mir ein Handwerksbursche erzählt, die Grenzwachen haben niemanden mehr durchgelassen. Reiter haben ihnen den Weg abgeschnitten, haben sich kaufen lassen. Auf den Kopf eines dingfest gemachten

Flüchtlings bekommen sie einen Dukaten. Jetzt wisst ihr, was wir noch wert sind."

„Pass Mandling, das geht uns doch nichts an, ist doch weit weg!", warf einer dazwischen.

„Ja, aber am Pass Lueg ist's auch nicht viel besser."

„Mein Eligius hat sich auch davongemacht, wo er ist, weiß ich nicht, ob ich ihn nochmal sehe, weiß ich auch nicht", murmelte Joseph über den Tisch. „Vielleicht ist er hinauf zum Salzachofen, vielleicht auch noch weiter zum Niedertörl, da ist er schon als Kind gerne rumgeklettert, kennt jeden Stein da droben. Oder zu den Strudellöchern am großen Stein. Wird schon wissen, wo er sich verstecken kann. Wenn er Glück hat, dann regnet's noch eine Weile, da haben die Beamten keine Lust, im Dreck rumzukraxeln. Irgendwann werden sich der Fürsterzbischof und seine Helferlein schon wieder beruhigen. Eins weiß ich gewiss, da kann der im Himmel …", er deutete mit dem Daumen wild nach oben und sagte noch einmal: „Da kann der im Himmel auch nichts dafür, wenn die auf der Erde so närrisch sind." Dann stand er auf, nickte den anderen noch einmal zu und ging. Für heute hatte er genug gehört.

Bis er daheim ankam, war es schon dunkel, aber der Ramos, der fand den Weg immer. Er schirrte ihn im Schein der Laterne aus, führte ihn in den Stall, warf ihm die Pferdedecke über den feuchten, verschwitzten Leib und klopfte ihm den Hals: „Du und ich, wir bleiben wenigstens zusammen, wenn man einen, einen Einzigen hat, auf den man sich verlassen kann, dann ist das schon sehr viel! Gut stehst du im Futter, wirst es brauchen!" Er band ihm den Futtersack mit Hafer um und knotete den Schweif auf, ehe er sich noch ein paar Minuten an den warmen Leib seines Pferdes lehnte. Dann ging er ins Haus, streifte seine Schuhe ab und ging auf dicken Socken in die Stube, stopfte sich auf der Ofenbank noch eine Pfeife, die

Augen beim Fenster draußen, auf dem Dielenboden und an der Zimmerdecke, als sähe er das alles zum letzten Mal.

***

„Nikolaus, da bist ja wieder. Sagen kann ich dir heute auch nicht viel mehr als gestern. Eins ist gewiss, die finden dich, wenn sie dich finden wollen. Und das kann ich dir sagen: Die wollen. Was gibt es denn für uns hier noch für ein Leben. Die Heimat verlieren, es ist mir so furchtbar, am liebsten tät ich bei dem Gedanken heulen wie ein altes Waschweib. Die kleine Magdalena, die wird gut versorgt werden, das weiß ich, deswegen ist es mir nicht bang, und wenn wir irgendwo ankommen und wenn ich dann irgendwo bleiben kann, vielleicht gibt es dann auch einen Weg, dass ich die Magdalena zu mir nehmen kann. Aber die Heimat lassen müssen – schau hinüber zu diesen Gipfeln, die man jetzt fast nicht sieht, die Gipfel, die sind Heimat, sogar jetzt, wo alles dunkelgrau und düster ist, und schau hinüber zu den Tannen, jeden Tag, wenn ich vors Haus gegangen bin an den Brunnen zum Waschen, habe ich zu diesen Tannen hinübergeschaut und zu diesen Gipfeln, ich hebe meine Augen auf zu den Bergen, von welchen mir Hilfe kommt ... kennst den Psalm? Der gefällt mir am besten von allen, zu den Bergen, von welchen mir Hilfe kommt. Meine Hilfe kommt von dem Herrn, der Himmel und Erde gemacht hat. Ja, ich weiß, dass ich die Heimat im Herzen mitnehme, aber im Herzen tragen und vor der Haustüre haben, das ist ja doch noch einmal ein anderes Paar Schuh'. Nikolaus, was willst du in deiner Höhle? Weggehen und leben und noch einmal irgendwo anfangen, das ist ja doch noch besser, als sich verstecken und gefunden werden und vielleicht ..."
„Ja, Joseph, hast ja recht. Bin ja nicht so gescheit wie du! Hast ja schon recht."

„Dann überleg dir, was du mitnimmst, was du brauchst, morgen, in einer Woche, in einem Monat vielleicht."
„Es wird kein Morgen geben, keine nächste Woche, keinen nächsten Monat."
„Warum?"
„Du fragst, warum, du denkst, warum? Weil ich mich wie tot fühle bei dem Gedanken, dass ich das alles vielleicht bald nicht mehr habe. Weil ich morgen sicher tot bin. Mein Kopf ist tot und da drin ist auch alles tot." Dabei schlug er sich mit der Faust gegen die Brust, ehe er fortfuhr: „Wenn wir tatsächlich weg müssen, werde ich vor mich hingehen, vielleicht auch neben dir, aber ich werde tot sein. Woanders leben als hier – das kann kein Leben für mich sein. ‚Lieber trocken Brot daheim als Kuchen in der Fremde', hat mein Ahne immer gesagt. Er hat es gewusst, er war in der Fremde, hat mir immer erzählt davon. Nicht nur Gutes. Handwerker war er, auf der Walz war er, das war nicht immer Honig und Zuckerschlecken, Bettler hat er getroffen mit Läusen und Flöhen und Wanzen, in Armenhäusern hat er geschlafen, mit Landstreichern unter einem Dach, geklaut haben die wie die Raben, haben ihm die Schnürsenkel aus den Schuhen gezogen. An seine Geldkatze sind sie nicht gekommen, in seinen Schuhen hat er geschlafen. ‚Damit ich sie am anderen Tag noch an den Füßen hatte', hat er mir erklärt. Als ihm einer die Galoschen ausziehen wollte, ist er rechtzeitig aufgewacht. Das hat er mir erzählt. So ist das in der Fremde. Ja, tot bin ich, jetzt schon." Dann stierte er wieder auf den Boden, als suche er dort einen verlorenen Taler.

***

Der König hatte bereits am 20. November 1731 zwei Abgeordnete der Salzburger Protestanten empfangen, Nikolaus Forstreuter aus St. Johann und Peter Höllensteiner aus Werfen. Sie hatten zusammen mit 22 weiteren Protestantenführern Salzburg im August verlassen, um erneut die evangelischen Fürsten um Hilfe zu bitten. Doch 21 von ihnen waren an der Grenze verhaftet worden, einer war auf dem Weg schwer verunglückt. So kamen schließlich nur Forstreuter und Höllensteiner in Berlin an. Der König ließ beide Salzburger durch seine Konsistorialräte Roloff und Reinbeck in Religion prüfen. Die gaben zu Protokoll, dass beide Salzburger klar und bündig, im Sinne der Augsburger Konfession, geantwortet hätten. Dennoch konnte der König nicht verhindern, dass die Evangelischen des Landes verwiesen wurden.

Entweder dableiben und katholisch werden – oder das Land verlassen

Täglich kamen neue Meldungen, dass der und der katholisch geworden war, aber das glaubte keiner mehr. Einfach wegziehen, alles zurücklassen – so etwas konnten sie sich gar nicht vorstellen. Wie sehr sie sich auch den Kopf zerbrechen mochten, sie fanden keinen Ausweg, nicht einmal die, die sonst immer noch ein Ass im Ärmel hatten.

Es begann in den Pfleggerichten Goldegg und St. Veit. Wo man sie finden konnte – in Feldern und Wäldern, auf Äckern und Wiesen, in Bergen und Tälern und Häusern – sie wurden gnadenlos weggeprügelt, ohne einen Bissen Brot, ohne Geld, ohne Eltern. Bewaffnete Soldaten trieben die Horden nach Salzburg. Grobe Schimpfworte und Demütigungen waren noch das Mildeste. Gegenüber dem Vieh benahm man sich besser. Alles, was sie nicht am Leib trugen, sollte dem Staat gehören, sie konnten nur mitnehmen, was sie tragen konnten. Wind, Regen und Schnee ausgesetzt, nahm man lächelnd den Tod der Leute in Kauf und hörte im ganzen Land nur noch wildes gehässiges Geschrei: Fort! Fort! Nicht einmal umkehren konnten sie und noch was aus dem Haus holen. So, wie der Soldat den Knecht, die Magd, den Handwerker antraf, zog er sie fort, sie mussten alles stehen und liegen lassen und wegrennen wie die Katze vom Dreck. Kinder konnten von ihren Eltern nicht einmal mehr Abschied nehmen, Eltern durften ihren Kindern nicht den Segen mit auf den Weg geben. Knechte und Mägde hatten nicht die Zeit, ihren Lohn noch einzufordern, aber das war verglichen mit dem unsäglichen Elend eine geringe Not. Männer wussten nicht, wo ihre Weiber geblieben sind, und die Frauen wussten nicht, wo sie ihre Familien suchen sollten. Der Bruder konnte sich

von der Schwester nicht trennen und lieferte sich freiwillig als Evangelischer aus. Kinder rannten ihren Eltern nach. Ein Freund begleitete den anderen, so weit er konnte. Katholiken drängten sich in die Reihen der Flüchtlinge, um ihren Nachbarn in seiner Not nicht im Stich zu lassen. Wen die Soldaten von den Katholischen erwischten, trieben sie zurück, hauten auf ihn ein, stießen, schlugen, schossen. Ganze Dörfer machten einen Aufstand, trotz des gewalttätigen Tumults. In St. Johann kam der Hauptmann Lapponi mit 48 Taglöhnern an, die man mit Gewalt zur Auswanderung gezwungen hatte. Ungefähr tausend Wagrainer folgten den Soldaten. Sie zogen unter Gesang und Gebet auf den Markt und baten den Pfleger, auch mit auswandern zu dürfen. Der aber kannte kein Erbarmen, drohte ihnen mit Folter und Tod. Doch sie antworteten ihm ganz ruhig:
„Wir fürchten keine Marter, selbst den Tod nicht." Dann warfen sie sich mit gefalteten Händen auf die Knie: „Wir trösten uns mit dem Tod des Heilands."
In Radstatt war es ähnlich. Männer, Frauen und Kinder rannten aus ihren Häusern, den Evangelischen nach, warfen sich auf die Knie und flehten: „Führ uns mit, lass uns auch mitgehen, was sollen wir noch hier, wenn die nicht mehr da sind. Gott wird uns nicht verlassen!" Der Offizier ließ Feuer auf sie geben. Aus allen Tälern führte man auf diese Weise ganze Züge von Evangelischen nach Salzburg, wo sie ihre Reisepässe erhalten sollten. Wer sich in irgendeiner Weise Befehlen widersetzt hatte, kam dort ins Gefängnis.

Wie durch eine Fügung trafen sich hier der Joseph und sein Sohn Eligius wieder. Bis zum Pass Lueg war der gekommen, da hat man ihn aufgegriffen und zurückgeschickt, mit Bajonetten durch den tiefen Schnee getrieben. Ja, eine Fügung war's, dass sie in Salzburg noch einmal zusammentrafen. Joseph konnte seinem Buben gerade noch die Hand aufs Haupt legen – „Der Herr segne und behüte dich" – dann bekam er auch schon einen Schlag ins Kreuz. „Bete für mich", rief ihm der Eligius noch einmal zu. Dann sah im Regenschleier der eine nur noch so wie der andere aus.

Salzburg stand unter Wasser. Bei Tag und bei Nacht kübelte der Regen hernieder, durchnässte alles, was unter dem Himmel war. Regen, er hörte nicht auf, nur mal stärker, mal schwächer, aber ständig Regen und Grau und Wolkenwände, da wo sonst die Berge waren.
Wieder verließ viele der Mut. Hunger und schwindende Hoffnung machten sich breit, so dass ihr Mut dahinfloss wie das Wasser in die Gosse. Einige von ihnen gaben jetzt klein bei, weil sie sich dieser harten Prüfung nicht gewachsen fühlten. Sie suchten verzweifelt nach einem Beamten, um ihm reumütig mitzuteilen, dass sie wieder zur einzig wahren, richtigen römischen Kirche zurückkehren wollten. Kaum dass sie dieses Ansinnen ausgesprochen hatten, wurden sie auch schon abgesondert von den Übrigen, als hätte der Klerus Angst, dass sie es sich wieder anders überlegten oder dass sie von denen, die standhaft blieben, überredet wurden, im lutherischen Glauben auszuharren. Die Beständigen blieben bei ihrer Meinung, erduldeten Hunger, Durst, Kälte, Frost, Spott, Hohngelächter und blieben doch stark in ihrem Willen und aufrichtig in ihrem Glauben. Als die Obrigkeit erkannte, dass nicht einmal der enorme Druck durch diese Not und Fährnis sie zur reuigen Rückkehr bewegen konnte, sondern eher noch das Gegenteil bewirkte, drohte man ihnen die schrecklichsten Qualen an, derer ein Mensch fähig sein konnte. „Aufrührer, die ihr seid, kann man nur rädern und dann köpfen!", schrien sie ihnen entgegen. Immer wieder hatten sie gehört von den Foltermethoden auf der Feste Hohensalzburg und auf der Burg Hohenwerfen, die an verachtender Grausamkeit kaum noch überboten werden

konnten. Aber kaum einer von ihnen hatte diesen Gerüchten Glauben geschenkt, aber jetzt, wenn sie diese hassverzerrten Gesichter ihrer Häscher sahen, hielten sie es doch für möglich. Wenn es einen Gott gab, und daran glaubten sie mit all ihrem menschlichen Verstand, mit all ihrer christlichen Überzeugung, dann würden diese Menschen eines Jüngsten Tages zur Verantwortung gezogen werden.
„Wir sind bereit, um Christi Willen alles zu erleiden!"
„Wie verrückt seid ihr, dass ihr das alles in Kauf nehmt, anstatt eurem Martin Luther abzuschwören, anstatt diesem Irrglauben, diesem falschen, abzuschwören. Wie verrückt muss denn der Mensch sein, diese Qualen auf sich zu nehmen! Für den Rest eures Lebens kommt ihr ins Gefängnis, Wasser und Brot sind dabei noch das Beste. Das könnt ihr uns glauben, da geht es anders zu als beim Sternenwirt!"
„Wir sind bereit, um Christi Willen alles zu leiden. Auch wenn wir ins Gefängnis gesteckt werden, wenn es euch einfällt, dann in Gottes Namen, hat doch der unschuldige Jesus noch mehr aushalten müssen!"
Die Soldaten konnten nur voller Unverständnis ihren Kopf schütteln. Insgeheim waren manche voller Bewunderung. Diese Stärke hätten sie sich selbst oft gewünscht. Wie anders wäre dann ihr eigenes Leben verlaufen. Ihre eigene Stärke lag nur in der Gewalt und im Rausch, den sie aus dem Wirtshaus trugen, ohne den hätten sie manchmal diesen abscheulichen Dienst gar nicht ausgehalten.
„Wir verkaufen euch an die Türken als Sklaven, gegen deren Behandlung kommen euch dann die Tage hier an der Salzach wie euer Paradiesgärtlein vor. Werdet schon sehen!"
Doch auch diese Drohung schreckte sie nicht und gelassenen Mutes gaben sie zur Antwort: „Wir befehlen unseren Geist in SEINE Hände. ER wird uns auch dort nicht verlassen!"
So versuchten die Schergen ihre Boshaftigkeiten noch auf die Spitze zu treiben. Es ging ihnen über ihren Verstand, über ih-

re Vorstellung, dass es Menschen geben sollte, denen all diese Drangsale nichts anhaben konnten. Zu guter Letzt fiel ihnen noch eine Finte ein, auf die sie ihre ganze Hoffnung stützten: Sie zogen wahllos fünfzehn Männer aus der Menge, ohne ihnen den Grund zu nennen. Die führten sie, jeden für sich, durch eine Türe der Festung von Salzburg auf den Richtplatz. Mit schreckgeweiteten Augen erkannten sie Blut, das zusammen mit dem Regenwasser überall Pfützen gebildet hatte.

„Hier, schau es dir genau an, das ist dann alles, was von dir noch übrig bleibt. Über den Rest von dir freut sich dann die Meute der Jagdhunde. Brauchst nicht glauben, dass man dir auch noch ein Grab schaufelt!" Wieder setzten die Bewacher ein höhnisches Gelächter als Schlusspunkt hinter diese Furcht einflößende Drohung.

„Das wird jetzt so schwer nicht sein, zur römischen Kirche zurückzukehren. Schaut das Blut eurer Mitbrüder an! Was ist jetzt besser? Ihr hängt doch auch an der Heimat, könnt uns doch nicht weismachen, dass euch das alles egal ist. Jetzt könnt ihr noch wählen, was ihr wollt, jetzt fragt man euch noch, aber bald ist es vorbei mit der Fragerei!" Sobald einer sich geäußert hatte, brachten sie ihn wieder zu einer anderen Türe, hinter der er verschwand, ehe man den nächsten hereinholte, den man mit ähnlichen Worten traktierte. Aber jeder von ihnen bewies seine Stärke im Glauben:

„Wo das Blut meiner Mitbrüder geblieben ist, da soll auch mein Blut bleiben." Die klerikale Obrigkeit musste ein weiteres Mal eine Schlappe hinnehmen. Ihre Rechnung war nicht aufgegangen.

Alles ist erfüllt von Trauer

Tausend Protestanten warteten auf ihre Pässe und froren, während die Beamten übertrieben ausführlich genau Zeugnis ablegten über jede Person, ihre Gesundheit, Familienangehörige. Was blieb ihnen anderes übrig als zu warten! Man verwehrte ihnen sogar, Lebensmittel zu kaufen, so dass sie hier schon an ihre kargen Vorräte gehen mussten, obwohl sie noch nicht einmal richtig unterwegs waren:
„Die wollen uns der Einfachheit halber schon hier krepieren lassen, aber da freuen die sich zu früh", hörte man den einen oder anderen von ihnen sagen.
„Die geben uns ja nicht einmal was zu essen, nicht einmal, wenn wir es von den paar Kreuzern bezahlen, die wir haben."
Doch der Glauben ging ihnen nicht aus, in jeder Gruppe fanden sich Männer, Frauen, die aus der Bibel lasen und Zuspruch gaben: „Es ist ein köstlich Ding, geduldig sein und auf die Hilfe des Herrn hoffen. Die vollkommene Liebe vertreibt die Furcht."

Männer suchten Scheunen und Ställe, damit sich wenigstens ein paar Frauen unterstellen konnten. Einige Frauen versteckten ihre Kinder unterm Rock oder machten für sie Platz unter einem Wagen und hofften, dass sie dort nicht gefunden würden. Wer was zu essen hatte, teilte mit den anderen. Mit ihrem Geld konnten sie nichts anfangen, dafür gab ihnen keiner etwas, so aufgehetzt waren die Händler. Gerade erst in Salzburg, und schon litten sie Qualen: Hunger, Durst, unsägliches Frieren. Nicht mal genügend Zeit hatten sie bekommen, sich richtig anzuziehen und Lebewohl zu sagen.
„Vergiss nicht, wo du herkommst! Komm ans Ziel und fühl dich wohl, wo immer es sein wird. Stell dich dem Neuen, aber vergiss nicht das Alte!", gab ein Ahn seinen Enkeln mit

auf den Weg und erlaubte sich keine Träne, als er das sagte. Ein Bauer reichte seinem Knecht einen Spaten hinauf auf den Wagen. „Da, für die Gräber, die ihr unterwegs schaufeln müsst." Eine Mutter sagte ihrem Sohn noch: „Beschütz deine Schwester, sie war doch noch nie weg von mir, beschütz sie, ich vertraue sie dir an."
„Ja, ich pass auf sie auf."
Eine andere Frau verabschiedete sich von Männern und Frauen, es waren wohl die liebgewonnenen Nachbarn: „Ich bleibe da, werde katholisch, sterbe eh bald, ich schaffe es nicht mehr, diesen Marsch ins Ungewisse; was bin ich jetzt froh, dass ich alt bin und kein Kind habe, was müsst's erleiden, was müsste ich selber erleiden."

Endlich wurden ihnen die Pässe ausgestellt und mit dem Befehl überreicht, in Hallein die Schiffe zu besteigen. Auch wenn dies noch nicht die endgültige Freiheit bedeutete, es ging wenigstens wieder voran. Allein dieser Gedanke weckte ihre verletzten Lebensgeister. Wohin die Reise gehen sollte, nach Osten oder nach Westen, das wussten sie noch nicht.

Ein paar Frauen ist es gelungen, ihre Kinder aus dem Dorf zu schmuggeln. Auch Männer haben Kinder versteckt, unterm Mantel, in Packtaschen, die an den Pferden hingen, zwischen Gerätschaft auf ihrem Wagen. Als hätten's die Kinder verstanden, gaben sie keinen Laut von sich. Aber noch bevor der Tross die Salzach erreicht hatte, kamen die Verfolger zum Kontrollieren. Zehn Mütter mit ihren 45 Kindern hat man herausgezogen aus der Menge. Ein paar Säuglinge waren erst wenige Wochen alt. Gewaltsam hat man sie auf die Pferdeschlitten verfrachtet und ohne Gnade vor Recht ergehen zu lassen, ging es wieder zurück. Ein kleiner Bub ist unterwegs gestorben.
Auf dem Marktplatz warteten schon die Bauern, unter denen die Kinder verlost wurden, zum Katholischmachen, zum

Arbeiten, zum Schikanieren. Die Mütter hat man wieder fortgejagt: „Geht zum Teufel, da gehört ihr doch hin!" Einer hat man eine geschriebene Marschroute mit Angaben der Orte und der Wegstunden von einem Ort zum anderen in die Hand gedrückt. Mehr nicht. Unter diesem Plan stand in großen Buchstaben:
„In Gottes Namen auf und davon!"

Raus hier, hatte es geheißen, weg von daheim, zusammenpakken, nur das Nötigste. Wie sollten sie innerhalb weniger Tage entscheiden, was nötig war?
„Das könnt ihr mit uns doch nicht machen! Nennt ihr das vielleicht einen wahren Christen? Welcher Christ trennt die Kinder von den Eltern? Welcher Christ schickt einen anderen hinaus in die Kälte! Jetzt im November! Was haben wir denn verbrochen?"
„Ihr seid doch selber schuld. Was wollt ihr denn! Hat man euch nicht lang genug eine Frist gesetzt? Immer wieder haben wir euch gesagt, nehmt den rechten Glauben an. Als ob das so schwer gewesen wäre, den Gruß zu sprechen, den der Papst angeordnet hat: ‚Gelobt sei Jesus Christus!' Und zu antworten: ‚In Ewigkeit Amen.' Hundert Tage Ablass winken euch. Ist das vielleicht nichts? Gelobt sei Jesus Christus! Ist das denn so schwer?"
„Steht das vielleicht in der Bibel, dass wir das sagen müssen?"
„Was wisst denn ihr von der Bibel, könnt ja nicht mal lesen!".
Die Schergen lachten und hauten sich voller Schadenfreude auf die Schenkel.
„Dumme Bauern seid ihr!"
„Wenn wir dumme Bauern wären, dann hätten wir euch sicher schon lange nach dem Mund geredet!"
„Und was habt ihr jetzt davon, dass ihr Lutheraner seid? Der Luther, hilft euch der jetzt vielleicht?"
Da mischte sich einer in das Gespräch:

„Ja, der hilft uns, immer noch. Seit zweihundert Jahren hilft der uns. Du hast recht, wir sind dumm, aber Luther war Professor und er war Mönch, aber er hat erkannt, dass nicht alles Christenlehre ist, was in Rom gepredigt wird. ‚Wenn das Geld im Kasten klingt, die Seele in den Himmel springt ...' Wenn einer Unrecht tut, dann kann doch daraus nie wieder Recht werden, nicht durch alles Geld dieser Welt." Der Mann bekam einen hochroten Kopf, weil er sich so zurückhalten musste.
„Komm, beruhig dich, es ändert doch nichts!" Seine Frau legte ihre Hand auf seine Schulter. „Ja, ist ja schon gut, aber wahr ist es doch! Da tun alle so, als ob sie das alleinseligmachende Rezept hätten. Warum können die uns nicht einfach in Ruhe lassen. Im Gasteiner Tal geht's doch auch nebeneinander her, warum nicht auch bei uns! Beten wir nicht alle zum gleichen Herrgott? Oder willst du vielleicht sagen, dass denen ihr ‚Gelobt sei Jesus Christus' richtiger ist als unser ‚Grüß Gott'? Oder willst du sagen, dass die auf ihren Schlössern und Burgen, in ihren Kirchen und Kathedralen einen anderen Gott haben? Die kommen schon noch um in Prunk und Saufgelagen. Alles können die uns nehmen, Haus, Hof, Vieh und Acker, aber nicht unseren Glauben, nein, den nicht. Luther war gescheit, er hat studiert und gelebt im festen Glauben, der wird schon gewusst haben, was er tut, sonst hätte er sich nicht mit Kaiser und Papst angelegt."
Dass Bischof Firmian so weit gehen würde, nein, das hätte sich keiner von ihnen vorstellen können. Katholisch werden oder das Land verlassen. Ohne die Kinder. Das war am schlimmsten. Ohne die Kinder. Viele Mütter hatten sich eingehend überlegt, was sie tun sollten. Katholisch werden, den Kindern zuliebe. Sie hatten es versucht. „Gelobt sei ...", aber es ging nicht. Es gelang ihnen einfach nicht, in diesen katholischen Mantel zu schlüpfen, den Glauben zu wechseln wie ein Hemd und zu heucheln. Es war ja nicht der Gruß, gegen

den sie sich sträubten, es war der Ablass, der in ihren Augen einfach nur eine böse, böse Lüge war.

***

Sara Steinbacherin, Philipp Steinbachers Frau, gingen auf dem Weg nach Hallein noch einmal die letzten Tage durch den Kopf. Besonders an das Gespräch mit der katholischen Freundin konnte sie sich noch genau erinnern: „Eva, sei so gut, erklär mir, wie das ist bei euch!"
„Was soll ich sagen, ich geh halt jeden Sonntag in die Kirche!"
„Was, jeden Sonntag?"
„Ja freilich, der Pfarrer sagt, wir müssen jeden Samstag zur Beichte und jeden Sonntag in die Kirche, und dann geh ich eben! Weißt, manchmal finde ich die ganze Woche keine Ruhe vor lauter Arbeit, aber in der Kirche, wenn die Orgel spielt und die Glocken läuten, diese Stunde gehört dann mir ganz allein. Verstehen tu ich sowieso nicht viel, wenn der lateinisch redet, aber klingen tut es schön, so edel, hoc est enim corpus meum. Den Satz habe ich mir gemerkt, hab ihn ja schon so oft gehört bei der Wandlung, da fühl ich mich, ja, da fühl ich mich dann wieder richtig gestärkt und – und ehrfürchtig, pax hominibus. Ich habe einmal den Herrn Pfarrer gefragt, was das heißt: Pax hominibus – ,Friede den Menschen', das ist doch richtig schön. Vor der Kirchentüre, da treffe ich dann oft noch die Susanna, die sehe ich ja sonst die ganze Woche nicht."
So sehr ihr die Freundin auch die Rituale erklärte, Sara blieb das alles fremd. Einmal hatte sie es dann doch ausprobieren wollen und ist zur katholischen Kirche gegangen, aber der Hans, der neben dem Pfarrer wohnte, kam ihr in der Kirchengasse entgegen. Da hat sie sich dann eingebildet, dass der auch schon aufgehetzt ist und ist wieder umgekehrt, aus Angst, der Hans könnte dem Pfarrer verraten, dass eine lutherische Ketzerin in den Gottesdienst ging.

Sara verstand das alles nicht, es gab doch nur den einen Herrgott und ein lutherisches Vaterunser war doch nicht anders, nicht besser und nicht schlechter als ein katholisches Vaterunser. Da war der Firmian wohl ganz anderer Ansicht. Immer wieder hatte sie versucht, auch das Kreuz zu schlagen. Das fiel ihr gar nicht so schwer, auch den Rosenkranz zu beten, hatte sie gelernt, Heilige Maria Mutter Gottes. Warum sollte Gott nicht auch eine Mutter haben, die man anbetet und die hilft, wie eben eine Mutter hilft. Aber dass man das alles befohlen bekam und dass man im Fegefeuer schmachten musste, wenn man das alles nicht so machte, wie der Herr Pfarrer und der Herr Bischof das wollten, wie sollte sie das mit ihrem kleingeistigen Hirn begreifen. Das mit den Ablassbriefen, nein, das erst recht nicht. Als Sara so ihren Gedanken nachhing, sagte eine im Vorbeigehen: „Wie furchtbar, dass wir nicht wissen, wohin und wie weit." Sara schaute zur Seite und sagte nur leise: „Wie gut, dass wir nicht wissen, wohin und wie weit!"
Eine andere Frau hörte sie voller Wehmut und Angst zu ihrem Mann sagen: „Ich bin schwanger." Er schaute sie groß und ernst an, verzog dann sein Gesicht zu einem Lächeln: „Schön, dann haben wir wenigstens auch unser Kind dabei."
Soldaten rannten den Müttern nach, die trotz Verbotes ihre Kinder dabei hatten. Plötzlich sprang ein Bub, als sie über einen reißenden Bach gingen, von der Brücke, die Mutter kopflos hinterher zu ihm ins Wasser. Sie verfing sich im treibenden Holz. Die trübe, braune Brühe riss in Sekundenschnelle alles mit sich fort.

Kirchen, Kapellen, Wiesen, Hügel, Häuser, Kühe, Flüsse, Wasser, Wald, Erde, Himmel – alles war erfüllt von einer Trauer, von einer einzigen Trauer. Wehmut und Trauer, Trauer des Abschieds, Trauer des Todes, Trauer über alles Leid der Welt, Trauer über das Sterben, das zurückliegende und das künftige, das eigene und das der anderen, Trauer über die unsägliche Hoffnungslosigkeit, Trauer über die Trauer. Aber da half kein Lamentieren, nicht das der Leute, die man vertrieb von ihrer Heimat, von ihrem kleinen Kosmos, von ihrem geordneten harmonischen Kosmos. Da half auch nicht das Klagen der zurückbleibenden Bauern, die keine Mägde, keine Knechte mehr hatten.

„Dann gehen wir eben mit, wie sollen wir unser Land bestellen, wenn uns die Arbeitskräfte fehlen, wie sollen wir die Stallarbeit allein bewältigen, auf den Markt fahren, Fuhrwerke beladen, wenn uns keiner mehr dabei hilft! Ja, dann gehen wir auch, dann könnt ihr gescheiten Leute sehen, was aus den Wiesen und Äckern wird."

„Ihr bleibt da, keiner von euch Katholischen geht mit! Und am Sonntag geht ihr in die Messe und dankt eurem Herrgott, dass ihr dableiben dürft! Ja, was euch einfallen tät!"

Am meisten traf es die Frauen, die gewaltsam von ihren Männern weggezerrt wurden. Auf die Knie haben sie sich geworfen und die Beamten angefleht: „So herzlos könnt ihr doch nicht sein, habt doch auch Weib und Kind daheim, stellt euch doch vor, denen tät's grad so gehn, habt doch Erbarmen, habt doch Erbarmen mit uns, wir sind doch immer redlich unserer Arbeit nachgegangen, haben keinem was Böses gewollt und unsere Kinder erst recht nicht, schaut doch den armen Wurm an, hat der vielleicht schon Sünde auf sich geladen?"

Ihr Weinen blieb ungehört.

„Kinder unter zwölf bleiben da. Ich sag's euch nochmal, Kinder unter zwölf bleiben da! Ha, was meint denn ihr, die Kleinen kommen in ein Erziehungshaus oder in ein Kloster, wo man ihnen schon, wenn nötig mit Gewalt, den richtigen Glauben einhämmern wird. Die werden dann schon unter die Kuratel genommen."

Aufbruch ins Ungewisse

*Die Krähen schrei'n
und ziehen schwirren Flugs zur Stadt:
bald wird es schnei'n -
weh dem, der keine Heimat hat!*

Friedrich Nietzsche

Der Wind blies ihnen von allen Seiten Schnee und scharfe Eiskristalle ins Gesicht, die sich auf die Krempen der Hüte setzten. Die schwarze Wolke vor ihnen bedeutete nichts Gutes. Schon am frühen Nachmittag verfinsterte sich der ganze Himmel, als wollte er die Welt verschlingen, während 800 Protestanten am 24. November 1731 aus der Stadt gingen: fünf Pferde und Wagen und ein Haufen, ein erbärmlicher Haufen von Menschen. Sie wollten nicht weg und die Bauern wollten sie nicht weg lassen. Die blieben zurück mit ihren Weibern, gestandene Mannsbilder schnäuzten sich verlegen in ihr Sacktuch, erstarrt waren sie, konnten kaum den Arm heben zum Gruß, zum letzten Winken. Viele nahezu wahnsinnig, andere stumpf und unerschütterlich, wieder andere in tiefer Schwermut vor Entsetzen und Kummer über die verlassene Familie. Es saute, was runterging, dicke Wasserschnüre kamen vom Himmel wie Bäche von Tränen. Die Wolken hingen bis zum Boden, kaum der nächste Hügel war zu sehen, die Kühe suchten Schutz unter den überhängenden Zweigen der mächtigen Bäume. Niemand war unterwegs bei diesem Wetter – außer diese Schar.

Angetrieben von ihrem Hunger nach Freiheit des Geistes und des Gewissens verließen sie ihre Heimat und zogen doch voller Hoffnungslosigkeit hin, als würden sie nie irgendwo ankommen. Neben den Männern ihre Frauen, geschüttelt vom Schluchzen. Zurückgebliebene Kinder zerrten sich los von den Händen fremder Frauen und Männer, rannten ihren Müttern nach, andere versteckten sich irgendwo, weil sie das Elend und das gewaltsame Auseinanderreißen nicht mitansehen konnten. Harte Männer, die mit den Tränen kämpften, Mütter mit Neugeborenen auf dem Rücken und Kleinkindern an der Hand, die noch nicht ermessen konnten, was sie erwartete. Soldaten, die die Mütter samt den Kindern zurückholten, wenn es sein musste mit Gewalt.

Ein junger Bursche löste sich aus der abziehenden Gruppe und rannte zurück, um den Gaul seines Herrn noch einmal zu streicheln. „Bauer, pass gut auf den Fritz auf. Er war mein Alles. So einen Freund werde ich nicht mehr finden, der Fritz hat immer gewusst, wie es mir geht. Ich wäre jetzt gern so stark wie er. Holz und Heu fahren, was kann …" Da verstummte er, rieb seinem Gaul die Stirn zwischen den Augen und streichelte ihm über die Flanken, rieb seine Nase an den geblähten Nüstern. Das Pferd stand da wie versteinert. Der Bub ging weg und drehte sich nicht mehr um. In der Kurve bückte er sich nochmal, steckte sich ein paar Kieselsteine und eine Handvoll Erde in die Hosentasche.

Eine Alte drückte ihren Enkel an sich: „Ich kann nicht mehr mit, bin viel zu alt, aber du, du hast noch das ganze Leben vor dir. Wenn du die Sonne siehst, weißt du, dass ich an dich denke. Wenn du den Mond siehst und den Großen Wagen, dann weißt du, dass ich an dich denke. Sonne und Mond und die Sterne scheinen über uns allen, über denen, die gehen müssen, und über denen, die bleiben müssen."

Wie eingefroren blieben die Dörfler zurück, konnten es nicht fassen, was sie hier erlebten. Sie standen da, bis sich der Letzte von ihnen am Horizont auflöste und sich schließlich als dunkler Punkt in der Ferne verlor. Der Joseph war auch dabei, seinen Ramos hatte er mitnehmen dürfen. Die kleine Magdalena hatte man ihm weggenommen. Er wusste sie bei der katholischen Nachbarin aber wenigstens gut aufgehoben. Alles schien weg zu schwimmen in diesem Fluss von Tränen. Die Gedanken und Worte schwammen weg und kamen wieder und wieder zurück, bis sie in einen neuen Fluss von Tränen mündeten.

„ER wird uns dahin führen, wo wir SEIN Wort haben dürfen. Irgendwann werden wir schon irgendwo ankommen. Wenn es mir besser geht, dann hole ich die Magdalena zu mir, ganz gewiss."
Der Nikolaus ging neben dem Joseph her.
„Weißt, neben meinem Hof stand eine mächtige Tanne, die hab ich umgehauen, aber so, dass sie direkt auf das Dach fallen musste. Alles hat sie zerschlagen, gar alles, sogar das Krautfass samt Deckel, aber wenn ich das Gut nicht haben soll, dann soll es auch kein anderer haben." Dann sprach Nikolaus kein Wort mehr.

Eine Alte schob ihre Hände in die Ärmel und ging vornübergebeugt gegen den Wind. Die Hügel waren weiß angezuckert. Eine Lawine hatte im Vorjahr eine breite Schneise gewalzt. Vom Haselstrauch taumelte ein Blatt zu Boden auf den Teppich aus faulem Laub. Der Wind fuhr hinein in die Ahorn- und Buchenblätter, trieb den späten, nassen Herbst vor sich her. Rote Dolden der Eberesche hingen schwer über dem Weg. Mit ihrem Stock schlug sie gegen die Äste, bis endlich Beeren herunterfielen. Sie klaubte ein paar auf und biss hinein.
Am Holunderstrauch neben der Esche hingen Beeren, die wohl die Amseln noch übriggelassen hatten. Neben Fichte und Buche der Sanddorn, auch er war noch voll mit Früchten, orange und gesund, die Alte nahm sich Zeit zum Pflük-

ken, zerstach sich dabei die Finger. Was sie nicht gleich essen konnte, steckte sie vorsichtig in ihren Beutel, den sie sich um den Bauch gebunden hatte, für den nächsten Tag, für die Kinder der anderen, für die Kranken. Hagebutten. Schlehen – fast schwarz. Berberitzen. Eine alte Haselnuss lag am Boden. Sie knackte die Schale mit den Zähnen. Zum Glück waren ihre Zähne noch gesund. Den kleinen weißen Kern gab sie einem Buben, der gerade neben ihr herging und ganz verstört wirkte. Er schaute sie mit großen Augen an, steckte ihn in den Mund, kaute, ohne den Blick von ihr zu wenden. Die gelben Blätter der Birke – die meisten hingen noch am Baum und die Äste wehten wie Schleier im Wind. Das Rostrot der Buche, das Goldbraun der Lärche, das Erhabene der Kiefer in der Trostlosigkeit eines nassen Novembertags.
Sie kamen vorbei an einem namenlosen Dorf. Eine Bäuerin stand mit krummem Rücken gebeugt in ihrem Garten und bohrte mit einem Stock die Lauchstangen aus der halbgefrorenen Erde, eine um die andere. Sie schaute nicht einmal hoch.

Anton Büchel war schon seit Jahren Soldat und stets verrichtete er seinen Dienst mit Leib und Seele. Aber was dieser Bischof Firmian sich jetzt leistete, das nahm ihm die Spucke. Er konnte seit langem nichts mehr essen, nachts lag er wach und sah nur immer vor sich, wie diese jämmerlichen Gestalten im Verlies auf Schloss Werfen dahin vegetierten, wenn sie nicht gleich krepierten.
„Aber wenn wir uns selber nicht treu bleiben, wenn wir unserer Einstellung nicht treu bleiben, dann werden wir doch erst recht zum Spielball der Obrigkeit." So klang es ihm noch im Ohr. Jede Woche musste er ein paar von diesen geschundenen Kreaturen zum Schloss bringen, wünschte ihnen einen gnädigen Tod. Jetzt sollte er diese Kolonne bis zur bayerischen Grenze begleiten, kam sich dabei vor wie das Werkzeug eines

Irrsinnigen. Aber hätte er sich geweigert, hätte es ein anderer getan. Was half's also!
Die meisten von denen kannte er sogar näher, einige waren aus seinem eigenen Dorf. Da vorn der Walter hatte im Sommer immer seiner Mutter bei der Heuernte geholfen. Die Kreszenz hatte seine kleine Schwester in diese Welt geholt. Mit dem Friedrich war er als Bub auf die Bäume geklettert. Jetzt trieb er sie alle wie Vieh durch das traurige Grau. Die Menschen erbarmten ihn bis ins Mark. Sie hatten kaum genügend Stoff am Körper für dieses Winterwetter. Herausgezerrt hatte man sie aus der Stube, aus dem Stall. Da blieb ihnen gerade noch Zeit, ein Bündel zusammen zu raffen, vielleicht noch Geräuchertes und ein paar Stücken Brot als Wegzehrung. Nachbarn und Freunde waren am Straßenrand zurückgeblieben, Männer weinten hemmungslos oder zogen ihren Hut tief herunter über die Augen, Frauen schluchzten oder rissen nur die Augen auf vor Fassungslosigkeit und hatten vor Gram keine Tränen mehr, wurden verjagt wie herrenlose Hunde. Bis Tittmoning sollte er diese angeblichen Rebellen bringen und dort den bayerischen Grenzern überantworten. Rebellen, die sahen für ihn anders aus als diese fromme, betende Schar. Noch drei oder vier Tagesmärsche hatten sie vor sich. Sonderurlaub hatte man ihnen versprochen.
Nicht mal galoppieren mochte Anton, weil sonst sein Hengst bis zu den Knöcheln im Matsch gesteckt hätte. Manche seiner Kameraden waren da nicht so zimperlich. Sie spornten ihre Pferde extra noch mit der Reitgerte an, dass die Pferdehufe den Frauen den Dreck ins Gesicht schleuderten. Die drückten ihre halbwüchsigen Kinder an den regenglitschigen Rock, um sie nicht immer und immer wieder der Willkür der Soldateska auszusetzen, die Spaß daran fand, ihnen zu aller Not auch noch Angst einzujagen. Auf Firmians Geheiß musste Anton obendrein noch kontrollieren, ob wirklich kei-

ne Kinder unter zwölf Jahren dabei waren. Er schämte sich vor den weinenden Müttern und stellte sich vor, wie es ihm selber erginge, wenn er ein Kind hätte, das in die Hände dieser katholischen Tyrannen geraten würde. Er brachte es nicht übers Herz, die Kinder von den Händen ihrer Mütter zu reißen und rauszuholen aus den Reihen, sie womöglich weglos zurückzujagen durch die Kälte. Ein paar Buben und Mädchen waren den Männern und Frauen nach dem Abschied weinend hinterhergerannt. Er hatte sie nicht gehindert, die Eltern oder Geschwister noch einzuholen.

Anton parierte sein Pferd durch. Der Sturm peitschte ihm den Regen wie Nadeln in die Augen. Regen, Schnee, Eis, da jagte man doch keinen vor die Tür und schon gar nicht aus dem Land. Er warf einen Blick zur Seite. Vermummte Gestalten, kaum zu erkennen, ob Mann oder Frau. Je schlechter es ihnen ging, desto lauter sangen sie das Lied vom armen Exulanten. Er konnte es nicht mehr hören, kam es ihm doch bei jedem Schritt vor wie Hohngelächter:

„Ich bin ein armer Exulant,
also muss ich mich schreiben.
Man tut mich aus dem Vaterland
um Gottes Wort vertreiben.
Doch weiß ich wohl,
Herr Jesu mein,
es ist dir auch so gangen,
jetzt soll ich dein Nachfolger sein,
mach's Herr nach dein'm Verlangen!"

Ein junges Mädchen ging hoch erhobenen Hauptes neben ihm und in ihren Augen las er Trotz und wilde Entschlossenheit. Manch einem fiel es schwer, fröhlich und tapfer ein Lied zu singen, aber in der Gruppe schafften es die meisten. Eine Frau konnte nicht sprechen, sie konnte nicht singen, weil sie alles verlassen musste, weil sie alles verloren hatte, weil ihr das hinter ihr liegende Leid den Mund verschloss – für immer.

In Hallein standen die Schiffe auf der Salzach schon bereit. Statt Salz, das weiße Gold, erwartete die Schiffer nun eine lebendige Fracht, was nicht allzu oft vorkam. Ihnen konnte es gleich sein, Hauptsache sie überstanden alle die Fahrt. Lang anhaltende Regenfälle, wie üblich zu der Jahreszeit, hatten dafür gesorgt, dass der Fluss zwar gut befahren werden konnte, aber teilweise barg die Strömung natürlich auch Tücken, besonders mit diesen Menschen, die Schifffahrten nicht gewöhnt waren. Dazu kam das Problem, dass sich je nach Wetter der Wasserstand der Salzach nahezu von Stunde zu Stunde veränderte und sich die Schiffer täglich auf einen veränderten Lauf des Flusses und seiner Nebenarme einstellen und immer wieder eine geeignete Fahrrinne suchen mussten, um die Leute sicher an ihr Ziel zu bringen.
Fast 40 Fuß lang und nahezu 8 Fuß breit waren die schwimmenden Ungetüme, aber die niedrige Bordhöhe und der geringe Tiefgang von kaum 3 Fuß, dazu die katastrophalen Begleitumstände, das war allen fast schon mordverdächtig. Trotz allem gab es Männer, vorwiegend Zimmerleute, die sich die Bauweise der Boote erklären ließen, vielleicht auch, um sich abzulenken, um nicht zeigen zu müssen, wie schwer ihnen die Stunde des Abschieds fiel, jetzt, da sie an der Grenze zum Nichts standen. An der Grenze von ‚nicht euer Land', an der Grenze zu ‚keine Heimat mehr', an der Grenze zu ‚nie wieder heim'.
„Fichte, das sieht man. Aber wie geht es dann weiter?"
„Die Bretter werden mit der Axt auf gleichmäßige Dicke gehackt, nicht gesägt, das ist wichtig. Dann werden die Bretter in Längsrichtung auf Bohlen gelegt und mit Querbalken vorläufig verbunden. An Bug und Heck, also vorn und hinten, werden diese Grundflächen spitz zulaufend gesägt. Den Mittelteil beschwert man dann mit Steinen und zieht die Enden mit Win-

den hoch – dann hat man schon einmal die Grundform. Nun werden die Bretter an der Seite angenagelt. Die Kipfen kommen ganz am Schluss. Sie werden aus den Wurzeln der Fichten herausgearbeitet, eingepasst, festgenagelt. Dann entfernt man die Querbalken und der Bootskörper ist fertig."
„Du bist gut. Ich kann ein Dach machen, aber ein Boot – und das schwimmt wirklich? Da läuft doch Wasser durch die Ritzen, so genau kann keiner arbeiten, dass da kein Wasser durch die Ritzen läuft."
„Gut hast du aufgepasst, dich behalten wir gleich noch da!" Die Männer lachten miteinander, ehe der Schopper, der hier in Tittmoning wohnte, weiter erklärte: „Mit trockenem Moos müssen die Fugen ausgefüllt und mit einem Schlegel und einem Keil verdichtet werden. Nichts Besseres gibt es dafür als Moos. Das quillt auf, wenn es beim Fahren nass wird. Stell dir vor, so eine Moosdichtung hält drei bis vier Jahre, so lange hält das ganze Boot nicht!", und wieder konnten die Männer miteinander lachen, als wäre das ganze Treiben nur ein Sonntagsausflug.
„Es gibt schon noch größere Schiffe, aber das reicht auch schon, auf der Salzach allemal. Da braucht es stolze sechs Männer, die das Schiff auf Kurs halten können. Hast es ja selber erlebt. Ja, dich hätte ich gerne dabehalten, aber, so wie ich dich jetzt kennen gelernt habe, wirst sicher irgendwo Arbeit finden, evangelische oder katholische, die Arbeit fragt nicht danach."

Endlich waren die Leute auf die Hallaschen verteilt. Todesangst stand ihnen ins Gesicht geschrieben. Verkrampft klammerten sie sich aneinander: „Wenn du über Bord gehst, dann will ich auch mitgehen."
„Warum soll ich über Bord gehen, die werden uns schon sicher transportieren. Die machen das ja nicht zum ersten Mal."
„Ja, aber sonst haben sie Salz und Handelsware, wer weiß, wie viel davon schon in den Fluss gekippt ist. Aber wenn sie uns jetzt kippen ..." – „Die kippen uns schon nicht."

Nun ging es voll hinein in die brausende Flut, das Boot wurde schnell zum Spielball der tosenden Wellen. Kaum hochgehoben rauschte es zurück in die Wassermassen, versuchte sich quer zu stellen, doch die starken Männer arbeiteten dagegen, hielten das Ruder mit ganzer Kraft, schließlich konnten sie selber nicht schwimmen. Das Boot wurde mitgerissen von den dreckigen, reißenden Wellen, als wäre es eine Nussschale. Starker Regen hatte aus dem trägen Gebirgsfluss einen verheerenden Strom gemacht. Die Leute waren nie zuvor auf dem Wasser gewesen. Ein Schreien und Beten erfüllte die Luft. Wer außen saß, klammerte sich an die Bootswand, wer weiter innen saß, hielt sich fest an seinem Nebenmann, den er ganz und gar mit seinen Armen umschlang, wer ein Seil hatte, band sich mit einem anderen zusammen.

„Wenn das Boot verschlungen wird vom Wasser, bleiben wir wenigstens beieinander, wirst sehen, wir gehen unter!", schrie die Frau, der Mann sagte besser gar nichts, er hatte ja selber auch keine große Hoffnung, dass sie am Leben blieben. Junge suchten sich Plätze unter den Bänken, legten sich auf den Boden, ein Wasserschwall flutete über die Köpfe hinweg, die Bootsführer beherrschten ihr Handwerk, nur das Ruder nicht loslassen, nur jetzt das Ruder nicht loslassen, dann wieder die Frau: „Wir ertrinken, wir gehen alle unter, auf einer Wallfahrt sind auch einmal alle untergegangen!" und der Mann wieder: „Frau, halt endlich den Mund, es ist ohne dein Zetern schon schlimm genug!"

‚Da kann es einem ja schlecht werden!', dachte sich Anton Büchel, der Salzburger Kommissär, als er die Männer, Frauen und die jungen Leute anschaute.
‚Was muss der Mensch doch für ein Leiden ertragen.'

Tittmoning

Mit den angrenzenden Ländern war kein Übereinkommen getroffen, so dass sie an der bayerischen Grenze auf ihre Abfertigung warten und betteln mussten, um etwas zum Essen zu bekommen. Firmian hatte auch bis zu seinen Nachbarn schon Gift gestreut, so dass Karl Albrecht, Kurfürst und Herzog von Bayern, erst keinen von den Irrgläubigen ins Land ließ. Schon jetzt waren sie verzweifelt und hungrig und froren erbärmlich, weil sie überhaupt nicht wussten, wie es weitergehen sollte. Bleiben durften sie nicht, weitergehen konnten sie auch nicht. Ihre Begleiter verhandelten mit den Zöllnern, die sich stur an ihren Befehl hielten, keinen ins Land zu lassen.

Es blieb ihnen nichts anderes übrig, als wieder an der Grenze entlang nach Teisendorf zu pilgern, das trotz Grenznähe noch zum Fürsterzbistum Salzburg gehörte. Anton Büchel und seine Kameraden hatten alle Hände voll zu tun, die Gruppe vorwärts zu treiben. Diese Leute waren ein einziges Elend. Selbst die Soldaten waren durchgefroren, als hätten sie sich mit allen Eisheiligen dieser Welt angelegt. Der Wind peitschte sie obendrein noch windelweich.
Daumenschraube, Brustkralle, Eiserne Jungfrau – bei dieser Eiseskälte war es Anton, als würde er schonungslos gepiesackt mit allen Folterinstrumenten von Werfen und Salzburg zusammen. In seinen Fingern, in denen die Zügel lagen, spürte er kein Leben mehr. Zwischendurch legte er seine Hände an den Hals seines Pferdes, um sie zu wärmen. Lang genug saß er im Sattel, dass sich sein Sultan schon mit leichtem Schenkeldruck parieren ließ. Sie beide kannten sich. Mit keinem Menschen war er so vertraut wie mit diesem Fuchs, kein Mensch war so zuverlässig wie dieser Wallach. Wenigstens das hatte etwas Gutes. Sein Sultan und er. Winterweiße Wiesen,

die Gräser in frostigem Pelz, der eisharte Hufschlag – noch nie war Sultan gestrauchelt. Mit sicherem Tritt fand er immer den richtigen Weg.

Anton suchte mit den Augen die Menschenreihe ab und Sultan wechselte in eine langsamere Gangart, blieb neben einer jungen Frau stehen, als würde er die Leute kennen und wüsste genau, dass sein Herr genau an dieser Stelle durchparieren wollte zum Halten. Anton beugte sich wie der Heilige Martin leicht aus dem Sattel. Er hatte zwar keinen Mantel, den er hätte zerteilen können, aber ein Stück Zwieback und einen Ranken Salami. Die Frau schaute nur kurz auf, als er ihr diese Ration in ihren notdürftig verschnürten Rückensack legte. „Da! Für dich." Hochmütig warf sie den Kopf zurück und setzte unverdrossen einen Fuß vor den anderen. Wo nahm sie nur die Kraft her, welchen Taktgeber hatte sie in sich, der ihr die Ausdauer schenkte Tag um Tag um Tag. – Die Andeutung eines kurzen Nickens sollte wohl ihr Dank sein. Sie nahm es an. Also war sie doch nicht so hochmütig, wie er befürchtet hatte. Er konnte sie ja verstehen, wenn sie sich ihm verschloss, wenn sie ihm nicht gleich den Stiefelabsatz küsste. Er hatte ja auch nur funktionieren müssen, entschuldigte er vor sich selbst und wusste doch im gleichen Atemzug, dass er die Schuld nicht von sich nehmen konnte. Dass er die Leute zur bayerischen Grenze bringen musste – so schlimm war das nicht, verglichen mit dem Dienst, der hinter ihm lag. Ganz verroht kam er sich schon vor, fast hatte es ihm auch noch Spaß bereitet, nein, Spaß hatte er nicht, aber seine Empfindungen hatte er ausgeschaltet, den Kopf hatte er ausgeschaltet, zum Befehlsempfänger, zum Befehlsausführer hatte er sich degradieren lassen, nicht einmal gemerkt hatte er es.

„Schlag zu! Wenn du so einen erkennst, wirst schon wissen, wie du mit ihm umgehst, nicht zimperlich sein!" Dann hatte er eben zugeschlagen, wild, das Schmerzgeschrei war normaler Alltag geworden, das war eben so und damit genug. Die

Albtraumbilder hatte er mit Schnaps zugeschüttet, das war eben so und damit genug. Wird schon richtig sein! Und wieder war er uneingeladen in die Häuser gestürmt zum Kontrollieren, ob jeder den Fasttag einhielt oder etwa gar Fleisch auf dem Tisch stand. Wie ein Berserker hatte er die Bänke und Stühle umgeworfen, auch wenn da noch Menschen drauf saßen. Die alten gebrechlichen lagen dann oft auf den Dielenbrettern und zappelten wie Maikäfer, die auf dem Rücken lagen. Er mit seinen Kameraden hatte sinnlos das Geschirr aus den Schränken auf den Boden geworfen: „Ach, da unten wollt ihr sitzen! Hier habt ihr gleich auch noch eure Teller und Tassen!"
Jetzt auf dem Marsch kamen diese Bilder in seinen Kopf, erfasst vom Verstand, verarbeitet von seinem – Gemüt? Hatte er überhaupt ein Gemüt? Und wenn einer von diesen Alten jetzt davon dieser jungen Frau erzählt hat? Sicher hat sie einmal von seiner Rohheit erfahren, ausspucken hätte er mögen vor sich selber! Pfui Teufel! Pfui Teufel! Er spuckte tatsächlich aus, gallige Spucke. Pfui Teufel! Jetzt! Jetzt erst! Warum nicht schon früher! Jetzt war es doch schon zu spät. Wie hätte er denen, die damals vor ihm am Boden lagen und allein gar nicht mehr aufstehen konnten, ihre Schmerzen und ihre Schmach nehmen können? Jetzt? Und hier? Wie hätte er das gebrochene Bein des alten Mannes wieder reparieren können? Jetzt? Und hier? Wenn ihm auf diesem Marsch kalt war, recht geschah ihm damit. Den anderen, bei denen er dabei war, als man sie in der Winternacht aus dem Bett zerrte und auf den Wagen warf, da war er selber ganz und gar nicht zimperlich, die hatten auch gefroren und gehungert und die Familie in Trauer zurücklassen müssen und ihm war es egal. Ja, da ging es ihm selber noch richtig gut, wenn er lediglich frieren musste, weiß Gott. Das alles konnte doch nicht richtig sein. Befehle ausführen, die den unschuldigen Menschen so in die Verdammnis brachten. Wie sollte er weiterleben, wenn er tat-

sächlich dem Firmian immer und immer wieder die Kastanien aus dem Feuer holte, der verbrannte sich doch nicht selber die Finger. Wer wusste denn, wie lange das noch so ging.
Anton trabte verhalten an der Kolonne entlang und führte sich vor Augen, wie diese junge Frau jetzt nachschaute, was ihr der Reiter zugesteckt hatte. Herablassend war sie ja, aber der Hunger war doch größer als ihr Stolz.

Weiße Wolkenfahnen umhüllten Bäume und Sträucher. Die dampfenden Pferde blähten ihre schnaubenden Nüstern, der kleine Bach neben dem Weg lag in frostigem Nebel. Über der Hügelkette bauten sich Wolkentürme auf.

Wenn er darüber nachdachte, was diese ärmlichen Flüchtlinge zum Essen bekamen – zum Sterben zu viel, aber zum Leben nicht genug. Kaum ausreichend für die Jungen, die Alten verschwendeten ohnehin kaum noch einen Gedanken an das Morgen, waren froh, wenn sie am nächsten Tag die Sonne wieder sahen oder zumindest wussten, dass sie unter der Sonne standen. Denen war es einzig von unsagbarer Bedeutung, dass man sie nicht allein zurückgelassen hatte, dass sie dem Firmian beweisen konnten, wie wichtig ihnen die Treue zum Glauben war. Ja, das war sicher für die Alten die Hauptsache, ihr Protestantismus, dass sie in ihrer Überzeugung stärker waren als der Firmian und seine Knechte, dass ihnen auch die schlimmsten Drohungen nichts anhaben konnten, dass selbst der Tod für sie keinen Stachel hatte.

Anton konnte oft nur staunen, wenn die Leute ihre Lieder sangen, als wäre der ganze Marsch ein Spaziergang. Und das war er weiß Gott nicht! Jetzt führte er doch tatsächlich schon selbst den Gott in seinen Gedanken, dabei wollte er von dem nie etwas wissen. Den Kopf schütteln musste er jetzt darüber. Er, der nur an sich selbst, höchstens noch an sein Pferd glaubte, dachte jetzt auch schon an den da oben, der ja ganz offensichtlich für diese traurigen Gestalten der Inbegriff allen Lebens, der Inbegriff der Liebe war, wichtiger, als sie sich selbst waren.

Tittmoning. Der Marktflecken lag – zum Vorteil der Flüchtlinge – an einer wichtigen Straße bzw. Straßenkreuzung mit Mautstation. Kolonnenweise waren die Salzfuhrwerke unterwegs und wer noch Platz auf dem Wagen hatte, ließ wenigstens die Alten aufsitzen. Bauern, die den Treck beobachteten, brachten Lebensmittel oder fanden sich bereit, mit ihrem Pferdewagen die Schwächsten bis zur Grenze mitzunehmen.

***

Mittlerweile hatte Firmian seinem bayerischen Nachbarn Karl Albrecht von Bayern mitteilen lassen, dass es sich bei den Vertriebenen doch nicht um Rebellen, sondern um ganz brave Leute handle, die auszureisen wünschten. Am Grenzübergang nahmen die Beamten ihren Dienst dennoch sehr ernst, jedes Ausweispapier wurde von einer Hand zur anderen gereicht, Name, Geburtsdatum, Herkunft, Eltern, Anzahl der Geschwister – als wollten sie von jedem alles auswendig lernen. Noch einmal mussten sie alles von den Wagen räumen, ob nicht doch noch ein Kind irgendwo versteckt war, auch die Salzfuhrleute mussten sich Verhöre gefallen lassen.

Philipp Steinbacher hatte sich in seiner Ruhe und Besonnenheit zum Anführer seiner Gruppe entwickelt.
Allen war es recht so. Die lange Wartezeit nutzte er dazu, seinen Glaubensbrüdern und -schwestern noch eine Ansprache zu halten:
„Das Herz krampft sich einem zusammen. Es fällt mir nicht leicht, euch ein Wort zu sagen, das eine tröstende Kraft ist.

Die Geschichte des Volkes Israel beginnt mit einem Abschied aus dem Vaterlande auf Gottes Geheiß. Abraham, der Stammvater Israels, muss seines Vaters Haus, seine Freundschaft, seine Heimat verlassen, um ein Pilger Gottes zu werden. Ich glaube, erst die Abschiedsstunde lässt uns ganz klar erkennen, was uns die Heimat bedeutet. Das Land unserer Väter und Kinder, das Land, dem unser Urvertrauen gehört, das unsere Zuflucht darstellt, das Land, dessen Häuser und Straßen, Felder, Berge und Wälder uns anheimeln wie keine andere Landschaft, das Land, in dem wir verwurzelt sind! Wo wir ein neues Vaterland finden werden – das weiß keiner. Ob wir uns an eine neue Landschaft, an eine andere Sprache werden gewöhnen können – auch das kann heute noch keiner sagen. Aber wenn es Gottes Wille ist, müssen wir unsere Heimat lassen. Doch ER gibt uns mitten in aller Unruhe der Zeit eine letzte Geborgenheit, eine feste Burg, die uns keine Macht der Welt rauben kann.

Denken wir an Jesus Christus, für dessen Geburt kein Raum in der Herberge war. Auf den gilt es zu schauen, wenn uns die Bitterkeit über die Ungerechtigkeit der Welt überfallen will. Im schwersten Schicksal vermag die höchste Gnade verborgen zu liegen. Gott nimmt nicht, ohne zugleich zu beschenken, er verlangt nicht das schwere Opfer der Heimatlosigkeit, ohne uns zugleich eine Heimat zu geben, wenn wir nur seiner ewigen Güte trauen wollten. So ziehen wir hin unter SEINEM Schutz und hoffen auf Frieden. Amen."

***

Achtzehn Tage lang mussten sie in Teisendorf bleiben, für ihre Lebensmittel selbst aufkommen, lediglich freie Wohnungen wolle man ihnen gewähren, hieß es. Aber der Amtmann von Teisendorf witterte bei diesen Leuten unter diesen Umständen eine sprudelnde Geldquelle, unsicher und eingeschüchtert, wie die waren. Ihm war zu Ohren gekommen, dass mindestens fünfzig Flüchtlinge noch Geld hatten, verborgen in ihrer Geldkatze. Er zitierte jeden Einzelnen vor seinen Schreibtisch und erpresste von jedem von ihnen für den Aufenthalt in seinem Bezirk einen halben Taler. Endlich traf die kurfürstliche Erlaubnis vom 15. Dezember 1731 im Amt ein und machte dem ein Ende. Nach langen, viel zu langen Verhandlungen gelang es dem ersten Haufen, die Grenze zu passieren. Sie betraten durchgefroren, erstarrt von der Kälte und mittellos, als wären sie ausgeplündert worden, endlich bayerischen Boden, um ins Ungewisse weiterzuziehen. Nun stand es endgültig fest, dass sie dieses ihr Land niemals mehr sehen würden.

***

Anton Büchel und seine Reiter lieferten die Leute an der Grenze dem bayerischen Kommissär und seinen Unteroffizieren aus, ließen sich die ordnungsgemäße Übergabe bestätigen, machten Meldung über besondere Vorkommnisse und lenkten den Augenmerk auf einige besonders Schwache und auf ein paar Frauen, die demnächst niederkommen würden. Doch noch bevor der bayerische Kamerad sie in ein längeres Gespräch verwickeln konnte, rissen sie die Zügel herum und gaben ihrem Pferd die Sporen.

„Ich soll euch jetzt begleiten, bei dem Sauwetter, da könnt ich mir jetzt auch was Schöneres vorstellen", raunzte Johannes Pfeffer, der Diensthabende, sie an. „Bei dem Sauwetter, aber ihr könnt ja nichts dafür, wenn euch die wegschicken, die Damischen. Jetzt schau mer halt, dass wir mal ankommen bei einem evangelischen Ort, bei einem evangelischen, so wie ihr euch das vorstellt. Bei dem Wetter, dem grauslichen. Schwer wird's schon sein. Aber was sollen wir machen. Los! Pack mer's."

Schneeregen kam ihnen entgegen, attackierte sie wie mit spitzen Nadeln. Eiszapfen hingen an Bäumen. Die Berge verabschiedeten sich in weißem Mantel, wenn sie nicht gerade von Wolken umhüllt waren. Raureif gefror ihnen im Gesicht, Atem gefror auf dem Kragen. Nicht wohl war es ihnen. Bayern. Katholisch. Ungewiss. Fremd.

„Dein Wort ist meines Fußes Leuchte und ein Licht auf meinem Wege" – dass ihr das in diesem Moment in den Sinn kam, immer wieder wunderte sich Sara über die richtigen Gedanken im richtigen Moment, wenn Wut, Angst und Schmerz sie begleiteten. Sie trottete hinter ihrem Mann her, weil sie bald gemerkt hatte, dass sie sich leichter tat, wenn sie in seine Fußstapfen trat.

***

Teisendorf. Lang war es her, dass Anton dort in Grenznähe als Rekrut seinen Dienst ableisten musste. Da lernte man eine Gegend recht gut kennen. Damals hatte er sich heimlich auf Schleichwegen mit einem Mädchen getroffen, Veronika, gerade fiel es ihm ein. Durchs Niemandsland war er zu ihr gepirscht, dass ihn die Grenzer nicht entdecken konnten. Eine auffällige Eiche im Wald war dabei sein Verbündeter. Irgendwann hatte der Blitz den Baum in zwei Hälften gespalten und jeder halbe Stamm war für sich weitergewachsen als neue Eiche. In der Gabelung, in Mannshöhe über dem Boden, hatten sich allerlei Moose, Farne und Sträucher angesiedelt. An diesem Zwiesel musste er noch ein Stück nach Westen, dann war er auch schon drüben im Bayerischen. Schleichen konnte er wie eine Katze, jedenfalls war er nicht ein einziges Mal erwischt worden. Genauso gelangte er auch wieder zurück. Blind hätte er den Baum gefunden, bei Nacht und Nebel, nachts wie am Tag, bei jedem Wetter. Es machte ihm keine Mühe, jetzt auf dem gleichen Weg zur Gruppe zurückzufinden. So viele Menschen hinterließen Spuren, die konnten sich nicht in Luft auflösen.

***

Philipp und seine Vertrauensleute wussten, dass sie unterwegs nicht auf Beistand der Bevölkerung hoffen durften. Offiziere führten alle vierzehn Tage Kontrollen durch und bestraften jeden, der einen solchen ketzerischen Rebellen in sein Haus aufnahm, und das verlangte der Bischof auch von seinem benachbarten bayerischen Landesherrn. Hätte man das verlautbaren lassen, noch weniger Hoffnung wäre in den Reihen gewesen.

Am Nachmittag legte sich endlich der Wind. Den ganzen Tag hatte er von vorn, von der Seite geblasen, Wolkenfelder, schwarze, graue, weiße, zusammengebauscht. Dazwischen ein kleines Stück Blau, noch übrig vom Morgen. Bald würde es verschlungen sein von einem einzigen Dunkel. Im Westen war der Himmel noch hell. Sie gingen hinein ins Helle. Wolken wie dunkler Rauch aus einem Kamin, manche noch mit einem Kranz von Licht, einem Kranz von Tag. Wieder ein Tag, aber wenigstens war es meistens trocken, von oben trocken. Wasser stand in den Löchern auf den Wegen. Ein verfaulter Lattenzaun lehnte marode umgefallen an der Böschung. Hagebutten leuchteten wie kleine Äpfel im spärlichen Sonnenlicht.

In der Ferne war ein Reiter auszumachen, der von dem Hügel kam, den sie gerade hinter sich gelassen hatten. Erstaunt hielten sie beim Gehen inne. Dahergepruscht kam – Anton Büchel, den sie vermeintlich an der Grenze zurückgelassen hatten. „Was ist jetzt los, sollst du uns wieder zurückholen, oder was?" Völlig verwirrt waren alle. Anton Büchel war abgehetzt und reagierte wortkarg auf die Fragen, mit denen er bombardiert wurde. Erst jetzt wurde ihm mehr und mehr seine missliche Lage voll bewusst: Wäre er geblieben, hätte er sich wahrscheinlich nicht minder schlecht gefühlt. Fürs erste gab er keine Erklärungen ab, zu sehr stand er unter dem Schock dieser Entscheidung, nun auch sein Land verlassen zu haben. Im gleichen Moment wurde ihm klar, dass dieser Schritt über die Grenze der größte Schritt war, den er jemals getan hatte. Ein Zurück gab es nun nicht mehr. Wenigstens hatten ihn seine bayerischen Kameraden nicht gleich verurteilt, was hätten sie auch machen sollen, sie waren ja um jeden froh, der sie unterstützte.

„Was bist denn du für einer? So ein Buntfrack gehört doch nicht zu uns. Bist übergelaufen? Du traust dir was. Und jetzt? Du bist doch der Anton Büchel? Hab dich schon gesehen an der Grenze. Bringst uns in ein sauberes Schlamassel, in ein sauberes. Zurückschicken können wir dich auch nicht, wie es dir gehen wird, wenn wir dich mitnehmen, weiß keiner. Aber wer in dieser schwierigen Zeit ein Schlupfloch an der Grenze findet, kann kein schlechter Soldat sein, du Herrgottssiech, du elender. Was machen wir jetzt? Kennst dich hier wohl gut aus überall?"

Anton erzählte gerade so viel wie notwendig war. „Zum Essen habe ich noch was im Tornister und eben das, was bei uns ein Gemeiner dabei hat: Mantelsack, Futter fürs Pferd noch für einen Tag, Beschlagzeug. Übrigens, ich bin der Anton."

„Und ich der Hans." Die beiden Männer gaben sich kameradschaftlich die Hand und wussten in dem Moment, dass es zwischen ihnen keine weiteren Debatten geben würde.

„Reit mal da vor und schau, dass die beieinander bleiben, wie sollen wir die alle denn führen, wenn die auch noch zum Wald laufen. Sag den Weibern, wenn sie zum Scheißen müssen, sollen sie sich gefälligst in den Graben setzen!"

Anton gab seinem Sultan die Sporen und trabte an der langen Schlange entlang. Wie sollte er denn die eine in dem großen

Haufen finden? Dieses stolze Zurückwerfen ihres Kopfes, immer wieder musste er an dieses stolze Zurückwerfen ihres Kopfes denken. Ob sie der Grund seines schnellen Entschlusses war? Das hätte er jetzt nicht mehr sagen können. Sultan wurde ohne Einwirkung langsamer und ging über zum Schritt.
Anton erkannte die junge Frau wieder, die sein Brot und den Ranken Salami kaum eines Dankes gewürdigt hatte.
Es war kein Zufall, dass Anton neben der jungen Frau ritt. Sie ging immer außen, wie ein Späher, wie ein Späher im Krieg. Zugegeben, sie waren alle an einer eisigen Front und führten einen schlimmen Kampf, aus dem es kein Entrinnen gab. Wie sie es nur durchhielt, wie sie diese Strapazen nur durchhielt. Was musste sie für eine starke Frau sein, was machte diese Frau so stark? Sie brauchte niemanden, ihn schon gar nicht. Oder doch? Da schaute sie zur Seite, als er mit ihr auf gleicher Höhe war. „Wo kommst du denn her!" Im selben Moment, als ihr dieser Satz entfahren war, hielt sie sich erschrocken den Mund zu, aber sie konnte die Worte doch nicht mehr zurückholen. Er streckte seinen Arm nach hinten: „Wo ich herkomme? Von dort!"
„Und wo gehst du hin?"
„Nach da!", sagte er lachend und zeigte in die Richtung, wo die Spitze des Zuges war.
„Aber das geht nicht, du bist doch fürstbischöflicher Salzburger Beamter und die kurbayerische Grenze liegt schon lang hinter uns! Du bekommst die größten Schwierigkeiten."
„Die habe ich schon, aber ich habe mir die ganze Zeit gedacht, wer soll denn sonst dafür sorgen, dass du was zu essen hast?"
„Na, wenn deine Ration aufgebraucht ist, dann wirst du selber nichts mehr zu essen haben." Fast bockig, ablehnend hörte sich ihr Ton an, als sie den nächsten Satz anhängte: „Du willst vielleicht nicht mehr zurück, ich schon." Zweifelnd schaute er hinunter zu ihr. Glaubte sie daran immer noch?

„Jungfer, verrätst du mir noch deinen Namen?" Aber das Mädchen hatte sich schon wieder zurückgezogen in seine eigene Gedankenwelt. Er konnte es sogar verstehen.

Sie gefiel ihm. Ihr Verhalten gefiel ihm. Er selber gefiel sich überhaupt nicht und dann war er mit sich und seinem Entschluss, Fahnenflucht zu begehen, wieder ganz zufrieden. Was hatte er verloren? Was hatte er zu verlieren gehabt? Nichts. Seine Pflicht, gegen diese Protestanten vorzugehen, hatte ihn einsam gemacht. Echte Freunde hatten sich von ihm abgewandt. Hatte er überhaupt echte Freunde gehabt? Die Kameraden, selbst dazu verdonnert, Befehle auszuführen, das waren bestenfalls Saufkumpane. Miteinander hatten sie sich im Prahlen überboten, was waren sie doch für tolle Kerle. Keiner von ihnen hatte frühzeitig erkannt, dass ein einziger dieser Protestanten in seiner Glaubensgesinnung und in seinem ehrlichen Herzen viel stärker war als von ihnen eine ganze Kompanie. Das einzig Gute: Sein Sold für diese Drecksarbeit war hoch genug, dass er was auf die Seite legen konnte. Er mochte gar nicht darüber nachdenken, wie schmutzig diese Gulden waren. Diese Jungfer – wie hoch sie den Kopf trug. Sie mochte ihm gar nicht aus dem Verstand gehen.

Wie Nägel in der Brust fühlte sich die Kälte an, der sie nicht ausweichen konnten. Frost, Kälte, Winter war es geworden, vom Matsch aufs Eis. Müde schlurften die Füße über den rutschigen Weg. Jeden Tag dieses Schlurfen, wie auf einem schweigenden Todesmarsch. Kaum einer, der bis jetzt unbeschadet war. Aufgebrochene blutige Blasen an der Ferse, Frostbeulen am Ballen, das waren vergleichsweise Bagatellen. Die Füße wurden schwer, der Kopf wurde schwer, die Gedanken wurden schwer.

Kinder gruben unter dem Schnee auf den Feldern nach Wurzeln und Blättern, kauten auf Eicheln und Kastanien, die auf-

gebrochen und weich waren, weil sie schon so oft der Frost erwischt hatte. Schreie, weil abgefrorene Zehen Schmerzensblitze durch die Körper jagten. Ab und zu stieß man in kleinen Städten, durch die sie kamen, sogar auf einen Bader, der sich darauf verstand, Gliedmaßen zu amputieren. Manche überlebten den Wundbrand nicht, andere verdankten ihm ihr Leben. Erfrorene Füße, Gelenke zum Teil so steif, dass Kranke und Verwundete kaum noch vorwärts kamen. Gestützt auf seinen dicken Wanderstab zog ein Mann sein Bein nach, schob mit durchgedrücktem Knie das rechte Bein über die ausgetretene Spur und setzte das andere nach, zufrieden, wenn er es eine Fußlänge vor das andere brachte. Unter den tausend Füßen wurde die Eisdecke so traktiert, dass die Hinteren wieder durch schlammiges Erdreich gehen mussten.
Wieder lag ein mühevoller Tag hinter ihnen. Wolkenfetzen schoben sich vor die schmale Sichel des zunehmenden Mondes, der dünn war wie ein kurzer Fingernagel. Mal fehlte ihm die obere Spitze, mal die untere. Anton Büchel patrouillierte entlang der Kolonne. Ein Mädchenkopf hob sich: „Agnes. Agnes heiß ich."

Anderntags schneeregnete es wieder, als wären im Himmel alle Schleusen geöffnet. Wasser stand auf dem Eis, tückisch wurde der Weg.
„Mama, mir isch so kalt!"
Der kleine Daniel kroch fast unter den wollenen Rock seiner Mutter Sara, kaum, dass er noch einen Fuß vor den anderen brachte.
„Hättest vielleicht allein daheim bleiben wollen? So wie die anderen Kinder?"
Fast klang es ihr selbst zu barsch, wie sie das sagte. Sie erlaubte sich keine Tränen, was hätte der Bub von seiner Mutter denken sollen, was hätte er denken sollen, wenn sogar die Mutter weinte. Eine Mutter, die weint, wo gibt es denn so etwas.

Sara Steinbacherin war eine der wenigen Frauen, die auch das kleine Söhnchen mit auf den Treck gerettet hatte, versteckt auf einem Bollerwagen, bis sie außer Reichweite von St. Veit waren. Die ganze Strecke hat sie nur gebetet, dass man ihn nicht finden möge. Großer, unsäglicher Dank erfüllte sie für diese Gnade, dass man ihn unterwegs nicht heruntergezogen hat, so wie bei den anderen Frauen, die von der aufgewiegelten Meute rausgeprügelt und zurückgejagt worden waren.
„Aber wenn's mich doch so friert!", wimmerte Daniel weiter vor sich hin.
„Wo gehen wir überhaupt hin?"
Ja, wenn sie das nur wüsste. Wo gehen wir überhaupt hin! Daheim waren sie ja kaum zum Denken gekommen.

Philipp Steinbacher, Daniels Vater, ging ganz vorn beim Ochsengespann. Auf dem Wagen lagen Säcke, Kleiderbündel, Töpfe, Pfannen, ein Halbmetzenschaff, Kumpf und Schleifstein, wirklich nur das Nötigste. Nicht bis ans Ende seiner Tage würde er dieses Trauerbild des Abschieds vergessen. November. Er durfte gar nicht darüber nachdenken. Wie konnte ein Herrscher so grausam sein und Familien auseinanderreißen, Kinder von ihren Müttern trennen, angeblich um des Glaubens Willen. Immer wieder hatte er gezweifelt und gefragt: „Wo ist der Gott, zu dem wir beten." In all dem Zweifel war ihm die Kraft gewachsen, die ihn jetzt vorantrieb und ihm die innere Ruhe gab, die er brauchte, um anderen beizustehen. An einer kahlen Buche lehnte eine alte Frau, sichtlich erschöpft: „Lasst mich hier sterben. Keiner kennt das Ziel, warum soll ich das also auf mich nehmen, auf meine alten Tage. Ich habe doch mein Leben gelebt."
„Ach, Sedelbauerin. Das schaffen wir schon. Komm, sitz auf."
– Er legte seinen starken Arm um ihre Schultern und führte sie zu seinem Wagen, breitete ein paar Decken aus und half ihr hinauf. Sie legte sich hin und hauchte einen Dank.

Stunden trotteten sie dahin. Regen, kein Regen, Schnee, dann wieder kein Schnee.
Er stolperte vor sich hin, ganz gefangen in seinen Gedanken. Manchmal ging er auch gerne abseits, lauschte der Stille, wenn er durch den Schnee stapfte, wenn sein genagelter Schuh über Steine scharrte.
„Es werden auch wieder bessere Zeiten kommen!" Auf dieser Zuversicht baute er seine ganze Hoffnung auf.

Sara Steinbacherin, Philipps Frau, schlurfte vor sich hin, in den Furchen, die der Ochsenkarren in den Matsch grub. Ihr Bub konnte kaum noch die Füße heben und mochte doch nicht auf dem Wagen bleiben, wollte am liebsten bei der Mutter sein, eingewickelt in ihren Rockzipfel. Nur ein klägliches Wimmern von ihm drang ab und zu an ihr Ohr. Ach, hätte sie ihn doch daheim gelassen. Jetzt tat es ihr leid – und doch, sie hätte sich wahrscheinlich vor Gram verzehrt, hätte man ihn von ihrem Herzen gerissen.
„Und der Herr sagt, ich bin voller Zuversicht zu euch; ich bin erfüllt mit Trost; ich habe überschwängliche Freude in all unsrer Trübsal." Dieser Vers fiel ihr ein und half ihr, etwas ruhiger zu werden, wieder Hoffnung zu schöpfen. Auch Daniel war still. Philipp, der mit seinem ruhigen Wesen allen immer wieder Kraft gab, stimmte ein Lied an und es war Reihe um Reihe zu spüren, dass sie nicht bereit waren aufzugeben. Mit kräftiger Stimme fielen sie ein in die Melodie von „In dir ist Freude in allem Leide". So kam es, dass sie sich als ein singender Haufen der nächsten Siedlung näherten. Es rauchte aus den Schornsteinen. Das war ein gutes Zeichen.
Ein paar Hütten lagen verstreut in der Wiese. Die Stadel waren gefüllt mit weichem Heu. Wenigstens die ganz Schwachen, die Alten und die schwangeren Frauen konnten sich hinlegen und ausruhen. Bei Anna Maria Burgstallerin würde

es bald so weit sein. Dass sie es bis hierher geschafft hatte, unglaublich war der eiserne Wille.

Daniel hatte irgendwann aufgehört mit seinen Fragen. Er stolperte immer wieder. Sara konnte ihn jedes Mal, trotz ihrer eigenen Schwäche, an seinem dünnen Ärmchen gerade noch hochreißen. Mit geweiteten Augen schaute er sie an. Sie legte ihm die Hand auf die Stirn und erschrak, weil sich die Haut bereits ganz fiebrig anfühlte.
„Mein Lieber, komm, schau, gleich da vorn, da kannst du dich ausruhen."
Wie weit ihnen die paar Schritte wurden bis zur Hütte. Sara bettete ihren kranken Daniel aufs Heu, ging zum Leiterwagen und suchte eine wärmende Decke. Spärliches Tageslicht fiel durch die Ritzen zwischen den Brettern. Fast wie ein Heiligenschein legte sich das Licht um das Kinderköpfchen. Er schlief ein. Sie machte ihm das Kreuz auf die heiße Stirn, ehe sie sich hinausschlich und ihn der Obhut ihrer Freundin überließ, um zu der kleinen Kapelle zu gehen. „Geh nur, ich pass auf, es geht ihm ja schon besser", hatte die gemeint. Sie wusste, dass sie jetzt nur noch für ihn beten konnte.
„Mama, mir isch ganz warm", hörte sie ihn im Schlaf sagen.

Müde, erschöpft stieg sie hinauf zum Kirchenbuckel. Drei, vier Stufen, dann musste sie verschnaufen. Es hatte wieder angefangen zu schneien. Ein paar vereinzelte Flocken wehte es ihr entgegen. Kälter war es geworden. Regen, Schnee, sicher würde es in der Nacht sehr kalt werden. Die Glocke schlug zweimal, eigentlich war es noch viel zu früh, um hier im Ort zu bleiben, aber in zwei Stunden würde es sicher schon dunkel sein. Und dann? Im Dunkeln kroch noch viel mehr die Angst in jedem hoch. Angst im Herzen und Angst auf dem Weg und auf den Wiesen. Ringsum Angst, die einen angaffte und anschrie, starre Äste, die wie Fangarme nach ihnen grei-

fen wollten. Überall aufgeweichte Erde, die bei jedem Schritt schmatzte, und Raben, die hämisch krächzten über die Armseligkeit dieses Zugs. Nein, im Dunkeln war alles noch schwieriger. Was machte es schon aus, wann sie am Ziel waren, an einem Ziel, das bis jetzt ohnehin noch keiner von ihnen kannte. Nicht gut waren bisher die Erfahrungen in Städten und Dörfern. „Seid doch selber Schuld, dass es euch dreckig geht. Ketzervolk. Lutherisches Ketzervolk!" Und einige spuckten aus vor ihnen und zogen die Kinder von der Straße, als hätten sie den Aussatz.

Nachts, wenn sie wach lag, hörte sie die Frauen weinen. Dabei war sie sich gar nicht sicher, ob es immer nur die Frauen waren, die Mädchen und die Greise. Oft waren es gerade die Alten, die den anderen Mut machten. Da war die Frau, die ihren Mann verlassen hatte, um des Glaubens Willen, der Mann sein Weib oder Vater und Mutter, den Freund, den Nachbarn, den man gleich, als das Unheil heraufzog, schon in den Kerker geworfen hatte, in Ketten gelegt, wenn er sich in aller Öffentlichkeit nicht hatte zurückhalten können in seinem Schimpfen auf Firmian und den Klerus.

***

Ein schwerer Glockenschlag ließ Sara zusammenfahren und brachte sie wieder zurück in die Gegenwart. Der Ton klang lange nach. Die eiserne Klinke der Eichentüre ließ sich nur schwer niederdrücken. Greifbare Stille erfüllte den Andachtsraum, nicht nur die Stille, die man hörte, wenn keiner etwas sagte. Hier war noch mehr, hier war noch etwas anderes – da lag heilige Ruhe in der Luft. Ehrfürchtig, fast ängstlich ging sie durch den schmalen Mittelgang, vorbei an den hölzernen Bänken, raffte ihren weiten Wollrock zusammen und drückte sich in die vierte Bankreihe. Diese Bauernkapelle berührte zutiefst ihr Gemüt. In der Mitte des dreiflügeligen Altars lächelte Maria auf ihren Sohn herab, so wie sie selbst noch vor wenigen Minuten zu Daniel gelächelt hatte. Dieser Maria konnte sie ihre Nöte erzählen. Diese Maria hatte nichts zu tun mit dem Bischof Firmian, diese Maria war gut und voller Verständnis. Da hatte man ihnen weismachen wollen, dass man ihnen ihren Irrglauben, ihren verderbenden, auf Fürbitte der unbefleckten Jungfrau und Mutter ausgetrieben hatte. Nein, das hatte diese Maria sicher nicht gewollt.
Fast kam es ihr wie Verrat vor, dass sie als Protestantin in diesem Kirchlein saß. Aber zum Beten war's doch sicher dem

Herrgott gleich. Sie konnte ihren Blick nicht von der Mutter Gottes wenden. Über dem Gottessohn, in Windeln gewikkelt, hing das Kruzifix mit dem Gekreuzigten. So nah waren Geburt und Tod beieinander.

„Wer seid Ihr, woher kommt Ihr?"
Sara erschrak. Sie hatte nicht bemerkt, dass noch jemand in der Kirche war. Unter der Empore stand eine Frau, die Haare unterm Kopftuch, ein wärmender Lodenumhang über der Schulter. Sara hatte Angst. Hatte sie etwa doch etwas Verbotenes getan? War die Frau da, um zu kontrollieren, ob sie katholisch war? Nein, sicher nicht.
„Ich bin die Sara." Sie streckte der fremden Frau die Hand hin.
„Und ich die Rosina. Wer seid ihr denn? So viele Menschen, das hat es ja hier noch nie gegeben. Ihr müsst doch müde sein und hungrig. Was machen wir denn mit euch. Ihr braucht doch was zum Essen. Und zum Schlafen. Hab schon gesehen, dass ein paar von euch in die Heuhütten sind."
„Aus Salzburg sind wir. Haben das Land verlassen müssen, weil wir ..."
„Ach, wisst Ihr, will es gar nicht wissen. So, so, die Salzburger. Gehört haben wir schon davon. Gehört schon. Jetzt müssen wir einfach mal schauen, dass ihr was zum Essen kriegt und wieder ein trockenes Gewand auf der Haut. Komm mit, es passiert dir schon nichts. Was ihr dem geringsten meiner Brüder getan habt, das habt ihr mir getan! Heißt es nicht so?"
„Zuerst muss ich zu meinem Buben. Der liegt drunten in der Heuhütte. Ihm war so kalt. Wisst ihr, wir sind ja schon die vierte Woche unterwegs. Er hat schon immer wieder mitfahren können auf dem Wagen, aber gestern und heute wollte er halt immer bei seiner Mutter bleiben. Gefragt hat er viel, aber was habe ich ihm sagen können, warum wir das alles durchmachen müssen, weiß es ja selber nicht."

Rosina beugte das Knie und schlug das Kreuz auf der Brust, ehe sie mit Sara aus der Kirche ging, die Stufen hinunter zu den Männern, Frauen, Pferden, Ochsen, Hunden, Ziegen. Zerlumpt, verdreckt, verwahrlost sahen sie aus.
„Ach, wäre ich an deiner Stelle, Angst hätte ich vor all diesen Gesellen!", sagte Sara zu Rosina und sie lachten miteinander, obwohl es gar nicht so zum Lachen war.

Kurz vor dem Eindunkeln kam Sara zurück in die Hütte.
„Kannst gehen, ich bleib jetzt da, vielleicht kannst irgendwo noch helfen", sagte sie zu ihrer Freundin. Die schlich sich leise hinaus, um Daniel nicht aufzuwecken. Er schlief und schlief doch nicht. Seine Stirn war heiß:
„Mama, Mama, da ist ganz viel Licht. Ach, so schön, dass ich hier sein darf, dieses Licht, Sonne wie ganz viele Sonnen, Schein wie ganz viele Kerzen; und Vögel, die neben mir sitzen und mir etwas vorsingen. Hör nur! Nie habe ich Vögel gehört, die so schön singen. Was für ein wunderbares Land, wo du mich hingeführt hast. Mama, wie ich dich so lieb hab!"
Sie beugte sich über ihn und seine Ärmchen legten sich um ihren Hals.
„Mama, du hörst doch auch die Vögel. Du siehst doch die Blumen und du siehst die Sonne. Diese Sonne!" Ein seliges Lächeln legte sich auf seine Augen, die Ärmchen fielen schlaff auf seinen kleinen Körper, noch einmal ein tiefes Atmen – dann war es ganz still.
„Daniel? Daniel!" Doch da gab es keine Antwort mehr, nur dieses sanfte erlöste Kinderlächeln. Sara schlang ihre Arme liebevoll um diesen kleinen Körper und legte ihr Gesicht auf sein Herz, konnte es nicht glauben, dass sie seine kindliche Stimme nie mehr hören sollte. Sie war vorbereitet und doch war sie nicht vorbereitet auf diesen Tod, der ihr das Allerliebste genommen hatte. In dieser reglosen Stellung verharrte sie, bis die Wärme aus ihm gewichen war. Noch einmal erlebte sie

in ihrer farbigen Erinnerung tausend Augenblicke seiner unbeschwerten Lebensfreude. Sie faltete ihrem Buben die dünnen Händchen und legte ihm ein paar getrocknete Grashalme von seiner letzten Lagerstatt zwischen die Finger. Dass sie bei ihm war, als er sein kleines Leben aushauchte, war ihr einziger Trost. Mit seinem Lächeln hatte er ihr noch einmal gezeigt, dass es doch einen Sinn hatte, ihn mitzunehmen. Wenn ihr kleiner Liebling nicht länger bei ihr leben durfte, so durfte er doch wenigstens in ihrer Nähe sterben.
"Was ist ihm erspart geblieben. Was ist ihm erspart geblieben. Was bleibt ihm erspart.". Dieser Gedanke half ihr in dem Moment, seinen Tod anzunehmen und die Trauer zu ertragen.

Irgendjemand hatte Philipp geholt. Er stand da, ganz hilflos und traurig. Jedes Wort schien ihm jetzt falsch. Er legte seinen Arm auf ihren Rücken: "Komm, steh auf, komm, kannst nichts mehr für ihn tun. Komm!" Nur zögerlich löste sie sich von ihrem Kind und lehnte sich an ihren Mann. Er ließ sie reden, als es stoßweise schluchzend aus ihr herausbrach: "Ich war bei ihm, als er in die andere Welt ging. Jetzt ist er drüben. Ja, meinst, dass da noch was ist, wenn alles vorbei ist?" Diese Frage ließ sie in die Luft schwingen und hinauftragen, dahin, wo sie hoffte, dass jetzt ihr Büblein war.
"Bleib da, ich komm gleich wieder!" Er ging hinaus, verschwand im Dunkeln und kam mit Rosina zurück. Sie brachte ein Talglicht in einer Keramikschale, die mit Wasser gefüllt war.
"Musst doch was sehen, du siehst ja gar nichts mehr." Sie stellte die Schale auf den gestampften Boden. Das Flackern des Lichts warf huschende Schatten an die Wand, auf die Körper und Gesichter der anderen. Still, ach so still war es geworden.
"Bei uns könnt ihr euren Daniel aufbahren. Heute können wir sowieso nichts mehr für ihn tun."

„Soll ich ...?"
„Nein, bleib da, ruh dich aus, der Joseph kommt und hilft mir."
Ein Mann schälte sich aus dem Dunkel. Groß, kräftig, seinen breitkrempigen grünen Filzhut in die Stirn gezogen. Er war immer eigenbrötlerisch, aber wo man anpacken musste, war er zur Stelle, ohne viel Aufhebens, redete nicht viel. Behutsam legten sie den Körper des Buben auf eine Decke. Es war nicht Josephs Art, Worte zu machen, wo es keine Worte mehr gab. Joseph strich dem Buben noch einmal liebevoll mit dem Handrücken über die Wangen, ehe er mit Philipp die Decke zusammenschlug und den Buben hinaustrug in die Nacht, die voller Gnade das Elend verhüllte. Die Augen hatten sich an das Schwarz gewöhnt. Rosina ging ihnen mit dem Licht voran und begleitete sie zu ihrem Hof, wo die Familie schon ein Zimmer für das tote Kind hergerichtet hatte.
„Als wenn er nur schläft. Und er lächelt. Schaut nur, wie er lächelt." Sie legten den Körper mit der Decke auf einen Tisch. „Geht nur, kümmert euch um seine Mutter, sagt ihr, dass ich ihn waschen tu und anziehen. Schöne Sachen soll er von mir kriegen für seine letzte Reise. Von meinem Bub, der gestorben ist letztes Jahr. Der hat auch nicht älter werden dürfen. Ja, sagt seiner Mutter, dass mein Büble auch gestorben ist, dann weiß sie, dass ich mich einfühlen kann. Ja, ich weiß gut, wie es ihr geht. Kommt morgen. Dann könnt ihr mit uns frühstücken, ein Brennt's Mus wie jeden Tag. Dem Sargmacher sage ich Bescheid, dann könnt ihr ihn auf unseren Gottesacker bringen. Wir haben nur einen katholischen Pfarrer, aber mit dem lässt sich reden. Den kennen wir gut. Der ist nicht so, so eng im Kopf."

Daniels Tod hatte seine Eltern stumm gemacht und auch alle, die mit ihnen zogen. Gern nahmen sie Rosinas Angebot an

und gingen am Morgen hinüber zum Bauernhaus. Ein paar Frauen aus dem Dorf hatten die Totenwache gehalten. Die weißen Kerzenstummel waren heruntergebrannt, die Spiegel im Schlafzimmer und in der Diele waren verhängt mit schwarzen Tüchern. Blumen gab es keine in dieser Jahreszeit, aber im Herrgottswinkel hinter dem Kruzifix steckten ein paar geweihte Tannenzweige und Silberdisteln.
„Unser Herrgott wird es schon verstehen", sagte Rosina, als sie ein Zweiglein und eine besonders makellose Distel aus dem Buschen nahm und alles wieder zurechtzupfte.
„Auf dem Särglein muss doch von uns ein letzter Gruß liegen! Schau ihn dir an, ist er jetzt im Tod nicht auch noch – voller Seele ist er, fast wie, wie ein bisschen heilig!" Bevor sie den Sarg zumachten, murmelten sie noch über dem Büblein ein Vaterunser. Daniel lächelte, er lächelte erlöst.

Philipp war froh, dass seine Frau endlich einschlafen konnte. Er hatte für sich und Sara ein Lager auf dem großen Karren hergerichtet, bei Decken, Mänteln, Flickenteppichen. Die Wagenburg war so aufgestellt, dass sie einigermaßen windgeschützt waren. Er selber wollte für sein Büblein aus der Bibel lesen. Seine Bibel hatte daheim keiner gefunden. Immer wieder kamen Firmians Häscher, die gemeint hatten, sie würden ihn und die Bibel kriegen. Aber der Ajax war scharf, stand immer mit gefletschten Zähnen am Hoftor vor seiner Hundehütte. Fußtritte haben sie ihm gegeben. Aber auf die Idee, dass die Bibel beim Ajax liegt, unter dem alten vertrockneten Knochen in einem Erdloch, auf die Idee sind sie nicht gekommen. Dielenbretter haben die Männer im Hausgang rausgerissen und gesucht und nichts gefunden. Keinem hatte er gesagt, wo er die Bibel versteckt hat, damit keiner deswegen lügen musste, damit es keiner verraten musste. Er kannte die Bibel. Ihm mochte bestimmt die richtige Stelle einfallen, morgen! Mit diesem Gedanken schlief er ein. Sara suchte im Schlaf seine Hand, die er festhielt und nicht mehr losließ.

***

Philipp, Sara und ein paar Kranke und Schwache waren eingeladen an den Tisch des Bauern, um sich an dem kargen Frühstück zu stärken. Es gab Kratzete, ein gebranntes Mus, und Rosina sparte an diesem Tag nicht mit Schmalz, goss noch zerlassene Butter über die hellbraune Kruste. Den Flüchtlingen gingen die Augen über und das Herz auf angesichts dieser Nächstenliebe.
„Wir sind doch nur protestantische Ketzer?"
„Ach was soll das. Man muss sich doch helfen! Was meint ihr, wo wir wären in diesem Dorf, wenn wir uns nicht gegenseitig helfen würden, wenn Not ist!"

Ein Schreiner hatte schnell ein paar Bretter für den Kindersarg zusammengenagelt. Wer nicht krank oder verletzt war, ging mit zum Friedhof, um dem Sohn von Philipp und Sara die letzte Ehre zu erweisen, um der Mutter und dem Vater Trost zu spenden. Nie zuvor hatte man den Gottesacker so schwarz voller Menschen gesehen. Manche sprachen es aus, manche dachten es auch nur: „Ach, hätte der Sensenmann doch mich genommen, dann hätte das Elend doch ein Ende."
Die Rede, die Philipp über der offenen Grube sprach, kehrte in sein eigenes Herz zurück und gab ihm selbst Trost, ihm und allen Umstehenden. Die Worte entnahm er zum Teil seiner eigenen Konfirmationsrede, die ihm seine Taufpatin an Palmarum 1712 aufgeschrieben hatte. Diese Seiten, inzwischen fleckig und ausgefranst, trug er bei sich wie einen Schutzschild gegen alle Übel und Gefahren.
„Das Reich Gottes steht nicht in Worten, sondern in Kraft."
Unter diesem Leitgedanken stand damals die Predigt. Diese

Kraft war ihm nie ausgegangen. Sie floss, sie floss von oben in ihn hinein und verteilte sich auf die Menschen, die ihn umgaben. Wie oft hatte man ihn gefragt: „Philipp, wie machst du das bloß?" Und er hatte stets das Gleiche geantwortet: „Die Kraft empfange ich von oben und dann geht sie durch mich hindurch. Ich bin dankbar, dass es so ist."
Auch heute, ganz besonders heute spürte er, dass er nicht allein war.

Ein kleines Holzkreuz aus Buchenzweigen markierte die Stelle, wo Daniel seine letzte Ruhe fand. Ein Buchfink zwitscherte vom Wipfel einer Tanne herunter. Blaumeisen saßen auf der Hecke, als die Trauergemeinde die Hände faltete: „Lieber Gott, du hast unser Söhnlein in Frieden zu dir genommen. Es ist schmerzlich, dass wir heute von Daniel Abschied nehmen müssen, aber ich weiß ihn in deiner Hand, unter deinem Schutz sicher und geborgen, befreit, erlöst, gerettet in unserer Zeit der Heimatlosen ... Unser Leben und unser Sterben liegen in deiner Hand. In diesem Glauben senken wir das Haupt und beten zu dir, wie du uns durch dein Wort gelehrt hast: Vater unser im Himmel ..."
Die Erde war gefroren. Die Totengräber hatten Mühe, das Loch auszuheben. Eine Schale war gefüllt mit Erde, daneben eine Schaufel. Philipp hatte den Arm um die Schultern seiner Frau gelegt.
„Ich kann ihm doch keine Erde hinterherwerfen", schluchzte Sara leise.
„Du musst nicht", tröstete er sie und man sah an ihren Lippen, dass sie ihrem Daniel noch ein paar Worte des Abschieds zuflüsterte, ehe sie ihn hier neben der kleinen Kirche zurücklassen musste. Einer nach dem anderen ging zu dem Kindergräblein, senkte den Kopf, hielt inne für einen Augenblick, um sich zu verabschieden, um selber

wieder Ruhe zu finden, bevor der Tross sich erneut in Bewegung setzte.

Es gab keinen, der so in der Bibel bewandert war wie Philipp. Aber dass er jetzt sein kleines Söhnchen beerdigen musste, dass er seinem lieben Daniel in die Gruft nachschauen musste – ach, ein schwerer Tag für ihn und sein Weib.
Tief bewegt und erfüllt mit Dank nahmen Philipp und Sara Abschied von Rosina. Der Mann war nicht dabei.
„Der hat ins Holz müssen", erklärte sie ihnen, aber geglaubt hat das keiner.
„Da, das ist für den Sargmacher, für den Totengräber, für das Sterbehemd und für den Glöckner. Wirst es schon richtig verteilen." Philipp standen die Tränen in den Augen, als er Rosina den Obolus für die Begräbniskosten entrichten wollte: „Lass nur, das ist das Mindeste, was wir deinem Büblein schuldig waren. Geht mit Gott, ich werde euch ins Nachtgebet einschließen. Herrgott gibt es nur einen und der schaut auf uns und auf euch."

***

Kreuze säumten den Weg. Namenlose Kreuze, da, wo es Holz gab. Da, wo es pressierte, wurde nur schnell ein Loch geschaufelt und der Erdhügel zugedeckt mit Steinen gegen Wolf und Fuchs. Für ein Vaterunser war immer Zeit. Dabei war ihm der Satz „Und vergib uns unsere Schuld, wie auch wir vergeben unsern Schuldigern" das Schwerste.

Die Psalmen empfanden alle als Balsam. „Ich hebe meine Augen auf zu den Bergen ...", das hatte der Hirschbühlerin immer besonders gefallen. Ihr mussten sie gestern ein Grab schaufeln.

„Wie gut, dass ich bei euch bin!", hatte sie noch sagen können und „wie gut, dass ich zu IHM geh!" Und dann machte sie für immer die Augen zu.

Die Hofnerin legte noch ihren Tobias in die Arme der Freundin: „Nimm du ihn, erzähl ihm mal, wie es heute war, und erzähl ihm mal, wie lieb ihn seine Mutter gehabt hat! Wirst schon für ihn sorgen. Der da droben hilft dir." Dann fiel ihr Kopf zur Seite. Margret trug das Bündel in den Wagen, den die Männer für die Alten, Schwachen, Kranken und Kindbetterinnen notdürftig hergerichtet hatten. Auf dem Heu und den Blättersäcken lagen ein paar schwere Ziegenhaardecken. Margret ließ sich zu Boden sinken, öffnete ihre zerschlissene Bluse und gab Tobias die Brust. Tags zuvor war ihr eigenes Kindlein gestorben, kaum eine Woche alt. Je mehr die Gruppe ihre Hoffnung verlor, je mehr die Zuversicht dahinschwand, desto schneller schien das Leben aus den Neugeborenen herauszufließen. Kaum auf Erden, schon im Himmel. Nur die Starken trugen die Hoffnung hinaus in die Welt. Tobias wusste noch nichts von all dem, nukkelte zufrieden und schlief selig lächelnd ein.
„Dafür lohnt's doch zu leben – und zu kämpfen! Einschlafen – und wenn man aufwacht, wird man angelacht." Diese Gedanken begleiteten Margret in den Schlaf. Das Rumpeln der Räder störte sie nicht. Sie träumte von ihrer Freundin, die umgeben von einem Lichtschein durch einen weißen Vorhang hindurch an ihr Bett trat und ihr sagte: „Margret, musst keine Angst haben. Der Herr ist mein Hirte. Ich liege und schlafe und erwache. Denn der Herr hält mich!"

Als sie Salzburg verlassen hatten, waren sie über achthundert, Kinder eingeschlossen.
„Wen die Götter lieben, nehmen sie zu sich." Die Kinder und die Alten wurden am meisten geliebt. Am anderen Tag schaufelten sie wieder 12 Löcher im Schnee für die Toten.

Schon in den frühen Morgenstunden brachen sie erneut auf. Der Aufbruch fiel den meisten von Tag zu Tag schwerer.
„Ach, hätten wir doch bleiben können. Wie gut die zu uns waren und waren doch katholisch. Die Rosina hat schnell gesehen, wo es fehlt. Auch wenn der Mann recht mürrisch war und sich kaum hat blicken lassen, die Rosina hat sich durchgesetzt, hat geholfen, wo es gegangen ist." Schweigend setzte sich der Marsch wieder in Bewegung. Frierend und hungernd.
Philipp half, wo er helfen konnte. Immer wieder fand er tröstende Worte, wo Tränen waren. Nicht nur bei den Jungen. Erschöpfung, auch seelische Erschöpfung, fraß sich durch die Herzen dieser Leute, die alles verloren hatten, das Wenige, das sie besaßen. Beißende Winterluft blies ihnen entgegen. Die Frauen zogen ihre Schultertücher vors Gesicht, die Männer verschränkten zwischendurch ihre Arme und steckten die eiskalten Hände unter die Achselhöhlen zum Wärmen.
„Die Natur zeigt doch, was uns erwartet. Schaut euch doch um, da ist doch keine Hoffnung mehr. Zuerst hat der Firmian uns die Grundlage für gar alles genommen und dann auch noch die Hoffnung. Ein Tag wie der andere. Kälte, Hunger, Durst, Schmerz, Sorge, Trauer. Am Anfang hat uns wenigstens die Hoffnung geholfen, einen Fuß vor den anderen zu setzen, am Anfang wusste wenigstens jeder, für was wir das alles machen. Aber jetzt? Ich frage mich immer wieder, ob das so richtig war. Schau, Mann, wären wir geblieben, wären wir katholisch geworden – wir wären jetzt im warmen Stall beim Melken, danach die kalten Füße im warmen Kuhfladen und die Magdalena und die Kreszentia würden uns helfen. Dann würden wir um den Tisch sitzen und hätten genug zu essen, ausgelassenen Speck übers Hafermus ... weißt, Philipp, ich hab schreckliches Heimweh. Wenn ich mir vorstell, wie es mal war, dann kommen gar keine Tränen mehr, so traurig bin ich. Wir haben ja nicht viel gehabt, aber es hat gereicht zum

Leben. Jetzt haben wir unseren Daniel auch noch verloren. Meinst du nicht auch, dass dem Firmian das noch einmal leid tun wird? Weißt, ich muss jeden Tag und jede Stunde daran denken, wie es war bei uns. Aber wie schön es wirklich war, das weiß ich erst jetzt, seit ich nicht mehr heim kann."
Sara war mehr und mehr betrübt. Ihr Söhnchen fehlte ihr, der Bauernhof fehlte ihr. Alles in ihr war leer und schwarz und tot und sie drohte mehr und mehr selber in eine Nacht zu fallen.

Diese hunderte von Füßen schlurften über den Dreck, durch ausgewaschene Löcher, über dünne Eisschichten. Kleine und große Füße, die in Galoschen steckten, in Stallpantinen, in Stiefeln. Sara hatte noch unter Tränen die Schuhe von ihrem Bauern als Abschiedsgeschenk vermacht bekommen, nicht mehr neu, aber noch gut, gut gegen Wasser und genagelt gegen Eis. In die Socken hatte sie Heu gesteckt. Wo sie konnte, pulte sie Moos von den Baumstämmen, das sie sich unter die Fußsohlen stopfte gegen die unbarmherzige Kälte.
Sie setzte mühsam ein Bein vors andere und dachte an ihren Sohn. In jedem Augenblick hat Daniel sie angelacht, fast war es ihr, als stünde er hinter jedem Baum, um im nächsten Moment zu ihr hin zu springen, seine Ärmchen ihr entgegen, dass sie ihn hochnehme und herumwirbele. Da hat er vor Freude gegluckst und war ganz atemlos, wenn sie ihn wieder auf den Boden gestellt hat. Ach ja, daheim. Wenn man zur Tür hereinkam, war links gleich die Küche, an der Wand der gemauerte Herd, auf dem Herd das Spreißelholz aufgeschichtet, darüber das Dreibein mit der Kupferpfanne. Wie gut es gerochen hat, wenn sie am Herd gestanden hat. Der Daniel hat so gern bei ihr gesessen, seine Füße baumeln lassen. „Mama, mhhh, riecht deeees guet", dann hat sie immer gewusst, dass er naschen will, wenn er seine Mutter so gelobt hat. Oft hat sie für ihn eine Scheibe Brot ins heiße Butterschmalz gelegt, und wenn diese

auf beiden Seiten goldbraun war, Zucker darüber gestreut. Das hat er gern mögen. Oder im Winter, da hat sie den Butzen aus dem Apfel gestochen, Zucker in das Loch gestreut und dann den Apfel in den Backofen gelegt. Dem Philipp war das zu süß, aber schon, wenn er zur Tür hereinkam, hat er eine lange Nase gekriegt, so gut hat es im Haus gerochen.

Je größer ihr Hunger wurde, desto mehr Rezepte fielen ihr ein. Brennsuppe und Brotsuppe und Sauerampfersuppe im Sommer, wenn die Kinder zum Kräuterholen gehen konnten. In Gedanken stellte sie alles auf den Tisch. Um sie her standen die gefüllten Schmalztöpfe, Butterschmalz, Schweineschmalz. Im Vorratskeller unter der Decke über dem Holzstiel hingen die Würste und Schinkenseiten, in den Regalen standen die Gläser mit Kompott: Mirabellen, Zwetschgen, Apfelmus und Sauerkirschen. Wie der Weichselbaum hinterm Haus im Frühling so schön geblüht hat! Wenn es am Sonntag mal Kompott gab, hat der Philipp lachend gesagt: „Unsere Schatzmeisterin!"
Jetzt in der Adventszeit fielen ihr die Plätzchen ein und wie ihr kleiner Daniel letztes Jahr geholfen hat, die Haselnüsse in den Teig zu drücken.

***

Es hatte sich während des Marsches so ergeben, dass Philipp nun schon eine ganze Weile schweigend neben Johannes herging, dem Buben den Arm um die Schultern gelegt. Er war größer als Johannes und älter, aber man hätte den Eindruck gewinnen können, dass sie Brüder wären. Philipp behandelte alle wie Brüder oder Schwestern, alle vertrauten auf seine Ruhe, auf seine Hoffnung, auf seinen Trost.
Deutlich hoben sich die Tannen von den kahlen Buchen und Eichen ab, die überzuckert waren vom nächtlichen Schnee,

von Frost und Raureif. Eine Krähe flog hoch, krächzte aufgeregt und dann war wieder alles still.

Johannes erzählte, wie bei ihm die letzten Tage abgelaufen sind, von gemeinsamen Plänen, die er mit seiner Katharina geschmiedet hat, wie er mit ihr abends am Tisch hockte und wie er ihre Hand hielt. Philipp gab sich alle Mühe, seinen Freund auf andere Gedanken zu bringen, merkte aber bald, dass Johannes gar nicht zuhörte.

„Sie hat schon angefangen, für unser Butzerl kleine Schuhe zu stricken. Ihre Mutter hat mit uns die Freude geteilt und eine Kiste vom Dachboden geholt mit Windeln und kleinen Hemdchen und Jäckchen und Strampelhöschen. Das hättest du sehen sollen, diese winzigen Söckchen und Fäustlinge. Wenn wir abends allein am Tisch saßen, dann machte sie die Zöpfe auf und die Haare fielen um ihre Schultern wie bei einem Engel. ‚Ja. So stell ich mir einen Engel vor', sagte ich dann zu ihr und sie lächelte. Wie schön sie war mit diesen offenen Haaren und wenn ich sie dann anderntags sah und sie lächelte, dann fanden sich unsere Blicke so, als teilten wir ein Geheimnis. Philipp, was meinst, gibt es Engel? Die Katholischen erzählen viel von Engeln. Das ist schön. Der Gedanke an Engel gefällt mir, diese Lichtwesen, die neben mir hergehen oder neben ihr und aufpassen, diese höheren Wesen, die uns beistehen, wenn wir Beistand brauchen. Sie hat ja mitgehen wollen, aber dann hat man sie zurückgeprügelt, obwohl sie doch unser Kind im Bauch hat." Dann konnte Johannes nicht mehr weitersprechen.

Philipp summte ganz leise das Lied „Jesu geh voran auf der Lebensbahn". Er konnte auch nicht mehr weitersprechen.

Beißende Winterluft machte die Finger taub. Die Füße in den viel zu dünnen Schuhen umwickelten sie notdürftig mit Lappen. Auf den Wägen lagen Fieberkranke, die laut mit den Zähnen klapperten. Wenn es heißes Wasser gab, überbrühte man ein paar getrocknete Salbeiblätter.

Wer auf einem Wagen lag und einschlafen konnte, spürte wenigstens keinen Hunger, fühlte keinen Schmerz – nicht den körperlichen und nicht den ihrer Seele. Der Marsch wurde jeden Tag beschwerlicher. Die Füße waren wund, die Kleidung war nass. Ein Tag wie der andere und schreckliches Heimweh. Die Alten schlurften nur noch langsam voran, mutlos, erschöpft. In den Jüngeren schürte sich der Zorn gegen den katholischen Klerus. Die Schwachen wurden jeden Tag schwächer. Regen mit Schnee, Hunger, Erschöpfung – und Wut waren die ständigen Wegbegleiter. Wieder einmal hatten sie am Abend nichts anderes als eine nasse Wiese. Sie suchten sich Flecken, wo das Wasser besser abgelaufen war, lehnten sich an Bäume oder setzten sich, Rücken an Rücken, Tücher über den Kopf gezogen. Andere legten sich einfach in den Dreck und hofften einzuschlafen, vielleicht nicht mehr aufzuwachen.

Mathias schaute immer, dass er mit seinem Gespann in Philipps Nähe blieb, da fühlte er sich am wohlsten. Auch er schien keine Müdigkeit zu kennen, so wie seine Ochsen. Als Knecht hatte er immer sein Auskommen gehabt und war ganz zufrieden, bis unter Erzbischof Firmian das Land zu brodeln und zu kochen anfing. Vom Glauben sollte er lassen und wusste doch nicht, warum. Je mehr man ihm die Daumenschrauben aufsetzte, desto stärker wurde auch er im Glauben, wie die anderen auch. Sogar mit seiner jungen Frau hat er oft darüber debattieren müssen, weil sie es gar nicht verstand, dass er sich so ereiferte, wenn darauf die Rede kam:
„Soll ich vielleicht genauso unter dem Joch gehen wie meine beiden Ochsen? Die gehen unter dem Joch und sind dabei doch stärker als alle anderen!", hat er ihr immer wieder gesagt. Er durfte jetzt gar nicht daran denken, wie es in seiner Heimat aussah, durfte gar nicht an sein liebes Weib denken, die vor Gram so plötzlich gestorben war. Einfach nicht mehr leben und aufhören zu atmen, das hatte sie sich gewünscht

und so war es dann auch gekommen, niemand hatte eine Erklärung dafür gehabt. Er evangelisch, sie katholisch. Schon lange hatte sie es vorausgesehen.

„Du bist genauso stur wie deine Ochsen!", hatte sie ihm immer wieder vorgeworfen.

„Ja, genauso stur und genauso stark. Schau sie dir an, wie sie den Karren aus dem Dreck ziehen! Weib, versteh mich. Wenn wir uns jetzt beugen, dann müssen wir uns immer beugen, dann sind wir in seiner Hand. Mein Weg ..." Ach, es waren immer die gleichen Diskussionen. Weggehen von ihr hat er nicht wollen.

Eines Tages hat sie sich dann einfach hingelegt und ist nicht mehr aufgestanden. Sie war gar nicht krank, auf jeden Fall hat er nichts davon gewusst und auch sonst niemand hat etwas gewusst. Als er von der Feldarbeit kam, schien sie zu schlafen, am helllichten Tag schlief sie, das hat ihn gewundert, als er die Stubentüre aufmachte. Aber als er zur Ofenbank ging und die Dielenbretter knarrten, wachte sie nicht auf so wie sonst. Als er neben ihr stand und ihr liebliches Gesicht streichelte, war es schon kalt. Dann war es ihm doch leicht gefallen, mit den anderen zu gehen.

Sara konnte nicht mehr. Seit ihr Daniel nicht mehr lebte, hatte sie großes Verlangen, immer wieder allein zu sein mit ihrem Schmerz. Der Weg führte vorbei an kahlen, altehrwürdigen Bäumen voller Risse und Schrunden, so wie sie jetzt alle selbst gezeichnet waren von Rissen und Schrunden. Sara lehnte sich an den Stamm einer dicken Eiche und legte ihre Handflächen an die Rinde, machte die Augen zu und versuchte, an gar nichts zu denken. Ihr weher Rücken fand endlich Halt und die Kraft des Baumes strömte in sie hinein. Sie drehte sich um und umarmte den Stamm, so wie sie ihren Mann umarmte, wenn sie beide allein waren. Sie spürte Zärtlichkeit und es war fast so, als spräche die Eiche mit ihr, als flüstere sie ihr zu: „Glaub an die Kraft der Natur, sie lässt dich nicht im Stich, sie nicht. Immer kannst du auf deine Freunde, die Bäume, zählen, wir sind überall. Wenn der Wind bläst, dann stellen wir uns ihm entgegen. Schau uns an. Schau genau hin, dann wirst du sehen, die Bäume, die am Rand des Waldes stehen und sich dem Wetter entgegenstemmen müssen, das sind die stärksten des Waldes. An der Wetterseite wächst auch das schönste Moos und schützt unsere Rinde vor Sturm und Kälte. Ja, schau uns nur an, wie wir uns im Wind biegen müssen, wie der Wind unsere Blätter über die Wiese bläst, aber umwerfen kann er uns nicht. Stark bleiben im Sturm. Schau das Gras an, das dein Fuß tritt. Du trittst es und wenn dein Fuß weitergeht, richtet es sich wieder auf, als wäre nichts geschehen. Schau das Gras an, Sara, schau die Bäume an, Sara!"

Sie legte ihren Kopf in den Nacken, damit der Regen mit seinem klaren Wasser ihr Gesicht streichle und ihr die Tränen abwische. Ihre Tränen versiegten, als ihre Finger die Rinde spürten. Jetzt im Winter schien der Baum tot zu sein und doch schlummerte in ihm schon wieder das neue Leben. Der Baum, das Holz – ihre Gedanken wanderten zur Behaglichkeit ihrer Stube: daheim. Daheim? Daheim konnte überall sein, wenn es nur im Herzen war. Sie hatte dieses Daheim im Herzen mitgenommen. Philipp war ihr Daheim und die Menschen um sie herum waren ihr Daheim. Sie erzählte dem Baum von ihrem Lachen, noch mehr von ihrem Weinen. Sie erzählte – und er hörte zu und verstand.

Wie von selbst kam ihr der 1. Psalm in den Sinn:
„Wer Lust hat am Gesetz des Herrn
und sinnt über seinem Gesetz Tag und Nacht,
der ist wie ein Baum, gepflanzt an den Wasserbächen,
der seine Frucht bringt zu seiner Zeit,
und seine Blätter verwelken nicht.
Und was er macht, gerät wohl."

Ein Rinnsal floss an den knorrigen verstrickten Wurzeln vorbei, sammelte sich im Wasserloch. Sara konnte nicht umhin niederzuknien und aus ihren hohlen Händen zu trinken. Ihr Rock war verdreckt und klatschnass. Es störte sie nicht, dass der schwere Saum ins Wasser hing. In all ihrem Trübsal war sie erfüllt mit Trost und Freude.

Endlich näherten sie sich wieder einem Dorf:
„Lass uns lagern, lass uns lagern! Lass uns ausruhen. Wir sind doch schon die fünfte Woche unterwegs. Keiner will uns, jeder jagt uns weiter, weiter, weiter." Gemeinsam besangen sie den Tod und die Hoffnung mit ihren Liedern: „Befiehl du deine Wege." Aber auch „Mach End oh Herr mach Ende!"

Anna Maria Burgstallerin lag in den Wehen, konnte sich kaum noch auf den Beinen halten. Einen Mann hatte sie keinen dabei. Philipp brachte sie zusammen mit Mathias zum Planwagen und machte ihr ein Lager, so gut es eben ging. Dann schickte er nach der Moserin, nachdem er die Kinder Josef und Jakob der Obhut der Großmutter anvertraut hatte. Gertraud, die Älteste, durfte bei der Mutter bleiben. Die Großmutter – keiner wusste ihr Alter – hätte von allen die Großmutter sein können und war es doch von keinem. Ihr Gesicht, Falte an Falte, lebendige Landschaft eines entbehrungsreichen Lebens.

Die Großmutter hatte keine eigene Familie mehr und hatte doch alle zu ihrer einzigen großen Familie gemacht. Dass da wieder ein Kind kam, ausgerechnet jetzt, das verstanden die Buben überhaupt nicht.
„Eigentlich sind wir doch schon genug, und wenn es doch der Mama so weh tut ..."

Die Moserin half nicht zum ersten Mal einem Kind ins Licht dieser Welt. Die Buben gingen in der Nähe vom Wagen und weinten, weil die Mutter so schrie, dass es jeden bis ins Mark erschüttern musste. Sie konnten überhaupt nicht verstehen, warum die Mutter dermaßen laut stöhnte und wimmerte. Gertraud war mit auf dem Wagen. Vielleicht konnte sie ja helfen. Daheim hatte sie schon mal zugeschaut, wie es geht, bei der Kuh.

Jedes Mal, wenn die Mutter wieder besonders laut stöhnte und wimmerte, sagte die Großmutter zu den Buben: „Ihr betet, betet für die Mutter!"
„Ist es denn so schlecht bestellt um sie?"
„Nein, aber hat Beten schon mal geschadet?"
Und so beteten sie inbrünstig aus ihrer kindlichen Seele: „Komm, Herr Jesus, sei unser Gast!"
„Das betet man doch vor dem Essen!"
„Zum Essen gibt es ja sowieso nichts, das ist doch egal, der liebe Gott weiß bestimmt, wie es gemeint ist." Dann machten sie weiter im Chor: „Komm, Herr Jesus, sei unser Gast." Wenn sie beim Amen waren, fingen sie an mit: „Lieber Gott mach mich fromm, dass ich zu dir in' Himmel komm!" Die Kinder waren überzeugt, dass jedes Gebet direkt hinaufflog zu den Wolken, wo der Himmelpapa saß und ihrer Mama beistand. Ganz bestimmt.

Die Moserin holte einen schwachen, leblosen Buben auf die blutdurchtränkte Wolldecke. Er war ganz schrumpelig, blau angelaufen und der Kopf baumelte auf den Schultern, als sei er viel zu schwer und nicht richtig angenäht. Die Burgstallerin lag ermattet auf den mit Laub gefüllten Säcken. Die Buben fanden den neuen Bruder furchtbar hässlich. Gertraud sagte gar nichts und wollte mit sich allein sein. Die Moserin nahm das Neugeborene an den Füßen und klopfte ihm leicht auf den Po, bis er aus vollem Hals krähte. ‚Zuerst hatte die Mutter geschrien, jetzt schrie der auch noch', dachten die Buben! Die Mutter schien froh darüber und lächelte: „Er lebt!" Und noch mal: „Er lebt." Dann sank ihr Kopf zur Seite und sie schlief erschöpft ein.

Auch die Hoheneggerin kam nieder. Anna, ihre Tochter, stand ihr bei, so gut es unter diesen widrigen Umständen ging. Nach einer sehr schweren Geburt fiel die erschöpfte Mutter in einen tiefen Schlaf, aus dem sie erst nach Stunden erwachte: „Wo ist mein Kind?", schrie sie ihre Tochter an und ruderte wild mit den Händen.
„Was ist es, ein Junge oder ein Mädchen?", fragte sie immer drängender.
„Es war ein Brüderchen", sagte Anna leise.
„Aber wo ist der Bub, wo ist mein Kind?" Immer noch begriff sie nichts.
„Er war schon tot, als ich ihn geholt habe", sagte Anna stokkend. „Ich habe ihn in Tücher gewickelt und im Schnee vergraben. Der liebe Gott wird ihn schon finden."
Die Hoheneggerin war zu schwach, um noch etwas zu sagen, spürte nur noch ihre Tränen. Anna wischte sie fort und begann, ihrer Mutter etwas anzuziehen. Sie erholte sich nur langsam, aber nach ein paar Tagen war sie schon stark genug, um ihren Mann zu trösten. Er hatte sich doch so auf sein Kind gefreut.

***

„Agnes, was ist mit dir? Warum sitzt du da, du wirst doch ganz nass?"
„Wie soll ich nass werden, bin's doch schon. Schau dir meine Schuhe an. Kaputt, alles kaputt! Muss barfuß laufen und schon jetzt hab ich kaum noch ein Gefühl in den Füßen. Ach, hilf mir auf, ich kann kaum noch aufstehen. Mein Rücken, wie mein Rücken so weh tut. Und jetzt auch noch die Füße!"

Agnes streckte Johanna beide Hände entgegen, Johanna zog die Frau hoch und war erschrocken, wie leicht sie war, trotz der wollenen Röcke, die schwer waren vom Regenwasser und Straßendreck. Johanna nahm die Schuhe in die Hände und schüttelte nur noch den Kopf: Die Sohlen hatten sich gelöst, schlappten bei jedem Schritt wie das offene Maul eines bissigen Hundes.
„So kannst du doch nicht gehen!" Sie löste das Trachtengeschnür ihrer Bluse. Was spielte es für eine Rolle, wenn die Bluse nicht mehr so gut durch Bänder gehalten war. Wenigstens notdürftig würde es helfen, bis man im nächsten Ort nach einer Schnur fragen konnte.
„Sitz noch mal nieder und schlupf rein und tritt hier in die Mitte!" So gut es ging, band sie die Sohle vom Ballen hoch über den Rist, kreuzte die Schnur und ging mit den Enden zur Ferse, kreuzte hinten nochmals, bevor sie beide Enden so straff wie möglich zog und unter der Sohle fest verknotete. Die Gruppe war inzwischen weitergegangen und Johanna und Agnes hatten zu tun, den Anschluss nicht zu verlieren.
Agnes hatte sich in Tücher gehüllt, schlurfte dahin wie eine alte Frau. Keiner hätte vermutet, dass sich unter den vielen Schals ein junges hübsches Mädchen verbarg. Die Fußsohlen brannten ihr, viel zu dünn waren die Schuhe, aber manche hatten noch weniger als sie. Eis und spitze Steine hatten Löcher gerissen und es war ihr trotz der reparierten Sohle, als ginge sie immer noch barfuß. Steinig war der Weg und wie im Schlafwandel setzte sie einen Fuß vor den anderen, versuchte sich von den Schmerzen abzulenken. Als steckten Nadeln im Rücken, als durchbohrten Pfeile ihre Schultern. Hunger quälte. Eigentlich gab es nur zwei Dinge, an die sie ständig denken musste: an die wehen Füße und den leeren Magen, der sie peinigte, der sich krampfartig zusammenzog, so dass sie sich krümmte vor Krämpfen. Zwischendurch taumelte sie

immer wieder, aber immer war einer in der Nähe, der ihr für eine Weile seinen Arm unter die Achsel schob.
Der Soldat, der schon einmal neben Agnes geritten war, kam abermals vorbei, beugte sich hinunter zu ihr und drückte ihr etwas in die Hand. „Iss!", und er wartete kaum ihren Blick ab, ehe er seinem Pferd den Stiefelabsatz in die Flanken klopfte.

Es schaute aus wie Brot und doch auch nicht. Hart war es, wie Stein so hart. Endlich gelang es Agnes, ein Stück davon abzubrechen. Sie steckte es in den Mund, kaute es langsam zu Brei. Doch Brot! Besonders gut schmeckte es nicht, aber sie spürte sogleich, dass es ihr gut tat, behielt den Brei so lange wie möglich im Mund, brach noch einmal ein Stück ab und steckte sich den Rest verstohlen in die Rocktasche.

Anton hatte im Tornister auch noch seinen militärischen Brotaufstrich, aber der kam ihm selber vor wie Wagenschmiere, den konnte man wirklich niemandem anbieten, den konnte man nur mit geschlossenen Augen hinunterwürgen, wenn der Hunger nicht mehr auszuhalten war.

Johanna trottete vor sich hin wie ein Esel. Nur die Bilder der Erinnerung machten ihr diesen Gewaltmarsch erträglich. Wie es wohl ihrem Balthasar ergehen mochte? Seit sie denken konnte, waren sie Freunde. Seine ruhige Art hatte ihr schon als Kind gefallen. Er wusste die Namen der Blumen und Kräuter, jeden Baum erkannte er an den Blättern und an seiner Rinde, von ihm wusste sie alles über Schmetterlinge und die Stimmen der Vögel. Wenn er in der Dämmerung den Lockruf des Käuzchens nachahmte, kam der Waldkauz tatsächlich näher und sie beobachteten ihn, wie er da auf dem Zaun saß, Umrisse wie Scherenschnitte. Während die anderen Kinder und Jugendlichen mit Murmeln spielten, sofern neben der bäuerlichen Arbeit noch Zeit blieb, saß sie mit Balthasar auf ihrer Eiche und sie suchten sich ihr eigenes Spiel, das Blumenspiel, wo er einen Namen und dann sie einen Namen sagte, oder das Baumspiel. Manchmal pfiff er ihr auch ein Lied vor und sie musste erraten, wie es hieß. Als Heranwachsende musste sie jeden Tag beim Dorfbrunnen Wasser holen. Das machte sie gern, war es doch an vielen Tagen die einzige Abwechslung, die einzige Unterhaltung, wenn sie am Brunnen mit Gleichaltrigen reden konnte. Oft waren sie sehr albern und lachten viel. Wasserholen war die Zeit des Lachens. Irgendwann merkte sie, dass Balthasar oft nicht zufällig in der Nähe des Brunnens war und da begann die Zeit, wo er noch weniger redete als sonst.

„Darf ich dir das Wasser heimtragen?", und ohne eine Antwort abzuwarten, nahm er ihr die beiden Eimer ab und ging neben ihr her, ohne viel zu sagen. Sein Schweigen gefiel ihr, sie unterbrach es nicht. Wenn im Sommer die Früchte reiften, pflückte sie am Wegesrand Walderdbeeren, mit denen sie ihn belohnte, oder auch Brombeeren oder Himbeeren. Seine Eltern hatten im Garten ein paar Apfelbäume, davon steckte er ihr gern einen Apfel zu und erzählte, dass er immer ein paar Früchte hängen ließ für die anderen und damit der Baum nicht ganz allein war.

Nie hatten sie darüber gesprochen, dass er katholisch war. Auch für seine Eltern war diese Freundschaft kein Problem. Sie konnten gar nichts damit anfangen, als es im Lande zu brodeln begann.

Einmal fing es auf dem Nachhauseweg an zu regnen und Blitz und Donner brachten fast die Erde zum Beben. Sie kamen gerade noch zu ihrem Hof, bevor das Gewitter noch schlimmer tobte. Da lud ihre Mutter den Balthasar in die Stube zum Aufwärmen ein. Klatschnass waren sie beide geworden und rückten sich die Stühle ans Feuer. Über die Ofenstange hängten sie Jacken und Socken und die Mutter brachte für ihn eine alte, viel zu große Hose vom Vater. Hauptsache trocken. Sie lachten, wie er da stand mit den fremden Kleidern, der zu großen Hose, die mit einer Schnur zusammengezogen war, und er lachte aus vollem Halse mit.

Im Winter, da schnitzte er in jeder freien Minute an irgendeinem Stück Holz. Alle bewunderten seine Kunst. Als er einmal aus einem Stück Erle einen Christus anfertigte, wollte ihm das Gesicht wohl nicht so recht glücken und alle lachten ihn deswegen aus und neckten ihn damit. Als er ihr sein Kunstwerk zeigte, schaute sie es lange an, bis sie voller Verständnis ganz ernst zu ihm sagte:
„Wir haben IHN doch nie gesehen, vielleicht sah er ja wirklich so aus." Dann haben sie sich einfach nur dieses geschnitzte Gesicht von dem Christus angeschaut. Dabei hat er ihre Hand in seine gelegt und seine war ganz groß und warm.

Dann kam der Tag, als es hieß, sie müssten fort. Balthasar musste dableiben und sie musste weg. Richtig verstand sie überhaupt nicht, warum es katholisch und protestantisch gab, es gab doch nur diesen einen allmächtigen GOTT. Erst in diesem Moment dachte sie wirklich über den Glauben und Luthers Lehre nach und unterhielt sich auch mit Balthasar und beinahe wären sie noch darüber zum Streiten gekommen, weil für Balthasar plötzlich Bischof, Papst und Kirche Recht hatten. Aber als der Tag der Trennung näherrückte, tat es ihm leid, dass sie die gemeinsamen Stunden mit Gezänk verdorben hatten. Einen Knopf seiner Joppe riss er vor ihren Augen ab und dem Ross zog er ein Büschel Haare aus dem Schweif, das er so flocht, dass sie den Knopf am Hals tragen konnte. Das war der erste Schmuck, den sie besaß, der Knopf und die Rosshaare waren ihr so wertvoll wie eine goldene Kette. Am Abend vor ihrem Aufbruch ging sie ein letztes Mal zum Brunnen und wartete dort. Wie immer nahm er ihr die Eimer ab. Schweigend

gingen sie nebeneinander her und wussten, dass alles zwischen ihnen gesagt war, spürten, was der andere fühlte.

„Komm heut Abend zu unserer Eiche, nach dem Abendbrot, wenn ihr fertig seid mit Melken!", flüsterte er ihr zu. Ja, er flüsterte, obwohl doch gar keiner da war, der ihn hätte hören können. Dann war er zwischen den Sträuchern verschwunden. Sie mochte gar nicht an dieses Bild des Abschieds denken. Wie die Kinder kletterten sie hinauf auf ihren Baum, über Jahre war ihnen jeder Tritt von einem Zweig zum nächsten in Fleisch und Blut übergegangen, die Füße fanden den Weg von allein. Dann saßen sie auf dem gewohnten dicken Ast nebeneinander und Balthasar getraute sich zum ersten Mal seinen Arm um ihre Schultern zu legen. „Du zitterst!", sagte er – dann war es wieder still. Sie hatte im Sommer Blumen gepresst und Margerite, Vergissmeinnicht und Glockenblume zusammen zwischen zwei Lindenblättern in die Bibel gelegt. Da hatte sie noch nicht gewusst, dass sie eines Tages für ihn sein würden. „Hier, für dich. Irgendwann wirst du nicht mehr wissen, wo sie sind, irgendwann werden sie zu Staub zerfallen sein, aber solange du erkennen kannst, dass es Blumen sind, die wir in diesem Sommer miteinander gepflückt haben, sollen sie dir Glaube, Liebe und Hoffnung bedeuten. Möge uns die Hoffnung durchs Leben begleiten, Hoffnung auf eine Welt, in der uns niemand befiehlt, was wir glauben

müssen, in der uns niemand befiehlt, wer unser Freund sein darf!" Linkisch steckte er dieses Geschenk zusammen mit den herzförmigen Blättern ein. Noch nie hatte er von einem Mädchen etwas bekommen. Sie saßen noch ein paar Minuten nebeneinander. Er schluckte, wollte etwas sagen, doch sie legte ihren Finger auf seinen Mund.
„Man wird mich schon lange vermissen zu Hause!"
„Mich auch!"
„Wann wir uns wohl wiedersehen?"
„Ob wir uns wohl wiedersehen?"
Balthasar stemmte sich vom Baum ab und sprang hinunter. „Komm, spring!", und er streckte ihr seine starken Arme entgegen und fing Johanna auf und drückte sie an sich. Sie wusste nicht, ob sie sich das gewünscht hatte, aber in diesem Moment war es für sie wunderschön. Es war, als ob die Kraft von ihm auf sie überginge. Noch einmal sagte er leise in die Dunkelheit hinein:
„Ob wir uns wohl wiedersehen?" Er wartete keine Antwort ab, legte seine Fingerspitzen unter ihr Kinn und sie legte ihren Kopf in den Nacken, ihr Mund seinen Lippen entgegen, ungeschickt war ihr erster Kuss und doch gab ihr diese Berührung der Lippen das Gefühl, jetzt würden sie es schaffen, irgendwie, irgendwo wieder zusammenzukommen. Das Weggehen war schwer, das Zurückbleiben war schwer, aber dieser Kuss machte das Schwere ein wenig leichter.

Sie gingen ins Haus. Seine Mutter hatte rotgeweinte Augen. Neben der Türe stand ein Bündel bereit.
„Da hab ich dir was eingepackt. Dörrobst und Dörrfleisch und Nudeln. Wenn ihr mal was kochen könnt. Da drin sind getrocknete Kamillenblüten und Ringelblumensalbe." Balthasars Mutter deutete auf ein zusammengebundenes Tuch, nahm ihren Schürzenzipfel und wischte sich die Augen, zog die Nase hoch, konnte kaum weitersprechen, fasste sich mit einem

vernehmbaren Seufzer zum Herzen und rang nach Luft. Flüsternd fuhr sie fort: „Ich habe dir einen Schal und Handschuhe gestrickt und ein Paar schafwollene Socken, die hättest du zum Christfest bekommen sollen. Hier ein paar Zibeben, die kannst du unterwegs kauen, und Mandeln und Haselnüsse. Ach, weißt, Johanna, warst mir wie eine eigene Tochter!" Verstohlen führte sie die Schürze wieder zu den Augen.
„Ob wir uns wohl wiedersehen?", fragte Balthasar noch einmal.
„Wann wir uns wohl wiedersehen?", antwortete Johanna und lächelte ihn liebevoll an. Seine Mutter zeichnete ihr mit dem Daumen ein Kreuz auf die Stirn.
„Behüt dich Gott!" Und nach einem kurzen Schweigen: „Wir haben doch nur den einen Herrgott!"

In der folgenden Nacht hatte Johanna eine Vision: Sie träumte von Treppen, von unendlich vielen Stufen, die ins Nichts führten. Unendlich viele Stufen, die in ein Haus führten, hinauf, durch dunkle Räume wieder hinunter. Überall waren Stufen, die auf einem großen Platz zusammenliefen. Da stand sie und sie drehte sich um ihre eigene Achse und wusste nicht, in welche Richtung sie gehen sollte.

Wenn es Philipp möglich war, patrouillierte er an dieser Elendsschlange von Menschen entlang und es machte ihn jedes Mal froh, wenn es ihm gelang, bei anderen Missmut in Zufriedenheit zu verwandeln, Streit zu schlichten, zu erklären, zu trösten.
„Na, Jakob. Wie geht es dir denn heute. Kannst du überhaupt noch laufen? Hättest nicht doch daheim bleiben wollen?"
„Nein! Das schon gar nicht. Traurig war ich schon, dass die Mutter beim Vater geblieben ist. Aber sie muss sich ja auch um den Ahn und um die Großmutter kümmern. Die alten Leute, die sind ja katholisch und die haben ja nicht gehen müssen. Der Vater ist ja auch katholisch. Der hat ja auch nicht gehen müssen. Bloß ich bin so eine lutherische, rebellische Schmeißfliege, das hat der Veit vom Prandegger zu mir gesagt, dabei hat der immer behauptet, dass er mein Freund ist und dass er mir hilft, wenn ich jemanden brauche. Aber da hat er nichts mehr davon wissen wollen, wie mich jeder nur noch einen lutherischen Ketzer geheißen hat. Verprügelt haben mich die anderen und der Veit hat zugeschaut. Geschlagen hat der nicht, aber zugeschaut hat er und hat die anderen noch aufgewiegelt: ‚Recht habt ihr, zeigt ihm ruhig, wer bei uns das Sagen hat.' Dabei habe ich mir gedacht, das können doch der liebe Gott und der Luther nicht gewollt haben, dass wir jetzt unseren Grind hinhalten, und wenn das mit der Backe hinhalten zehnmal in der Bibel steht, ich will meine Backe trotzdem nicht hinhalten, wenn ich die Ohrfeige nicht verdient habe. Oder Philipp, was meinst du! Deswegen bin ich allein mitgegan-

gen. Jetzt weißt du es. Ich werde schon irgendwo bleiben können, oder? Bin ja nicht ganz ungeschickt und Schreiben und Lesen hab ich auch gelernt, als wir es noch haben lernen dürfen. Manchmal habe ich der Mutter am Abend aus der Bibel vorgelesen, weil sie nicht lesen konnte. In den Psalmen kam immer wieder die Stelle: ‚Danket dem Herrn, denn er ist freundlich und seine Güte währet ewiglich.' Da habe ich mir jeden Tag mit noch mehr Kraft gedacht: ‚Ja, wenn das so ist, dann wird er auch zu mir freundlich sein und auf mich aufpassen und mir den richtigen Weg zeigen.' Ja, Philipp, mir geht es ganz gut und ich danke auch dir für das, was du alles für uns machst. Stark bist du. Geht dir denn die Kraft gar nicht aus?"
Philipp lächelte nur und schaute den Jakob an, der seine Hand zum Wärmen unter die gestrickte Joppe geschoben hatte.
„Hast kalte Finger!"
„Ja, aber die Mama hat mir warme Fäustlinge mitgegeben, trotzdem habe ich kalte Finger und ..."
„Was hast denn da unter der Joppe? Du hast doch was unter der Joppe!"
Jakob wurde ganz bleich.
„Philipp, gell, ich darf es behalten. Es ist ja nichts Schlimmes." Als er es gesagt hat, da hat ein kleines Kätzchen seinen Kopf zwischen den Knöpfen herausgestreckt und geschnurrt. Fast hätte der Philipp lachen müssen, so lustig und vorwitzig hat es ausgeschaut.
„Ja, wo hast denn die her?"
„Das ist doch meine Katze, da habe ich gedacht, wenn ich schon ganz allein sein soll und wenn ich schon ganz allein in die Fremde gehen soll, dann möchte ich doch meine Katze mitnehmen. Aber am letzten Tag, als man mich dann abgeholt hat, da habe ich mein Kätzchen nicht mehr gefunden. Ach Philipp, kann gar nicht sagen, wie ich da traurig war. Überall habe ich geschaut, im Stall und auf der Tenne, aber da

war kein Kätzchen. Dann habe ich mein Bündel genommen, das Herz war mir schwer, aber was hätte ich denn machen sollen. Bei der ersten Rast habe ich mein Bündel vom Wagen genommen und aufgebunden, was soll ich dir sagen, da ist es dringesessen, ich glaube, wenn es gekonnt hätte, dann hätte es gelacht und hätte zu mir gesagt: ‚Hast wirklich gemeint, ich lasse dich allein?'"

„Ja, und von was lebt deine Katze unterwegs?"

„Philipp, du verrätst mich doch nicht?"

„Ja, wem soll ich dich denn verraten, hast doch nichts verbrochen?"

„Weißt, wenn wir das Nachtquartier machen, da waren bis jetzt immer Kühe und da habe ich ein bisschen was gemolken, viel nicht, aber halt zwei Maul voll in meine Blechtasse, dass es nicht verhungern muss. Manchmal fängt es auch eine Maus. Oder einen Vogel. Wenn es Brot gibt, dann kaue ich ihm Brotrinde weich. Hunger hat sie immer, so wie wir, dann nimmt es auch von mir Brotrinde. Ganz mager ist es geworden, aber leben tut es noch – und mir die Finger wärmen. Jetzt habe ich mir ein Tuch so um den Hals geknotet, dass die Schnurri unter meine Joppe schlupfen kann und wir wärmen uns gegenseitig und sind nicht allein."

„Oh Jakob!", sagte Philipp nur und wuschelte mit seiner Hand über den Lockenkopf des Buben. War er denn wirklich noch ein Bub mit all der Bürde, die er mit seinen 14 Jahren tragen musste wie ein Erwachsener?

„Philipp, du bist doch so gescheit! Kannst du mir sagen, warum die Welt so verrückt geworden ist? Bevor der Firmian so zu spinnen angefangen hat, war doch alles in Ordnung. Was hat er denn davon, wenn jetzt alle von uns weggehen. Umbringen hat er uns wollen und dabei ist er doch ein Kirchenmann. Kann man das überhaupt verstehen?"

Schweigend gingen die beiden nebeneinander her. Der reife Philipp, der junge Jakob, der jetzt auch reif geworden ist.

„Ach, Jakob, da kann ich dir auch keine Antwort geben. Verstehe es ja selber nicht. Aber eins weiß ich gewiss: Frei will ich sein, frei in dem, was ich glaube. In eine neue Welt gehen wir, wo alle ihre Kinder lutherisch taufen lassen dürfen, wo jeder, der will, endlich in die Schule gehen und was lernen kann, in die Schule und in die Kirche sollen sie gehen können. Wo die jungen Burschen heiraten dürfen, wen sie wollen, Hauptsache, sie haben einen redlichen Charakter, und wo die Kindlein, die Gott schenkt, getauft werden können im Namen des Vaters, des Sohnes und des Heiligen Geistes. Das alles möchte ich mir nicht mehr verbieten lassen." So viel an einem Stück hatte der Philipp lange nicht gesprochen. In sich versunken gingen sie weiter. Wer genau hinschaute, sah beim Johannes immer wieder ein kleines Katzenköpfchen aus der Joppe rausschauen.

***

Durch den Tod ihres Bübleins waren sich Philipp und Sara noch näher gekommen. Sara trauerte und versuchte, sich mit der Fürsorge um andere abzulenken. Frauen saßen erschöpft am Straßenrand und wünschten sich einen schnellen Tod. Wieder andere wurden aus Hoffnung und aus Zorn jeden Tag stärker und sprachen den Schwachen Mut zu.

Der Treck erreichte ein Dorf, wo man ihnen Asyl gewährte. Frauen brachten Fleischsuppe und Eier und Milch für die Kinder. Auch das Kätzchen von Jakob schlapperte begierig und fraß die eingeweichten Brotrindenstücke, die die Bucheggerin nicht mehr beißen konnte. Heimlich sammelte sie diese Rinde für Schnurri und hatte Freude, der Katze beim Fressen zuzuschauen. Die Katze lief auch manchmal neben der Gruppe her, jeder kannte inzwischen das Geheimnis und brachte sie zu Jakob zurück, wenn sie zu weit vorn war oder sich zu weit in die hinteren Reihen verirrt hatte. Die drei weißen Pfötchen und der weiße Fleck über dem rechten Auge, daran erkannte sie jeder. Jakob steckte sie wieder unter seine Joppe. Sie war sein wichtigster Begleiter und sein einziger Halt auf der tragischen Flucht. Die Katze und die bunte Erinnerung an zu Hause machten ihm die Zeit erträglich. Je weniger es zu essen gab, desto deutlicher wurden die Bilder von daheim, die Küche, wo sich das Leben abspielte. Der geschnitzte Kasten an der Wand war Mutters ganzer Stolz, das Biermaß, jetzt fiel ihm sogar das Biermaß ein, der Eierkorb, Zuckerschaber, Fleischwolf und Fleischklopfer, ein Hackmesser war auf das Eichenbrett montiert, Steinguteimer fürs Schmalz, Krauthobel, Butterpfanne, Rahmheber, Heidelbeerkamm, Kartoffelreibe. Er konnte sie förmlich riechen, die Küche, und über allem ein Himmel von Schmalz. Neben dem Ofen das Holzspreißel-Messer, der Stein, den man im Winter ins Feuer legte und, als er noch klein war, in den Waschzuber, damit das Wasser nicht so kalt war. Vor seinen Augen erschienen Blasebalg, Kienspan und Brennholzkorb. Stolz war er, als ihn der Vater, der richtige Vater, mitnahm in den Wald. „Jetzt bist ein Mann, jetzt kannst du mit ins Holz", hatte der Vater gesagt. Ihm war, als wäre das gestern gewesen. Dann war der richtige Vater von einem Baum erschlagen worden. Aber diese Gedanken schob Jakob jetzt weg.

Keiner hatte Freude, an Weihnachten zu denken. Drei Wochen waren sie mittlerweile unterwegs, Menschen hinter Menschen, eine endlose Karawane. Wo würden sie wohl am Christfest sein? Johannes musste an das vergangene Jahr denken, als er mit seinem neuen Vater eine Krippe baute. Der neue Vater schnitzte Maria und Josef, Kaspar, Melchior und Balthasar, Ochs und Esel, Hirten und Schafe. Er selbst bastelte aus Ästen die Herberge, den Stall – eine Hütte, die richtig mit Dachsparren und kleinen Steinen belegt war. Jeder, der die Krippe anschaute, sagte: „Das sieht ja aus wie die Alpe, auf die ihr im Sommer das Vieh treibt." Das freute den neuen Vater so, dass er das Dach noch einmal abnahm und innen eine kleine Stube einrichtete, einen gemauerten Kachelofen mit einer Ofenbank und einem kleinen Tisch und auf die Ofenbank setzte er eine Katze, die er aus einem Spreißel schnitzte, der beim Ochs abfiel. Das Bauernhäuschen kam auf ein Brett, belegt mit Moos. Der neue Vater schnitzte noch eine andere Katze, die er am Heiligen Abend neben die Könige stellte. Wie lustig das aussah! Die Mutter buk in der Adventszeit Plätzchen und Lebkuchen, versteckte und hütete sie bis zum Fest. In einer riesigen Schüssel knetete sie den Teig für das Birnbrot, vermischte ihn mit gedörrten Zwetschgen, Birnen, Äpfeln und halbierten Haselnüssen. Der Felix kam im Dezember immer aus der Stadt ins Dorf, einen ganzen Kramerladen auf dem Rücken. An die Kinder hat er Karamellbonbons verteilt, damit die Mütter bei ihm einkaufen, Kräuter und Spezereien. So roch es eben nur an Weihnachten.

„Jakob, was träumst du, da, nimm!" Philipp streckte ihm ein Stück Speck hin, aufgespießt mit dem Messer. Nur schwer fand Jakob wieder zurück aus seinen Gedanken, zurück auf die schmierige Straße, zurück in den prasselnden Regen, zurück in den immerwährenden Hunger, der jeden Tag welche dahinraffte, im Fieber, in Erschöpfung – auch Junge, die sich abends hinlegten und morgens nicht mehr aufstanden. Mit jedem Toten wuchs seine Kraft durchzuhalten, um der Welt von diesem unbeschreiblichen Unrecht zu berichten.

In all ihrer Not trafen sie sich abends zum Gebet und gedachten derer, die unterwegs gestorben waren, und derer, die im Schloss Werfen die Kerker füllten, weil sie sich weigerten, ihren Glauben zu verraten. Sie würden wahrscheinlich ihre Frauen und Kinder nie mehr sehen.

„Philipp, bei allem Übel, wir sind zusammen, welch ein Geschenk. Denk dir, wenn ich jetzt allein hier sein müsste und – nein, schauen wir nach vorn. Der Herrgott wird unseren Weg lenken, daran glaube ich ganz fest." Sara suchte seine Hand und schaute ihn liebevoll an.

Der müde Haufen hatte es nicht bis zum nächsten größeren Ort geschafft. Jakob ließ seine Katze frei, sie würde sicher irgendetwas zum Fressen finden. Wenigstens sie würde nicht hungers sterben. Irgendwann in der Nacht kam sie zu ihm zurück und zufrieden schnurrend suchte sie sich ihren angestammten Platz auf seiner Brust. Ihre Krallen zupften leicht auf seiner Haut, als sie sich wohlig streckte. Er ließ es sich gerne gefallen.

***

Das Kräuterweib, die Mittersteinerin Maria, hatte ihnen die wichtigsten Arzneien zusammengestellt. Lange schon war sie der katholischen Kirche ein Dorn im Auge und nur dem Umstand, einen Pfarrer mit ihrer geheimnisvollen Essenz bei seiner Syphilis vor schlimmem Unheil bewahrt zu haben, hatte sie es zu verdanken, dass niemand sich traute, sie für ihr Tun zu strafen. Immer wieder hörte man davon, dass andere für ihre Heilkunst als Hexe auf dem Scheiterhaufen endeten. Vor ihrem Haus standen eine Bank und daneben eine riesige Rottanne. Jeder sagte: „Die stand schon da, als ich geboren wurde." Seit zweihundert Jahren mochte der Wind durch diese Zweige gefahren sein. Einer der Vorväter hatte am Stamm in Augenhöhe ein Kreuz mit einem Heiland angeschlagen. Bei einem schweren Gewitter war der Blitz durch die Rinde gefahren, aber um dieses Kruzifix hatte er einen Bogen gemacht. Man konnte die verbrannte Rinne am Baum erkennen, aus der das Harz tropfte. Am Kreuz hatte der Blitz sein Feuer gebremst, unter dem Kreuz hatte es weiter gebrannt. Das Kreuz war unversehrt geblieben. So kam es, dass vor dem Haus der Mittersteinerin eine schwarze Baumruine mit einem Kruzifix stand. Gerne erzählte sie jedem diese Geschichte und bekreuzigte sich dabei ehrfürchtig.

„Abgeschaut hab ich das der Schweigerin und der Rohrmoserin. Ja, freilich bekenne ich mich zu den Protestanten, aber was ist schlimm am Kreuzschlagen? Ist doch für unseren Herrn. Wie soll ich denn heilen, wenn er mir nicht hilft dabei?" Schreiben konnte sie nicht. Lesen war ihr zu mühsam. Aber die Kräuter und Blüten „im Herrgott seinem Garten" – wie sie gerne sagte – hat sie gekannt wie keine andere. Löwenzahn, Giersch und Wegerich – fast war sie stolz, dass sie jetzt mit ihrem Wissen so helfen konnte. Unterwegs mit den anderen Frauen lernte sie Bibelverse, ließ sich immer und immer wieder Psalmen und Bibelsprüche vorsagen: „Sehet die Vögel unter dem Himmel an ... – also hat Gott die Welt geliebt ..."

Ihre Zöpfe waren mit Dreck verklebt, nasse Strähnen hingen ihr über die Stirn. Das Wasser reichte mit Müh und Not zum Trinken, geschweige denn zum Waschen. Wenn sie sich das vorstellte, wie zerlumpt sie daherkam ... Wenn so eine Gestalt einmal vor ihrer Türe gestanden hätte, mit der Angst hätte sie es zu tun bekommen. Der Rabe am Straßenrand – ob es wohl der gleiche war wie am Tag zuvor und noch einen Tag zuvor? Immer war ein Rabe am Straßenrand, wenn sie ihren Blick über die starre Landschaft schweifen ließ. Wie es wohl wäre, wenn sie fliegen könnte? Was würde sie sehen, oben vom Baum aus, wo war das nächste Dorf, der nächste Kirchturm? Sie liebte diese Winterstarre, wenn die Natur glauben machen wollte, dass alles vorbei war und irgendwann doch wieder zum Leben erwachte, aber jetzt stand ihr nicht so recht der Kopf nach dieser Schönheit. Nein, in Wirklichkeit war es natürlich nicht der Kopf, sondern das Herz und die Seele, die krank geworden waren, die vermissten alles, Seele und Herz verhungerten, man hatte sie zerrissen, ein Teil war zurückgeblieben und jeder Teil darbte ohne den anderen.

Die Kälte biss sich durch die Kleidung. Vornübergebeugt stemmten sich Männer, Frauen, Kinder gegen die verwirbelten Flocken. Ein Schneeteppich lag vor ihnen. Dichtes Weiß, Weiß, Weiß so weit das Auge reichte. Eisnadeln spickten ihnen entgegen, attackierten ihr Gesicht wie mit Dolchspitzen.
„Mach die Augen zu, ich habe dich doch fest an der Hand", sagten Mütter und trösteten ihre weinenden Kinder.
„Wir können nicht mehr, wir können doch alle nicht mehr!" Viele setzten sich einfach am Wegrand hin, wollten hier und jetzt auf ihr Ende warten. Doch da waren genug starke Männer und Frauen, die in all dem Gegenwind noch mehr über sich hinauswuchsen.
„Wollt ihr dem Firmian auch noch die Genugtuung geben, dass wir hier erbärmlich verrecken? Ja, wollt ihr das?" Mit Gewalt und vereinten Kräften zogen sie arme, schwache Kreaturen aus dem Schnee, damit sie nicht hier in der Wildnis erfroren. Mit Schnee rieben sie ihnen das Gesicht ab, bandagierten die Füße, betupften die Wunden und Schrunden sparsam mit Arnika-Tinktur. Auch die ging langsam zur Neige. Anton machte sich nützlich, schien nicht müde zu werden. Aus seinem Tornister holte er eine Schnapsflasche, zur Belebung der fast Leblosen. Die Bucheggerin hatte immer noch was, für echte Notfälle, wie sie sagte, Fläschchen mit Zaubermittelchen. Manchmal nahm sie verstohlen einen Schluck, ehe sie ihre Wundertinkturen wieder in ihren unergründlich tiefen Rocktaschen verschwinden ließ.
Viele von ihnen hatten ihre Geheimrezepturen. Tollkirsche bei akuten Schmerzen und Entzündungen, Fieberkrämpfen oder Blasen- und Nierenentzündungen. Was sollte man tun, wenn die Kleidung nicht mehr trocken wurde und manchmal steif wie ein Brett um den ausgekühlten Körper stand. Oder wenn

sich bei den Wöchnerinnen durchs Stillen die Brust entzündete. Man konnte gar nicht hinschauen, wenn die ausgemergelten jungen Frauen all ihre Kraft den Säuglingen opferten, damit wenigstens die den Überlebenskampf gewinnen sollten.

Sie schälten die Rinde von den Birken, lösten die oberste Schicht ab, um sie in ihre zerschlissenen Schuhe zu legen, und kauten auf der unteren Schicht herum, bis sich kein Speichel mehr bilden wollte. Was sie von der Rinde übrig behielten, sparten sie sorgsam für die Dunkelheit auf, wenn es wieder ans Feuermachen ging und aus den Zweigen Fackeln wurden. So war ihnen die Birke Tag für Tag ein wertvoller Begleiter. Sie gab ihnen Licht und brannte auch dann, wenn anderes frisches Holz nicht brennen wollte. Getrocknete Birkenblätter brühte ihr Kräuterweiblein zum Tee, wenn jetzt in der Kälte sich vor allem die Frauen eine Blasenentzündung holten.

Im Mondschatten Atemwolken, dampfende Pferdeleiber, das Dunkel, das mit dem Tag kämpfte. Schemenhaft zeichneten sich die Umrisse der Menschen ab, die vom unbequemen Nachtlager aufstanden. Baptist und Balbina und fünf andere standen nicht mehr auf. Sie lagen da und hoben nur ermattet die Arme und hauchten ein: „Lasst uns hier, lasst uns zurück. Macht ihr euren Weg und erzählt jedem, wie es war. Macht ihr euren Weg und schaut, dass ihr Haus und Arbeit bekommt, sonst hat sich das alles nicht gelohnt. Macht euren Weg in Gott." Das waren Balbinas letzte Worte, bevor sie einschlief. Während sie das sagte, hatte auch Baptists Herz aufgehört zu schlagen.
Der Nebel malte aus den Bäumen geisterhafte Gestalten, die ihnen aus dem Nichts entgegentraten. Es fröstelte sie.

Anderntags brauchte es wiederum sehr lange, bis sie sich auf den Weg machen konnten. Ein Schneehügel mit einem Tannenzweig darauf, ein Vaterunser, mehr Zeit blieb für die Toten nicht. Abmarsch. Jede Faser ihres Körpers müde, die Gelenke voller Winter und Nässe. Wen interessierte die Landschaft, die mal lieblich, mal rau war. Wenn es bergauf ging, mussten sie all ihre Kraft aufbieten, wenn die Steigung auch noch so gering war. Im Schnee, der unter den vielen Füßen mulfig und musig wurde, rutschten sie immer wieder aus, kamen fast nicht von der Stelle. Es war ein Trauern und ein Leiden, dass die Seelenpein kaum auszuhalten war. Vor sich, hinter sich und neben sich hatte jeder einen Begleiter, der die gleiche Not litt. Sonst wäre dieses schwere Kreuz nicht zu tragen gewesen.

Der Vollmond stieg auf über den hohen Wald, tauchte jede einzelne Tannenspitze ins fahle weiße Licht. Wie ein Scherenschnitt hob sich die Baumreihe vom Himmel ab. Landschaft – nicht wichtig. Häuserzeilen, verschleiert von weißem Nebel, von unerbittlicher, gnadenloser Kälte. Lange Stäbe von Eiskristallen lagen auf Pfützen, kreuz und quer und übereinander. Maulwurfshügel tauchten aus dem Weiß wie schwarze Pyramiden.

Weilheim

Am 24. Dezember erreichten die Salzburger Emigranten die Stadt Weilheim. Aber wem war es denn weihnachtlich zumute? Hunger hatten sie und Heimweh. Sie zitterten vor Kälte und rückten noch enger zusammen, standen und lagen so eng wie möglich beieinander, um der kalten Luft zu trotzen.
„Weißt du noch, wie daheim das Christkind kommen ist in der Stube? Nach dem Melken haben wir jede Kuh gestreichelt und ihr noch eine Handvoll Heu extra gegeben, fast war es feierlich, wenn die Kuhketten gerieben und leise gerasselt haben. Die Kühe haben ihre Köpfe nach hinten gedreht, wenn ich von einer zur anderen gegangen bin. Dem Ross hat der Vater eine Portion Hafer extra in den Trog hinein getan und er hat so mit ihm geredet, dass es bloß das Ross verstanden hat. Die Mutter hat derweil in der Küche die Bratkartoffeln gebrutzelt und dazu hat es Würste gegeben. So war es der Brauch. Dem Vater hat sie seinen Krug voll Most hingestellt. Jetzt ist die Mutter schon lange im Himmel. Was meinst du, ob die fremde Frau dem Vater jetzt auch den Most hinstellt? Ob die beiden heute in der Christmette sind? Bei den Katholischen? Sicher sind die in der Christmette. Und wir?"

Schon vor der Stadt wurden sie aufgehalten.
„Was wollt ihr denn bei uns? Wo kommt ihr denn her? Wie ihr ausschaut!"
Anton Büchel und sein bayerischer Kamerad gaben dem berittenen Stadtboten einen kurzen Bericht über das Woher und Wohin.
„Das kommt ja gar nicht in Frage. In unserer Stadt ist überhaupt kein Platz für euch und da hilft euch auch keiner, so verwahrlost wie ihr seid! Der Kämmerer, der sitzt auf dem Geld, als ob es sein eigenes wäre. Da geht gar nichts. Prote-

stantisch seid ihr – und da wollt ihr ausgerechnet bei uns eine Herberge? Ausgerechnet bei uns?"
„Aber heute ist doch Christtag, Christus ist in einem Stall geboren. Habt ihr denn wenigstens einen Stall für uns? Oder gibt's bei euch keine Christen?"
„Doch, schon, aber keine solchen, wie ihr es seid. Für einen Stall seid ihr außerdem viel zu viele! Da, auf der Wiese könnt ihr bleiben, wenn ihr wollt. Ihr habt Glück, dass die Wiese gefroren ist, vor ein paar Tagen war das noch ein See, da hättet ihr nicht einmal darauf stehen können. Aber bleiben könnt ihr da nicht, das kann ich euch gleich sagen, schaut, dass ihr morgen weg seid, bevor euch der Bürgermeister sieht."
„Mein Gott, was seid denn ihr für Leute. Bei der Kälte ...", mischte sich Philipp ins Gespräch. Mit seiner ruhigen Art sorgte er immer wieder dafür, dass sie nicht zu sehr in Rage gerieten.
„Wir können doch nicht jeden aufnehmen. Kalt oder nicht. Ich selber kann gar nichts für euch tun." Damit gab er seinem Pferd die Sporen. Das Eis knackte, als die Hufe im Galopp darüberflogen.

„Was machen wir jetzt?" Philipp gab sich selbst die Antwort. „Schaut, dass wenigstens die Alten und die Kinder auf die Wägen kommen! Schlaft, so gut es geht. Wer noch etwas zum Essen hat, teilt es mit den anderen. Morgen in aller Herrgottsfrühe ziehen wir weiter nach Schongau. Vielleicht können wir da wenigstens neues Brot kaufen. Ich glaube, nach Kaufbeuren ist es jetzt auch nicht mehr weit!"
„Heiliges Christfest, Herbergssuche. Diese Heuchler! Sicher sind sie jetzt alle beim Beten ..."
„Wenigstens schneit es nicht. Und regnen tut es auch nicht. Dann können wir ein Feuer machen. Komm Johannes, geh Holz klauben. Da drüben. Musst dich ja nicht erwischen lassen, sonst dürfen wir das vielleicht auch nicht. Ich richte in

der Zwischenzeit den Platz für uns her. Da vorn ist ein Brunnen. Gehört wohl zum Dorf. Große Kälte gab es wohl keine, sonst wäre er ganz eingefroren. Schauen wir, was wir noch zum Essen machen können."
Kartoffeln, Kraut, Speck, getrocknete Pilze – jeder hatte noch eine kleine Ration übrig. Als Philipp gerade zum Wasserholen gehen wollte, sah er schon von weitem ein Pferd, das auf ihn zuhielt.
„Was will der denn noch einmal?" Fast so, als wollte er seine Landsleute beschützen, stellte er sich mit verschränkten Armen hin. Der Reiter parierte durch und beugte sich hinunter zu seinen Satteltaschen. Schinken und zwei gerupfte Hühner förderte er zutage. Sogar ein paar Eier hatten den Ritt heil überlebt.
„Ich habe meinem Weib von euch erzählt, sie hat es mir für euch gegeben. Bei ihr müsst ihr euch bedanken. Salz ist auch dabei, dass die Wassersuppe nicht gar so fad schmeckt. Da, noch ein paar Lebkuchen. Ja, ich habe ein gutes Weib. Aber morgen seid ihr weg! Weihnachten hin oder her."
„Das Holz ist alles nass, da haben wir kein Glück mit dem Feuer." Johannes kam gerade dazu, als der Mann sich verabschiedete. „Frag mal da drüben, vielleicht kann euch der Bauer Glut aus dem Ofen geben – oder trockenes Holz oder Zunderschwamm."
Johannes hatte bei dem Bauern tatsächlich Glück. Er kam zurück mit einer Keramikschüssel voller Glut und trockenen Spänen zum Anfeuern. „Ich soll noch einmal kommen. Sie richten mir was zusammen, hat der Bauer gesagt. Dann hat er noch gemeint, ich soll jemanden mitbringen, zum Tragen."
Anton nahm den Johannes mit aufs Pferd. Joseph und sein Ramos gingen auch mit. Man wusste ja nie ... Da brauchte es keinen Sattel für das kurze Stück.
Die Augen wollten ihnen übergehen, was alles im Hausgang auf der Treppe lag: ein Laib Brot, ein ganzer Strang Landjäger, kalter Schweinsbraten und sogar eine Wolldecke.

„Frohe Weihnachten! Von Herzen frohe Weihnachten!" Der Bauer, die Bäuerin, der Bub, die beiden Mädchen – jeder gab ihnen die Hand. Die Kinder schauten recht ungläubig drein, waren es nicht gewöhnt, dass so spät noch jemand an der Türe war.

Das heiße Wasser im Kessel roch nach Huhn und Speck und wärmte den Magen, wenn es auch nicht genug zum Sattwerden war. Bevor sie zur Ruhe fanden, gab ihnen Philipp noch ein paar Worte mit in diese besondere Nacht und betete mit ihnen: „Führe mich durch die Nacht und halt mich fest." Gemeinsam sangen sie „Vom Himmel hoch, da komm ich her". Bei der Zeile „Es ist der Herr Christ unser Gott, der will euch führ'n aus aller Not" gab jeder seinem Nächsten die Hand und hielt sie fest. So strömte wieder Kraft von einem zum anderen, sie spürten es ganz deutlich: Sie waren sich so nahe wie lange nicht. Wer den Text nicht kannte, summte andächtig die Melodie oder summte verhalten sein eigenes Lied. Eva wiegte den kleinen Tobias im Arm. Der lächelte zufrieden in seinem kindlichen Traum. Sara schickte liebevolle Gedanken zu ihrem Daniel. Philipp tröstete Johannes, der seine Frau vermisste und ganz krank war vor Sehnsucht. In der Nähe murmelte eine Frau in die Nacht: „Ich habe gehört, dass man gar nichts merkt, wenn man erfriert, man schläft einfach ein, dann kommt ein Engel ans Bett und dann ist alles vorbei. Irgendjemand hat mir einmal erzählt, man wird von einem Engel zu einem Fluss begleitet, da muss man durch und drüben steht Christus und nimmt einen an der Hand. Das ist doch schön, ich weiß gar nicht, was ihr immer habt. Angst vor dem Sterben habe ich keine, wenn Christus an seinem Geburtstag da drüben steht und mich führt.
Im Windschutz der Bäume brannten bis in die Nacht hinein kleine Feuer.

„Weißt du, einen Christus hätte ich noch schnitzen wollen und die Mutter war gerade dabei, neue Hosen zu nähen und Socken zu stricken. Adelgunda hatte auf dem Webstuhl einen Flickenteppich angefangen und konnte auch schon recht schön gleichmäßig spinnen. Dass jetzt alles einfach vorbei war ..." Schließlich verstummte das letzte Murmeln.
Wer nicht schlafen konnte, stierte in die Flammen und suchte Beistand in der Nähe des anderen. Wer ein paar trockene Äste gefunden hatte, holte sich Glut und versuchte wenigstens die Finger am zaghaften Feuer zu wärmen. Die Großen nahmen die Kleinen unter ihre Mäntel, die Jungen schlangen die Arme um die Kranken und Schwachen. Die Schwachen schienen mit jedem Atemzug mehr und mehr von ihrem Leben auszuhauchen.

Auch für Anton Büchel war es ein trauriger Heiliger Abend. An daheim dachte er, an die kleine Schwester, die sich so freuen konnte, wenn ihr die Mutter für die Lumpenpuppe ein neues Kleid genäht oder wenn die Winterkappe ein paar neue Bändel bekommen hat. Jetzt war er dafür mitverantwortlich, dass alle in Kaufbeuren ankamen, und konnte doch gar nichts für die Leute tun. Wer noch was zum Essen hatte, musste sich selber verpflegen. Die anderen bekamen von ihm ein paar Kreuzer, damit sie sich in Schongau Brot kaufen konnten. Sein Budget war mittlerweile recht mager geworden.

Als sie sich anderntags zum Aufbruch sammelten, zählten sie elf Frauen, Männer und Kinder, die nicht mehr aufstehen konnten, die in dieser Heiligen Nacht an ihr Ziel gekommen waren. Der Boden war gefroren, man konnte beim besten Willen keine Grube ausheben.
„Kann ich ihren Mantel haben?"
„Und ich seine Joppe?"
Keiner schämte sich, in dieser Kälte noch um das ein oder andere Stück zu bitten, ehe man die Toten mit Ästen zudeckte

und ein schnelles Vaterunser sprach, ehe sich der Treck wieder auf den Weg machte. Jeder, der an dem Hügel vorbeikam, hielt inne und schickte einen Gruß hinterher, manch einer wünschte sich insgeheim, jetzt auch dort zu liegen, dann hätte doch alles endlich ein Ende. Sara weinte, dass es den anderen fast das Herz zerreißen wollte.
„Ich muss zurück, das Grab suchen, wo mein Daniel liegt. Frieren wird er. Wird ihn wohl jemand besuchen und wenigstens einen Zweig hinlegen auf den Schneehaufen und ihm von seiner Mutter erzählen, warum sie nicht hat dableiben können?" Es war schwierig, sie zu trösten. Sie wurde erst ruhig, als sie vor Schwäche und Schmerz unter dem Traueranfall zusammenbrach. Philipp trug den erschöpften Körper zu seinem Wagen. Eine der alten Frauen, die sich ausgeruht hatte, machte gerne Platz für Sara.
„Komm, leg dich, mir geht es schon wieder eine Zeitlang."
Die Pferdedecke hatte noch die Körperwärme gespeichert, als sie Sara vorsichtig betteten.

„Mach kleine Schritte, hier ist's glatt, wenn du kleine Schritte machst, bist du sicherer!" So gaben sie sich gegenseitig Ratschläge. Stückweise war der Weg vereist. Es taute, wo tagsüber die Sonne hinkam, und kaum legte sich der Schatten darüber, rutschten sie auf der Eisschicht, mussten sich an Zweigen festhalten, wenn der Weg wieder einmal voller Wurzeln war. Kleine Schritte, sie schoben ihre Füße Zentimeter um Zentimeter über den Boden, über Eis und Schnee.
„Ja, wer langsam geht, kommt bestimmt weiter", sagte eine zur anderen.
„Was ist denn das für ein Leben, Tag für Tag?"
„Leben, das heißt doch auch verändern. Veränderungen annehmen, glaub mir, dann geht alles leichter."
„Das ganze Leben ist eine Reise", meinte die andere.
„Ach, du hast leicht reden, es ist doch alles ohne Sinn."

„Meinst du wirklich? Das Leben hat doch nur den Sinn, den du ihm selbst gibst."
„Aber mein Mann, ohne meinen Mann ..."
„Ja, gerade darum. Wir müssen doch wenigstens die Spuren mitnehmen, die der Tote hinterlassen hat" und etwas leiser fügte sie noch an: „Sonst war doch wirklich alles umsonst."

Das kahle Geäst war dick in Schnee eingepackt, der Weg war begrenzt von einem Schneewall, alles war begraben unter Schnee, eingewickelt in Kälte, harschig knirschte es unter den Stiefeln, monotones Knirschen Schritt für Schritt. Kalt, klirrend kalt war es, als stocke der Natur der Atem. Johanna hielt sich ein Tuch vor Mund und Nase. Das Tuch war bereits ganz nass und gefror, sobald es der Luft und dem Wind ausgesetzt war. Dann nahm sie ein anderes Stoffende und hielt sich für Minuten wieder ein trockenes Stück Stoff vor Mund und Nase. Der Weg war das blanke Eis. Die Alten waren bei jedem Schritt unsicher, getrauten sich kaum zu laufen, blieben stehen, sobald ein Baum kam, an dem sie sich abstützen konnten. Der Frost steckte im Holz, ein dicker Ast brach unter der Last des Schnees, machte aus ein paar Frauen, die zufällig darunter standen, weiße Schneemänner.
„Bei uns gibt es sogar Schneefrauen", sagten sie und konnten dabei noch gequält lachen. Alte, faule Blätter trugen einen Kranz von Kristallen. Auf einer Lichtung spitzten frischgrüne Grashalme aus dem neuen Schnee unter den weit ausladenden Zweigen einer ehrwürdigen Tanne. Fichten und Kiefern standen im dicken Winterkleid und drohten, unter dem Gewicht zusammenzubrechen. Sanft fielen die Flocken auf den Weg. Kleine Eiszapfen hingen an Bäumen und Sträuchern. Der Schnee zauberte weiße Hauben auf Zaunpfosten, Tropfen waren gefroren und funkelten im Licht wie Brillanten. Eine Reihe Gierschblätter hatte im Schnee überlebt.

Pfeffer studierte die grob gezeichnete Geländekarte und leitete die Gruppe, so gut er konnte. Einem Kameraden übertrug er die Aufgabe, nach Schongau vorauszureiten. Anton begleitete ihn. Sie bekamen dort den Rat, sich nach der freien Reichsstadt Kaufbeuren zu wenden. Über Dierleried und Erberschwang spurten sie sich weiter ihren Weg bis Kaufbeuren, um die Männer, Frauen und Kinder und fünf Wägen mit Pferden zu melden. Man versprach, die Stadttore bis zum Eintreffen der Flüchtlinge offen zu halten. Anton fühlte sich schon lange wie einer von ihnen. Katholisch, protestantisch, was machte das für einen Unterschied, wenn man Hunger und Durst hatte und fast am Erfrieren war.

„Wie geht's dir heute? Lässt ja den Kopf so hängen und sagst gar nichts, sonst hast doch die anderen noch versucht aufzuheitern, aber heute?" Philipp ging neben einem Buben her, fünfzehn war er, vielleicht auch schon sechzehn, kräftig und stark im Gemüt, anpacken konnte er und immer wieder hat man ihn auch bei den Alten gesehen, die er gestützt hat. Die Alten waren es in ihrer unerschütterlichen Zuversicht dann wohl auch, die ihm dann selbst wieder geholfen haben. Jetzt ging der Bub – sein Name mochte Philipp partout nicht einfallen – neben ihm her.
„Heute Nacht hab' ich Besuch gehabt, vom Vater, der ist gekommen mit dem Ross und dem Schlitten. ‚Geh raus in die Tenne, schau, was ich dir mitgebracht hab', hat er zu mir gesagt, viel ruhiger als er sonst immer mit mir geredet hat, weißt Philipp, der war nicht so gut zu mir, wie ich mir das gewünscht hätte, aber heute Nacht, da war er ganz anders. Da war's, wie wenn er mir mit der Stimme über den Kopf streicheln möchte. Bin ganz schnell rausgesprungen, in der Tenne war es ganz hell, von dem Engel, der da mitten im Heu gestanden ist und gelächelt hat. Auf den Dielenbrettern lag alles voller Spielzeug, geschnitzte Rösslein, Schnur und ein

Taschenmesser, sogar Schokolade und Lebkuchen. Aber dann bin ich aufgewacht und hab' mir das Heu aus den Haaren zupfen müssen und die Blätter waren überall um mich rum, weil der Blättersack aufgegangen ist, auf dem ich gelegen bin. Ach Philipp ..." Dann gingen sie wieder schweigend nebeneinander her.

***

Das Klima schien in dieser Gegend nicht so rau zu sein. Abgesehen von den grauen Schwaden und dem Wind, der den Frauen immer wieder die Tücher verwehte, ließ der Schnee nach und die Wiesen sahen wenigstens an manchen Stellen wieder aus wie Wiesen und nicht wie weiße, starre Bretter.
„Hör mal! Schreit da ein Kind? Da schreit doch ein Kind! Oder jammert ein altes Weib? Oder gar eine Katze? Es wird doch nicht ..." Das Geschrei wurde lauter und endete in einem kläglichen Iiiaaahhh, Iiiaaahhh.
„Das wird doch nicht ..."
„Doch, das wird doch", lachte Sara, als sie ziemlich nahe am Weg zwei Esel stehen sah, die ihr Iah in die Welt hinausschmetterten, als ginge es ihnen an den Pelz. Weihnachten, Herbergssuche – und am Wegrand, hinter verflochtenem Gestrüpp, standen diese beiden langohrigen Grautiere und schauten neugierig zu ihnen hin, spielten mit ihren Lauschern, scharrten mit den Hufen, steckten ihre Nüstern in die verfaulten Blätter auf dem Boden, knabberten an den Ästen einer Eberesche und schienen ganz zufrieden. Kaum wurden die Esel der Menschen gewahr, galoppierten sie freudig zum Zaun. Sara tätschelte den warmen Tierkörper des kleineren Tiers und war schnell umringt von anderen Frauen und Kindern.
Nur wenige Momente der Freude hatte es bisher unterwegs gegeben. Die eine Hand kraulte zwischen den Eselsohren und

das Tier ließ es sich gern gefallen, die andere Frau legte beide Arme um den struppigen warmen Hals, ein Kind streichelte liebevoll und zärtlich die weichen Nüstern und man konnte meinen, der Esel und auch das Kind konnten gar nicht genug davon bekommen.

„Ja, was wollt denn ihr! Schaut, dass ihr weiterkommt!", schrie es da schon aus der Ferne. Ein Bauer löste sich aus dem Dunst des Wintertages und schlug beide Hände über dem Kopf zusammen. „Jessesna, wer seid ihr denn?" In knappen Sätzen erklärten sie, woher sie kamen, wohin sie gingen.

„Nach Schongau? Nach Kaufbeuren? Ja, und von Salzburg kommt ihr? Könnt ihr denn überhaupt noch? Habt ihr ein Glück, dass ich gerade nach den Viechern schauen wollte. Weihnachten ist. Maria und Josef, die haben wenigstens einen Esel gehabt, wo die Maria ... Wartet, was sag ich, vielleicht wollt ihr meinen Esel, habt ja schon Freundschaft geschlossen mit ihm. Die Lisa, das ist die Kleinere von den beiden, die könnte ich euch mitgeben, wenn ihr wollt. Vielleicht kann sich ja immer wieder einmal jemand draufsetzen und ausruhen. Protestanten seid ihr? So, so. Ja, und was macht das für einen Unterschied? Für euch ist doch geradeso der Christus geboren und im Stall waren Ochs und Esel. Den Ochs, den habt ihr ja schon dabei, den Esel, den nehmt ihr mit. Ganz umsonst kann ich ihn euch nicht geben, aber da werden wir schon handelseinig. Futter – ja freilich, Futter könnt ihr auch noch haben, aber viel braucht die Lisa eh nicht. Hafer gebe ich euch mit. Ich bring euch noch das Halfter und einen Strick zum Führen, da drüben, gleich da drüben, hinter der Buschreihe ist mein Hof. Es kann auch einer mit mir mitgehen und helfen."

„Johannes, komm, du kannst mitgehen mit dem Bauern." Philipp dachte dabei, dass Johannes Ablenkung brauchte und holte den jungen Mann aus seinem Trübsinn heraus. Gespannt wartete die Gruppe auf den neuen Begleiter.

Der Bauer war auch wieder dabei, als Johannes zurückkam: „Lisa ist brav, jeder kann mit ihr umgehen, aber Spielzeug ist sie keins. So, den Strick über den Hals, ja, Johannes, so ist's recht. Ist vielleicht sowieso gut, wenn du dich immer um Lisa kümmerst. Stellst dich gut an, das hab ich schon gemerkt, wie du mit mir im Stall warst, bei den anderen Viechern. Ruhig sprichst mit denen, das mögen die, nicht so hastig, und sprechen, das mögen die auch, wenn man ruhig spricht mit ihnen. Lisa, der kannst du alles erzählen, die hört dir zu und die versteht dich auch. Hier habt ihr die beiden Körbe, für rechts und links. So klein, wie die Lisa ist, aber kräftig ist sie wie eine große. Den Bauchgurt hier durch die Ösen durch und festzurren, schau, diesen Knoten machst du dann, aber nicht gleich zu fest, erst mal locker, dass es hält, und wenn ihr ein Stück weit gegangen seid, kannst du noch einmal schauen, ob du nachgurten musst, damit Lisa die Körbe nicht verliert. Wenn ihr sie beladet, dann darauf achten, dass beide Seiten gleich schwer sind, aber das weiß ja jeder sowieso. Die Körbe, die hab ich sonst immer dabei auf dem Markt, gefüllt mit Seilen, Kuhschellen oder auch geschnitztem Spielzeug, die beiden Körbe ist die Lisa gewöhnt. Hier, mit der Bürste kannst du Lisa ab und zu mal übers Fell gehen, das mag sie. Johannes, wirst es schon gut machen."

„Bauer, musst keine Sorge nicht haben, ich weiß schon, was in die Körbe kommt, und sie werden auch ziemlich gleichschwer sein." Johannes lachte verschmitzt, verschwand im Weißgrau der Winterluft und kam zurück mit Tobias, dem Kind der Hofnerin, das von der Eva gepflegt und umsorgt heranwuchs, begleitet von der Burgstallerin, die ihr immer noch recht schwaches Büblein auf dem Arm trug. Es hatte noch keinen Namen, aber taufen lassen wollte sie es auf den Namen Zacharias oder Dominikus, sobald sie in Kaufbeuren waren.

Die Wolken hingen tief, vom Himmel fiel Schnee, der wie Regen aussah, Regen, vermischt mit schwerem Schnee, der sich vor ihre Füße legte. Die Räder der Lastkarren hinter den Ochsen gruben sich wieder in den harten Boden, Geschirr klapperte, als sich die Ochsen unterm Joch ins Geschirr stemmten. Jetzt trottete noch Lisa hinter ihnen her. Führstrick brauchte Johannes bald keinen mehr, ganz munter und ausgeruht war die kleine hellgraue Eselin mit dem dunklen Aalstrich auf dem Rücken. Der gesunde, wenn auch schwache Zacharias Dominikus war schnell eingeschlafen beim rhythmischen Schaukeln und auch Tobias hatte bald aufgehört zu krähen. Im Schlaf hatte er sein rechtes Däumchen in den Mund gesteckt, an dem er zufrieden nuckelte und vor sich hin gluckste.

Johannes hatte für das Grautier ein einfaches Schnurhalfter geknotet, falls es einmal nötig war, dem Esel die Richtung zu geben. Meistens warf Lisa jedoch ganz munter ihre Beine. Wenn Zacharias Dominikus erwachte, rupfte Johannes am Wegrand weiches feuchtes Moos von Bäumen oder von aufgetürmten Steinen, hielt dem Buben ein sauberes Moospölsterchen an den Mund, drückte ein paar Tropfen Wasser heraus und tatsächlich, das Büblein schmatzte zufrieden vor sich hin und strahlte ihn an, schlief wieder ein. Wie Johannes sich da freute!

***

„Susanne, wie geht's denn dir?" Johannes kannte die Frau, die aus dem gleichen Dorf kam wie er, aber nie war es ihm wichtig gewesen, sich über Susanne Gedanken zu machen. Jetzt ging er schon eine ganze Weile wortlos neben ihr her, schielte sie immer wieder von der Seite an. Wie alt sie wohl sein mochte? Schwer zu sagen. Solange er sie von hinten beobachtete, hielt er sie für die Gasteinerin, die vor einem Jahr erst einen gesunden Buben bekommen und gleich neben der Kirche ge-

wohnt hatte. Erst als ihn der Zufall jetzt mit ihr zusammenführte, erkannte er, dass es die Spaichingerin war. Schlank, zu schlank, dünn war sie geworden. Ob die wohl durchhielt? So abgemagert, wie sie mittlerweile war? Aber sie ließ sich von der unmenschlichen Strapaze nichts anmerken. Ihre grauen Haare steckten unter dem grünen Filzhut der Tracht, auf der Rückenkraxe hatte sie ihre notwendigsten Utensilien, einen Topf, eine Pfanne. Ihr Schritt war fest und verriet immer noch Stärke und Entschlossenheit. „Susanne, wie geht's dir denn?", wiederholte er noch mal, vielleicht hatte sie seine Frage gar nicht gehört. Langsam drehte sie ihm ihr Gesicht zu:
„Ach, Johann, was soll ich sagen? Geht's uns nicht allen gleich? Hat's denn wirklich einen Sinn – das alles? Ach, was sage ich, freilich hat es einen Sinn. Es kann doch nur noch besser werden. Wir werden schon sehen, wo wir hinkommen, die Herren der Obrigkeit werden uns schon nicht auf der Straße verhungern lassen. Magst du einen Apfelschnitz?" Sie kramte aus ihrer Rocktasche eine Handvoll Nüsse und ein paar getrocknete Apfelringe.
„Wirst sehen, da kann man dem Hunger immer wieder ein Schnippchen schlagen. Steck's dir ruhig ein!" Sie zwinkerte ihm aufmunternd zu, als sie ihm die Kostbarkeiten in die Hand legte.
„Weißt, ich war nach dem Tod von meinem Jakob so traurig, dass ich jetzt allein sein muss. Jetzt bin ich froh, habe keinen zurücklassen müssen. Das ist noch das Beste daran, dass ich keinen habe zurücklassen müssen." Sie fing an, ein Lied zu summen … und marschierte nach dieser Melodie. „Die muss doch schon weit über siebzig sein", dachte Johann. „Und was geht von ihr für eine Kraft aus. Wenn die noch Sinn im Leben sieht, muss ich doch erst recht noch einen Sinn sehen in jedem Tag, den wir überleben."
Viel haben sie eh daheim nicht gehabt, aber es hat immer gereicht, für alle, und zufrieden waren sie mit ihrem Leben.

Aber so, wie es zuletzt war, wie man ihnen nur noch Gewalt und Hass und Misstrauen entgegen gebracht hat, wie hätte man da noch zufrieden sein können. Wenn jeder jeden bespitzelt, da kann man nur noch schwerlich Vertrauen ins Leben haben.

Er ging eine ganze Weile still neben Susanne her, bis sie noch leise sagte:

„Weißt, manchmal habe ich schon am lieben Gott gezweifelt. Als mein Jakob gestorben ist, habe ich den Herrgott gefragt, warum ist gerade auf meinen Jakob der Baum gefallen, warum hat dem Jakob keiner mehr helfen können. Aber jetzt denke ich daran, seit wir weggegangen sind daheim: Der Jakob – es hätte ihm das Herz gebrochen! Weggehen von daheim. Wenn der Baum nicht auf ihn gefallen wäre und wenn er dann wirklich weggegangen wäre – ich glaube nicht, dass er es geschafft hätte. Jetzt, wo ich weiß, wie schwer jeder Tag ist, nein, das hätte der Jakob nicht mehr machen können. Er war nicht so stark und wenn ich mir dann denke, er wäre gestorben so wie der Daniel und die anderen, irgendwo in einem fremden Heustadel, und er hätte nicht einmal ein richtiges Grab mit einem Kreuz bekommen, dann denke ich wieder, der Herrgott macht doch alles richtig. Schau sie dir alle an, die vor uns und hinter uns gehen, schau genau hin und hör genau hin: Ja, hörst du es, hörst du die Kraft! Wir schaffen es, auch wenn wir bloß noch eine Handvoll Haselnüsse und ein paar Scheiben von den Apfelschnitzen haben. Weißt, man muss vertrauen können. Sich selber und dem Leben. Das Leben ist stark, es hilft sich, immer wieder hilft es sich." Sie schwieg und nach ein paar Minuten: „Man muss vertrauen können! Was ist denn da vorn los? Magst mal nachschauen, Hannes, vielleicht kannst helfen! Ich werde schon auf deinen Esel und die Kindlein aufpassen. Geh nur!" –

„Ja, magst dich noch auf die Lisa setzen?"

„Ach, du Lauser, ich und auf einem Esel..."

„Aber die Sachen von deiner Kraxe kannst der Lisa auf den Rücken legen, wenigstens das." Susanne bürdete ihre Last noch dem Esel auf und legte ab und zu Hand an, wenn das Korbgestell verrutschte. Liebevoll redete sie mit den kleinen Säuglingen in den Körben und freute sich, dass wenigstens die schlafen konnten. Da fing der Zacharias auch schon an zu schreien und der Geruch konnte auch nicht vom Esel kommen. Kaum der erste Ton und die Mutter war schon zur Stelle. Recht schwach hörte sich ihre Stimme an, als sie ihr Bübchen aus dem Korb nahm und in den Armen wiegte: „Schreit er schon wieder. Ich weiß gar nicht, was soll ich denn mit dir machen. Windeln gibt's ja keine mehr und deine Haut ist schon so wund. Wasser gibt's ja auch kaum und das, was es gibt, brauchen wir zum Trinken und Kochen. Was soll ich denn mit dir machen?" Als sie mitten in ihrem Selbstgespräch war, fing auch der kleine Tobias an, aus vollem Halse zu brüllen. Die alte Susanne ging zum Waldrand und zupfte vorsichtig feuchtes Moos von den Stämmen der Fichten, auch die Flechte, die von den Zweigen hing.
„Wie weich es ist. Wie geschaffen für einen Kinderpopo", freute sie sich. Wenigstens hatte die Burgstallerin genug Milch, nicht viel, aber genug, ihren Kleinen zu nähren, wenn man auch manchmal das Gefühl hatte, dass sie überfordert war mit allem, dass der kleine Zacharias Dominikus ihr buchstäblich das Leben aussaugte. „Lass mich nur machen, wird schon nichts abbrechen bei deinem Buben, auch wenn er so zerbrechlich aussieht. Hol den Johannes her, der wird uns helfen bei den Körben."

Johannes hatte geholfen, einen umgefallenen Karren wieder in die Spur zu bringen. Zum Glück war nichts Schlimmes passiert. Nun wartete er, bis seine Lisa – längst war es seine Lisa geworden – mit der Susanne und der Burgstallerin kam. Er führte den Esel zum Waldrand, holte eine alte Rossdecke, auf die man die Säuglinge legen konnte, um sie auszuwickeln. Kein Wunder, dass sie schrien! Wer hätte so lange in seinem eigenen Dreck hin und her geschaukelt werden mögen. Die Windellumpen waren schon lang für nichts mehr zu gebrauchen, stinkig waren sie, man mochte sie gar nicht mehr in die Hand nehmen. Im Wald zwischen dem Wurzelwerk lag sauberer Schnee. Susanne machte einen lockeren Schneeball, den sie flachklopfte, um damit die verschmutzte Haut der kleinen Kreaturen abzuwischen. Mit einem feuchten Moosflecken wischte sie noch einmal darüber. Anschließend säuberte sie sich die Finger mit Schnee, so gut es ging, und ging zu ihrer Kraxe, wo sie aus einem Steinguttopf zwei Finger mit Butterschmalz einfettete, mit denen sie die papierdünne Haut der beiden Bobbele einschmierte. Ein besonders schönes Moosstück legte sie in die windelartigen Stofflappen, bevor sie alles trotz ihrer gichtigen Finger wieder kunstvoll zuknüpfte wie ein Weihnachtspaket. Ganz zufrieden schauten die beiden die alte Susanne aus ihren Kulleraugen an. Auch die Moserin, die dem kleinen Dominikus auf die Welt geholfen hatte, kam herzu und auch Brigitte Bucheggerin, die von allen liebevoll Großmutter genannt wurde. Die Burgstallerin gab ihrem Dominikus noch die Brust, die Margarete dem Tobias, den ihre Freundin zur Welt gebracht hatte. Ohne dass die beiden viel redeten, wusste jede von ihnen, dass diese beiden Menschlein ihnen Mut machten und Ziel und Sinn des Lebens waren. Johannes legte vorsichtig die warm verpackten Buben zurück in ihren Korb. Lisa drehte den Kopf nach hinten, als wollte sie sich vergewissern, ob da auf ihrem Rücken alles mit rechten Dingen zuging. Kräftig stemmte sie sich mit ihren kleinen Hufen wieder in den gefrorenen Morast und wiegte die Kinder in den wohlverdienten Schlaf. Jakob kam dazu und legte dem schwachen Dominikus sein kleines Kätzchen auf den Korb, dass sie den Buben wärme. Es war, als schnurrten alle beide zufrieden vor sich hin.

Johannes hatte seine Aufgabe und Ablenkung gefunden. Die Eselin zeigte sich kaum einmal störrisch und schien ihn zu verstehen wie keinen anderen. Wenn er einmal zum Austreten hinter einem Baum verschwand, blieb sie abrupt stehen und ließ sich auch von keinem anderen dazu bewegen weiterzugehen. Hannes brauchte nur ihren Namen zu flüstern, dann trabte sie schon wieder an und warf eifrig ihre dünnen Beinchen nach vorn. Wenn sie rasteten, suchte er gleich einen Hei Schowa. Als er in Schongau einen Bauern fragte nach Haber oder einem Hei Schowa, erntete er nur ein erschrokkenes Kopfschütteln und musste erklären, was er will. „Ja, stehst auf der Saf?", fragte er dann schon mal, wenn er auch mit seiner Erklärung kein Glück hatte. „Mein Esel fuadan! Überreißt ihr des neet?" Der Bauer hat erst geschaut, als hätte man ihm die Quadratur des Kreises erklären wollen, dann hat er gelacht und Johannes hat mit gelacht, weil sie beide gedacht haben, dass sie Deutsch reden und doch hat keiner den anderen verstanden.

Der Johannes in seiner ruhigen, höflichen, ja nahezu unterwürfigen Art hatte immer Glück, wenn er für seine Lisa Futter erbettelte.
„Für die Tiere haben die Leute mehr übrig als für uns!", konnte man sagen hören. Die Lisa blieb immer stehen, wenn Johannes den Weg verließ, um bei Bauern nach einer Handvoll Stroh zu fragen. Johannes hat gar nicht glauben können, wie ihm die Lisa seine schwarzen Löcher aus den Tagen vertrieben hat, in die er immer wieder aus lauter Heimweh und Sehnsucht nach seinem schwangeren Weib gefallen ist. Jetzt stand er manchmal bei seinem Esel und musste richtig lachen, wie der Esel mit der langen Zunge bis über seine Nüstern gekommen ist oder sich rechts und links die Nasenlöcher ausgeschleckt hat. Ein Bauer hat den Johannes unterwegs sogar einmal eingeladen, er solle doch mit auf den Hof kommen,

eine trockene Hose wolle er ihm geben und genagelte Holzschuhe und dicke Socken.

„Deine Joppe ist ja noch ganz gut, aber schau doch deine Hose an und deine Schuhe, hast ja schon so einen weiten Weg hinter dir und noch vor dir, die Füße müssen dich noch weit tragen."

Der Johannes staunte nicht schlecht, als er die neuen Socken und das Paar „Knoschpn" an die Füße legte, da musste er denken, dass er jetzt bis ans Ende der Welt gehen könnte und wäre doch am liebsten einfach umgekehrt und schnurstracks heimgegangen.

Als er mit dem Bauern vor die Türe ging, schaute Johannes ganz neidisch zum „Koschblkübel", der für die Sauen hergerichtet war, weil er selber so einen leeren Magen hatte. Das sah wohl der Bauer und holte ihm noch eine Speckseite aus der Kammer.

Wenn dem Johannes das Gemüt gar zu schwer wurde, schaute er, dass er mit dem Georg Forsttretter zum Gehen kam. Das war ein Ruhiger, noch ruhiger als die anderen, aber ein Gescheiter. Was der alles wusste, da konnte Hannes nur die Ohren ganz weit aufmachen. Keiner konnte so recht sagen, was der Georg bisher gemacht hatte. In jungen Jahren war er wohl Zimmermann und als zünftiger Geselle viel herumgekommen. Städte hatte er besucht und an Kirchen hatte er mitgebaut, in die Dorfkirchen von daheim hundertmal hineingepasst hätten. Auch ein Mädel hatte er wohl auf der Walz getroffen, wie er fröhlich dahinzog, mit seinem Bündel über der Schulter, in das seine leichte Habe eingeknüpft war. Das Mädel hätte er gern vor den Altar geführt, aber der Vater wollte sie einem so dahergelaufenen Handwerksburschen nicht geben. Dann trieb ihn das Heimweh zurück von seiner Wanderschaft und er redete nie mehr von ihr und führte auch keine andere Frau jemals zum Altar. Bis er wieder daheim war, hat seine Mutter nicht mehr gelebt und sein Vater hat mit einer fremden Frau das Bett geteilt. Da hat er dann nicht mehr bleiben wollen, hat wieder seine Habseligkeiten geschnürt. Ja, mit dem Georg, mit dem ging er gern. Sein Anderssein imponierte ihm. Obwohl sie sich nur selten waschen konnten, sah Georg immer ordentlich aus. Wenn es ging, fuhr er sich mit der Hand durch die Haare und setzte dann die Mütze auf. Wenn er mit Fremden sprach, nahm er die Mütze ab und knetete sie verlegen von einer Hand in die andere und unter dem Hut waren die Haare immer so glatt am Kopf, als wären sie frisch gewaschen und gekämmt worden. Die dunklen, fast südländischen Augen schauten listig wissend ins Leben, stolz und fast ein bisschen unnahbar. Aber den Hannes, den mochte er, hätte fast sein Sohn sein können. Dem Johannes erzählte er gern von seinem Leben:
„Weißt, in Wien war ich. Das Mädel – lieb habe ich es gehabt – wäre eine gute Mutter für meine Kinder geworden.

Weißt, man darf nicht nur denken, dass die Frau eine gute Frau für den Mann sein muss, sie muss auch eine gute Mutter für die Kinder werden, das kannst dir merken. Aber ihr Vater hat es nicht gern gesehen und jedes Mal hat er sie angeschrien, wenn sie von mir heimgekommen ist. Vielleicht hat er sogar die Hand gegen sie erhoben, das weiß ich nicht. Jedenfalls ist sie immer noch trauriger geworden, bis sie zu mir gesagt hat, ich soll weggehen und nie mehr kommen und beide haben wir geweint und uns am andern festgehalten. Was hätte ich da machen sollen, wollte doch auch nicht, dass sie nur noch traurig sein muss. Was hättest du denn gemacht an meiner Stelle? Bin ich halt wieder heimgegangen. Früher hab ich immer gern geschnitzt, aber da hab ich dann kein Schnitzmesser mehr in die Hand nehmen können. Man kann keinen glücklichen Vogel schnitzen, wenn man nicht mehr fliegen kann. Von dem Tag an wollt ich nur noch Knecht sein, wollte nimmer selber denken müssen. Habe nicht mehr selber denken können."

Georg zwirbelte seinen Schnauz. Johannes hatte im Laufe der Zeit gemerkt, dass das der Moment war, wo Georg erst einmal wieder mit schwerem Kopf seinen Erinnerungen nachhängen wollte. Dann blickten die listigen Äuglein zu einem Punkt hinter dem Horizont, den kein anderer sah. Sie gingen schweigend nebeneinander her, zwischendurch legte Georg sein Bündel auf den Rücken der Lisa, zur Kraxen der Susanne. Es fiel ihm nicht schwer, mit dem Esel Schritt zu halten. „Den Stenz habe ich mitgenommen und mein Zunftbündel, den Charlottenburger, da drin hat alles Platz, was ich brauche, wenn wir ankommen. Irgendwo werden wir ja eines Tages ankommen und irgendwo werden wir ja auch eines Tages bleiben. Hannes, ganz in der Nähe, wo wir jetzt sind, war ich schon mal auf meiner Wanderschaft, in Bichlbach, das ist in Tirol. Die Grenze zu Tirol ist gar nicht mehr so weit. Bichlbach, die Kirche dort, die

solltest du sehen, bin gern hingegangen, als ich dort Arbeit gekriegt habe als Zimmermann und habe mithelfen dürfen, die Zunftkirche zu bauen. Jung war ich damals noch, habe gedacht, ich mache alles recht in meinem Leben, heute weiß ich, dass ich nicht alles recht gemacht habe. Ja, wenn man alles zweimal verrichten könnte, dann täte es vielleicht richtig werden, aber ..."
Wieder zwirbelte Georg mit der linken Hand seinen Schnauz und richtete seine listigen Augen auf die Baumwipfel, die sich ihnen im Wind entgegenbeugten. „Weißt, Johannes, ich bin weit rumgekommen. Da lernt man viel dabei, nur wenn man rumkommt, lernt man was. Charlottenburger hat mich erinnert an Charlottenburg, das ist bei Berlin und Berlin ist am andern Ende vom Reich. Wenn wir da sind, dann sind wir auch viel rumgekommen – und bis dahin haben wir auch viel gelernt. Vertrauen und Zusammenhalt, mehr braucht man nicht im Leben, kannst mir glauben! Zu zweit, da schafft man alles!"

Keiner von ihnen wusste, wie weit es bis zu dem evangelischen Ort noch war, wohin man sie zu bringen versprach. Dass Anton Büchel, „ihr" Salzburger, nun mit dem bayerischen Kameraden und unter zusätzlicher Begleitung eines kurfürstlich bayerischen Amtsgerichtsboten von Schongau vorausgeritten war, um sie anzumelden, deuteten sie als gutes Zeichen, aus dem sie neue Kraft schöpften. Auch die anderen beiden Soldaten machten ihnen kaum noch Scherereien. Es war ihnen nur noch wichtig, mit diesen Menschen endlich irgendwo anzukommen, wo es ein Dach gab, unter das man den Strohsack zum Schlafen legen konnte, wo es eine warme Suppe gab, die den Magen wieder einmal wärmte. Essen, schlafen, essen, schlafen, das war es, wonach sie sich sehnten. Vielleicht noch neue, kräftige Pferde, die ausgeruht und nicht so erschöpft waren wie ihre eigenen.

„Bringt uns zu einem evangelischen Ort." Darum hatten sie gebeten.

***

Ihre Habe war bald wieder gepackt. Wie große weiße Maulwurfshügel wirkten die Schnee- und Reisighaufen, unter denen die Toten ihre letzte Ruhe gefunden hatten.
Nur langsam kamen sie voran. Der Weg war starr gefroren. Vorsichtig mussten sie einen Fuß vor den anderen setzen, um nicht auszurutschen. Lieber langsam, als sich das Bein brechen wie das Mädchen, das jetzt vom Vater auf dem Rücken getragen wurde.
Auch die Pferde rutschten immer wieder weg, wenn sie sich besonders mühsam ins Geschirr legen mussten. Die Gespannführer erschraken zu Tode, wenn eins der Pferde seinen Kopf nicht in gewohnter Weise oben trug, aber das Glück war bis jetzt mit ihnen. Was hätten sie getan, wenn sie einen Gaul vor dem Wagen verloren hätten? Keiner getraute sich, dieses Bild auszumalen. Die paar Pferde hielten durch, als spürten sie, welche Verantwortung auf ihnen lastete.

Unterwegs auf freier Strecke trafen sie keinen, der diesen Trauerzug hätte beweinen können.

„Wir sind bald da. Bald gibt es eine warme Suppe. Schlafen, hinlegen und schlafen, im Trockenen, im Warmen. Bald haben wir es geschafft." So und ähnlich versuchten sie sich gegenseitig Mut zu machen. Beim Gehen senkten sie ihren Kopf, um der Kälte nicht so viel Angriffsfläche zu geben. Schweigend zogen sie dahin wie eine schwarze Schlange in der weißen Landschaft.
„Anna, betest du?", fragte Barbara die Frau, die gerade neben ihr her ging und unablässig ihre Lippen bewegte.

„Ach, weißt, wenn wir so gehen, dann schreibe ich in Gedanken manchmal einen Brief an die daheim. Ich würde so gerne Briefe schreiben, aber ich habe ja kein Papier und schreiben kann ich auch nicht. Dann spreche ich es eben und hoffe, dass der Wind die Worte heimträgt. Was meinst du, die daheim, denken die noch an uns? Oder sind wir schon vergessen? Meinst, die hoffen noch, dass wir uns einmal wiedersehen?"
„Ach Anna, freilich denken die an uns. Spürst du das nicht?"
„Doch, du hast recht."
„Was sollten wir schreiben? Dass es uns gut geht? Das glaubt uns doch sowieso keiner. Von unserem Marsch erzählen? Denen das Herz schwer machen? Ihnen sagen, wo wir schlafen müssen und wer alles gestorben ist – bis jetzt? Irgendwann wird das Elend doch ein Ende haben."
„Ja, ganz bestimmt, das denke ich auch. Irgendwann scheint die Sonne wieder, auch wenn der Himmel tagelang voller Wolken hängt, als gäbe es überhaupt keine Sonne mehr. Aber über uns ist sie doch immer und jeden Tag geht sie auf. Wenn ich dann denen daheim von dieser Hoffnung erzählt habe, dass die Sonne morgen wieder aufgeht, dann geht es mir auch wieder besser. Dann denke ich an die sonnigen Tage, als im Herbst die Lärchen leuchteten wie Kerzen. Wälder im Licht- und Schattenspiel, so wie sich auch im Leben Licht und Schatten abwechseln. Ich glaube schon, dass uns der Herrgott beschützt, dass der nicht will, dass wir untergehen. Wer soll denn sonst später davon erzählen, von dem Firmian, was der mit uns gemacht hat, und von all denen, die uns immer wieder geholfen haben, ohne dass sie gefragt haben, ob wir auch katholisch sind. Wer fragt denn das, wenn er helfen will. Wir dürfen ja nicht alle Katholiken verurteilen, viele denken doch wie wir, dass es da oben nur einen Einzigen gibt, der uns beschützt und der uns hilft zu leben. Wenn wir schon nicht krepieren und zugrunde gehen, dann wollen wir doch alles dazu beitragen, zu überleben, um dann auch wirklich zu leben. Oder was meinst du?"

Barbara ging schweigend neben der anderen. Wie konnte es Menschen geben, die in allem Leid doch noch eine Türe fanden, die da herausführte?

„Weißt, Barbara, so viele sind hingerichtet worden, so viele sind im Schloss Werfen in Ketten fast vergessen worden und verhungert. Wir leben. Manchmal denke ich schon, wäre doch alles vorbei, aber gerade heute, nach dem Christfest, da habe ich so viel an Maria und Josef und den König Herodes denken müssen. Bei denen war es ja fast wie bei uns. Jetzt kann ich ganz beruhigt weiterziehen in dem Gedanken, dass wir leben, dass man uns zu einem evangelischen Ort bringt. Der Herrgott hat uns so weit geführt, dann wird er auch für uns sorgen, wenn wir ankommen. Und uns beistehen, wenn wir noch weitergehen müssen. Der schaut auf jeden Spatz, der sich über die Pferdeäpfel hermacht, dann wird er doch auch auf uns schauen, oder?"

Es herrschte bittere Kälte, die Wege waren glatt, glichen der Eisbahn, die sie früher so liebten, wenn sie auf dem Hang hinunter schlitterten oder wenn der Dorfweiher gefroren war. Manchmal ergatterten sie eine Handvoll Hafer vom Pferdefutter, in der Hoffnung, dass sie die Körner im nächsten Ort einweichen konnten. Das einzig Gute war, dass die Wochen der Not sie alle zusammengeschweißt hatte.

„Ich bleibe hier, kann nicht mehr weiter, werde sicher noch versorgt bis ich meinen letzten Schnaufer tue und ich werde darum beten, dass dies bald geschehe, will niemandem zur Last fallen." Immer häufiger hörte man derartige Seufzer.

Tags zuvor war wenigstens zwischendurch noch lichtblauer Himmel! Aber nun: Nachts hatte es zu schneien angefangen. Die meisten hatten trotzdem geschlafen, der eine in einer Bodensenke, ein anderer an ihn gelehnt. Eng beieinander saßen und lagen sie, damit ihre Körperwärme nicht verlorenging. Wer ein großes Tuch hatte, zog es über die Köpfe. Bei den Pferden der Soldaten klauten sie die Pferdedecken und erwischten nicht selten einen Hieb mit der Peitsche, wenn einer erwachte und den Diebstahl bemerkte. Wo eine Leinenplane übrig war, wurden notdürftig Windfänge gebaut. Derart geschützt verbrachte der Trupp die Nacht auf freiem Feld, in der Nähe der Häuser, wo sie wieder einmal vergeblich auf Hilfe gehofft hatten.

Schneeverwehungen machten ihnen zu schaffen. Tags zuvor noch war der Weg stellenweise aufgeweicht, die Bäume nackt. Jetzt gab es nur noch Schwarz und Weiß, kein Weg, nichts. Selbst die Pferde der Soldaten mussten sich durch den Schnee pflügen, sanken tief ein, sammelten ihre Kräfte, um sich mit eigener Kraft wieder herauszustemmen.
„Wir müssen durch den Wald, da liegt der Schnee nicht so hoch, wir kommen hier nicht durch."
Willig spurten die jungen und gesunden Männer einen Weg, gingen zu dritt und zu viert nebeneinander, damit die Nachfolgenden auch zu dritt und zu viert nebeneinander gehen konnten. Einige von ihnen hatten sich Bretter unter die Füße gebunden. Die eine Schnur führten sie von unten zum Rist und banden einen festen Knoten, die andere ging ebenfalls von der Sohle zum Rist, dort kreuzten sie die beiden Enden, führten sie an der Ferse zusammen und wieder hinunter zur Sohle. So ausgerüstet trampelten sie den Weg, damit die Alten und Schwachen überhaupt noch einen Fuß vor den anderen setzen konnten.

Der Wind, scharf und beißend, kam von allen Seiten, blies ihnen die Kälte ins Gesicht, schälte ihnen fast die Haut von den Wangen. Erst im Schutz der Bäume wurde es besser. Die weit ausladenden Zweige der dicht stehenden Fichten sorgten dafür, dass auf den schlangenartigen Wurzeln kaum Schnee

lag. Keiner von ihnen hatte richtige Stiefel an, sie konnten nur die Hosen in die Socken stopfen, damit sich der Schnee nicht unter den Stoff schob. Kaum war es ihnen möglich zu verhindern, dass die schwer beladenen Äste ihre Last auf sie herunter warfen. Kinder weinten, wollten getragen werden, bettelten ihre Mütter um Brot an, um einen Schluck zu trinken, aßen Schnee und bekamen noch mehr Durst.
Der Esel entdeckte das Gluckern und Glucksen als Erster. Blankes Eis kennzeichnete die Stelle, wo Wasser aus dem Boden trat. Mit spitzen Gegenständen hieben sie darauf ein, bis sie tatsächlich ein Wasserloch freilegen konnten. Gierig schöpften sie mit ihren Blechtassen und mit ihren Näpfen aus Holz, behielten jeden Schluck so lange wie möglich im Mund, um sich nicht mit dem eisigkalten Wasser auch noch Krankheiten zu holen.

Am zufriedensten schien der Esel mit den beiden Körben, in denen er willig die Säuglinge trug. Wenn der Trupp zum Stehen kam, scharrte er jedes Mal den Schnee vom Boden und legte dabei Moospolster frei, schien sich zu freuen über diese grünen Inseln unter der weißen Decke, zupfte an Grashalmen, die aus dem Schnee schauten. Flechten klammerten sich um die Stämme oder hingen herunter wie zottelige Haare. Wer noch genug Kraft hatte, zupfte Moos und Flechten, wo immer es möglich war, und stopfte sich die filzartigen Polster und Gespinste unter die Kleidung oder in die Schuhe, in der Hoffnung, dass sie wärmten.
Der Esel war für seine Menschen oft der einzige Trost in dieser Bitternis. Gleichbleibend ruhig machte er einen Schritt nach dem anderen, hurtig warf er seine Beinchen, schaukelte die Kleinen, warf ab und zu seinen Kopf zurück und schaute nach seiner kostbaren Fracht. Jeder, der am Esel vorbeikam, kontrollierte die Stricke, die sich durch die Erschütterung lockerten, jeder streichelte über das Fell, blieb stehen, wenn

er stehen blieb, um seine Hände am Tierleib zu wärmen. Johannes legte zwischendurch seine Wange an die weichen Nüstern des Tieres. In dieser Stellung verharrten sie, dann ging es wieder weiter.
Sie marschierten durch kahlen Buchenwald. Pfützen waren leicht gefroren; da öffnete sich die Lichtung. Ein kleiner See war erstarrt im Eis. Stiller Frieden lag über dem Weg.

Wintereinsamkeit. Alles war nur schwarz, weiß, grau. Schnee fiel wieder, sah aus wie weißer Regen. Hinter der Baumreihe war die Welt zu Ende. An diesem Ende der Welt lag wieder eine weiße Fläche, begrenzt von Büschen, hinter denen ein grauer Vorhang alles verdeckte. Ein Bub schüttelte den Schnee von einem Busch, dessen dürres, verästeltes Gerippe weit über den Weg hing. Er blieb stehen und wartete, bis er zugedeckt war, voll von oben bis unten. Er lachte. Er konnte tatsächlich noch lachen. An seiner wollenen Hose hingen gefrorene Quaddeln aus Eis, er sah aus wie ein Waldschratt. Schnee war ihm auch in den Kragen gefallen und auf den unbedeckten Kopf, aber er lachte, bis er ganz außer Atem war.

In dem Busch saßen Vögel, dick aufgeplustert wie schwarze Bälle. Die störte es nicht, dass Menschen vorbeigingen, sie sparten ihre kostbare Energie und wussten wohl, dass hier die Tafel reichlicher gedeckt war als auf freiem Feld: Hagebutten, frische rote Hagebutten!
„Das habe ich extra für euch freigeschüttelt!", sagte der Bub und musste erneut lachen, als er sich als Erster eine Hagebutte in den Mund steckte, zaghaft draufbiss und die Frucht auszuzelte. Ein Tropfen säuerlichen Saftes! Er schien vergessen zu haben, wie so etwas Frisches schmeckte, ließ sich nicht stören von den Dornen, sammelte eine Handvoll Beeren, die der Frost aufgebrochen und gesüßt hatte, und verteilte sie an die anderen Buben und Mädchen in seiner Nähe.

Weiße Dunstschleier zogen an ihnen vorbei. Fernes Schlagen und Klopfen eines Holzfällers war zu hören. Dann wieder Stille, diese absolute Stille wie in einer Kirche, wenn die Orgel verklungen ist. Sonnenstrahlen flackerten durch die kahlen Äste der alten Eberesche, die sich an einen halb verfallenen Stadel lehnte, der im fahlen Dunst des Winterlichts lag. Um sie herum Trübsinn und Schnee.

Das Leben ließ keinen einzigen Tag aus, auch nicht den lebensunwerten, auch nicht den, den sie sich im Kampf erobern mussten, auch nicht den Leidenstag. Aber vielleicht gab es Freude nur, wenn man auch Leid kannte. Vielleicht gab es Nähe nur, wenn man auch Einsamkeit kannte.

***

Am anderen Tag war das Wetter um keinen Deut besser. Der Wind war rau und blies ihnen den Schneeregen durch die Kleidung bis auf die Haut. Am grauen Himmel stand eine mattmilchige Sonne. Schneewechten warf es ihnen in den Weg. Sie wussten nicht mehr, wie sie gehen sollten. Die ersten kämpften sich durch Neuschnee, der über Nacht alles wieder in einen dicken, fast nicht durchdringbaren Mantel gezwängt hatte. Von rechts, von links, von vorn Gestöber, zwar nicht so heftig wie die Eisnadeln, von denen sie manchen Tags gepeinigt wurden, aber doch in unangenehmer Kälte und Nässe. Mit krummem Rücken stemmten sie sich gegen die wild durcheinanderwirbelnde Flockenherde, schlugen den Kragen hoch, hielten sich mit den Händen die Jacken zu, in die immer wieder ein Windstoß fuhr. Kinder wimmerten, die Alten brachten kaum mehr einen Fuß vor den anderen, viele mussten von den Jüngeren gestützt werden, die ja selbst schon lange keine Kraft mehr hatten. Eine Wiese lag wie ein großes Leichentuch vor ihnen. Der Sturm wurde immer heftiger. Wer hinten am Ende der Kolonne ging, sah die vorderen nicht mehr. Da! Wieder Hagebutten und Schlehen! Kaum einer konnte noch die Finger bewegen, sie abzuzupfen.

Sie zogen Tücher vors Gesicht, vor ihre Augen. Manche von ihnen jammerten seit Tagen, weil sie kaum noch etwas sehen konnten. Sie führten sich an den Händen, um sich in der Eintönigkeit von Himmel und Erde nicht zu verlieren. Bäume wie weiße Riesen. Überhängende Äste, Wimmern, Jammern, Kinderweinen, erschöpfte Männer und Frauen, die sich einfach in den Schnee legten. Starke Männer und Frauen, die den anderen Zuspruch gaben, bis sie wieder aufstanden und sich an der Hand führen ließen. „Jeder Schritt ist ein Schritt in unsere bessere Zukunft!" Trost für einen Moment, für eine Stunde, einen Tag.

Sie wussten nicht, wie lange sie in dieser gebückten Haltung unterwegs waren. Die Rücken schmerzten, die nassen Füße steckten in nassen Schuhen. Schnee türmte sich vor ihnen, neben ihnen. Schlehenhecken mit langen scharfen Dornen rissen an Kleidung und Haut. Die Beeren waren hart gefroren, tauten erst im Mund auf. Die Schale war hart und ungenießbar. Den Kern spuckten sie aus. Das Fruchtfleisch war nicht schlecht.

Schneegestöber. Dem Esel wurden die Flocken bis in die Nüstern geweht. Über die Körbe mit der wertvollen Fracht wurden Tücher festgezurrt, damit wenigstens diesen beiden nichts passierte. Sie wurden nur zum Stillen und zum Saubermachen aus ihrer wohligen Wärme herausgenommen.

Die begleitenden Soldaten erübrigten für die Kinder ab und zu eine Scheibe Brot, ein Stück Stoff. Mütter zerkauten das harte Kommissbrot zu einem weichen Brei, den ihnen die Säuglinge von den Lippen schlecken konnten. Was immer die Mütter übrig hatten, zerbissen sie derartig und fütterten ihre Kleinen, wie sie es bei Meisen oder Bussarden schon beobachtet hatten. Die Kindlein dankten es mit zufriedenem

Schmatzen. Wer stark genug war, überlebte auch die eisig frostigen Tage und Nächte.

Wer Kraft hatte, sang leise das Lied: „Jesu, geh voran auf der Lebensbahn!" Dabei war ihnen, als sei jede einzelne Zeile für sie geschrieben worden. Philipp und zwei Handvoll Männer, die ihn bei seinen kurzen Andachten unterstützten, teilten sich in kleinere Gruppen auf. Die einen trösteten sich mit dem Psalm: „Dein Wort ist meines Fußes Leuchte und ein Licht auf meinem Wege", den anderen half das Wort aus dem Matthäusevangelium: „Siehe, ich bin bei euch alle Tage bis an der Welt Ende."

Kälte, Hunger und Durst und oft noch mehr die unsägliche Traurigkeit über den Verlust ihrer Mitmenschen machten es ihnen nicht immer leicht, aus Gottes Wort neue Kraft zu schöpfen. Aber Gottes Wort machte sie alle zu einer einzigen großen Familie. Ihre Gemeinschaft stand unter dem Schutz, der von oben kam. Ihre Seelen waren durch den gemeinsamen Weg zu einer einzigen Seele verbunden, die die Kraft von vorangegangenen Seelen in sich trug. Keiner war alleingelassen. Gott hatte sie auf den Weg geschickt, sein Wort zu erfüllen, unter seinem Wort in Freiheit zu leben. Er würde sie begleiten und den Weg weisen, im Glauben und in Zuversicht. Sie standen unter seinem Schutz.

Es schneite leicht, wie weißer Staub, der eine Decke über sie breitete. Sie wärmten sich gegenseitig, rieben sich Hände und Füße.

Auch die Commissare hatten es schwer. Ihnen ging es ja auch kein bisschen besser als diesen Glaubensflüchtlingen. Zugegeben, ihre Kleidung war für den Winter besser geeignet, aber ihre eigene Familie verlor sich immer mehr im Nebel der Vergangenheit. War da am Anfang noch Sehnsucht, fühlten sie jetzt nur noch Hunger und Durst, wenn ihnen der Dämon Frost die Nägel ins Fleisch trieb.

Kaufbeuren

Am Johannistag, am 27. Tag des Christmonats, abends um 6 Uhr erreichten 750 Emigranten aus Salzburg die Stadt Kaufbeuren, heruntergekommen, zerlumpt, erschöpft und viel zu dürftig gekleidet. Vierzig Männer und Frauen waren mit Anton vorausgegangen und noch vor Torsperre in die Stadt gekommen. Die anderen warteten vor dem geschlossenen Tor. Mehr lebendig als tot setzten sie sich hin, wo sie gerade gingen oder standen, aufs Trottoir, auf Stufen, auf einen Brunnentrog, lehnten sich an Hauswände und Türen. Endlich konnten sie ihre Tragriemen von den Schultern streifen, Bündel ablegen, in die sie ein bisschen Essen, trockene Sokken, Tücher und – Kleinkinder geschnürt hatten. Eine Frau hatte nicht gemerkt, dass das Kind auf dem Rücken schon tot war. Sie weinte in unsäglicher Trauer und hatte nur den einen Trost, dass ihm viel Kälte, Hunger, Durst und Ungewissheit erspart geblieben war. Von Schongau aus sollten sie von einem hochfürstlichen Commissarius aus Dierlerieth in Kaufbeuren angekündigt werden, von ihm waren sie jedoch zu frühzeitig mit fadenscheinigen Entschuldigungen einfach im Stich gelassen worden. All diese widrigen Umstände hatten dazu geführt, dass in Kaufbeuren keiner so recht wusste, wie viele Leute kommen, wann sie kommen, was das überhaupt für welche sind. So recht vorstellen konnte sich von den Stadtvätern keiner, dass in diesem strengen Winter die reinste Völkerwanderung zu ihnen unterwegs war. Anton Büchel und auch Johann Pfeffer, der bayerische Commissar, hatten nicht einmal eine genaue Liste mit den Namen vorzuweisen. Der verantwortliche Commissar wurde in der Stadtkanzlei verhört und gab zu Protokoll, dass jeder der Salzburger täglich sechs Kronen bekommen habe und der Befehl erlassen war, dass niemand unterwegs aufgrund seines Glaubens Nachtei-

Kurtze Relation über die Ankunfft derer
Saltzburger Exulanten, so um dem Löbl. Fürst-
Ertzbistum und dessen Territorien umb der
Lehre Lutheri willen, so dass sie nicht lassen wollen,
zwangsweis vertrieben worden, in der Heyl.
Römischen Reichs Statt-Kauffbeyren, an
S. Joannis Tag, den 27ten Decembris 1731.

Den 27ten Decembris 1731. seynd an die ütliche 800 Stück
derer Exulirten Saltzbürger aus dem hiesigen Landgericht
des Löbl. Fürst Ertzbistumbs, des Abends als man sat die Erlass-
Horn salben ex horto gemein, schliessen wollen, in die Hey. Röm:
Kayser. Statt Laher anhero kom. Die haben gnädiglich ein Einlass
gebetten. Nachdem eine eingehende Prüfung durch E. E. Rath
vorgenommen worden, ob diese Wohlfahrt worden und man
hat sie eingelassen. Die armen Leut hat man auff die Ev.
Bürger und Würths-häuser partirt und sie mit Trunck und
Tranck und Kleydern versorgt, und sie haben sich allesamt
sehr danckbar und devot erwiesen. Alleine die HH. Catholici
in Magistratur haben protestirt. Nachdem man allesambt
die Saltzburger registriret hatte, es waren arme Leut, Tag-
Löhner, Bauern und Handwercker, auch Kinder ohne Parenter
unter ihnen, hat man einen solennen Bett-Dienst vor
sie in der Kirchen zur Hl. Dreyfaltigkeit abgehalten und der
H. Adjunct Jacob Brucker hat eine tröstliche Predigt vor die
armen Leut gehalten und ihnen Muth und Krafft durch
Gottes Wort zugesprochen. Man hat sie dan zu drey haufften
partirt und den 30ten Dec. 1731 mit Leibguth Commissarii
nacher Augspurg, Mämingen und der Löbl. Reichs Statt
Kempten geführet.

Langlais Rathsh: H. D. Schmidthnagel

le erleiden dürfe. Doch das widersprach der Behauptung der Flüchtlinge: „Uns hat man nie gesagt, wohin man uns bringt. Wir haben keinen Wunsch geäußert als nur den einen: Bringt uns an einen evangelischen Ort."

Jetzt konnten sie die Gnade kaum fassen, tatsächlich diese evangelische Stadt erreicht zu haben, und sie sangen in Andacht voller Dankbarkeit das Lutherlied „Ein feste Burg ist unser Gott".

Um sieben Uhr wurden sie endlich einzeln in die Stadt eingelassen und dann in Wirtshäusern, teils auch bei den Bürgern untergebracht. Eine Welle der Hilfsbereitschaft schlug ihnen entgegen. Jeder, der es erlebte, brach in Tränen aus, schluchzte vor Mitleid, hatte nur den einen Gedanken: nach bestem Vermögen zu helfen. Angeblich habe keiner diese große Menschenmasse angekündigt, sodass man seitens der Stadt keine Vorbereitungen hatte treffen können. Am Straßenrand standen neugierige Männer, die ihre Pfeife rauchten und lebhafte Rauchwolken in die Luft pafften. Kinder hielten Maulaffen feil. Metzger in blutverschmierten weißen Schürzen trugen in Zinkwannen frisch geschlachtetes Fleisch herbei. Arbeiter in schmutzigen Hosen, Geschäftsleute im noblen Bürgergewand, Marktfrauen mit Körben voll Gemüse, Katholiken und Protestanten: Wer laufen konnte, kam als Zaungast, um dieses schwerfällige Bauernvolk anzugaffen. Manche von ihnen trugen Stiefel mit Filzschaft, Frauen bemühten sich, ihre wallenden Wollröcke zusammen zu halten, die beim Gehen hinderlich waren. Der schwere Rocksaum hing nass und schlammig aufs Pflaster. Da kamen junge Mädchen, die Haare zu Zöpfen geflochten. Männer hatten einen grünen Filzhut auf dem Kopf, den sie zum Grüßen abnahmen. Wo man hinschaute blaue Schürzen, rote Strümpfe, schwarze Umhänge, grüne Hüte – dieser Farbkontrast, so ganz anders als bei ihnen üblich.

Als die Einheimischen dieses Elend sahen, brachten sie Essen und Trinken und was Warmes zum Anziehen für diese übelbekleideten Jammergestalten. Vor allem der Anblick der hungrigen Kinder brach manchen fast das Herz. Dass sie aber dastanden oder saßen und singend ausharrten, ohne aufzubegehren oder laut zu lamentieren, einfach nur erfüllt waren von innerer Ruhe und tiefempfundener Freude, darüber, dass sie tatsächlich jetzt in einer evangelischen Stadt waren – das konnten die Kaufbeurer fast nicht glauben. Sahen so ketzerische Rebellen aus?

Die Schwächsten, Kranken und Alten wurden ins Kloster gebracht. Keine der Ordensschwestern fragte danach, welchen Glauben all die schrecklich schwachen Menschen hatten. Manche der Ankömmlinge konnten sich kaum noch auf den Beinen halten, wären am liebsten auf der Stelle umgefallen und nie mehr aufgestanden. Doch auch die Krankenabteilung im Kloster genügte nicht, um alle aufzunehmen, die hinfällig waren. Wer irgendwie konnte, half mit, die verletzten Flüchtlinge zu waschen, Wunden zu behandeln, Fleischbrühe einzuflößen, den Kopf zu stützen, wenn eine andere Mitschwester Medizin verabreichte. Das Mädchen, vom Vater tagelang getragen, bekam endlich einen Platz zum Liegen, der Vater durfte sich auf den Bauch legen und wurde mit Arnikatinktur massiert, bis sich bei ihm eine wohlige Entspannung einstellte. Einem Mann war unterwegs ein schwerer Ast auf den Kopf gefallen. Gerade noch glimpflich war er davongekommen, haarscharf ging die tiefe Platzwunde an der Schläfe, am Auge vorbei. Die Haut klaffte auseinander, geronnenes Blut verklebte die wirr abstehenden Haare.
Strohsäcke wurden gefüllt, wo die Betten nicht ausreichten. Aus der Klosterapotheke brachte Schwester Crescentia die reinste Wundermedizin, Ringelblumensalbe, Johanniskraut, Arnika, Kamille.

Vater Gruber hatte sich den Fuß angefroren. Andere hatten vor lauter Durst immer wieder Schnee gegessen und wurden mit lebensbedrohlichem Durchfall eingeliefert, kotverschmiert. Waschungen brachten die Wunden ans Licht. Erfrorene Finger mussten abgenommen, Zehen und ganze Füße amputiert werden. In einigen Fällen hatte das Fleisch bereits brandige Färbung angenommen. Oft reagierten die Betroffenen mit Gleichgültigkeit auf diese Hiobsbotschaft. Wenn man ihnen nur den Schmerz nehmen konnte, dann war ihnen alles recht.

Eine Frau bettelte um ihren Tod. „Lasst mich nur sterben, lasst mich einfach liegen und sterben, gebt mir Gift, ich weiß, dass ihr Gift habt. Schneidet mir die Pulsadern auf, mit dem Skalpell. Aber lasst mich sterben. Wo ich herkomme, weiß ich, wo ich hingehe, weiß ich nicht. Was heute ist, weiß ich, was morgen sein wird, weiß ich nicht. Wie ich heiße, weiß ich, wie du heißt, weiß ich nicht. Ich kann doch nicht jeden Tag mit Menschen sein, deren Namen ich nicht kenne. Der Tag ist hell, die Nacht ist dunkel. Jeden Tag verfinstert sich der Himmel mehr und mehr. Lasst mich sterben, bitte, lasst mich sterben!" Fast irrsinnig war sie über den Verlust der Heimat, der Familie, über die Ungewissheit der kommenden Tage.
„Du musst jetzt erst einmal schlafen! Schau, bist in einem Bett und warm ist es und trocken. Komm, schlaf!" Die Schwester gab ihr Baldriantropfen, setzte sich an ihr Bett und hielt ihr die Hand, bis die Ärmste eingeschlafen war. Sie machte ihr ein Kreuz auf die Stirn, ehe sie zu einer Frau ans Bett gerufen wurde, die unterwegs ihr Kind verloren hatte und weinte und fantasierte. „Johanniskraut, wenn das nicht hilft, warme Milch mit Honig", sagte sie zu einer der zahlreichen Helferinnen, die sich unermüdlich dafür einsetzten, die Bedürftigen zu versorgen, zu beruhigen, zu windeln, wo es Not tat, zu

streicheln. Wo nichts anderes mehr helfen konnte, sorgten die Schwestern wenigstens dafür, dass sie friedlich hinüberschliefen. Gebet und Trost, wo medizinische Hilfe zu spät kam. Schwester Alwina erwies sich als besonders stark. „Durst", flüsterte es neben ihr. Schwester Alwina benetzte die Lippen dieses noch jungen Mannes, der dem langen Marsch in diese für ihn neue Welt nicht gewachsen gewesen war. „Durst." Kaum noch hörbar war seine Stimme. Sie träufelte Essigwasser auf seine rote geschwollene Zunge. Ein Lächeln dankte es ihr. „Ich sehe die Sonne. Sie kommt immer näher. Sie wärmt mich. Sie nimmt mich auf und bringt mich zum Herrn. Es ist vollbracht." Dann fiel ihm der Kopf auf die Brust und er hauchte seinen Atem aus. Schwester Alwina legte ihre Hand über seine Augen und schloss ihm sanft die Lider. Dann öffnete sie das Fenster, damit seine Seele entweichen konnte.

Nie hatten die Klosterschwestern Schlimmeres gesehen als diese abgemagerten Körper, die kaum noch Leben in sich hatten, Skelette mit Haut überzogen, alte Körper, die sich schon fast kalt anfühlten, tiefliegende Augen mit wirrem Blick, Fenster eines Geistes, der mit dieser Umwälzung seines Lebens nicht mehr umgehen konnte, Menschen, die sich vor Schwäche nicht mehr schämen konnten, wenn sie die Betten einnässten, Lippen, die sich nur noch mühsam bewegten, über die aber kein Ton mehr kam, zahnlose Münder, die bei jedem Atemzug röchelten, Augen, schreckensgeweitet, weil sie in ihrer Fantasie noch einmal das Horrorszenario der vergangenen Wochen durchlebten. Fantasieren und lautes Rufen im Schlafsaal, Flehen und Bitten nach Hilfe und Trost.
„Der Herr sei uns gnädig und barmherzig. Der Herr schaue auf meinen Sohn." Dann verstummte auch diese Stimme. Wieder einmal war der Herr gnädig gewesen zu einer Seele. Die Schwestern suchten zwischendurch Kraft im Gebet, ohne dass sie all diesem Elend gar nicht Herr werden konn-

ten. „Jetzt hat er den weiten Weg auf sich nehmen müssen, Hunger, Durst, Frost und Trauer über die verlassene Heimat ausgehalten. Vergeblich. Und jetzt ..."
„Jetzt ist er bei Gott", beendete Schwester Alwina den Satz. Nie hätte sie sich erlaubt, Schwäche und Mutlosigkeit zu zeigen, auch nicht vor sich selbst. Tagelang wichen die Frauen kaum von den Krankenbetten, kämpften um den Funken Leben, der noch in den Körpern war, standen denen bei, die keine Kraft mehr hatten und in Frieden die Augen zumachten – für immer.
Den Menschen wenigstens einen Teil der Schmerzen zu nehmen, galt ihr Bedürfnis. Aus Ethanol, Schwefelsäure und Alkohol wurde Ether destilliert. Der Chirurg träufelte es auf ein Tuch, das er dem Patienten unter die Nase hielt. Voller Angst schrien die Betroffenen, bis schließlich die Betäubung einsetzte und die Ärzte darangehen konnten, alles zu tun, um Gliedmaßen noch zu retten, schmerzhafte Eingriffe vorzunehmen. Wenn das Betäubungsmittel ausging, blieb nur noch das Stück Holz, auf das die Patienten beißen mussten, damit sie im Schmerz nicht ihre Zunge durchbissen. Schwestern und Wundärzte atmeten auf, wenn wieder jemand bewusstlos wurde und nicht mehr aufnehmen konnte, was um ihn herum geschah. Schreie, Fieberfantasien begleiteten die Behandlungen. Die Klosterapotheke barg so viele Geheimnisse, für alles schien ein Kraut gewachsen zu sein im Garten des Herrn. Nicht selten nahmen auch die Krankenschwestern einen Schluck aus einer Flasche, um an dem Leid nicht zu zerbrechen, das ihnen aus jeder Ecke wie eine Faust entgegenschlug. Sie verabreichten sich selbst Aufputschmittel, um die vielen Stunden am Krankenbett durchzustehen. Eine junge Frau fragte mit schwacher Stimme:
„Warum tust du das?"
„Weil einer dem anderen helfen muss!"
„Aber wir sind doch evangelisch!"

„Hat Christus gefragt, wenn er geheilt hat?"
„Ja, aber du bist doch im Kloster, bestimmt bekommst du Ärger mit deiner Äbtissin, wenn du Ketzern hilfst."
„Ach, weißt du, Ärger, den gibt es immer, aber der da oben, der hat mir immer Kraft gegeben, auch beim Ärger", sagte Schwester Crescentia schmunzelnd.
„Hast du nicht gelobt, dass du treu im Glauben lebst?"
„Bin meinem Glauben nie untreu geworden."

Bei dieser Frage kam Crescentia in Erinnerung, wie das damals war, als sie als junges Mädchen, als mittellose Webertochter ins Kloster eintreten wollte, aber ohne Aussteuer abgelehnt und nicht aufgenommen wurde. Damals hat sich der Bürgermeister für sie eingesetzt und sich bei der Schwester Oberin für sie verwendet. Bürgermeister Andreas Wöhrlin hat noch was gut gehabt beim Kloster. Darum hat die Äbtissin ihm einen Gefallen getan und nachgegeben. Der Bürgermeister, der war auch evangelisch und hat doch nicht lange gefragt, sondern eben nach seinem Herzen gehandelt. Jetzt konnte sie auch nach ihrem Herzen handeln und ihm, dem Evangelischen, indirekt auch einen Gefallen tun.

Den katholischen Ratsherrn in der freien Reichsstadt war es gar nicht recht, dass die lutherischen Ketzer auch noch ärztlich versorgt wurden, doch das ließen sich die Klosterschwestern nicht nehmen, hatten sie doch am Ende ihres Noviziats mit der Profess auch das Gelübde abgelegt, Nächstenliebe zu praktizieren. Damit folgten sie der Bibel: „Du sollst deinen Nächsten lieben wie dich selbst", aber auch dem Wort Jesu Christi: „Was ihr dem geringsten meiner Brüder getan habt, das habt ihr mir getan." Auf dieser Säule stand ihre Nächstenliebe, mochte es auch dem einen oder anderen Kleriker nicht gefallen. Ein bewusstes Leben mit der Schöpfung: Hier und jetzt sahen sie die Herausforderung für ihr Versprechen darin, für die Gesundung dieser armen Kreaturen etwas zu tun, körperliche Schmerzen zu lindern, Seelen zu stärken. So wurde Kaufbeuren für diese protestantischen Emigranten mehr und mehr zur evangelischen Oase im Gelobten Land. Katholische Nonnen waren ihre barmherzigen Samariter.

Unermüdlich arbeitete Schwester Crescentia, ursprünglich auf den Namen Anna getauft. Schon der Ahn war ein berühmter Bader gewesen. Sein Wissen hatte sich auf ihre Mutter übertragen, die schon früh von ihm in der Krankenpflege unterrichtet wurde und sich ein unbeschreibliches Wissen in Heilkräuterkunde aneignete. Das Rühren von Salben, Destillieren von Tinkturen, Schütteln von Emulsionen, Verabreichen von Tees, Waschen von Wunden, Stillen von Blut machten sie zu einer wahren Heilerin. All dieses Wissen hatte die Mutter an ihre Tochter Anna weitergegeben und die Tochter war eine geduldige, fleißige Schülerin, lernte für die Pflanzen lateinische Namen und lernte auch, dass sich das Wort Patient von Geduld ableitete.

Sie erhielt den Ordensnamen Crescentia, die Wachsende. Jetzt dachte sie mild und verzeihend daran, dass die anderen ihr innerhalb der Klostermauern anfangs mit Feindseligkeit und Hass begegneten. Wohl hatten ihre Mitschwestern keinen Zugang zu ihrer tiefen Religiosität und Aufgeschlossenheit, zu ihrem Andersdenken und zu ihrem konsequenten, disziplinierten Leben, das sie in tiefer Zuwendung zu ihrem Herrn führte, in dem sie ihre Erfüllung fand.
Nur durch ihre herzliche Liebenswürdigkeit und ihren unerschütterlichen Glauben vermochte sie, standhaft zu bleiben und allmählich die Zuneigung der Mitschwestern zu gewinnen. Schon bald hatte es sich in der kleinen Stadt herumgesprochen, dass im Kloster eine Nonne lebte, die sich selbstlos um Kranke kümmerte und für jeden, der an

die Pfortentüre klopfte, eine Scheibe Brot oder einen Teller warme Suppe übrig hatte.

Jetzt in dieser Not konnte Crescentia den protestantischen Flüchtlingen durch ihren tatkräftigen Einsatz und Beistand Gutes tun und war glücklich darüber, dass sie da sein durfte, wo sie gebraucht wurde. Jetzt fühlte sie sich von Gott zu den Protestanten gestellt und handelte dem gemäß.

Zahlreiche Bürger hatten immer wieder Crescentias Wohltaten erfahren, so dass sie sich jetzt durch ihre Mithilfe und Unterstützung erkenntlich zeigen durften. Viele helfende Hände wechselten Verbände, brachten Suppe, sprachen den Verzweifelten Mut zu, waren da, wenn sie gerufen wurden.

Der Pflegedienst zehrte an Crescentias Nerven und an ihrem Körper, doch als die Kranken im Kloster versorgt waren, füllte sie einen großen Rückenkorb mit Brot, einen Henkelkorb mit Suppe, weil sie sich ausmalte, dass draußen, vor den geschlossenen Stadtmauern, die Ärmsten lagen, die man nicht mehr eingelassen hatte, die aber noch auf Hilfe warteten, ausgehungert und schwach, krank, mit Blasenentzündungen, gebrochenen Gliedmaßen, Frostbeulen, abgefrorenen Fingern und Füßen.

Crescentia ging zur Stadtgrenze, wurde vom Posten aufgehalten: „Schwester, wo geht's hin? Jetzt so spät noch!"

„Ein Patient, ich muss zu einem Patienten, keiner hilft und im Schnee kommt auch kein Bader durch."

„Schwester, hast nicht auch eine Salbe für mich, das Reißen im Bein, heute wieder besonders schlimm bei der Kälte." Zum Nachdruck klopfte er auf sein Knie: „Dieses Stehen auf dem eisigen Pflaster, ich kann's gar nicht sagen, wie es ist, wenn der Frost von der Brust bis hinunter zu den Zehen fährt mit seinen scharfen Messern. Wenn ich nur einen Schritt gehen will, quietscht und kracht es auch schon in den Scharnieren."

Crescentia griff in ihre Ordenstracht und zauberte ein Fläschchen hervor.

„Was ist das?"
„Kräuter. Acht Kräuter, angesetzt mit Alkohol, sie werden dir gut tun, da, nimm es, sprich ein Gebet dazu, dann wird's dir doppelt helfen. Wenn ich zurückkomme, wirst du dann noch Dienst haben? Dann kannst mir sagen, ob es dir gut getan hat. Geh in dein Wärterhäuschen und schmier das Knie ein, wirst merken, dass es was Besonderes ist."
Crescentia durfte passieren.
„Gelobt sei Jesus Christus"
„In Ewigkeit. Amen!" Der Wächter bekreuzigte sich. Crescentia verschwand im Dunkeln. Es dauerte nicht lange, da hörte sie verhaltene Stimmen, Durcheinanderrufen, leises Wimmern und Winseln. Sie musste sehr an sich halten, dass sie sich nichts anmerken ließ angesichts dieses Jammerhaufens. Diese fast verhungerte und fast krepierte Masse Mensch! Von der Pest hatte sie Schlimmes vernommen, ganze Dörfer und Städte waren von ihr hingerafft worden, aber hier? Diese Menschen lagen und saßen leibhaftig vor ihr, waren völlig erschöpft, froren unsäglich, hatten Hunger und Durst, waren krank und schwermütig. Hunger und Durst, da konnte sie helfen und sie war sehr glücklich darüber, dass sie wenigstens ein paar von ihnen helfen konnte. Für die Füße und Hände gab es Salben und Tinkturen, die sie sich eingesteckt hatte. Wie ein Tropfen auf den heißen Stein, aber wenn ein Dürstender einen Tropfen bekam, konnte er wieder einen Moment überleben, der rettende Tropfen für den Verdurstenden.

Als sie zu der Gruppe trat, hörte der Haufen nach und nach auf zu reden, müde, erschöpft schauten ihr die Frauen, Männer, Kinder entgegen. Das waren keine Menschen mehr, das waren nur noch zitternde Körper und angstverzerrte Gesichter, Kinder, die an der Brust ihrer Mütter schrien. Wer noch einen Fuß vor den anderen brachte, räkelte sich hoch und schleppte sich zu Crescentia, um ihre Hand zu drücken und demütig an die Lippen zu führen in der Hoffnung, dass ihre Kraft, ihre Gesundheit auf sie überginge. Wer sich bei der Ankunft erschöpft auf den Weg gelegt hatte, um nur zu liegen, erhoffte sich Segen und Hilfe von dieser Nonne.

Crescentia streifte im fahlen Schein von Talglichtern und Kerzen die Trageriemen des Korbes von ihren Schultern und verteilte das Brot unter den Menschen. „Nehmt hin und esst!" Als sie alles verteilt hatte, streckten sich hungrige Hände ihr entgegen. „Ich komme wieder, ich komme bestimmt wieder", vertröstete sie die erbärmlichen Geschöpfe auf später, auf den nächsten Tag. Aus dem Topf schöpfte sie mit der Blechtasse heiße Suppe, bis nur noch der Boden zu sehen war. Fast mochte man meinen, der Topf wäre unergründlich, noch eine Tasse, noch eine Tasse. Crescentia teilte das Brot aus. „Nimm und iss und sei gesegnet", sagte sie und schaute jedem dabei in die trüben, müden Augen. Dann verteilte sie Wasser, auch aus den Töpfen und Krügen, die Bewohner aus umliegenden Häusern herangetragen hatten. „Nehmt und trinkt!" Der eine oder andere hatte noch genügend Kraft, um zu lächeln, wenn er das Warme auf seinen Lippen und im Magen spürte. Wer einen Schluck bekommen hatte, wer ein Stück, ein einziges Stück Brot bekommen hatte, schien wieder aufzuwachen aus Lethargie, aus Hoffnungslosigkeit, aus Schwermut, aus Trauer. Der Gedanke, dass da ein Mensch war, der sich um sie kümmerte, dem sie wichtig waren, Anteilnahme, Teilnahme, teilen, sie teilte mit ihnen den Schmerz, die Seelenpein. „Schwester, Hunger, Durst!"
Der Korb war leer, die Suppe war getrunken, Crescentia war ausgelaugt und ohnmächtig, weil sie nichts mehr geben konnte. Doch! Glaube, Liebe, Hoffnung konnte sie allen geben, das trug sie hinein in diese Herzen. Sie sprach zu den Menschen, sie sprach über den Allmächtigen, über SEINE Allmacht, über SEINE Liebe. Sie sprach zu ihnen über SEI-

NE umfassende Liebe. Diese Liebe war nicht katholisch und nicht protestantisch. Diese Liebe war die Liebe eines Vaters, der seine Kinder liebte. Diesen Hunger konnte sie stillen. Hungrig nach Gottes Wort schälten sich die Menschen aus dem Schnee, setzten sich aufrecht hin, Schulter an Schulter, Rücken an Rücken stützten sie sich, schüttelten ihre Tücher und Decken zurecht und hingen an den Lippen dieser frommen Frau. Wer hustete, bekam von ihr Tropfen auf die Zunge, ein Kreuz auf die Stirn. Dankbare Blicke aus hoffenden Augen waren für sie Lohn genug.

Sie ließ sich auch von dem beschwerlichen Weg erzählen, der hinter ihnen lag. Drei, vier Sätze, mehr brauchten Philipp und Johannes und Mathias nicht, um zu schildern, wie es unterwegs zugegangen ist. Auch Anton Büchel legte in kurzen Worten Zeugnis über ihr bisheriges Martyrium ab. „Schon an der Grenze zu Bayern, in Tittmoning, sind wir liegen geblieben, weil man uns nicht reingelassen hat nach Bayern. Kurfürst Karl Albrecht hat sich offensichtlich von seinem Nachbarn aufhetzen lassen, hat uns warten lassen, wollte uns wohl nicht in seinem Land. Das ganze Essen ist schon an der bayrischen Grenze drauf gegangen, kaum ein paar Stunden weg vom Hof daheim. Wir haben doch gewusst, dass es noch weit ist. Gott sei Dank haben wir nicht gewusst, dass es noch so weit ist. Als es dann nach achtzehn Tagen – achtzehn Tage, das muss man sich mal vorstellen!" Er wandte sich um und erntete zustimmendes Raunen. „Also, als es dann weitergegangen ist, endlich, dann war ein Tag wie der andere, mal hat man uns geholfen, dann wieder nicht, mal hat man uns verjagt und bespuckt, dann war man wieder gut zu uns, mal sind in der Früh fünf, sechs, sieben Leute tot liegen geblieben. Und jetzt wissen wir wieder nicht, wie es mit uns weitergeht." Betretenes Schweigen. Dann ergriff Sara Steinbacherin noch das Wort. „Ich bin die Sara, Philipps Weib." Sie deutete

hinüber zu den Männern, bevor sie weitersprach: „Und du, Schwester, wie ist dein Namen? Damit wir dich in unser Gebet einschließen können." „Ich bin Schwester Crescentia von dem Orden der Franziskanerinnen."
Sara schlug ihre Hände vors Gesicht und konnte nur noch flüstern: „Crescentia, wie die junge Magd auf dem Hof. Wie eine Schwester war sie mir, dableiben hat sie müssen, wäre so gern mitgegangen, aber weil sie doch katholisch war ..."
Crescentia stimmte noch ein Weihnachtslied an. Es entstand echte Freude darüber, dass Christus, der Retter, da ist. Abschließend sprach Crescentia mit ihnen noch ein Gebet und wandte sich zum Abschied. Da stand neben ihr ein Bub mit einer Rotzglocke. Er rieb sich die Nase und verschmierte den Schleim im ganzen Gesicht und schaute dabei entgeistert diese schwarze Frau an, die ihnen Suppe und Brot gebracht hatte.

Crescentia war das, was die Flüchtlinge ihr erzählten, wie ein Wink des Schicksals. Kurfürst Karl Albrecht – noch nicht lange war es her, dass sie diesen Namen gehört hatte. Mit Maria Amalie Josefa Anna von Österreich, der Tochter Kaiser Josephs I. und seiner Gattin Prinzessin Amalia Wilhelmine von Braunschweig-Calenberg, führte sie einen regen Briefwechsel. Wiederholt hatte Amalie schon einen Besuch in Kaufbeuren gemacht, um bei Crescentia Aufmunterung, Trost und Kraft zu holen und ihre Seele auszubreiten, ihr Anliegen in Crescentias Gebet zu legen. Wie früher ihre Mutter, hatte auch sie in all dem Prunk das schwere Los, gegen die zahlreichen Mätressen anzukämpfen, mit denen sich Karl Albrecht verlustierte. Gerade einmal zehn Jahre war sie jetzt mit ihm verheiratet und es fiel ihr zunehmend schwer, seine Liebschaften zu akzeptieren. Auf der anderen Seite gab sie auch zu, das prunkvolle Leben an der Seite ihres Mannes zu genießen, wenn sie ihren Leidenschaften Jagd, Politik und

Reisen nachgehen konnte. Wie ihre Mutter war sie aber auch sehr fromm und äußerst großherzig. Ständig betrogen und alleingelassen von ihrem Gatten, hielt sie es für absolut legitim, einen Teil von ihrem Luxus den Armen zu geben. Sie überließ es Schwester Crescentia, ihre großzügigen Zuwendungen zu verteilen.

Kurfürst Karl Albrecht hatte die Protestanten an der Grenze darben und frieren lassen, nun kamen die Gelder seiner Gemahlin Maria Amalie bei denen an, die unter ihm zusätzliches, unnötiges Leid erfahren hatten. Crescentia freute sich, dass sie etwas an Bedürftige zurückgeben konnte. Politik um der Politik Willen war doch in erster Linie ein Bereichern. Das Volk, das waren die Menschen auf der Straße, das waren die Menschen, die hier vor ihr im Elend zu ersticken drohten.

Oft kam es vor, dass Crescentia die Gebetsglocke nicht hörte oder nicht mehr rechtzeitig ins Refektorium zum Essen kam – zum Ärgernis der Äbtissin.
„Wie soll ich von den Kranken wegrennen, wenn sie nach mir rufen, wenn sie aus Wunden bluten, wenn ich dabei bin, ihnen mit Essigwasser die Lippen zu befeuchten, wenn ich nasse Wäsche wechsle, wenn ich weiß, dass mich unser Herrgott, voller Vertrauen in mich, an diesen Platz gestellt hat. Bin ich nur in diesem Kloster, um im Kloster zu sein und ein annehmliches Leben zu führen? Oder bin ich hier, um das Gebot der Nächstenliebe zu erfüllen!" Mit solchen Überlegungen machte sie sich nicht gerade beliebt.
Crescentia pflegte die Kranken bis zum Umfallen und sie fiel doch nicht um. Die ganze Kraft des Universums strömte in sie hinein und durch sie hindurch direkt in ihre heilenden Hände. Es konnte gar nicht sein, dass nur die Kräuteraufgüsse und Tees, Säfte und Umschläge dazu beitrugen, dass es

den Menschen nach der Behandlung besser ging. Das waren nur die äußeren, sichtbaren Mittel. Als die Vorräte aus der Klosterapotheke mehr und mehr zur Neige gingen, waren es ihre Fürbitten und ihre wohltuende Ausstrahlung, die wahre Wunder bewirkten. Ganz sicher war es so. Fast nüchtern erfasste sie die Lage und begegnete den Anforderungen mit reifer Überlegung. Daran konnten auch die katholischen Widersacher nichts ändern.
Bald merkte auch sie, dass sie sich überschätzt hatte. Geschwächt von schwerer körperlicher Arbeit im Kloster, in der Pflege, verließ sie sich mehr und mehr auf ihre Mitschwester Anna Neth, die schon seit 1697 im Kloster lebte und damit betraut war, alle anfallenden Korrespondenzen zu erledigen. Mit ihr hatte sie im Laufe der Zeit ein aufrichtiges Vertrauensverhältnis aufgebaut, so dass es ihr selbstverständlich war, Anna Neth in die Hilfsaktionen einzubinden. Mit Gottes Hilfe behandelten sie Kranke und Verletzte, spendeten Trost und Gebet, legten ihre beruhigenden Hände auf schmerzende Wunden, suchten und fanden Hilfsbereitschaft unter dem Volk.

Die evangelischen Bäcker öffneten ihre Backstuben, damit sich die Leute endlich in dieser wohltuenden Wärme erholen konnten. Sara, Philipp, Agnes, Johanna und all die anderen konnten sich gar nicht erinnern, wann sie es zum letzten Mal so warm hatten. Sie schliefen sofort ein. Auch das laute Klappern mit den Blechen konnte sie nicht stören oder das Schimpfen des Meisters, weil die Lehrlinge ein paar Brote nicht rechtzeitig aus dem Ofen geholt hatten. Wie sie so dalagen, da schien es, als stecke gar kein Leben mehr in ihnen. Sie schliefen und drehten sich bis zum Morgengrauen nicht mehr um. Der Schlaf gab ihnen wieder ein bisschen Kraft zurück, nachdem sie bei Kälte und Hunger wochenlang dieses schreckliche Ungemach erduldet hatten.

Die Kinder in den Bäckereien, die dabei waren, bekamen immer etwas zugesteckt, verdarben sich mit den vielen Naschereien den Magen. Ein Bäckerlehrling steckte Simon Plätzchen zu und Brotscheiben, die er hütete wie einen Schatz, vor lauter Angst, dass es ihm jemand wieder wegnahm, vor lauter Angst, dass er wieder so schrecklichen Hunger leiden musste.

Die meisten Protestanten wurden, nachdem sie sich hatten registrieren lassen, in evangelischen Wirtshäusern einquartiert. Wer da keinen Platz mehr fand, der kam zu evangelischen Bürgern, die gern zusammenrückten, um diesen armen Menschen ein Lager zu bereiten. Der Bürgermeister ging mit gutem Beispiel voran. Seine Frau brach in Tränen aus, als er ein paar von den armseligen Geschöpfen ins Haus brachte. „Die haben niemanden mehr", sagte er zu seinem Weib und deutete auf die verstörten Kinder, ging nach nebenan, damit seine Frau nicht sah, wie ihn das alles erschütterte. Dann ging er wieder in den Hausgang, wo sich seine Babette um die Kinder kümmerte.
„Wie heißt du denn? Und wo kommst du her?"
„Ich bin die Margaretha Püchler, hab niemand mehr, dann bin ich halt auch mitgegangen." „Und ich bin die Maria Scheibelpranderin. Ich weiß nicht, ob die Mutter mit den Geschwistern auch auf die Reise gegangen ist. Soldaten haben mich mit Gewalt aus der Stube geholt, ich hab mit niemand mehr reden können."
„Ich bin die Ursula Plonkner. Der Vater ist bei der Stiefmutter geblieben. Die zwei Brüder und zwei Schwestern sind auch mit. Die Stiefmutter ist katholisch und wollte die lutherische Brut nicht durchfüttern, das hat sie gesagt. Der war es gerade recht, dass sie uns weggejagt haben. Den Vater hat sie wahrscheinlich katholisch gemacht. Irgendwo sind noch meine Geschwister. Morgen frage ich nach dem Mathias und dem Lukas und der Maria und der Felicitas. Die habe ich

unterwegs verloren. Der Lukas ist gerade zwölf, den hat es am meisten getroffen."

Als Erstes stellte die Bürgermeisterin Wasser aufs Feuer und brachte einen Waschzuber in die Stube. Dann schickte sie ihren Mann zurück in die Stadt: „Geh nur, ich kümmere mich schon, wirst noch helfen können bei den anderen." Sie warf erst einmal etliche heiße Steine ins Wasser, die sie mit einer Zange aus dem Ofen holte. Dann schüttete sie Wasser dazu, das auf der Platte den ganzen Tag vor sich hin siedete. „Wenn es abkühlt – im Schiffchen am Herd ist auch noch heißes Wasser. Oh Gott, oh Gott, was machen d'Leut mit de Leut! Ja, wie sehen denn eure Füße aus. Jösses Maria. Jetzt badet ihr und dann versorgen wir das alles!"
Nach und nach stiegen die Kinder ins Schaffel. Das warme Wasser brannte auf der entzündeten Haut. An den Bottichrand hängte Babette ein aus Draht geflochtenes Körbchen mit Seife.

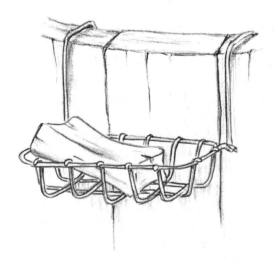

Mit einem Messer schnitt sie ein paar Späne davon ab und ließ die Flocken ins Wasser fallen. „Dann wird das Wasser schöner, ganz weich, werdet sehen. Ihr sollt doch ein schönes Wasser haben. Mei o mei, in welcher Zeit leben wir denn, dass man Kinder in den Winter hinausjagt!" Nach anfänglichem Stöhnen waren bald wohlige Laute zu hören, als sich langsam die gepeinigten Gliedmaßen entspannten und sich die Muskeln erwärmten. Babette suchte währenddessen am Dachboden nach alten Kleidungsstücken ihrer Töchter, die schon lange unter der Haube waren. Unterwäsche, dicke Strümpfe, Röcke, wollene Leibchen, Lodenmäntel, Filzmützen – alles lag noch fein säuberlich in der Truhe, als hätte es auf diesen Augenblick gewartet.

„Bevor ihr ins Bett geht, müssen wir zuerst was tun für eure Füße." Sie überbrühte getrocknete Beinwellblätter mit kochendem Wasser, bereitete noch einen Aufguss von Kamille, holte eine Flasche mit Arnikablüten, die sie im Sommer mit Alkohol angesetzt hatte, und ein Döschen Ringelblumensalbe: „Jetzt gebt mir die einmal her!" Der Reihe nach setzten sich die Mädchen ihr gegenüber auf den Stuhl und legten ihr zuerst den einen, dann den anderen Fuß in den Schoß. „Arnika, dass es heilt, und Ringelblumen, damit's noch besser heilt." Liebevoll, als wären es ihre eigenen Kinder, rieb sie die geschundenen Fußsohlen ein, massierte die Füße. „Das kitzelt!", und sie lachten und scherzten, dass es nur so eine Freude war. „Mein Gott, dass ihr schon wieder lachen könnt! ..." Ganz andächtig zogen die Kinder nach dem Baden die Wäsche an, schlüpften in die sauberen Sachen, zogen die Röcke hoch zur Taille. „Die sind euch ja viel zu groß, die müssen wir ja mit einer Schnur zubinden, aber das macht nichts, lieber zu große Kleider als frieren.

Dann halfen ihr die größeren Mädchen, den Waschbottich wieder in die Waschküche zu tragen, damit in der Stube Platz für ein Lager war.

„Zwei können auf dem Ofen schlafen, einer auf der Bank – oder auf dem Boden, wenn ihr lieber wollt. Dann legen wir Kissen auf die Blachen. Ach, ihr wisst nicht, was Blachen sind? Teppiche, dann legen wir Kissen auf die Teppiche, aber zum Schlafen müsst ihr die Sachen ausziehen, kriegt sie ja morgen wieder. Für die Nacht gebe ich euch Hemden, warme, vom Herrn Bürgermeister!"
„Engele flieg, Engele flieg." Wieder konnten die Kinder lachen, als sie in diesen überlangen geschlitzten Hemden ihre Arme hoben und senkten, als wollten sie durch die Stube schweben.
Ursula fragte verschämt: „Und wo – wo kann ich ...?" Die Bürgermeisterin lachte: „Ja mei, das hätte ich euch doch gleich sagen müssen. Kommt einmal mit!" Sie ging mit den dreien hinter das Haus zum Hof und zeigte ihnen das kleine Häuschen mit dem herzförmigen Loch.
„Ist das schön! Weißt, Frau Bürgermeisterin, daheim sind wir immer bloß in den Stall oder im Sommer schnell zum Misthaufen. Aber so was mit einer Türe vorne dran, dass keiner zuschauen kann, das haben wir noch gar nie gehabt. Unterwegs, da haben wir uns, wenn wir eine Not gehabt haben, einfach am Weg hinsetzen müssen und da hat es ja jeder gesehen, der vorbeigegangen ist. Die Christina Lintaler, die war auch ganz jung, so wie ich selber, die hat sich immer geschämt und ist immer extra zu einem Gebüsch oder wenigstens hinter einen Baum gegangen. Das hat auch einmal einer von den Soldaten beobachtet, dass die allein weggeht. Der ist vom Pferd gestiegen, hat den Zügel seinem Kameraden in die Hand gedrückt, als tät er selber einmal aus der Hose müssen. Dabei ist der nur der Christina nachgegangen. Nach einer Weile ist er wieder gekommen und die Christina nicht. Als ich ihn nach dem Mädchen gefragt habe, hat er mir mit der Reitgerte eine übergezogen und ist davongeprescht, dass die Hufe nur noch so geflogen sind. Ich habe noch geschaut nach der Christina,

aber ich habe sie nicht gefunden. Dann habe ich Angst gehabt, dass mich auch einer beobachtet. Wenn ich noch länger gesucht hätte, dann wäre ich den anderen nicht mehr nachgekommen." Im Raum war es ganz ruhig geworden.
Als Erstes fand die Bürgermeisterin ihre Sprache wieder: „Wer geht jetzt zuerst aufs Häusle?"

Den anderen ging es nicht viel anders. Die ganze Stadt war auf den Beinen und half aus christlichem Antrieb heraus, diese braven Menschen zu verpflegen und neu auszustaffieren. Da war keiner, der vor dieser Not sein Herz verschlossen hätte. Wer gar nichts hatte, brachte wenigstens in einem Steinguttopf Glut aus seinem Ofen, damit sich jemand seine Hände daran wärmen konnte, oder er brachte ein Kartenspiel mit und leistete einem Gesellschaft, bis jedem eine Bleibe zugewiesen war.

Alle wurden registriert, verhört, verteilt auf Familien. Mühsam war es – für die Leute und für die Beamten.
„Na, wie heißt du?"
„Katharina Steinberger, achtzehn bin ich, Dienstmagd war ich. Meine Eltern und zwei Geschwister sind zu Hause. Wahrscheinlich machen sie sich große Sorgen. Im Gasthaus zur Salzmühle war ich im Dienst, es ist mir nicht schlecht gegangen. Zimmer richten, Betten schütteln, Waschgeschirr versorgen, Nachttopf leeren!"
„Jetzt musst mir nicht alles aufzählen, ich glaub es dir schon, dass du fleißig warst. Aber, wie sie dich geholt haben? Was war da?"
„In der Wirtsstube habe ich geholfen. Weißt, Herr, nach der Kirche, wenn es immer besonders voll war, habe ich in der Wirtsstube helfen müssen, Bierkrüge füllen, Knödelsuppe zum Tisch bringen. Da war ich gerade beim Kommerzienrat am Tisch, als die Soldaten gekommen sind, reingestürmt sind sie und zu zweit haben sie mich weggezerrt, dass ich

gleich den Krug habe fallen lassen, der Wirt hat geschrien, den Ärmel von der Bluse haben sie mir zerrissen. Alles ist so schnell gegangen, keiner hat mir helfen können, vielleicht auch nicht wollen. Weggeschaut haben sie und so getan, als täte sie das nichts angehen. ‚Wenn du nicht mitgehst, dann finden wir schon einen Weg, da sind wir nicht zimperlich', haben sie mir ins Gesicht gefeixt alle miteinander und auf den Hintern haben sie mir gehau'n und wollten mir die ganze Zeit den Rock hochlupfen. Wie ich dann auch noch gefragt habe nach dem Vater und der Mutter und meinen zwei Brüdern, da haben sie nur dumm gelacht. ‚Fort sein werden sie, vielleicht in der Türkei oder in Venedig. Oder bei den Menschenfressern. Weil wenn ihr nicht gehorcht, dann stecken wir euch in Schiffe und dann kommt ihr nach Venedig oder nach Konstantinopel.' Angst habe ich gehabt, ganz schreckliche Angst. Was habe ich denn gewusst von diesen Städten, außer dass sie weit weg sind. Aber wie es so weit war, haben sie uns doch nur ein Stück auf der Salzach mit dem Schiff transportiert, war das schon schlimm genug, ohne festen Boden und die Bäume am Ufer sind nur so vorbeigesaust. In Tittmoning hat man uns nicht über die Grenze lassen nach Bayern, dann ist alles wieder von vorne angegangen, wie ein Rudel räudiger Hunde hat man uns an der Salzach entlang getrieben, wenigstens war da ein Traidelpfad, ausgetreten von starken Rössern, da hat man ganz gut gehen können, kalt war es aber trotzdem. Bis Teisendorf, das ganze Stück fast, was wir auf dem Wasser waren, haben wir zurückgehen müssen. Da sind wir dann wieder an der Grenze gewesen, 18 Tage lang. Betteln haben wir müssen, viel zu teuer hat man uns alles verkauft, wenn man überhaupt was an uns verkauft hat. Fast das ganze Geld und der wenige Proviant sind draufgegangen beim Warten, und viele sind schon am fünften oder sechsten Tag nicht mehr aufgewacht und da einfach verscharrt worden im bockgefrorenen

Schnee. Die Soldaten haben einen Platz gesucht unter Bäumen, da, wo nicht so viel Schnee gelegen ist. Keiner hat uns richtig versorgt. Schnee, Eis! Solange wir gelaufen sind, war es erträglich, aber da rumstehen ... Schlafen in Schnee und Matsch, Husten, Röcheln, langsam sterben. Die Leute haben doch nur Profit aus unserer Not geschlagen. Ein paar Frauen sind gekommen, haben helfen wollen, sich um Kranke und Schwache gekümmert, Suppe gebracht. Von einer Frau ist das Kind gestorben, immer schwächer geworden, hat nichts mehr essen können, nur noch gespuckt, bis es endlich hat sterben dürfen. Alles ist immer durcheinander gelaufen. Viele haben ja an den Füßen nur das gehabt, was ihnen die Natur gegeben hat. Die haben beim Warten schon ihre Zehen erfroren, Lumpen rumgewickelt, keiner kann es sich vorstellen, und wie ihr es euch auch vorstellt, noch schlimmer war alles, das könnt Ihr mir glauben, Herr. Dann haben eine Handvoll Leute angefangen Lieder zu singen, Kirchenlieder: „Führe mich Gott, ich bin stark, du bist mächtig, führe uns." Der Gott war bei uns, immer. Die Lieder und dass es uns eben allen miteinander schlecht geht, der Gedanke hat uns geholfen. Jeder hat gewusst, wie es dem anderen geht, weil es dem anderen so gegangen ist, wie es einem selber gegangen ist. Wir waren alle gleich. Aber das wisst ihr sicher schon von den anderen. Meine Mutter und mein Vater – waren die auch schon bei euch?"

Der Amtmann schüttelte enttäuscht den Kopf, hätte die Familie gern wieder zusammengeführt.

„Ihr schreibt doch alle Namen auf? Steinberger, wenn einer den Namen angibt, dann müsst ihr mir das sagen. So, jetzt habe ich euch erzählt, wie alles war. Wo tut ihr mich jetzt hin? Wenn mich einer haben will? Ich bin gesund. Jetzt bin ich müde, aber gesund. Arbeiten kann ich auch. Lesen und schreiben kann ich nicht, aber kann es ja lernen, möchte es gerne lernen."

„Ich glaube, da habe ich was für dich. Der Paul Georg Albrecht, der Bäckermeister, sucht eine, die ihm hilft in der Backstube und bei seinen Kindern. Die Frau ist ihm gestorben bei der Geburt von den Zwillingen. Eins lebt, eine kleine Bärbel, das andere wollte nicht kommen, weil es schon im Bauch tot war. Da hat keiner mehr helfen können. Die Bärbel hat eine Amme gekriegt, das größere Mädchen ist – sagen wir ein wenig eigenartig. Der ältere Bub hilft dem Vater, so gut es geht. Der Georg hat nicht mehr gearbeitet und nur noch gesoffen, aber jetzt hat er sich wieder gefangen, jetzt arbeitet er nur noch. Da, ich gebe dir einen Zettel mit, den zeigst du dem Paul Georg, dann wirst du schon sehen, wie es ist. Die Kirche, die siehst du ja. Siehst du die Kirche? Mit der Zwiebel, der Turm mit der Zwiebel? Da gehst du einfach dran vorbei und auf der anderen Straßenseite, da ist dann schon die Bäckerei. Dem Geruch kannst du nachgehen. Ich weiß, dass der Georg jemanden brauchen kann. Nur abholen kann er dich nicht, jetzt in der Weihnachtszeit, da hat er alle Hände voll zu tun, aber die Bäckerei, die findest du allemal. Durch die ganze Straße zieht der Lebkuchenduft. Die Kirche, die zeigt dir schon den Weg. Keine Angst, der Georg, das ist ein ordentlicher Mann."

Katharina merkte erst jetzt, dass sie einfach nur immer den anderen hinterher getrottet war, auch in der Heimat hatte sie einfach immer das getan, was man ihr aufgetragen hatte. Geh dahin! Und dann ging sie eben da hin. In der Gruppe, da hatte sie den nötigen Halt, der ihr die Angst nahm. Und jetzt – der Gedanke, allein ins Ungewisse gehen zu müssen, machte ihr Bange. Sie zitterte. Und wie sie aussah! Wie gerne wäre sie mit sauberem Gewand in Stellung gegangen. Sogar das war ihr verwehrt.

Ihr Bündel war nicht schwer: trockene Wollsocken, Dörrpflaumen, eine Deckenrolle, ein Stück Schnur – man wusste ja nie – ein Kanten Brot. Nicht genug zum Sattwerden, nur eine Notation. Bäcker, da gab es was zum Essen. Der Magen, nicht mal etwas zum Knurren hatte er mehr. Ganz taumelig war es ihr im Kopf, als sie sich bückte, um ihre Habseligkeiten aufzunehmen.

„Geh nur, es passiert dir schon nichts. Ich habe aufgeschrieben, wo du hingehst, und wenn es nichts ist für dich, kommst wieder."

„Dankschön!" Müde schlurfte sie über das Pflaster und freute sich, dass die Straßenfunzeln ihr Licht warfen. Trotzdem trat sie in den Haufen Pferdeäpfel, der in der Gosse lag. Sie hatte den Haufen für einen Stein gehalten. Jetzt war es gerade schon egal. Sie streifte notdürftig ihre Schuhsohlen mehrmals über die Bordsteinkante und ging weiter, die Augen auf der Straße. Zwischendurch blieb sie stehen, um zu verschnaufen – vielleicht auch, um den Moment des Ankommens hinauszuzögern. Immer noch waren viele Leute unterwegs, neugierig gaffend: „Was war denn heute nur los in der Stadt!"

Für Katharina war alles sehr fremd. Die nah beieinander liegenden Häuser, die gepflasterten Straßen, sogar beleuchtet. Immer wieder blieb sie stehen, schaute sich die Kienspäne an, die in Drahtkörben an den Hauswänden steckten. Öllampen warfen ihre Lichtkegel auf das Katzenkopfpflaster.

Siebzig Schritte nach der Kirche war die Bäckerei, reingeduckt zwischen die größeren Häuser. In den Auslagen allerlei bunte Zuckersachen, Guzle und Lebkuchen, gebackene Nikoläuse und herrliche Brotkipfe und Stollen. Vor der Tür hat es geduftet wie im Himmel. Fast ist sich die Katharina wieder vorgekommen wie ein Kind, daheim, bei der Mutter und beim Vater. Wo die beiden wohl waren? Doch dieser Moment, den sie sich in Gedanken schenkte, war gleich wieder vorbei. Ein Haufen Tratschweiber waren hinter ihr hergelaufen, wollten wohl alle wissen, was sie da machte und was sie da wollte. Als sie stehen blieb, blieben die ebenfalls stehen. Auch vor denen hatte sie Angst. Da nahm sie all ihre Courage zusammen, drückte die Klinke der Ladentüre herunter. Sie staunte, weil es drinnen so schön war: die gedrückte Rundbogennische, die von einem Fenster und der Ladentüre unterbrochen wurde, unter dem Fenster der Verkaufstisch, mit einer Marmorplatte bedeckt, genauso wie die beiden Bänke auf beiden Seiten daneben. „Kundschaft, Berta, geh nach vorn, hörst nicht, Kundschaft!", hörte sie eine kräftige Männerstimme rufen. Wenig später ein Murmeln: „Ach, die ist ja gar nicht da, bringt ja die Stollen zurück zur alten Siedlerin. Alles muss ich selber machen, alles muss ich selber machen!" Hinter dem Ladentisch in der Türe erschien ein stämmiger Mann mit weißem vermehltem Schurz, an dem er seine Hände abstrich. Als er Katharina erblickte, war er buchstäblich wie gelähmt, blieb unter dem Türrahmen stehen und beäugte die Gestalt, als wäre sie ein Lebewesen aus einer anderen Welt.

„Was bist denn du für eine! Was willst du in meinem Laden, in meinem sauberen? Wenn du zum Betteln kommst, da kannst gleich wieder gehen, von mir kriegst nichts, da hast schlechte Papiere!"

„Hab keine schlechten Papiere, hab gute Papiere!" Sie streckte ihm die Hand mit dem Zettel von der Registrierung hin. Der Bäcker musterte sie, angefangen bei ihren Füßen.

„Ja, jetzt weiß ich, warum es hier so stinkt. Du bist das! Du ... nein, das sag ich lieber nicht, was ich gerade sagen wollte. Ziehst die Schuh aus, aber gleich, sapperlot, naus damit, da mag ja keine Kundschaft mehr stehenbleiben. Naus damit, sag ich. Stinken denn alle so, die da leben, wo du her kommst? Jetzt aber naus!"

Katharina schlüpfte aus ihren Pantinen und stellte sie neben die Eingangstür, zu der sie am liebsten gleich wieder hinausgegangen wäre.

In Rage war er. „Ja, wen haben wir denn da", er zog ihr das Tuch vom Kopf und von der Schulter.

„Wen haben wir da? Zum Arbeiten brauch ich jemanden, hab ich denen gesagt, aber nicht so eine ausgemachte Läusebrut!"
„Läuse habe ich keine. Dreckig bin ich von oben bis unten, das weiß ich selber, aber Läuse hab ich keine!".
Sie wusste gar nicht, wo sie diese sanfte Stimme herbrachte. Da war ein guter Geist, der ihr half. Ganz sicher.
Georg Albrecht war mehr als verblüfft. Die Stimme. Diese Stimme.
„Ach, reden kannst auch, nicht nur stinken!" Eigentlich wollte er es viel lauter und derber herausbringen, als es jetzt herauskam. Katharina hatte ihre ersten Hemmungen überwunden.
„Sei doch nicht so grob!", sagte sie nur, „Hab doch nichts verbrochen. Wenn du so lang unterwegs bist ohne Wasser, meinst nicht, dass du dann auch so dreckig bist? Die Katharina bin ich, geboren in Abtenau, Arbeit suche ich. Du brauchst jemanden, hat man mir gesagt. Da, hier könnt ihr lesen, wer ich bin." Sie langte in ihren Ausschnitt und holte den Zettel heraus, der ihr Referenz geben sollte. Schon bereute sie, dass sie sich von den anderen entfernt hatte. Angst beschlich sie. Sie machte einen Schritt zurück, stieß gegen leere Bleche, die scheppernd zu Boden rutschten.
„Pass doch auf!", murmelte der Meister, gar nicht mehr so donnernd wie zuvor.
Um sie her stand allerlei Backwerk: Plätzchen, Lebzelten, Brote, Hefezöpfe. Hefezopf! Sie mochte gar nicht daran denken, wie heimelig die Stube daheim war, wenn die Mutter gebacken hat. Am Sonntag gab es Zopfbrot beim Bauern und für die Kinder ab und zu was zum Naschen. An Weihnachten getrocknete Apfelringe oder Quittenbrot. Wenn sie die Augen zumachte, stieg ihr das Aroma von Quittenbrot in die Nase, als läge es vor ihr, diesen Geruch vergaß keiner. Fast war es ihr, als sei es gar nicht sie selber gewesen, die das erlebt hatte, die da auf dem Hof lebte, früher, als gäbe es im ganzen

Universum nichts anderes als diesen Hof, den Stall mit den Kühen, mit den beiden Rössern, den paar Hühnern. Sie sah sich in der Erinnerung barfuß auf dem Heuboden im Spiel, welches das Leben so leicht werden ließ. Da waren die Kinder der Bäuerin, die ihr waren wie Geschwister.

Sie wischte die Erinnerung weg, deckte sie zu mit dem verführerischen Aroma der Backstube, in der sie stand, in der sie nach all dem Hunger und der Kälte leibhaftig stand. Sie war im Warmen, wenn sie auch jetzt noch nicht beurteilen konnte, ob sie es gut getroffen hatte oder nur von einer Not in eine andere getreten war. Not in der Fremde war tausendfach schlimmer als Not in der Heimat. Das hatte sie schon spüren müssen.
„Kann Marmelade kochen, kann Spitzbuben füllen", konnte sie noch loswerden, bevor der Meister sie in strengem Ton anfuhr: „Was stehst da rum! Pack dein Bündel und geh nach oben. So kann ich dich allemal nicht brauchen, dreckig, verschmiert wie du bist. Sag der Martha, das ist meine ältere Tochter, dass ich dich geschickt habe. Sie wird dir helfen, als Erstes den Bottich zu füllen mit Wasser. Im Herd das Schiffchen, da ist sicher heißes Wasser drin und auf der Herdplatte steht auch immer ein Topf. Wenn ihr das dazuschüttet zum kalten, dann wird's gehen. Hab ja nicht gedacht, dass heute noch eine Hoheit zum Baden kommt."
„Was ist eine Hoheit? Bin ich eine Hoheit?"
„Du? Ach, lassen wir das. Ein Bollen Seife liegt irgendwo, ich glaube, in der Küche, und Tücher – ach, was sag ich, die Martha weiß das. Denk dir nichts, sie ist ein bisschen merkwürdig. Sie versteht alles, nur reden will sie nicht viel, als hätte ihr jemand mit dem Holzhammer auf den Kopf gehauen. Seit die Mutter gegangen ist, benimmt sie sich so eigenartig. Da, nimm das, sonst findest du im Dunkeln nicht mal die Treppe!" Er nahm einen Span vom Holzhaufen und entfachte

ihn an der Glut, die er in einer Blechschüssel pflegte, wenn er den Backofen ausräumte. Den Zettel mit ihren Personalien gab er ihr wieder und war einen Moment lang versucht, ihn ihr zurück in den Ausschnitt zu stecken. ‚Nein, Georg! Was soll das, Georg, bist doch nicht so einer. Georg! So einer bist du doch nicht!' Er war froh um seine innere Stimme.
„Warte!", rief er ihr nach. „Hier!" Er schob ihr einen Brotkipf unter den Arm, damit sie ihr Bündel nicht aus der Hand legen musste. „Hunger wirst haben. Wurst kann dir meine Martha geben. Sagst ihr, dass ich gesagt habe, dass sie in die Vorratskammer gehen kann. Die Martha wird dir schon was zum Essen machen!"
Wie lang war es her, dass sie zum letzten Mal einen ganzen Kipf Brot gesehen hatte. Die Vorfreude auf Wurst ließ sie vergessen, was nicht lohnte, behalten zu werden. Sie murmelte ein „Vergelt's Gott", ehe sie in den Hausgang hinausging.

Hinter der Türe war es Nacht. Der glimmende Span ließ kaum die schmale Treppe erkennen, warf zitternde Schatten auf die Stufen. Das Dielenholz knarrte. Ängstlich drehte sie sich jedes Mal um. Nie zuvor war sie so allein. ‚Umkehren, zurück zu den anderen. Nein, bleiben, das Glück versuchen. Katharina, nicht kindisch sein, bist doch ein großes Mädchen. Nein, will kein großes Mädchen sein, will Schutz am Rock der Mutter. Mutter. Hast es nicht mehr erlebt? Mutter. Wärest stolz auf mich!' Auf jeder Stufe sprach sie sich Mut zu. Das Brot roch frisch, im Haus roch es nach Weihnachten. Oben die Martha. ‚Katharina, so ein Haus findest du nicht so leicht wieder.'
Die innere Stimme, der Schutzengel nebenher. Fast meinte sie, ihn sehen zu können, so stark war das Gefühl.
Das Bündel war ihr im Weg. Sie wollte sich am Geländer festhalten, vortasten, aber dann fiel das Brot runter. Das Brot auf die rechte Seite, wo sie krampfhaft den Kienspan fest-

hielt. ‚Kind, pass auf, Feuer, pass auf, du zündest uns noch das Haus über dem Kopf an.' Sie legte das Bündel an die Seite, hielt sich links am Geländer fest, tastete sich zaghaft weiter, spürte sich mit den Füßen von einer Stufe zur anderen, schaute zurück in die Schwärze, schaute hinauf in die Schwärze. Was konnte dieses Hölzchen schon erleuchten. Wieder eine Stufe weiter und wieder einen Schritt hinauf, bis sie gegen eine Tür rumpelte. Die Treppe war wie eine unendliche Reise, sinnbildlich für diese ganze schreckliche Fremde, geballte Verlassenheit, Düsternis, Holzweg, Ausweglosigkeit. Mit gespreizten Fingern suchte sie, wie sie die Türe öffnen könnte. Endlich legte sich ihre Hand um einen Holzriegel, den sie aus seiner Kerbe hob. Quietschende Angeln, das Fauchen einer Katze, von drinnen stockendes Atmen, angstvolles Wimmern, Klappern, etwas stieß gegen einen Tisch, ein Stuhl fiel zu Boden. Endlich auch drinnen eine flackernde Funzel. Katharina schaute in schreckensgeweitete Augen eines Kindes. „Du bist die Martha. Ich bin die Katharina. Dein Vater schickt mich." Sie streckte dem Kind die Hand entgegen. Das Kind wich einen Schritt zurück, konnte die Augen nicht von der jungen Frau wenden, die da im Dunkeln stand. „Warum hast du Angst? Vor mir muss keiner Angst haben. Aber – ich sehe wahrscheinlich furchtbar aus in meinen ungewaschenen Fetzen!"

„Kommt heute ein Gewitter?", fragte Martha und war ganz verwirrt.

Katharina lachte. „Nein, ich bin nur auf der Treppe gestolpert. Heute kommt kein Gewitter, in der Nacht kommt kein Gewitter und überhaupt, im Winter doch nicht. Da musst keine Angst haben. Außerdem, jetzt bin ich ja bei dir, bist ja nicht mehr allein."

Martha atmete hörbar auf, schien von ihrer Starre befreit, wenn sie auch ihre kleinen Ärmchen hinter dem Rücken verknotete.

„Zeigst du mir, wo euer Bottich steht und wo es Wasser gibt, dass ich mich waschen kann? Gesicht, Hände, Füße? So kann ich doch in kein Bett, mag mich ja selber nicht riechen. Ja, zeigst du es mir?"

Da stand die Martha, herausgerissen aus dem Schlaf, in dem sie Dämonenfratzen zu verscheuchen gehabt hatte. Über dem bodenlangen Hemdchen trug sie ein gestricktes Jäckchen, aber Katharina musste erstaunt feststellen, dass Flur und Stube angenehm warm waren.

„Warm ist es bei euch, weißt du, ich habe immer nur gefroren, Tag und Nacht gefroren, Schnee, Eis, nur gefroren. Hast du schon einmal auf Schnee geschlafen? Jetzt ist es warm. Unglaublich." Martha legte ihre Kinderfaust um Katharinas Arm und zog sie zur Ecke hin, die von dem Schein des Talglichts beleuchtet war, das auf dem Tisch stand. Im Boden war eine Falltüre, da ging es direkt hinunter in die Backstube, wohlige Wärme stieg zu ihnen herauf. Das hatte Katharina noch nie gesehen und konnte sich herzhaft darüber freuen. „Falltüre, Falltüre." Das kleine Mädchen hätte am liebsten getanzt, so gut gefiel ihr anscheinend dieses Wort – und diese warme Luke.

„Kein Gewitter, kein Gewitter in der Nacht", murmelte die Kleine, als sie wegging.

„Wie sich die Kleine zurechtfindet hier im Dunkeln. Dass der Meister nicht kommt, kann doch seine Tochter nicht alleinlassen, aber er hat ja die Tochter immer alleinlassen müssen, seit er selber allein ist. Wenn ich einfach wieder geh? Dann falle ich bestimmt die Stiege hinunter und brech mir das Genick. Dass es hier gar nicht kalt ist?", sie redete vor sich hin. Sollte Martha sie doch wenigstens hören, wenn sie schon nicht sehen konnte.

„Komm, Wasser." Martha hatte ein Talglicht entzündet, das zwar schrecklich rußte, aber doch den Raum notdürftig erhellte. Das Mädchen stand neben dem Badezuber in der Ekke, da, wo sich die Dielenbretter hochheben ließen, damit die warme Luft aus der Backstube heraufströmen konnte. Diese Wohltat nach Wochen der Nässe und des Frierens. Gemeinsam schöpften sie Wasser und schütteten es in das Schaff. Das Wasser im Schiffchen am Herd siedete und summte die alte Melodie, so vertraut, so heimelig, so voller Erinnerung an daheim. Sie prüfte mit den Fingern die Temperatur, nicht warm, nicht kalt, aber doch um ein paar Grad wärmer als ganz kalt. Ekel spürte sie vor sich selber, als sie die stinkenden Kleidungsstücke abstreifte und zu einem Haufen auf den Boden legte. Da stand sie nun, das Wasser ging ihr halb bis zur Wade. Martha stand da mit großen Augen. Die kleinen Händchen hielten ein Trumm Seife. Katharina bückte sich, tauchte ihre hohlen Hände ein und warf sich das Wasser ins Gesicht, tauchte ein und rieb sich die Arme ab, schöpfte ein und machte sich die Brüste nass, schöpfte mit den hohlen Händen Wasser und reinigte sich über dem Bauch und zwischen ihren Schenkeln. Endlich konnte sie die Spuren ihrer letzten Menstruation abwaschen. Moos hatte sie sich in ihre verschmutzte Unterwäsche gelegt, das das Blut aufsaugen sollte, und doch war ihr das Blut über die Schenkel geronnen, bis es schließlich trocknete. Umso mehr empfand sie dieses Bad als ganz besonderes Geschenk. Auch wenn sie nicht wusste, wie der nächste Tag aussah, war sie dem Georg Albrecht dankbar, dass er sie aufgenommen hatte, wenn es auch nur für diese eine Nacht sein sollte, war sie doch um eine Nacht näher an ihrem endgültigen Ziel, war es doch eine Nacht, die sie nicht wie an Heiligabend auf freiem Feld oder bei gehässigen Katholischen verbringen musste, die sich bekreuzigten, als stünden sie dem Leibhaftigen gegenüber, wenn sie kund taten, dass sie nicht katholisch waren.

Als Letztes wusch sie ihre malträtierten Füße. Sie spielte mit den Zehen und konnte es genießen, dass sie nach anfänglichem Brennen jetzt ein Gefühl hatte, als könnten auch ihre

Füße schlafen. Anschauen durfte sie ihre Füße nicht. Die Blasen an der Ferse waren aufgeplatzt und rot wie rohes Rindfleisch, an den Ballen rechts und links hatten sich Frostbeulen gebildet. Die pochten und klopften mit einer Hartnäckigkeit wie ein Hausierer an der Klostertüre. Aber die Seife schien den Schmerz wegzuwaschen oder zumindest zu lindern. Dieser Wunderklumpen. „Mein Papa sagt keinem, wie er sie macht." Es war, als hätte die Martha ihre Gedanken gelesen. Die Kleine ging in die Küche und kam zurück mit einer Kanne voll heißem Wasser, das sie zum alten dazuschüttete. Katharina setzte sich auf den Bottichrand, tauchte ihr Leibchen in die schmutzige Brühe: „Dass es auch gleich gewaschen wird." Sie mochte sich gar nicht trennen von diesem Bad, das ihr um die Fesseln plätscherte, sobald sie einen Fuß anhob. Vorsichtig reinigte sie mit dem Stoff ihre Wunden und blieb im Wasser stehen, bis es zu kalt wurde, um ihr noch Erholung zu schenken. Martha schaute ihr zu, ging plötzlich hinaus und kam nach einer Weile zurück mit frischer Wäsche, einem bodenlangen Nachthemd und einem gehäkelten Häubchen für die Haare. „Bist du ein Engel? Du bist bestimmt ein Engel. Ein Engel bist du! Meine Mama ist auch ein Engel!" Das Mädchen fasste Katharina an der Hand und im Schein des spärlichen Lichts tappten die beiden zu Marthas Kammer, wo sie sich niederlegten und unter einem wahren Federbettgebirge begraben wurden. Erst jetzt fiel ihr ein, dass sie vor Müdigkeit und Erschöpfung gar nichts gegessen hatte. Morgen!
Die Kleine riss sie aus ihren Gedanken: „Erzähl mir ein Märchen, bitte, bitte, dann singen und beten, wie mit der Mama."
„Märchen fällt mir jetzt keines ein." Katharina summte leise vor sich hin und dann hatte sie plötzlich auch Wörter zu ihrer erfundenen Melodie:
„Kleine Martha schlafe ein
soll'n bunte Vögel um dich sein
und gelbe Blumen dort am Hag,

weil ich euch alle gerne mag.
Vogel, Blumen, Mensch und Tier
sitzen dort am Türmchen,
wachen überm Würmchen,
überm kleinen Würmchen."
Martha sprach weiter:
„Lieber Gott, mach mich fromm, dass ich zu dir in' Himmel komm. Und beschütz meine Mama im Himmel droben und meinen Papa drunten in der Backstube und meinen Bruder bei der Tante. Amen. Ach noch was, lieber Gott, beschütz bitte auch die Katharina. Danke. Amen."

Kaum, dass sie sich hineingekuschelt hatten, stand Martha noch einmal auf, löschte das Talglicht an der Wand und kroch wieder unter die Zudecke. Ein leises Miauen, Martha lupfte das Plumeau: „Warm, Katze. Du bist ein Engel, ich schlafe bei einem Engel, schön!" Das gleichmäßige Atmen sagte Katharina, dass das Kind eingeschlafen war. „Dass die Kleine mit dem lieben Gott ganz normal sprechen kann?" Darüber wunderte sie sich, aber sie war zu müde, um nach Erklärungen zu suchen, während sie die bunten Bilder dieses Tages noch einmal sah. „Heute war das eigentliche Christfest!" Sie lächelte. Körper und Geist kamen langsam zur Ruhe. Teufel und Engel trafen sich in ihrem Traum, aber mehr Engel. Im Traum war sie
unterwegs auf den Strahlen der Sonne,
unterwegs auf der Sichel des Mondes,
unterwegs auf den Farben des Regens,
auf gischtenden Wellen der Salzach,
unterwegs durch die Brandung des Lebens,
unterwegs durch die Felder der Zeit.

Als Georg Albrecht in seine Kammer ging, warf er noch einen Blick auf sein Töchterlein. Martha hatte lange nicht so zufrie-

den geschlafen, ohne Stöhnen und Albträume, selig lächelnd lag sie in ihrem Kissen neben der jungen Salzburgerin. Am Fußende hatte sich Schnurri zusammengerollt.
Bald würde die Ladnerin die Bäckerei aufschließen und wenn dieses hereingeschneite neue Mädchen erwachte, könnte es helfen, beim Verkaufen vielleicht nicht gleich, die Kundschaft würde sie nicht gut verstehen, aber in der Backstube die überstehenden Oblaten von den Makronen brechen, Nüsse mahlen, Hefe ansetzen, Rosinen waschen. Arbeit gab es genug. Vielleicht konnte er sogar seine kleine Bärbel wieder zu sich nehmen?

***

Als Katharina anderntags erwachte, hörte sie aus der Backstube bereits lebhaftes Rumoren. Rasch zog sie sich die frischen Sachen an, die ihr Martha schon hingelegt hatte – oder auch der Bäcker selbst. Auf der Treppe war es nicht besonders hell. Sie hielt sich am Geländer fest, damit sie nicht wieder stolperte.
„Wenn du magst, kannst du bleiben. Arbeiten kannst du, hast gesagt. Kannst gleich anfangen damit." Besonders einladend klang es nicht, als der Georg Albrecht das sagte, aber froh war sie trotzdem. So übel würde er schon nicht sein und die Arbeit, die würde sie schon lernen. Das Mädchen Martha hatte sie schon ins Herz geschlossen. Bevor sie danke sagen konnte, gab er ihr schon die ersten Anweisungen:
„Hefe kannst ansetzen!"
„Was ist Hefe?"
„Das fängt ja gut an. Kennst keine Hefe? Dass der Teig aufgeht, fürs Brot!"
„Ach, Germ, meinst du vielleicht Germ, bei uns sagt man Germ dazu. Ihr sagt Hefe? Ja, Hefe ansetzen, das kann ich. Soll ich mittags einmal Germknödel machen? Mit flüssiger

Butter und Mohn? Ach, das kennt ihr gar nicht? Das wird euch schmecken, werdet sehen."

Georg Albrecht hatte das Gefühl, dass er gar keinen so schlechten Fang gemacht hatte. Anmerken lassen wollte er sich das jedoch nicht gleich.

„Kannst schnell gehen und denen in der Amtsstube sagen, dass du bei mir bleiben kannst, in Arbeit und Brot. Dann kommst wieder, dann ist auch die Berta da, die Ladnerin, die zeigt dir dann alles. Findest allein hin zur Registrierung? Sonst nimmst die Martha mit, die weiß, wo du hingehen musst. Dumm ist sie ja nicht, nur reden mag sie nicht mehr viel. Ach, noch was. Hab dir neue Galoschen hingestellt, von meiner Frau, die könnten dir passen."

Als Katharina auf die Straße trat, um beim Registrierungsbüro noch einmal nach ihren Eltern zu fragen, standen bereits ein paar Dorfratschen draußen, fassungslos, weil das junge Mädchen über Nacht mit dem Bäcker allein geblieben ist. „Was bist denn du für eine? Kaum da und schon allein mit einem gestandenen Mannsbild, das lange kein Weib gehabt hat. Und, was hast du gemacht? Was hast du gemacht mit dem Vater von der da, hm? So was brauchen wir nicht in unserer sauberen Stadt, merk dir das! Ein für alle Male."

Der Bürgermeister und seine freiwilligen Helfer hatten alle Hände voll zu tun, sich der Menschen anzunehmen. Die Schlangen vor der Schreibstube rissen nicht ab. „Wie heißt du, wie alt, woher, wo ist dein Pass, allein, Eltern, Geschwister, freiwillig, unter Zwang?" Jeder von ihnen stand Rede und Antwort und zog aus der Tasche den Zettel, auf dem alles geschrieben stand. Lesen und schreiben konnte kaum einer. Willig warteten sie, bis einer kam und sie zu einem Quartier mitnahm. Der eine war ängstlich und getraute sich kaum,

mit diesen fremden Männern oder Frauen mitzugehen, der andere war mutig und voller Zuversicht.
Von Katharinas Eltern und ihren Geschwistern wusste keiner etwas.

Langsam kehrte in der Stadt ein wenig Ruhe ein. Die Flüchtlinge zeigten sich unendlich dankbar, dass ihnen so viel Glück zuteil wurde. Am Heiligen Sonntag stiftete eine Familie in der Frühe und am Mittag eine Predigt, deren Text direkt Bezug nahm auf die spektakulären Ereignisse, die hinter ihnen lagen. Alle fanden Trost in Gottes Wort, zeigten sich in tiefem Glauben, voller Demut, still und in sich gekehrt. An die, die lesen konnten, verschenkten die Bürger zahlreiche Bücher, sogar Märchen waren dabei. Viele von ihnen hatten jetzt erst Tränen für das Zurückliegende, als löse sich hier in der Barmherzigkeit der Bürger allmählich der Schock darüber, dass sie alles verloren hatten, was ihnen lieb war. Dass sie nie mehr zurückkehren konnten – für diesen Gedanken war jetzt gar kein Platz. Wie es wohl ihren Kindern erging? Der Schmerz darüber zerriss den Müttern und Vätern fast die Brust.
In den Quartieren hatte jeder bessere Kleidung bekommen. Die Fetzen, die manche auf dem Körper trugen, waren mehr als dürftig für frostige, bitterkalte Allgäuer Wintertage.

***

Am nächsten Tag, am Tag der Unschuldigen Kindlein, fanden sich alle zu einer abermaligen außerordentlichen Frühpredigt ein. Sie lauschten unter Tränen dem Vortrag des göttlichen Worts. Jakob Brucker, Pfarrer an der Dreifaltigkeitskirche, legte seiner Predigt einen Vers aus dem Matthäus Evangelium zugrunde, Kapitel 10, Vers 32: „Wer sich nun vor den Menschen zu mir bekennt, zu dem werde auch ich mich vor meinem Vater im Himmel bekennen."

Weil gar nicht alle in der Kirche Platz fanden, feierte man am Nachmittag noch einmal einen Gottesdienst. Für die Salzburger wurde in den Kirchenbecken Beisteuer und Zehrpfennig gesammelt. Man hatte den Eindruck, jeder wollte den anderen im Geben noch übertreffen. Nicht nur wohlhabende Kaufleute spendeten reichlich, sondern auch diejenigen, die selber nur Almosen empfingen, gaben noch von ihrem Wenigen etwas ab. Von allen Seiten schlug ihnen Mildtätigkeit und großes Wohlwollen entgegen. Dabei hatte man sie doch in ihrer Heimat anarchistischer Umtriebe bezichtigt und auch die Landesnachbarn gegen sie aufgehetzt. Dass es sich bei diesen Emigranten um unredliche Menschen handeln sollte, das fanden die Kaufbeurer völlig absurd, wenn nicht gar lächerlich.

Die Salzburger Emigranten waren völlig überwältigt von der erhabenen Schönheit dieser Kirche, der Himmel prachtvoll, hell und leuchtend. Tränen rannen ihnen übers Gesicht bei dem Gedanken, dass sie nicht mehr heimlich ihren Gott loben mussten! Ihre Augen blieben an den goldenen Stuckornamenten hängen, die um die Empore liefen. Neben dem Altar beeindruckten die Bilder der Apostel, in der Mitte des Kirchenschiffs stand das Kruzifix mit dem gekreuzigten Heiland. Johanna musste an den Christus denken, den ihr Balthasar geschnitzt hatte, und musste lächeln, weil ihr die Erinnerung ganz lebendig war, als ob ihr Balthasar neben ihr stünde. Vom Anblick der Schätze hier fühlte sie sich ganz benommen. Sie war überhaupt noch nie in einer Kirche gewesen. Gottes Wort im Wald oder hinter geschlossenen Türen, ständig der Willkür der kontrollierenden Soldaten ausgesetzt, die immer häufiger an die Türen pochten und sich auf keinen Kompromiss einließen, Angst und Schrecken verbreiteten. Nie hätte sie sich vorstellen können, ohne Zittern Gottes Wort zu hören, ohne Zittern die Bilder der Psalmen im Kopf zu haben.

Der gute Hirte, der die Schafe auf grüner Aue weidet und die Herde zum Wasser führt. Immer hatte sie unterwegs an diesen guten Hirten geglaubt.

Die Töne überschlugen sich förmlich, als der Kantor zur Ehre Gottes und zum Empfang, zum wahren Empfang der Salzburger voll in die Manuale griff. Wer genau hinhörte, erkannte, dass sich die Melodie ihres Liedes „Ein feste Burg" durch den ganzen Gottesdienst zog. „Ein feste Burg ist unser Gott", aber auch die Kirche und die Gemeinschaft und der Zusammenhalt, den sie spürten im Leid und in der Trauer, waren ihnen eine feste Burg.

Die Kirche war brechend voll. Auch, wenn sie größer gewesen wäre, hätte der Platz nicht ausgereicht, sich gemeinsam unter Gottes Wort zu stellen. Jeder wollte dabei sein. Es war ein mächtiges Jubilieren der Töne, die sich im Himmel trafen und auf die Gläubigen wieder herniederregneten.
Anschließend wurden alle mit Speis und Trank versorgt. Die Wirtshäuser waren voll, Bürger luden die Bürger in ihre Häuser, an ihren Tisch oder brachten gefüllte Schüsseln und Kannen zu den öffentlichen Plätzen, wo Flüchtlinge lagerten.

Die Kranken wurden im Kloster liebevoll versorgt. Schwester Crescentia erlahmte nicht in der Pflege der Hilfsbedürftigen, gönnte sich selber kaum Schlaf, ruhte sich nur dann aus, wenn Schwester Neth ihren Platz und ihre Aufgabe übernahm. Neben der Pflege bewies sie ein sicheres Gespür für Organisation und setzte sich tatkräftig dafür ein, dass diejenigen, die bleiben wollten, auch so lange bleiben durften, bis sie sich gestärkt hatten. Die Verantwortlichen konnte sie davon überzeugen, dass in der Stadt dringend gute Handwerker gebraucht wurden. Maurer und Zimmerleute, Tischler und Töpfer, Nagel- und Hufschmiede, Kürschner und Sattler, Seiler und Weber. Sie diskutierte mit den Stadtvätern und setzte ihre Meinung dagegen, wenn wieder einer davon sprach, dass diese Ketzer mit ihrer Gesinnung die Stadt verunreinigten. Ihr Wort hatte Kraft. Evangelische Bürger nahmen 63 Exulanten auf, die Arbeit als Dienstboten oder bei Handwerkern fanden.

Am 29. Dezember kam es seitens der katholischen Ratsherren abermals zu Beschwerden über den Aufenthalt der Salzburger. Sie wollten einfach nicht dulden, dass diese Leute noch länger in Kaufbeuren blieben. Bevor es auch hier zu brodeln anfing, wurde im Rathaus beschlossen, sie am Sonntag, den 30. Dezember, mit Empfehlungsschreiben versehen weiter zu schicken. Man teilte sie in drei Haufen, von welchen der erste nach Kempten, der zweite nach Memmingen und der dritte nach Augsburg ziehen sollte. Jakob Brucker hielt ihnen von der Kanzel herunter noch die Abschiedspredigt: „Wir haben getan, was unser kleiner und noch dazu mit fremden Glaubensbrüdern vermengter Ort imstande war. Jetzt rufe ich euch zu: Seid getreu bis in den Tod, so wird euch die Krone des Lebens gegeben werden. Betet für eure Feinde, dass Gott sie erleuchten möge und bekehren, dass sie friedlich und sanftmütig werden. Zeiget Geduld in williger Ertragung eures Ungemachs. So ziehet dann hin im Frieden und Namen des Herrn." Am Ende des Gottesdienstes stimmten die Salzburger von sich aus abermals das Lutherlied „Ein feste Burg ist unser Gott" an. Sie sangen es ohne Orgelbegleitung. Freude schwang dabei mit, wie die Gemeinde es noch nie zuvor erlebt hatte!

Dann entließ der Pfarrer sie mit Gottes Segen.

Am Kirchenportal überreichte man ihnen die gesamte Kollekte. 294 Gulden und 13 Kreuzer konnten verteilt werden, bevor sie diesen evangelischen Ort verließen. Als sie hinaustraten, stand da der Rat an der einen und die Geistlichkeit an der anderen Seite der Türe und ließ sie mit ihren aufrichtigen

Wünschen ziehen. Die Bevölkerung nahm großen Anteil an der Not dieser Vertriebenen. Auch wer nicht in der Kirche war, beteiligte sich an der Sammlung für die Flüchtlinge, erübrigte ein paar Münzen, Essen, Kleidung. Kinder, die sich von ihrem Steckenpferdchen, von ihrer Puppe trennten, kamen an der Hand ihrer Mütter, um das Spielzeug selbst zu verschenken. Ein schüchternes Lächeln war der Dank der Kinder, die traurig in der Menge mitzogen und die Welt nicht verstanden. Viele der Bürger, die ihnen Herberge gegeben hatten, begleiteten die Menschenmenge aus der Stadt, sangen sogar mit ihnen Weihnachtslieder und winkten ihnen noch lange hinterher. Katharina stand am Straßenrand, schüttelte ihren vorbeiziehenden Freunden die Hand: „Ich darf hier bleiben, ich darf hier bleiben!" Unfassbar war ihr die Gnade, dass sie schon jetzt einen neuen Brotherrn gefunden hatte. Das Wort „Heimat" zu denken – dafür war es ihr noch zu früh.

Bürgermeister Johann Jakob Wagenseil kümmerte sich in Kaufbeuren persönlich darum, dass alles ordnungsgemäß verlief. Dem Begleitcommissarius händigte er ein Empfehlungsschreiben an seinen Augsburger Amtsbruder aus, in dem er den Salzburgern große Disziplin, Dankbarkeit und friedvolles Wesen bescheinigte. Mehr konnte er kaum tun. Er musste alle seine Kraft zusammennehmen, buchstabengetreu seines Amtes zu walten, wenn er diese hilflosen Menschen anschaute, die samt und sonders einen erbärmlichen Eindruck auf ihn machten. Die drei Mädchen behielt er bei sich. So, wie ihn sein Weib angeschaut hatte, konnte er gar nicht anders. Die würden schon jeden Tag satt werden und in die Schule konnten sie dann auch und etwas Anständiges lernen. Dafür wollte er schon sorgen.

Den anderen drohten erneut Obdachlosigkeit und Hunger. Langsam verließ auch die Stärksten der Mut.

Vor dem Weitermarsch wurden sie in Gruppen aufgeteilt und den benachbarten drei evangelischen Reichsstädten Augsburg, Memmingen und Kempten avisiert. 326 Pongauer aus der Gegend von St. Johann versuchten ihr Glück in Memmingen, 152 aus Radstadt zogen nach Kempten und die übrigen aus Wagrain, St. Veit, Gastein und Saalfelden zogen mit besonderen Begleit-Deputierten weiter nach Augsburg.

Der Haufen, der Richtung Kempten zog, wurde von dem Pfleger zu Kemnath, Baron Freiberg, an der Grenze des Fürstentums Kempten, von welchem die Reichsstadt umschlossen war, zurückgewiesen. Vergebens zeigten sie ihre Reisepässe vor, vergebens berief man sich wieder und wieder auf den Westfälischen Frieden. Stattdessen gingen Bauern mit Mistgabeln und Dreschflegeln auf sie los. Sogar mit Hellebarden verwehrte man ihnen den Weg. Der Pfleger bezog sich auf einen Befehl des Fürstabtes, welcher aber wahrscheinlich davon nichts wusste. Die Obrigkeit von Kaufbeuren wollte nun die Salzburger in das ihr zugehörige Dorf Oberbeuren zurückbringen und dort im Wirtshaus übernachten lassen. Aber hier versammelten sich die katholischen Einwohner und protestierten, von ihrem Pfarrer angeführt, mit lautem Geschrei: „Die Herren zu Kaufbeuren haben uns gar nichts zu befehlen. Wir dürfen und können diese Leute nicht ins Dorf ziehen lassen."
Der ganze Weg war vergeblich, sie mussten wieder nach Kaufbeuren zurück. Dort konnten die meisten fürs Erste bei ihren bisherigen Quartierleuten bleiben. „Es wird sich schon eine Lösung finden!", hieß es von offizieller Seite.
In der Nacht hatte Johannes einen wirren Traum. Er ging jenseits des Regenbogens auf einer farbigen Straße, nur die Brücke über den Regenbogen war weiß, ganz weiß. Jenseits des Regenbogens war zuerst ein Wasserfall, dann hohe Wel-

len in einem großen Meer. Am Horizont stand jemand und winkte. Wenn er näher kam, ging der andere zurück, hörte aber nicht auf zu winken. „Ich weiß, du bist da", murmelte er im Halbschlaf so laut, dass der Mann daneben aufwachte: „Was erzählst du denn?", fragte er Johannes. „Was? Was hab ich erzählt?"
„Ja, geredet hast du. Hab es aber nicht recht verstanden. Hast wohl im Schlaf geredet. Komm, schlaf weiter." Kaum hatte sich der Mann weggedreht, hörte er schon wieder: „Wasser und ich weiß, du bist da jenseits des Regenbogens Freude und Farbe und du Welle des Lebens im stürmischen Wasser ..."
„Jetzt ist er übergeschnappt", dachte sich der Mann noch, bevor er endlich wieder einschlafen konnte.

***

Ein tiefblauer Himmel spannte sich über das Land. Keine einzige Wolke! Wo die Sonne hin schien, wärmte sie, als wäre es schon Frühling. Hier und da zogen Schleier von Nebel, mal wie ein wollener Schal, mal wie dünne Seide. Die kahlen Bäume, überzogen von filigranen, vereisten Nadeln, streckten ihr Skelett aus dünnen Ästen in die klare Winterluft. Auf der Wiese ein brillantes Glitzern und Flimmern in der Sonne. Wie hüpfende Pünktchen blinkten die Kristalle und es war, als läge dort ein funkelnder Sternenteppich.

Kaufbeuren war allen sehr ans Herz gewachsen. Die Salzburger waren der Bevölkerung ebenso ans Herz gewachsen. Auf beiden Seiten schlich sich eine tiefe Traurigkeit in die Herzen.
„Warst mir schon wie ein Eigener."
„Ich habe mich schon so eingewöhnt!" Hüben und drüben schwere Worte des Abschieds.
„Jetzt sind wir gerade erst angekommen und müssen schon wieder weiterziehen? Hier wissen wir doch, was wir haben,

und was wissen wir unterwegs? Gar nichts wissen wir. Sind wir denn Vagabunden? Oder Zigeuner?"

„Komm, beruhig dich! Musst doch auch die Leute verstehen, die ..."

„Verstehen die vielleicht uns immer? Schau sie dir doch an, die Leut'! Meinst du, die sind schon ein einziges Mal im Leben einen Tag um den anderen durch Nässe und Kälte gelaufen, ohne dass sie genug zu essen und zu trinken hatten und nichts Ordentliches zum Anziehen? Wie lang sind wir jetzt schon unterwegs, und jetzt sollen wir wieder aufbrechen ins Unbekannte? Kempten hat uns nicht gewollt. Sind wir nicht rechtschaffene Menschen?"

„Irgendwie hast ja recht. Aber Augsburg nimmt uns. Hat man uns nicht immer wieder gepredigt, dass wir in Augsburg mit Hilfe rechnen können?"

So flogen die Stimmen hin und her, bis man sich mit den Deputierten darauf einigte, dass sich die Gruppe wieder aufteilte. 170 Leute wollten gleich weiter hinein ins Württembergische, weil es ihnen schwer fiel, sich mit den Gegebenheiten und den ungewohnten Lebensumständen zu arrangieren. 120 konnten vorläufig in Kaufbeuren bleiben. Männer erhielten Arbeit als Handwerker, Frauen und junge Mädchen kamen in Stellung als Dienstboten, wohlhabende Bürger wollten Kinder aufnehmen und zur Schule schicken, dass sie etwas lernen konnten. Es herrschte immer noch Eiseskälte und heftiger Schneefall, so dass sich jeder glücklich schätzte, der sich nicht erneut auf den Weg machen musste. Bevor sie sich aufmachten, stieß noch eine neue Gruppe zu ihnen. Die hatten den Weg über Tirol genommen und schlossen sich ihnen jetzt an.

In Stadtnähe war die Wiese ohne Schnee und doch nicht grün, verfilztes altes Gras und Drecklachen. Zahllose Fußstapfen hatten im Boden Vertiefungen hinterlassen, die sich sofort mit schmutziger Brühe füllten. Wenn jemand nach unten schaute, rann ihm das Wasser von seiner Hutkrempe.

Auf freiem Feld verschlechterte sich das Wetter. Stangen von gestürzten Fichten, weite Felder, Wald, Wald, Wald. Kaum ein Durchkommen! Nebel hatte hinter den ehrwürdigen Riesentannen eine graue Wand aufgebaut. Wie die gezausten langen Haare eines alten Weibes hingen die erstarrten Schleier der Flechten von den Bäumen.
„Wer bist du? Sagst mir, wer du bist? Wenn ich schon nicht mehr weiß, wer ich selber bin, was ich denke, was ich träume? Sagst du mir, was du träumst? Man muss doch träumen. Man darf nicht aufhören zu träumen. ‚Wenn du fest genug träumst, dann geht es in Erfüllung', hat meine Mama immer gesagt, als ich noch klein war. Dann hab ich immer versucht zu träumen. Auch jetzt, nachts kann ich nicht mehr träumen, aber am Tag schon. Ich träume davon, dass die Bilder der Heimat nicht verblassen. Die Heimat hat man uns genommen, die Bilder werden in dieser Not immer blasser. Geht es dir auch so? Wenn du mich fragst, ich träume von den blühenden Apfelbäumen auf der Wiese hinterm Hof. Findest du nicht auch, wenn die zarten Schneebällchen auf den Zweigen sitzen, dann sieht es aus wie Apfelblüten. Weißt du noch, wie es bei uns ausgesehen hat, wenn die Bäume geblüht haben? Alles voller Bienensummen! Hättest du gedacht, dass wir die Apfelblüten bei uns daheim eines Tages nicht mehr sehen?" Dann ging der Mann wieder stumm seines Weges. Er sagte seinen Namen nicht und es war ihm auch nicht wichtig, wie der andere hieß, an den er hin geredet hatte.

***

Ein berittener Eilbote erreichte mit seiner Depesche am 30. Dezember die Fuggerstadt und übergab Bürgermeister

Morell die Nachricht, Salzburger Vertriebene seien auf dem Weg nach Augsburg, großteils zu Fuß, aber auch mit Pferd und Wagen. Der evangelische Geheime Rat traf sogleich die nötigen Anordnungen und beschloss, am Neujahrstag eine Geldsammlung in den Kirchen zu veranstalten. Außerdem wurde die Ankunft auch dem katholischen Stadtpfleger, Holzapfel von Herxheim, gemeldet, damit derselbe nebst dem evangelischen Stadtpfleger den Hauptleuten der Stadtgarde Befehl erteilen möchte, die Ankömmlinge ungehindert einzulassen. Man versicherte ihnen, dass sie auf Kosten der Evangelischen verpflegt und bei evangelischen Wirten beherbergt werden sollten. Holzapfel versammelte sogleich den katholischen Rat, welcher sich schnell darüber einig war, die Salzburger doch nicht in die Stadt zu lassen. Dieses wurde dem evangelischen Rat mit der Erklärung gemeldet, dass man erlauben wolle, sie draußen um die Stadtmauer herum unterzubringen. Da der evangelische Rat dieses als Eingriff in seine Rechte betrachtete, wurde eine Ratsversammlung von beiden Religionsverwandten gehalten. Man gab dem katholischen Teil zu bedenken, dass die Leute fürstliche Pässe hätten, durch Bayern ungehindert gereist wären, von Kaufbeuren, einer gleichfalls gemischten Stadt, herkämen, sich zur evangelischen Religion bekannten, von einer beschwerlichen Reise ermüdet wären, nach dem Worte Gottes großes Verlangen spürten. Umgekehrt würden sie ja auch nicht den Katholiken verwehren, in die Stadt zu ziehen, wenn da ein Haufen käme, der ohne eigene Schuld in Not gekommen sei. Aber so sehr man auch mit triftigen Argumenten aufwarten konnte, der katholische Rat wollte von seinem Beschlusse nicht abgehen. Selbst der kaiserliche Resident, Freiherr von Garben, der sich durch seinen Sekretär bei Holzapfel für die Fremdlinge verwendete, konnte nichts ausrichten. Da nun die Salzburger bereits im Anmarsch waren, musste man in aller Eile Vorbereitungen treffen, um sie schon vor den Stadttoren in Wirts- und Gartenhäusern, in Mühlen, Hammerwerken und Bleichen unterzubringen.

Morell war einer, der mit der linken Hand auf den Tisch hauen konnte und mit der rechten Hand vortrefflich die Feder führte. Seine Stadt lag ihm am Herzen, aber auch das schwere Los dieser armen vertriebenen Menschen. Er berief als Erstes eine außerordentliche Sitzung mit Paul von Stetten ein. Der war mit seinem gerade abgeschlossenen Jurastudium genau der richtige Mann für den reichsstädtischen Verwaltungsdienst und als Proviantmeister sah er mit seinen jugendlichen 26 Jahren in diesem Flüchtlingszug eine ideale Herausforderung, um sein Organisationstalent unter Beweis zu stellen. Auch vor seinen Stadträten schilderte er die prekäre Situation und entfachte tumultartige Diskussionen: „Diese protestantischen Anarchisten! Staatenlose! Sind wir denn eine Hilfsorganisation für Staatenlose, für Aufrührer, für illegale Oppositionsführer? Sollen wir auch noch die Feinde einer katholischen Staatslehre unterstützen? Wenn wir die jetzt reinlassen, das bringt doch nur Verstimmung und Unfrieden unter unserer Bevölkerung! In erster Linie sind wir doch für unsere eigene Bevölkerung verantwortlich. Diese Ketzer kann man doch nicht tolerieren! Um die Stadt herum kann man sie führen und Quartiere zuweisen. Das ist schon mehr als entgegenkommend, meint ihr nicht? Wo kommen wir denn da hin, wenn wir jeden in unsere Stadt lassen. Da setzt man sich Läuse in den Pelz, die man dann nicht mehr loswird."
„Die haben doch fürstliche Pässe, haben doch auch ungehindert durch Bayern reisen dürfen. Kaufbeuren ist doch auch eine gemischte Stadt, da hat es auch keine Probleme gegeben mit diesen braven Leuten. Schließlich sind die doch total erschöpft." Es nützte alles nichts, der katholische Rat wollte nicht nachgeben. Nicht einmal der kaiserliche Resident konnte etwas ausrichten. Morell hörte sich die Argumentation in

Ruhe an, ehe er seine Pläne offenlegte, die er in Absprache mit den Familien Schaur, Benz, Neuhofer getroffen hatte. Sie waren bereit, fürs Erste in ihren Gartenhäusern Flüchtlinge aufzunehmen und auch für die Verpflegung zu sorgen, bis andere Lösungen gefunden waren. Der Großteil der Vertriebenen sollte in der Nähe des evangelischen Friedhofs Quartier finden.

***

An einem trüben, regnerischen Tag waren die meisten Flüchtlinge auf dem Weg nach Augsburg. So schnell änderte sich in dieser Gegend das Wetter, unberechenbar, von einem Tag auf den anderen.
Haunstetten. Von einer Kirche tönten helle Glockenschläge herunter, dann einer ein wenig dunkler und matt, kaum hörbar. Vom Weg aus konnte man an den Giebeln und Hauswänden vorbei auf das Zifferblatt schauen. Da und dort huschte eine dunkle Gestalt über das Kopfsteinpflaster, ein Mann, eine Frau, vermummt, vielleicht unterwegs zu einem Gottesdienst oder zu Verwandten, zum Neujahrwünschen. Aus einem Fenster zog Küchendunst. Die Schnee-Inseln in den Höfen und am Straßenrand wurden kleiner. Schon waren sie wieder auf freiem Feld. Wehklagen; viele der Flüchtlinge trugen kaum mehr eine Spur von Lebenswillen in sich. Ihr körperlicher Verfall wurde immer dramatischer. Eine junge Frau verlud ihre beiden kleinen Kinder und ein paar Habseligkeiten auf einen Wagen, wo schon ein Ochsenjoch mit Stirnpolster, Krautfass und Krauthobel, Dreifuß und Pfannen gestapelt waren. Wenigstens die Kinder durften ein Stück mitfahren. Dann ging es auf den ausgetretenen und ausgefahrenen Spuren weiter. Verzweifelte Menschen kauerten am Wegrand. Mutlos.

Augsburg

An Silvester, nachmittags gegen vier Uhr, als es schon dunkel werden wollte, kamen Salzburger Emigranten mit ihrem evangelischen Marsch Commissar Georg Heinzelmann von Kaufbeuren über das Lechfeld, eine andere Gruppe kam von Landsberg her, ebenfalls begleitet von einem churbayerischen Commissarius. Sie alle standen am Silvesterabend vor den Toren der Stadt Augsburg. Sogar ein blinder Greis von 85 Jahren war unter ihnen.
Tatsächlich hatte man sofort die Stadttore geschlossen, als die Leute in Sichtweite waren. Mehrere hundert Schaulustige hatten es sich nicht nehmen lassen, sich aus nächster Nähe diesen erbärmlichen Haufen anzusehen. Bankinhaber, Fabrikbesitzer, Pfarrer und einfache Bürger – alle waren auf die Straße gelaufen, um diese Menschen zu begaffen. Was waren das doch für Jammergestalten! Viele der Städter weinten und streckten den Fremdlingen ihre Hände zur Begrüßung hin.
Am Anfang der Gruppe trabte munter eine hellgraue Eselin mit einem dunklen Aalstrich auf dem Rücken, rechts und links schaukelten Körbe mit Säuglingen. Sie schliefen.
Die Salzburger trugen zum Teil immer noch ihre Tracht mit den grünen spitzen Hüten und waren recht seltsam anzusehen. Sie sangen „Ein feste Burg ist unser Gott" und warteten geduldig, bis man sie um die Stadt herum, beim Oberen Gottesacker vorbei, zu einem evangelischen Quartier führte. Von evangelischen Metzgern und zahlreichen Wohltätern war Fleisch gestiftet worden. Vor die Tore brachten die Einheimischen Lebensmittel.

Morell hatte schon einige Jahre zuvor sein Organisationstalent unter Beweis gestellt, als er einen Aufstand der Schuhknechte vereitelte. Aber was er diesmal leistete, stellte alles Vorange-

gangene in den Schatten. Bis zur eigenen Erschöpfung war er Tag und Nacht im Sattel und ruhte nicht eher, bevor er alle Flüchtlinge, sechs, acht, zehn, fünfzehn Personen auf einmal, untergebracht und reichlich verpflegt hatte.
Im Bachwirtshaus war die stärkste Einquartierung. Hier im oberen Saal bekamen die Protestanten mittags und abends ihr Essen und Trinken. Die Kosten dafür teilten sich der evangelische Magistrat und die Kollektenkasse. Die Bevölkerung, ungeachtet der Religion, brachte alles, was sie übrig hatte.

Am Nachmittag des Neujahrstages hielt der Senior Urlsperger eine Predigt für die eine Hälfte der Exulanten, die man im Lazarett versammelt hatte. „Mit Hoffnung und Zuversicht gehen wir in das neue Jahr. Das soll das Ziel eures Weges sein: Hoffnung und Zuversicht!" Zu gleicher Zeit besorgte der Senior Weidner für die andere Hälfte den Gottesdienst in dem Schauerischen Garten und im Schießgraben, wo sich sonst die Handbogenschützen trafen, unter freiem Himmel. Auch aus der Stadt waren viele Zuhörer gekommen.
„Möge das neue Jahr Frieden bringen und Frieden bewahren, den äußeren und den inneren, möge der Weg unter einem guten Stern stehen, möge ER uns die Kraft geben, Negatives abzuwehren und Positives aufzunehmen und in unseren Herzen bei uns zu tragen, auf dass wir die Kraft haben, unseren Mitmenschen und den Unbilden des Alltags mit Gelassenheit zu begegnen. Im stillen Gebet gedenken wir derer, die wir zurücklassen mussten in der Heimat, die nicht vergessen sind, und wir wollen derer gedenken, die diesen Tag nicht erleben durften, die uns vorausgegangen sind zum Herrn, die bei uns in unseren Herzen eine Leere und große Traurigkeit hinterlassen haben." Philipp Steinbacher drehte sich kurz um und ließ ruhig seinen Blick ruhen auf all den Menschen, die er bis hierher geführt hatte. Anton Büchel stand ihm zur Seite, holte linkisch ein Blatt Papier aus der Stulpe seiner Uniform-

jacke und ging nach vorn, um die Namen derer zu verlesen, die nicht mehr unter ihnen weilten, denen es nicht vergönnt war, mit ihnen in das neue Jahr zu gehen:
Daniel Steinbacher, Lucia Hirschbühlerin, Maria Hofnerin, Mathias Peinsteiner, Regina Eisl, Peter und Karoline Ellmauer, Georg Leitner, Josefa Linortner, Peter Schüchlinger, Magdalena Stadlmann, Agathe Linsmayer, Christina Lintaler … 23 weitere Namen wurden verlesen, jeder hinterließ eine weinende Frau, eine schluchzende Tochter, einen verzweifelten Sohn, einen ergriffenen ernsten Mann.
Anton ließ zwischendurch seinen Blick über die Gemeinde schweifen. Als er Agnes entdeckte, lächelte er sie an, sie lächelte zurück, ganz frei, ganz offen. Diesen Blick barg er in seinem Herzen, als er sich wieder in die Bank drückte. Hier und da noch ein Schnäuzen, ein Räuspern, dann war es wieder gewohnt kirchenstill und Urlsperger konnte in seiner Ansprache fortfahren: „So wie wir gestern ein Jahr hinter uns lassen konnten, können wir heute kraftvoll einem neuen Jahr, einer neuen Zukunft entgegengehen. Wir wissen nicht, welches Ereignis Paul Gerhardt vor über hundert Jahren veranlasst hat, den Liedertext zu schreiben, den wir heute gemeinsam singen wollen:
‚Nun lasst uns geh'n und treten mit Singen und mit Beten zum Herrn, der unserm Leben bis hierher Kraft gegeben. Wir geh'n dahin und wandern von einem Jahr zum andern, wir leben und gedeihen vom Alten bis zum Neuen, durch so viel Angst und Plagen, durch Zittern und durch Zagen, durch Krieg und große Schrecken, die alle Welt bedecken.'
Ihr seid wahrlich von Angst und Schrecken bedeckt worden. Möge nun der Gang durch das Jammertal ein Ende haben. Dies schenke euch der dreieinige Gott, der Vater, der Sohn und der Heilige Geist. Amen." Die ganze Gemeinde zeigte sich sehr ergriffen. Nahezu mit der Hand spürbar war die Kraft, die von diesen Menschen ausging. Den Einheimischen

war es, als zeigten die Salzburger ihnen durch ihren tiefen Glauben den richtigen Weg.
Für Anton bedeutete dieser Gottesdienst etwas ganz Besonderes und dieses Beten und Singen war ihm fast wie eine Erlösung. Keiner achtete hier darauf, wer katholisch, wer evangelisch war, alle waren gleich. Vor ihrem Herrgott waren alle gleich. Agnes hatte ihn angelächelt. Er stand da vorn am Altar. Ganz vertraut waren ihm diese Aufgaben und diese Menschen. Agnes hatte ihn angelächelt. Egal, welche Gedanken er auch hegte, ihr Lächeln drängte sich immer wieder in den Vordergrund.
Ob es Agnes recht war, wenn er ihren Glauben annahm? Eines Tages?

***

An diesem Neujahrstag wurde den Augsburgern der Kirchgang zu etwas besonders Wichtigem. Gebefreudig öffneten sie ihre Geldbörsen. Jeder wollte etwas dazu beitragen, dass man den Leuten beistehen konnte. Das Ergebnis der Kollekte aller Kirchen belief sich auf 6000 fl. Sogar die Kinder des evangelischen Armenhauses kratzten ihr Scherflein zusammen und der einfache Bürger Georg Melchior Strely opferte seine gesamten Ersparnisse und spendete 2 fl.
Am 2. Januar wurden alle Ankömmlinge im Lazarett versammelt, damit sie eine Rede Urlspergers hören konnten. Er sprach über die Apostelgeschichte Kapitel 8, Verse 26 – 40. Kaum war ihr Hunger nach dem Worte Gottes zu stillen, so dass die Prediger auch an den folgenden Tagen diese Andachten fortsetzten.

***

Am 3. Januar wurden drei Salzburger Emigranten ins Sitzungszimmer des Rathauses zitiert und vom Bürgermeister genau befragt, wie es bei der Ausreise gewesen sei: Georg Forsttretter, 40 Jahre alt, Michel Käßwurm, 34 Jahre alt, und Georg Kleiner, 27 Jahre. „Jetzt erzählt der Wahrheit gemäß, was bei euch los war. Eben so, wie ihr es noch im Gedächtnis habt. Seid ihr ungehorsam gewesen? Habt ihr die katholische Geistlichkeit beschimpft? Was hat man euch denn überhaupt vorgeworfen?" Der Schreiber nahm ihre Aussage zu Protokoll: „Am Jakobitag 1731 sind wir noch alle in die katholische Kirche gegangen, haben alles mitgemacht wie immer, aber wir waren ja evangelisch, das haben die anderen ja gewusst. Drei Jahre zuvor war der Gruß aufgekommen und wer den nicht sprechen wollte, wurde ausgesondert. Am Tag der Heiligen Clara, vierzehn Tage vor Jakobi, sind wir dann befragt worden, ob wir katholisch, evangelisch oder reformiert sind, denn diese drei Glauben beschütze der Kaiser und 19 000 Seelen haben sich zur evangelischen Religion bekannt. Von der Kanzel herunter sind dann scharfe Reden gehalten worden und man hat uns verdammt. Ab Jakobi ist dann keiner mehr in die katholische Kirche gegangen. Bei den heimlichen Zusammenkünften hat man uns ständig bedroht, dass man in unsere Gruppe hineinschießen wird. ‚Wenn man Vögel fangen will, dann nimmt man keine Knüppel', haben sie uns angebrüllt. Wir sollen uns fertigmachen, innerhalb von vierzehn Tagen mit Sack und Pack ausziehen. Am Michaelistag sind dann die kaiserlichen Soldaten eingerückt in St. Johann, am 24. November mussten wir weg. Die Soldaten wurden haufenweise ausgeschickt und dann hat man uns nach St. Johann und Oberndorf zusammengebracht, ohne dass wir noch Frau und Kinder hätten benachrichtigen können. Dann hat man uns nach Salzburg geführt. Durch das ganze Salzburgische hatten wir nichts zu essen und zu trinken bekommen und mussten selber schauen, wie wir das aushalten und wie wir am Leben bleiben. Alles, was wir dabei hatten, war an der bayerischen Grenze schon aufgefuttert. Von Salzburg aus waren wir 800 Seelen stark."

„Aber die Soldaten haben ausgesagt, dass jeder von euch jeden Tag einen Kreuzer gekriegt hat?"

„Nein, das stimmt nicht", sagte Georg Forsttretter ganz ruhig, ganz sachlich, und kochte dabei fast über, als er hören musste, welche Unwahrheiten teilweise von den Begleitern verbreitet wurden.

Auch Michael Käßwurm gab bereitwillig Auskunft über den Ablauf des Marsches und beteuerte, dass er nichts dazu dichtete und nichts weglasse, sondern dass alles genau so war, wie er berichtete:

„Immer mehr Menschen wurden zusammengetrieben, Männer, Frauen, ein Weinen und Gezeter war's, weil die Kinder oftmals gar nichts davon wussten, wenn die Eltern mit Gewalt vom Hof geholt wurden. Weil die Eltern oft nicht gewusst haben, wo ihre Kinder sind. Dabei haben sie immer wieder geschrien: ,Wir können doch unsere Kinder nicht allein lassen. Lasst uns doch wenigstens noch da, bis die Kinder auch kommen.' Alle haben geweint und geschrien vor Seelenschmerz, auch die Katholischen, die es mit anschauen mussten." Die hohen Herren schüttelten fassungslos ihren Kopf, als sie das hörten, und schauten sich entgeistert an.

„Was hat man denen angetan! Was haben die Leute aushalten müssen!", murmelte einer vor sich hin, ehe der Bürgermeister mit seiner Befragung fortfuhr.

„Und unterwegs?"

„Es war genauso, wie der Georg gerade gesagt hat. 800 waren wir am Anfang. Auf Schiffe hat man uns verfrachtet. Alle haben furchtbare Angst gehabt, weil sie keinen Boden mehr unter den Füßen gespürt haben. Wollten schon gar nicht auf den Kahn, auf dem sonst nur Salz gefahren worden ist. So was hat ja noch gar keiner gesehen von uns. Ein paar Frauen sind ins Wasser gefallen, weil sie kein Vertrauen gehabt haben zu den Soldaten und zu den Männern, die uns ins Schiff gezogen haben. Die sind ins Wasser gefallen und

haben geschrien: ‚Lieber sterben wir im Wasser, als dass wir auf den Kahn steigen.' Aber das Wasser war eisigkalt und die wären ja erfroren, bevor sie ertrunken wären. Schöffleute auf dem Schiff haben den Frauen gerade noch das Ruder hinstrecken können zum Festhalten und Männer von uns haben mitgeholfen und am Ruder gezogen und an den Frauen gezogen, bis die wieder auf der Hallasche gelegen sind, und wir haben ihnen auf den Magen gedrückt, so lange, bis das Wasser heraußen war, und haben ihnen die nassen Sachen vom Leib gerissen und sie in Decken eingewickelt, bis sie endlich eingeschlafen sind. Gebibbert haben die Leute vor Todesangst und Gram und Kälte und gegenseitig gewärmt haben sie sich, weil sie ja ganz eng aufeinander gesessen sind. Ach, furchtbar war die Kälte, Schneetreiben, Regengüsse, Hunger, ein Elend, wie ihr euch das nicht vorstellen könnt." Sichtlich erregt fuhr sich Michael mit den gespreizten Fingern durch die Haare. Seine Augen wanderten ruhelos von einem zum anderen. Er biss sich auf die Lippen und schaute wie geistesabwesend aus dem Fenster.
„Schreiber, ein Glas Wasser für den Mann!"
„Geht schon wieder!" Michael atmete tief durch und fuhr in seiner Schilderung fort: „Bis Tittmoning hat man uns auf der Salzach gefahren. Und von da sind wir endlich nach Waichingen und Eisendorf gekommen und zur bayerischen Grenze geführt worden. Aber da hat uns ja auch keiner haben wollen, die haben ja gar nicht gewusst, was sie mit uns machen sollen. Einer von den Soldaten, der Anton Büchel, der hat sich wirklich um uns gekümmert. Ich kann gar nicht sagen, wie furchtbar das alles war. Brot haben wir nur bekommen, wenn wir es zahlen konnten, und viele haben doch gar kein Geld gehabt. Der Anton hat dann immer wieder verhandelt, als wir da in Teisendorf gewartet haben, dass man uns wenigstens was zum Essen gebracht hat. Achtzehn Tage lagen wir dort an der Grenze, weil man uns nicht durch

Bayern ziehen lassen wollte. Das wird doch alles aufgeschrieben? Achtzehn Tage! Von unserem Geld mussten wir Essen kaufen, nur notdürftige Unterkunft hat man uns zugeteilt. Überall hat es gezogen und den Schnee durch die Hütten geblasen. In Eisendorf, der Amtmann, der hat fünfzig von uns zu sich zitiert, von denen er geglaubt hat, dass sie noch Geld haben, und von jedem hat er einen halben Taler erpresst und dann hat er uns an die bayerisch-traunsteinische Obrigkeit ausgeliefert, da sind wir Kopf für Kopf aufgeschrieben worden. Den Unvermögenden hat der Gerichtsschreiber von Wagingen täglich sechs Kreuzer zur Zehrung gegeben und ein paar Kranke hat er auf Wägen mitfahren lassen. Die sind, haben sie uns erzählt, nach sechs Tagen an die schwäbische Grenze gekommen, wo sie die Begleiter einfach verlassen haben. Oft hat keiner von uns mehr gewusst, wie es eigentlich weitergeht. Aber weitergegangen ist es immer. Und kalt war es auch immer. Der Anton Büchel, der ist noch immer dabei, bei uns. Zuerst hat er gesagt, er will mitgehen bis zur Grenze, bis er weiß, dass es uns nicht mehr so schlecht geht. Er hat ordentlich seine Pflicht getan, er ist noch einer von denen, die nur das tun, was sie mit ihrem Gewissen vereinbaren können. Von Schongau sind wir dann nach Kaufbeuren geführt worden, wo man uns mit großer Liebe aufgenommen hat. Von Kaufbeuren sind wir dann nach Augsburg gekommen, den Rest wisst ihr selber besser." Mit hängenden Köpfen, hängenden Schultern standen sie da. Es war ihnen schwer gefallen, alles noch einmal zu erzählen, als würden sie es noch einmal erleben. Forsttretter, der älteste von ihnen, fügte kleinlaut an: „Mir fehlt die Heimat so, dass ich bald krank vor Sehnsucht werde."
„Es ist vorbei!"
„Was ich erlebt habe, ist niemals vorbei."

***

Am 5. Januar wurden die drei noch mal verhört. Georg Kleiner, der jüngste von ihnen, gab noch ergänzend zu Protokoll: „Das Einzige, wo wir ungehorsam waren, war der Befehl an Jakobi, dass wir uns nicht treffen dürfen, sondern in die katholische Kirche gehen müssen. Die meisten konnten ja nicht lesen und deswegen haben wir uns ja zusammengefunden, weil dann immer welche dabei waren, die lesen konnten. Oft waren es nicht weniger als vierzig Personen, die sich für Gottes Wort trafen. Vierzehn Tage vor unserer Vertreibung mussten wir noch die Steuern entrichten, die wurden rigoros eingefordert. Dabei haben die doch ganz bestimmt schon gewusst, dass sie uns zum Teufel schicken. Aber wir haben uns nicht widersetzt, mit den Herren Geistlichen haben wir nicht die geringsten Händel gehabt. Auch wenn die sich noch so angestrengt haben, die haben nichts gefunden, was sie uns hätten anhängen können, wir waren rechtschaffen und arbeitsam, man hat uns nicht irgendwas beschuldigt, sondern nur gesagt, wenn wir nicht den Glauben ihres Landesfürsten haben wollten, müssten wir aus dem Land. Man hat uns schlechtgemacht und uns Sachen angedichtet, die nicht wahr gewesen sind. Nicht alle, aber genug. Dann hat man uns auch noch Angst eingejagt, dass man uns auf dem Wasser in die Türkei bringt und man hat uns erzählt, dass man dort schon viele heimlich geköpft hat. Kein Wunder, dass alle so Angst g'habt haben, als man uns zu den Schiffen gebracht hat. Mit Gewalt mussten viele geschoben und gezogen werden. Der Rupertitag stellt die Schifffahrt ein, hat uns irgendeiner mal gesagt. Wie man uns aufs Schiff gebracht hat, war November und der Rupertitag schon fast zwei Monate vorbei. Normal wäre zu der Zeit keiner mehr auf ein Schiff gegangen. Seekrank hat man werden können, auf so einem Stocherkahn. Die Schöffleute haben ja gewusst, dass ihre Schiffe kaum einmal umkippen. Die haben kraftvoll ihre langen Holzstangen in den Flussboden gestoßen. Wir sind da gekauert. Eine von den Frauen, die in den Fluss gefallen sind, hat sich gar nicht mehr erholen können. Immer hat sie gehustet. Tagelang, auch in der Nacht, hat man ihr Husten gehört. Keiner hat ihr helfen können. Ich weiß gar nicht, ob ich das schon erzählt habe. In Kaufbeuren sind wir ja auch schon verhört worden. Also, von der Frau mit dem Husten habe ich gerade gesprochen. Wo wäre denn ein Doktor gewesen und wer hätte den bezahlen sollen. Heißes Wasser, da war man schon froh, wenn es das gegeben hat. Die ganze Nacht hat die Frau gehustet und dann hat sie nicht mehr gehustet. Da bin ich hin zu ihr und sie hat mich ganz zufrieden angeschaut und gesagt: ‚Den Tod fürchte ich nicht, ich fürchte nur den morgigen Tag.' Dann hat sie die Augen zu gemacht. Da habe ich gewusst, dass sie keine Angst mehr haben muss.

Wir haben alles hingenommen – und dafür unsere Heimat verloren. Heimat – die Landschaft, die Menschen, die Erinnerung an die Menschen, die zu uns gehört haben, an die Großmutter, die mittags auf mich gewartet hat, wenn ich ihr als Bub das Essen ins Austraghaus gebracht habe. Heimat, das Grab vom Ahn, den ich mit der Großmutter besucht hab, am Sonntag nach dem Kirchgang. Jetzt? Jetzt gehen wir irgendwohin, wo keiner auf uns wartet. Ich mag noch gar nicht daran denken."

Die Beamten schauten sehr betreten, obwohl das Ausmaß dieses Elends ihre Vorstellung weit überstieg. Vor ihnen standen gesunde, junge Männer. War es für die schon schlimm genug. An die vielen Frauen und die alten Leute mochten sie erst gar nicht denken, auch nicht an all die Toten, die den Weg nicht geschafft haben. Einige lagen darnieder mit Seitenstechen und Fieber, es ging ihnen aber, Gottlob, schon wieder besser. Schließlich konnte man doch keinen, der krank war, wieder auf den Weg schicken. Aber in der Stadt behalten, das stellte doch auch alle vor schier unlösbare Probleme.

***

Am nächsten Tag kamen schon wieder mehr als hundert Flüchtlinge in Augsburg an. Von Tirol her. Zwei kamen aus Kaufbeuren und gehörten eigentlich noch zur ersten Gruppe. Morell hatte sich schon bei Handwerkern und in verschiedenen Läden in der Stadt umgehört. Mit seinem Verhandlungsgeschick, aber letzten Endes auch mit seinem persönlichen Einsatz und seinem guten Zureden gelang es ihm hie und da, für zahlreiche Halbwüchsige Stellen als Lehrbuben zu finden und junge Frauen als Dienstboten bei verschiedenen Bürgern unterzubringen. Betagte Frauen und Männer wurden im Spital und Armenhaus aufgenommen und versorgt. Die übrigen 59 erhielten, solange sie bleiben konnten, täglich pia corpora mildtätige Gaben durch die Behörden, täglich zwölf Kreuzer, damit sie in Wirtshäusern verpflegt werden konnten. Aus Haussammlungen und privaten Spenden konnte den Salzburgern letztendlich ein Pro-Kopf-Reisegeld von einem Gulden ausgezahlt werden, als sie die Stadt verließen. Einige wurden am 8. Januar unter dem Geleit des Stadtadjuncten Josef Gabriel Kan und seinem Gefolge zur Reichsstadt Leutkirch transportiert. Auch ihnen wurde ein Zehrpfennig ausgeteilt. Wer in Augsburg blieb, wurde von den Herren Geistlichen täglich examiniert, auch in der evangelischen Religion wurden sie bis zum Tag ihres Abzugs unterrichtet und gestärkt. Wer lesen konnte, bekam Luthers Kleinen Katechismus.

***

Anton bewunderte diese Leute. Unglaublich, wie wichtig denen ihr Glauben war. Das hatte er in seiner eigenen Familie und auch in seinem Freundeskreis nie erlebt. Der Vater, die Brüder, die Bekannten – sie gingen in die Kirche, weil es eben so Brauch war, wenn am Sonntag die Arbeit ruhte. Gemeinsam ging man hin oder fuhr auch mit den Pferden. Nach dem Gottesdienst traf man sich auf dem Kirchplatz, besprach den zurückliegenden Markt und die Fleischpreise, die Wucherer, die Höker und Händler, mit denen man gut feilschen konnte, tauschte sich darüber aus, wer einen starken Hengst im Stall stehen hatte, wenn eine rossige Stute gedeckt werden sollte. Wer nach dem Kirchgang noch etwas vorhatte, ging heim, wer nichts vorhatte, ging ins Wirtshaus. So war es immer. Was er aber jetzt in den letzten Wochen bei diesen Protestanten erlebt hatte, das war so ganz anders. Auch die innere Ruhe und das Erdulden war ein anderes, das gemeinsame andächtige Beten und Singen. Er konnte sich für sich selbst gar nicht vorstellen, dass er in Sturm und Schnee hätte singen können, durchnässt und hungrig. Denen schien es das Wichtigste zu sein, fast so, als wäre dieses Singen ein Zaubermittel gegen die umgreifende Schwäche. Manche Lieder hatte er inzwischen schon so oft gehört, dass er sie beinahe hätte mitsingen können. Er wollte sie mitsingen, er wollte ihre Gebete mitbeten, er wollte lernen, so fest zu glauben wie diese Vertriebenen, er wollte einer von ihnen sein. Plötzlich war ihm das ganz klar. Er wollte da hingehen, wo die Agnes hinging, auch wenn sie das noch nicht wusste. Dass sie so stolz war, gefiel ihm, Stolz ohne falschen Hochmut. Er wollte in einem Glauben zu Hause sein, in dem er nicht, wie bei den Katholiken, auf Lehrsätze stieß, die er zunehmend anzweifelte oder zumindest hinterfragte, die ihm von klein auf als einzige Wahrheit hingestellt wurden. Die einzige Wahrheit, verkündet vom Papst – das konnte er einfach nicht weiterhin glauben.

Er reihte sich ein bei den Protestanten, die bei dem Diakon Hildebrand zu einer Bibelstunde zusammenkamen. Erstaunt drehten sich Männer und Frauen nach ihm um, als er sich wortlos einfach dazustellte. Ein flaues Gefühl im Magen verspürte er, als täte er etwas Unrechtes. Doch keiner von denen lehnte ihn ab, im Gegenteil. Männer klopften ihm auf den Rücken, einer drückte ihm sogar sein Gesangbuch in die

Hand, wohlwollend, zustimmend: „Da, du kannst mitlesen. Ich kenne ja die Lieder auswendig, nicht alle, aber viele." Anton vertiefte sich in die aufgeschlagene Seite und ertappte sich dabei, dass er zwar nicht laut, aber doch mit Bewegung der Lippen den Text aufnahm. Wie lange hatte er kein Gesangbuch mehr in der Hand gehabt. Der Lederdeckel fühlte sich gut an, mit der Daumenkuppe fuhr er über den Goldschnitt, der häufige Gebrauchsspuren aufwies.
Anton fühlte sich unsicher, er fühlte sich immer unsicher, wenn er, so wie jetzt, nicht seine Uniform trug, wenn er nicht das Sagen hatte. Nur eingestehen wollte er sich das nicht. Doch in diesem Moment gestand er sich das ein, machte nervös das Buch zu, dann wieder auf, wieder zu, bis er sich endlich dazu überwinden konnte, mit der Sprache herauszurücken: „Jetzt habe ich euch so lange begleitet, seid mir geworden wie Freunde und Brüder, wo wir waren, habt ihr mir eure Stärke vor Augen gehalten. Eure Lehre – sie muss etwas ganz Besonderes sein. Eure Lehre – die will ich auch annehmen." Die Gruppe zeigte berührtes Schweigen, angesichts dieser Meldung. Diakon Hildebrand fand als Erster seine Stimme wieder, freute sich über den neuen Jünger: „Willst bleiben zu unserer Bibelstunde? Kannst ja zuhören. Lernst gleich noch etwas dabei. Morgen lade ich dich dann nach der Morgenandacht ein zu einem Gespräch und wir können darüber reden, da kann ich dich examinieren. Musst nicht aufgeregt sein deswegen, ich frage dich und du gibst mir eine ehrliche Antwort." Anton war ganz erleichtert, dass sich alle so kameradschaftlich zeigten. Wie froh war er jetzt, dass er sich unterwegs nichts hatte zuschulden kommen lassen.

Nachts konnte er noch schlechter schlafen als sonst. Was ihm alles durch den Kopf ging! Albträume warfen ihn auf dem Bett hin und her: Da war eine große Menschenmenge unterwegs, dicht gedrängt schoben sie sich weiter, wie in einem Sog, wie ein schnell fließender Bach, Menschen gekleidet in Lumpen, in lumpigen Jacken, in lumpigen Hosen, mit schmutzigen Gesichtern, Angst geweiteten großen Augen. Mitten in der Menge ein hagerer Mann, auf dem Kopf eine Bischofsmütze, suchend, unruhig, voller drohendem Unheil. Er als Soldat, immer knapp dem Zugriff entwischt, überholte alte Weiber und Kinder, erreichte schließlich eine riesige Kutsche, in der alle saßen, die sich in Sicherheit gebracht hatten, vorne auf dem Kutschbock saß Agnes. Dicht gedrängt hatten sie nur noch auf ihn gewartet. Der Mob holte ihn ein, Agnes band ihm ein Kopftuch um, wollte sich verstecken, er setzte sich auf eine andere Bank, die kippte um – er erwachte, weil er von seinem Lager gerollt war.

Wann hatte er sich denn einmal einer Prüfung unterziehen müssen? Angst hatte er davor. Aber der Traum und die drohende Mitra in der Menge des Mobs, die steckten ihm noch sehr in den Knochen und bestärkten ihn in seiner Entscheidung. Nach der Morgenandacht wiederholte er noch einmal seinen tiefsten Wunsch: „Ich kann nicht länger als Katholik leben."
Die Prüfung zeigte dem Herrn Diakon, dass sich Anton Büchel tatsächlich viele Gedanken gemacht hatte, und er begann damit, diesen Salzburger einer eingehenden Befragung zu unterziehen:
„Warum habt ihr die Absicht, eure Religion zu ändern?"
„Wenn ich euch in eurem standhaften Glauben sehe, sagt mir mein Gewissen, dass ich in der katholischen Religion nicht selig werde."
„Was ist in deinem Glauben gegen euer Gewissen?"
„Ich sehe mehr und mehr, dass bei den Papisten vieles nur Blendwerk ist. Sie halten uns für dumm und erzählen uns viele Legenden. Das Messelesen zum Beispiel steht nicht in der Bibel, also ist die Messe nicht von Gott eingesetzt. Vor Gott sind Reiche und Arme in gleichem Ansehen. Die papistischen

Pfaffen lesen die Messe für Geld und nehmen von der Person einen halben Gulden. Diejenigen also, welche Vergebung und Ablass der Sünden haben wollen, müssen Geld opfern. Soll der Arme hingegen immer mit Sünde beladen bleiben?"
„Habt ihr denn die Bibel gelesen?"
Anton gab zu Protokoll, dass er sich unterwegs gut mit Philipp verstand. Auf seine Bitte hin habe er von dem zum Lesen eine Bibel überlassen bekommen. Ab und zu hätte er auch mit einem von denen gesprochen oder sich was erklären lassen, aber am meisten hätte er erfahren aus der lutherischen Bibel. Dabei hätte er dann festgestellt, dass die papistische Lehre mit dem, was Christus sagt, gar nicht übereinstimme.
Diakon Hildebrand war recht verblüfft über die sicher vorgetragenen Äußerungen und nickte zustimmend, ehe er in der Glaubensprüfung fortfuhr: „Was haltet ihr von der Anrufung der Heiligen und vom Fegefeuer?"
„Auch das steht nicht in der Bibel, das habe ich nirgends gefunden. Christus sagt: ‚Ich bin der Weg, die Wahrheit und das Leben. Niemand kommt zum Vater denn durch mich.' Warum brauchen wir dann die Heiligen? Das wird meiner Meinung nach einfach übertrieben. Und was das Fegefeuer betrifft? In der Bibel steht doch: ‚Christus ist der Hirte, wir sind seine Schafe.' Welcher Hirte tut seinen Schafen Leid an und welcher Hirte lässt zu, dass seinen Schafen Leid angetan wird. Christus will uns alle in seinem Schafstall haben. Wenn wir sterben, kommen wir zu ihm. Das Fegefeuer halte ich für eine Erfindung der Menschen."
Hildebrand empfand die Antworten dieses Mannes recht kühn und ehrlich. Beeindruckt davon, auf welch einfachen Nenner dieser Mann alles brachte, notierte er sich ein paar Wörter und fuhr dann mit der Befragung fort: „Was haltet ihr vom Papsttum?"
„Der Papst ist ein sündiger Mensch wie wir alle. Kann er denn Christi Statthalter sein? Ablass, Wallfahrten, alles bringt

brav Geld. Gottes Wort muss man aber nicht mit Geld erkaufen, das will Christus nicht haben. Dies alles ist mir während dieser weiten Reise klar geworden. Zurück komme ich nicht mehr und will ich auch nicht mehr. Vielleicht darf ich einmal eine evangelische Frau ehelichen und beschützen bis an ihr Ende." Er musste kräftig schlucken, bevor er weitersprach: „Ich habe das große Glück gehabt, aus freien Stücken zu dieser Einsicht zu kommen und mit den anderen in ein Land zu gelangen, wo Evangelische leben." Anton war selbst äußerst ergriffen – und auch froh, dass die Prüfung nun vorbei war.
Der Diakon ließ es bei diesen Fragen bewenden. Das Examen hatte ihn davon überzeugt, dass Anton Büchel es wirklich ernst nahm mit dem Übertritt. Jedenfalls bewies er mit seinen Ausführungen einen reifen Geist. Zum Abschluss sprachen sie gemeinsam laut das Vaterunser. Anton hatte lange nicht mehr so innig gebetet. Hernach empfing er das Heilige Abendmahl in beiderlei Gestalt.

Er dankte herzlich, dass er unter den evangelischen Christen aufgenommen wurde, und gab seinen Rosenkranz ab als sichtbares Zeichen dafür, dass er voll und ganz Protestant werden wollte. Hildebrand nahm den neuen Glaubensbruder in den Arm: „Ich wünsche dir, dass du weiter so stark in deinem Glauben bleibst, nicht dass es dir hernach leid tut."
Anton ging ganz zufrieden zurück zu seinen Kameraden, zu Philipp und allen, die sich um ihn scharten. Sie empfingen ihn voller Freude. Er war der gleiche wie vorher und doch ein anderer. Nachdem er alles erzählt hatte, nahm Philipp ihn so wie Diakon Hildebrand in den Arm: „Wo wir leben, sollst auch du leben. Unseren Trunk Wasser und unseren Bissen Brot wollen wir allzeit mit dir teilen."

***

„Hab gehört, du warst beim Pfarrer. Hat lang gedauert! Wollt dich nur fragen, ob du noch ein Brot übrig hast, weißt schon, so ein hartes, das im Mund weich wird. Nicht für mich, für ein hungriges Kind, möchte es dem kleinen Putzel zerkauen. Ja, warst ziemlich lang beim Pfarrer. War was? Was Schlimmes? Ist schon wieder einer gestorben? Muss er schon wieder eine Leichenrede halten? Ist das nicht schlimm? Zuerst die Qualen durch Winter und Kälte, dann sterben, wenn die Nachtigallen singen? Das finde ich das Schlimmste, sterben, wenn die Vögel singen, wenn man weiß, das hört man nie mehr. Sag, ist wieder einer gestorben?"
„Nein, gestorben ist keiner – geboren ist einer."
„Das kann nicht sein, das wüsste ich, hab ja oft geholfen."
„Mädchen oder Bub war's auch nicht, ein Mann war's, neu geboren fühlt er sich, Protestant ist er geworden, ein neues Leben hat er geschenkt bekommen. Anton heißt er!" Als er es so sagte, war es ihm ganz ernst, so wie er sich ausdrückte. Ja, als er darüber sprach, spürte er regelrecht dieses neue Leben, so wie er leben wollte, ohne Zwang, ohne Gewalt, keinem wollte er mehr Gewalt antun. „Protestantisch bin ich geworden. Für mich." Und etwas leiser setzte er dazu: „aber auch für dich. Jetzt bin ich einer von euch." Ihre Augen wurden ganz groß. Sie drückte ihm die Hand. Keinen Ton brachte sie heraus. Sie drückte ihm die Hand, wie wenn man jemandem zum Geburtstag gratulierte, und sagte nach einer Weile: „Darf ich meine Hand wieder haben?" Er hatte beim Blick in ihre Augen ganz vergessen, diese Hand wieder loszulassen. „Und – hast du von dem Brot noch etwas übrig?" Er hatte völlig vergessen, warum sie überhaupt zu ihm gekommen war.
Nach den Andachten verteilte man auch in der Stadt Geld und Bücher unter den Fremdlingen. Jeder der evangelischen Einwohner bemühte sich darum, einen Salzburger in sein Haus zu nehmen. Am 8. Januar hatte man schon 160 untergebracht. Das evangelische Armenhaus nahm 30 auf. Zur

Beherbergung und Verpflegung der Gäste hatte der evangelische Geheime Rat eine besondere Deputation ernannt und außerdem zwischen Augsburg, Memmingen und Kaufbeuren eine Zusammenkunft in Memmingen veranlasst, bei der sie sich miteinander beraten sollten, wie es in Zukunft mit der Beförderung der Ankömmlinge gehalten werden sollte.
Schon am 25. Januar kam ein anderer Zug von mehr als 500 Salzburgern über das Lechfeld. Keiner wusste davon. Obwohl ihre Pässe in Ordnung waren, ließ doch der katholische Bürgermeister die Tore schließen, als ob die Pest vor der Stadt stünde. Auch am folgenden Tag blieben die Tore verschlossen. Der katholische Bürgermeister hatte die Schlüssel in Verwahrung genommen. Weder die Leute vom Land, die Lebensmittel zum Markt bringen wollten, noch die Posten wurden eingelassen. Sogar der Arzt, welchen man zu Salzburgern gerufen hatte, konnte nur auf einem langen Umweg zu den Kranken kommen. Auf Ersuchen der Evangelischen und des kaiserlichen Statthalters wurden nachmittags drei Uhr drei Tore geöffnet, die man aber mit doppelter Wache besetzte. „Kein einziger, wirklich kein einziger von den Salzburgern wird eingelassen, habt ihr gehört?" In schärfstem Ton wurden die Wachen zu diesem Dienst vergattert. Wenn die einen nicht hineindurften, gingen eben die anderen hinaus! Darin sah die evangelische Bevölkerung keine allzu große Hürde. Sie nahm die Schwierigkeiten auf sich und ging vor die Tore, um die Flüchtlinge mit Speis und Trank zu versorgen. Die evangelischen Geistlichen gaben ihnen Trost mit Gottes Wort. Endlich machte der katholische Rat um des lieben Friedens Willen ein Zugeständnis und erlaubte, dass 300 unverheiratete Salzburger in Dienst genommen werden dürften. Auch für Kranke erließ er eine Sondergenehmigung. Alle anderen mussten weiterziehen.
Der Bischof zu Augsburg billigte diese Genehmigung und setzte sich sogar dafür ein, dass die Salzburger Flüchtlinge un-

terstützt wurden, wo dies möglich war. Dass sich der katholische Rat derartig gegen die Emigranten benommen hatte, fand bei ihm große Missbilligung.

***

Für die Abreise der Salzburger war der 30. Januar 1732 bestimmt. An diesem Tag versammelte man alle schon am Morgen im Schießgraben. Diakon Hildebrand hielt auf dem dortigen Tanzplatz von 8 bis 9 Uhr eine Predigt. Später erschienen die beiden Senioren und noch weitere Geistliche, welche unter freiem Himmel den Fortziehenden Abschiedsreden hielten und ihnen ihren Segen mit auf den Weg gaben.
Ihr verantwortlicher Begleiter teilte sie auf in sechs Gruppen. Um halb zwölf Uhr zogen sie ab und schlugen, begleitet von Augsburger Commissaren, den Weg Richtung Donauwörth ein. Jetzt wurden alle Tore wieder geöffnet und die Bürger führten diejenigen in die Stadt, die in ihren Diensten bleiben sollten. Im großen Durcheinander achteten berittene Soldaten strikt darauf, dass die Abmachungen eingehalten wurden und wirklich nicht mehr als 300 in ihrer Stadt blieben.
„Wer gegen diese Anordnung verstößt, wird mit Gefängnis bestraft oder mit Geldstrafen belegt", wurde überall öffentlich verkündet. Schließlich war es untragbar, wenn die ihnen noch die Arbeit wegnahmen! Wenn sich abermals unangekündigt Salzburger näherten, sollte man sie an der Augsburger Grenze sofort abweisen, notfalls mit Gewalt zurückjagen. Gegen dieses Verfahren des katholischen Rates reichte man eine ausführliche Beschwerdeschrift bei dem deutschen Kaiser ein, bat um freien Durchzug durch das Augsburger Gebiet und einige Rasttage in der Umgebung der Stadt – vergeblich.

***

300 Unverheiratete durften bleiben, hatte es geheißen. Dieses Urteil kam ihnen gar nicht so ungelegen. Zahlreiche Emigranten waren sich in der Heimat lang schon versprochen. Bischof Firmian hatte es nicht zugelassen, dass noch evangelische Paare getraut wurden. So hatten sie ohne Segen Tisch und Lager teilen müssen. Für die Frau war es gerade so, als wäre sie nur ein Kebsweib. Ihren Kindern wurde das Sakrament der Taufe verweigert, so dass sie als Kegel ohne Rechte bleiben mussten. Jetzt war in Augsburg wenigstens bei denen, die bleiben durften, endlich Gelegenheit, ihrer Verbindung Gottes Segen zu geben. Christian Reinpacher, der älteste unter ihnen, fasste sich ein Herz und trug ihr Anliegen zum Bürgermeister und zu den Pfarrern. „Wir möchten getraut werden." Er schaute über die Schulter, wo seine Anna stand. „Wir möchten ein rechtmäßig getrautes Paar sein. Und mit uns noch über zwanzig andere Paare, die sich das sehnlich wünschen." Bürgermeister und Pfarrer gaben nach Beratung ihre uneingeschränkte Zustimmung. Die Nachricht ging wie ein Lauffeuer durch die Straßen und jeder wollte dazu beitragen, dass diese Trauungen das größte und schönste Ereignis in der Stadt wurden.

Der Termin wurde so gelegt, dass für die Vorbereitungen noch fünf Tage blieben. Die Schneiderinnen legten den ganzen Stolz der Zunft in das Nähen der Hochzeitskleider. Niemandem fiel es auf, dass die eine oder andere Häkelspitze ursprünglich für einen Vorhang bestimmt war. Aus bestickten Deckchen wurden Ärmel und Einsätze gefertigt, aus weißer Bettwäsche entstanden Faltenröcke. Ein altes Weiblein öffnete ihre Aussteuerlade und entnahm der Kiste mit verklärtem Blick ihr Hochzeitskleid. „Mei Alfons, der isch ja scho lang unterm Bode. D' Braut, die muéss doch weiß sei!" Dann strich sie noch einmal über den feinen Stoff und gab das Kleid einer jungen Frau namens Gertraud.
„Vergelt's Gott." Mehr brachte die nicht heraus.

Das richtige Gewand für den Bräutigam war schnell zusammengestellt. Ein weißes Hemd mit einem hübschen gefältelten Chemisette, darüber ein gestrickter Kittel oder ein Lodenjanker, dazu eine schwarze Bundhose.
„Deine Haare müssen wir noch schneiden und der Bart steht dir vom Gesicht wie Kraut und Rüben. Das geht doch nicht." Ob er wollte oder nicht, er kam unters Messer, bis die umstehenden Gaffer sagten: „Du liebe Zeit. Wer kommt da denn zum Vorschein." Wirklich, Mathias erkannte sich selbst kaum wieder.

In einigen Gärten hatte der Schnee bereits die Christrosen freigegeben und viele Familien hatten am 4. Dezember Barbarazweige in die Vase gestellt, die jetzt etwas verspätet blühten. Tannenzweige mit Apfelblüten oder Tannenzweige mit Christrosen, dazu ein paar Ranken Efeu. Schönere Brautsträuße hatte es nie zuvor gegeben.

Angeführt von Bürgermeister Morell, hoch zu Ross in Staatsrobe, gefolgt von berittenen Soldaten und einem Spielmannszug, hinter dem die Pfarrer in Talar und Bäffchen schritten, rollten vierzehn Kutschen durch die Annastraße direkt auf die Kirche St. Anna zu. Rote Federwische schmückten die Kopfstücke der Pferde, die Messingbeschläge und Glöckchen am Geschirr spiegelten und blitzten nur so. Hufgetrappel vermischte sich mit Trommelwirbel und Paukenschlägen. Jeder, der zwei einigermaßen gesunde Beine hatte, ging fröhlich hinter den geschmückten Karossen her.
Bürgermeister Morell – unglaublich, was sie ihm zu verdanken hatten. Mathias musste beim Namen Morell immer an die Schattenmorellen denken, die am Spalierbaum daheim heranreiften. Durch seine Gedankenspielerei fand er zum Namen Morell auch noch das Gegenstück Sonnenmorellen und musste darüber selbst schmunzeln.

***

Mit Ausnahme von Weihnachten und Karfreitag war die Kirche noch nie so voll besetzt gewesen wie zu dieser Hochzeit. Trotz der niederen Temperaturen musste das Kirchenportal offen bleiben. Auf dem Vorplatz drängten sich die Menschen, die bei diesem Jahrhundertereignis wenigstens in der Nähe sein wollten. Nicht einmal die ältesten Bürger konnten sich erinnern, dass es einmal etwas Großartigeres gegeben hatte.

Diakon Hildebrand hielt vor einer ergriffenen Gemeinde die Predigt. Mit ernsten, warmherzigen Worten richtete er an sie die Rede: „Indem wir euch ansehen, fallen uns die Worte Labans ein, des Bruders der Rebekka, der zu Eleasar, dem Knecht Abrahams, spricht: ‚Komm herein, du Gesegneter des Herrn! Warum stehst du draußen?' Weil aber eure Brüder aus Salzburg außerhalb unserer Mauern und Gotteshäuser stehen mussten, so sind wir doch mit viel Freudigkeit zu ihnen hinausgegangen, um mit ihnen aus der Schrift von Jesus zu berichten, der da ist der Weg, die Wahrheit und das Leben." Er ließ seinen Blick auf den Brautpaaren ruhen, ehe er fortfuhr: „Wohl kann es kein Zufall sein, dass wir uns aus gegebenem Anlass hier in der St.-Anna-Kirche versammelt haben, hier, wo Martin Luther im Oktober 1518 nach dem Reichstag zu Augsburg dem römischen Kardinal Thomas Cajetan zu seinen Thesen Rede und Antwort stehen musste. Luther wohnte damals hier im Kloster der Kirche. Wie wir alle wissen, verweigerte er den Widerruf seiner Thesen und floh bei Nacht aus Augsburg, um nicht von kaiserlichen Soldaten festgenommen zu werden. Euch hat das gleiche Schicksal ereilt. Nicht freiwillig habt ihr eure Heimat verlassen, sondern mit Gewalt hat man euch von eurem Hof gezerrt. Gewaltsam wurdet ihr euren Wurzeln entrissen. Luther gab euch Kraft, als ihr um eures Glaubens Willen Haus und Hof verlassen musstet. Nun kniet ihr vor mir, dass ich beenden darf, was ihr in eurer Heimat bereits begonnen habt, dass

ich erfüllen darf, was euch dort verwehrt geblieben ist." Lautes Schnäuzen in den Kirchenbänken, leises Füßescharren, Räuspern – dann wieder Stille. Die sonore Stimme des Pastors klang bewegt, als er in seiner Rede fortfuhr: „Nie gab es bei uns eine Feier, die mit dem heutigen Fest zu vergleichen ist und ich bin sicher, dass es auch fürderhin hier nichts Vergleichbares geben wird. Das Portal ist weit geöffnet, Freunde aus der alten Heimat, neue Freunde aus der hiesigen Bevölkerung haben ausgeharrt, um Zeuge dieser Vermählung zu werden, um mit euch die große Freude zu teilen. Wahrlich eine ungewöhnliche Hochzeit, zu der ich euch etwas mitgebracht habe." Er hielt kleine Zweige hoch, die mit einer Schnur zusammengehalten waren. „Seht her, dieses Bündel, das seid ihr! Und die Schnur, das ist die göttliche Macht, das ist die Macht, die die Welt, die euch zusammenhält. Vereint seid ihr stark und keiner wird euch brechen können. Das möchte der Prediger Salomo euch mit auf den Weg geben, wenn er sagt: ‚So ist's besser zu zweien als allein; denn sie haben guten Lohn für ihre Mühe. Fällt einer von ihnen, so hilft ihm sein Gesell auf. Einer mag überwältigt werden, aber zwei können widerstehen, und eine dreifache Schnur reißt nicht leicht entzwei. Und so frage ich dich, Gertraud, willst du Mathias ehelichen und ihm ein treues Weib sein, in guten wie in bösen Zeiten, bis dass der Tod euch scheidet?" Gertraud schluckte kräftig, Tränen liefen ihr übers Gesicht. Tränen über das verlassene Tal, Tränen über die zurückgelassene Mutter. Sie wischte mit den Fingern über ihre Wange. Die Zuversicht, endlich wieder Fuß zu fassen und eine neue Heimat zu finden, mit Mathias an ihrer Seite, das schenkte ihr ein Herz voller Freude und gab ihr eine starke Stimme, als sie antwortete: „Ja, mit Gottes Hilfe."
„Und ich frage dich, Mathias, willst du Gertraud ehelichen und ihr treu zur Seite stehen, in guten wie in bösen Zeiten, bis dass der Tod euch scheidet?"

„Ja, mit Gottes Hilfe." Seine Stimme klang so klar und stark, aufrecht und ehrlich, wie er war.
„Euch segne Vater und der Sohn, Euch segne Gott der Heil'ge Geist, dem alle Welt die Ehre tut, für ihn sich fürchtet allermeist. Und sprecht von Herzen, Amen.
Dies Amen aber wollen wir versiegeln mit einem glaubensvollen Vaterunser, und beten,
wie uns Christus gelehret hat. Vater unser ..."

Der alten Bucheggerin war es, als würde in diesen Minuten ihr ganzes Leben an ihr vorbeiziehen. Ihr eigener Hochzeitsbecher fiel ihr ein. Aus Porzellan, weiß, mit Goldrand und goldenen Ranken von den Weinreben, die ineinander verschlungen waren. „Dem lieben Brautpaar" stand da in Schnörkelschrift. Nie hätte jemand aus dem Becher getrunken, gar nie, der stand nur da, fast zu schade zum Anschauen. In der Stube im Eck stand das Spinnrad mit dem Spinnrocken. Draußen im Flur lehnte der Fellsack, den der Mann schulterte, wenn er in den Wald ging. Von der katholischen Schwiegermutter war in der Stube der Herrgottswinkel, geschmückt mit getrockneten Blumenbüscheln und Andachtsbildern. Ach, wie schön war's, wenn im Winter der Kachelofen bullerte und man saß um den dicken Eichentisch und schöpfte die warme Suppe aus der Holzschüssel. Der Kleine saß auf dem Schaukelpferd, das ihm der Vater geschnitzt hatte. Kein Schaukelpferd war so lustig anzusehen wie dieses. Im Schlafzimmer der bemalte Schrank, die Kommode, eine Gebetbank vor dem kleinen Hausaltar, neben dem Himmelbett die Wiege mit dem blaukarierten Bettzeug. Alle waren wie kleine Engel drin gelegen in der Wiege, keiner wurde älter als ein Jahr. Das Taufzeug aus Tüll, die Mützchen, über Generationen vererbt, gestrickt aus dünnem Faden, und mit jeder Masche war Glaube, Liebe und Hoffnung mitgegeben auf die Lebensreise. Der Schrank gefüllt mit Leinen, das die Mutter selber angebaut, gebrochen, versponnen und zu Laken

verwebt hatte. Alles hatte sie zurücklassen müssen. Die Schränke mit Wäsche, die lieben Nachbarn – und die Gräber. Aber die Erinnerung, die war ihr geblieben, die konnte ihr keiner nehmen. Da vorn standen wieder Paare, die zusammenhielten und miteinander zuversichtlich in die Zukunft gingen, in ein neues gemeinsames Leben. Zu zweit war man doch mehr als doppelt so stark. Die Liebe schenkte Flügel, Zukunftspläne die nötige Kraft, Visionen zu verwirklichen.
Der Klang der Orgel holte die Bucheggerin wieder zurück in die Kirchenbank.

Die Gemeinde muckste sich nicht, als der Kantor in die Tasten griff und ein wahres Bukett der Freude erschallen ließ. Fremde Menschen fassten sich ergriffen an den Händen, als die glücklichen Paare hinter den Pastoren aus der Kirche zogen.
Nach dem Zeremoniell gingen Brautpaare und Gäste zum Schaurischen Gartenhaus, wo die Tafel reich gedeckt war mit erlesenen Speisen. Teller und Besteck auf dem Tischtuch aus Leinen, Terrinen mit dampfender Suppe, mit Kartoffeln und Gemüse, Platten mit Schweinebraten, Ochsenfleisch und Wildbret, Krüge mit Bier, Karaffen mit Saft und Wein. Die wohlhabenden Patrizierfamilien hatten alles zusammengetragen, was zu einem solchen Fest gehörte und für alle Anwesenden war es wie ein Märchen. Die Brautpaare und alle anwesenden Gäste konnten für ein paar Stunden vergessen, was sie durchmachen mussten, und sie dachten jetzt auch nicht darüber nach, was sie noch alles erwartete.
Auch Musik durfte nicht fehlen. Viola da gamba, Laute, Flöte, Pfeife und Cembalo. Alles klang fremd für die Angekommenen. Aber schön, wunderschön, zum Weinen schön, und die Musik öffnete die Türe zur Seele.

Georg Kleiner schaute wie gebannt auf die junge Frau, die dort am Cembalo saß. Zierlich und zerbrechlich wie Porzellan wirkte sie, nicht plump und derb wie die Bauernmädchen, die er bisher gesehen hatte. Ihr Kleid, ein Hauch von Tüll und Seide, nahm ihm fast den Atem. Auf dem bodenlangen Rock blühten rosarote Rosen, wie im Park frisch gepflückt. Die Ärmel aus Spitze waren am Handgelenk so weit wie Trompeten und wenn sie beim Spielen zurückfielen, zeigten sie ihre makellose Haut. Seine Gedanken waren ihr viel näher, als sie hätten sein dürfen, und er fürchtete, sein Herzschlag würde durch den Raum klopfen, dass es alle hören konnten. Schüchtern schaute er sich die Gesichter der Gastgeber und seiner eigenen Leute an, nein, keiner hörte, wie sein Blut an den Schläfen kochte und pochte. Er gab sich den Träumen hin, in denen er diesem bezaubernden Geschöpf sich und sein ganzes Herz vor die Füße legte. Er träumte sich zu ihr, ganz nah. Einmal ihre Haut berühren, ihr Haar streicheln, das in blonden Locken ihren Nacken umspielte und auf die Schultern fiel. Über einem Stuhl hing ihr weißes Pelzjäckchen, duftig zart wie Pusteblumen. Ach, wie sie da saß, hingegeben an die Musik, versunken in eine Melodie, die ihresgleichen suchte in Anmut und Reiz, Rätsel und Auflösung. Wo gingen die Töne hin? Wo blieben sie? Die Musik war voller Farbe, die man hören konnte. Liebe und Seele. Er hatte plötzlich das Gefühl, dass seine Seele lebendig wurde, zum ersten Mal in seinem Leben. Freude schwang mit, helle Frühlingswiesen, voller Sonne. Je länger er auf ihre fliegenden Finger schaute, desto mehr verwischte sich das Bild des Cembalos, und er sah in ihren beiden Händen dieses Mädchen und sich selbst, wie sie auseinandergingen und zusammenkamen, leicht und schwermütig, kräftig, schwach, eifrig, besonnen, groß, klein. Insgeheim verneigte er sich vor ihrer Kunst, wie sie dieses tote Holz zum Klingen brachte. Fast wurde er traurig, als sie so spielte, als ob ihr, als ob ihnen beiden wenig Zeit bliebe. Geradlinig und wieder verspielt waren die Tonfolgen, das Ende strebte einem Neuanfang entgegen. Ihm waren ihre beiden

Hände Symbol für Leben, gestern noch dumpf, heute mit einem Mal hell und klar vorgezeichnet. Als spiegele die Musik sein Leben, zuerst heftig, dann zurückhaltend, Freude und Trauer, Gewitter und blauer Himmel, Töne wie Perlen, die über das Parkett springen, auseinander und wieder zusammenfindend. Er schloss die Augen und ließ die Melodie in seine Seele fließen. Geballte Faust und streichelnde Finger. Er träumte und alles lief ihm im Kopf durcheinander: Kampf und Frieden, Kampf und Hoffnung, Abschied und Wiederkehr, Abschied und dableiben, Abschied und da sein, Heimat und fremdes Land, der Tanz in der Wiese, Gram und Elend in seiner Brust, Frohsinn und Wehmut, heiter beschwingt, verzagt und in sich gekehrt, der seidene Faden, aus dem ihr Kleid gewebt war, und der grobe Kälberstrick vor seinem Karren. Wenn sie die Tasten berührte, meinte er, ihr Streicheln auf seiner Haut zu spüren. Wenn sie in die Gesellschaft lächelte, bildete er sich ein, dieses seelenvolle Strahlen gelte nur ihm, ihm allein. Eine angenehme Erregung nahm von ihm Besitz. „Bilder ohne Worte. Jenseits des Regenbogens." Es überschauerte ihn, als seine Herzensprinzessin das nächste Stück ansagte. Der Regenbogen. Wie oft hatte er sich Gedanken gemacht, was dahinter sein mochte. Wie weit er auch lief, immer war der Regenbogen in der gleichen Entfernung geblieben. Und jetzt: jenseits des Regenbogens. Sie würde es ihm sagen, mit ihrer Musik. Er sprach mit ihr: „Ich gehe in Gedanken auf dieser farbigen Straße und weiß, egal wo ich gehe, du bist da, in deiner Musik ist jenseits des Regenbogens ein Wasserfall und ich weiß, du bist da, jenseits des Regenbogens ist ein unendliches Wasser und ich weiß, du bist da. Jenseits des Regenbogens sind Freude und Farbe und du – und Perlen, Perlen des Lebens in perlendem Wasser. Ihr Spiel, als würde sich die eine Hand mit der anderen unterhalten, bis sich beide fanden in Zärtlichkeiten – mit ihr." So sehr war er entrückt, dass er die Melodie vernahm wie durch einen Schleier. Jeder Ton, jede Tonfolge, jeder Dreiklang, jeder Akkord rieselte ihm über den Rücken, wühlte sein Innerstes auf, klang ihm nach Willkommen, dann wieder nach Abschied und Tod. So traurig! Nein, er wollte nicht an Abschied denken, jetzt wo die Wände, wo das ganze Haus schier zum Bersten voll von Tönen war. So fremd war ihm dieses Land mit seiner Kultur, hatte er doch bisher geglaubt, dass er die warme Heimat eingetauscht hatte gegen kalte Fremde. Oder doch gegen warme Fremde? Eine unbeschreibliche Faszination ging von diesem Mädchen aus und er kam sich in ihrer Nähe, unter ihren Augen vor wie ein Gelähmter, der wochenlang hilflos am Boden lag und jetzt mit letzter Kraft in den Sonnenschein kroch.

Neben sie trat ein junger Mann, mit einer Violine, die all die Traurigkeit über das zurückgelassene Leben wiedergab. Die Finger tanzten beim Pizzikato über die gespannten Saiten, der Bogen strich voller Wehmut und machte die ganze Stimmung dieses einen Augenblicks hörbar, gezupfte Töne tanzten in den Raum. Der Geiger, wie er da stand, den Kopf warf, Hohlkreuz, nach hinten gebogen, wie leicht die rechte Hand den Bogen über die Saiten führte. Während das Mädchen am Cembalo ein paar Takte allein spielte, nahm der Geiger sein Instrument liebevoll in den Arm, so wie man ein Kind in den Arm nimmt, und mit geschlossenen Augen folgte er der Melodie, in die er wieder einfiel, die aus seinem Herzen kam und in die Freiheit hinaus klang. Bei jedem Auftakt balancierte er fast auf den Zehenspitzen und stand erst beim Schlussakkord wieder auf den Füßen und lächelte. Er warf einen Blick aus dem Fenster. Graue Wolken mit weißen Fahnen zogen vorbei. Im kahlen Pflaumenbaum saß eine Blaumeise. Der Geiger, ganz bei sich selbst, das Lied Freude und Traurigsein in einem einzigen Bogenstrich. Geige und Cembalo. Fremd waren die Töne für das ungebildete Bauernvolk, fremd, aber schön.

Die Gastgeber meinten es gut, boten auf, was möglich war, wollten diesen Familien die Traurigkeit austreiben, die diese Menschen in ihren Augen hatten, auch wenn sie lachten. Doch alle spürten langsam diese Seligkeit darüber, dass ihnen ihr größter Wunsch erfüllt war: Sie waren aufgenommen in dieser evangelischen Kirchengemeinde, die Bevölkerung war gut zu ihnen. An diesem Freudentag wollten sie einmal nicht an die verlorene Heimat denken, nicht an die zurückgelassenen Kinder, nicht an das zurückgelassene Leben. So sehr sie sich bemühten, es wollte doch nicht ganz gelingen.

„Ein Menuett!" Die Paare stellten sich gegenüber auf, bewegten sich im Rhythmus der Musik, die Männer verbeugten sich, reichten der Dame die Hand, sie drehten sich zusammen einmal im Kreis, ehe sie sich von der Dame wieder mit einer tiefen Verbeugung verabschiedeten und sich rückwärts auf ihrem Platz einreihten. Die Reihe der Damen machte einen Schritt nach rechts, wechselte auf diese Weise den Tanzpartner. Die Salzburger Gesellschaft unbedarft, grobschlächtig. Wie hätten sie mit ihren derben Schuhen, mit ihren ungelenken Bewegungen derartig tanzen können. Aber zum Anschauen war es amüsant, sie gaben sich redliche Mühe.

Georg Kleiner hatte nur einen Blick für dieses wunderschöne Mädchen am Cembalo, ließ sich von ihrer Musik emportragen zum Himmel, in die Freiheit, nach der er sich sehnte. Diese Schönheit! In dem Moment drehte sie den Kopf in seine Richtung, ihre Augen trafen sich und für den Bruchteil eines Wimpernschlags versank er in diesem blauen See. Nur sie und er. In seinen Ohren rauschte es wie ein Bergbach nach der Schneeschmelze, sein Herz raste, als wäre er gerade über einen Berg gerannt, um noch vor dem Nachtwerden das vermisste Jungrind zu finden. Sein Kopf dröhnte, als läge er in Eisenringen. Ein nie gekanntes Gefühl nahm von ihm Besitz. Noch einmal lächelte sie ins Publikum, ehe sie das nächste

Musikstück ansagte. Doch er hörte nichts, verstand nichts, sah nur sie und ihn und den blauen tiefen unergründlichen See ihrer Augen.

Georg ertappte sich dabei, dass er dieses hübsche Geschöpf angaffte, gebannt, wie daheim der Stier, wenn er mit dem Futter kam. ‚Ungehörig, ganz ungehörig', wies er sich selbst zurecht.

Am Ende des Konzertes löste sich die Gesellschaft langsam auf. Müde waren viele nach diesem Tag voller Ereignisse. Eine angenehme Müdigkeit war es, ganz anders als die Müdigkeit nach einem Tag ohne Ziel, nach einem Tag ohne Rast, nach einem Tag ohne Essen. Der Hausherr beendete die gelungene Feier mit einer kleinen Ansprache.

Brautleute und Freunde durften das Essen, das übriggeblieben war, mitnehmen, eingepackt in Schüsseln und Geschirr. „Das bringen wir morgen wieder." Jeder glaubte ihnen die Ehrlichkeit.

Die Quartierleute warteten auf ihre Familien. Georg vertröstete seine Wirtsleute und sie zeigten Verständnis: „Ja, bleib nur noch, ihr jungen Leute müsst ja auch wieder einmal einen Spaß haben. Da, trink noch einen Schluck." Der Mann stellte ihm seinen Krug Dunkelbier hin und wandte sich wieder seiner eigenen Unterhaltung zu. Denn auch für die einheimische Bevölkerung war dieser Konzertabend ganz und gar nicht alltäglich.

Georg ließ das junge Mädchen nicht aus den Augen. Endlich sammelte sie ihre Musiknoten zusammen, nahm ihr Pelzjäckchen vom Stuhl. Georg nahm noch einen Schluck, wischte sich mit dem Handrücken den Schaum aus dem Schnauz und ging langsam zur Türe. Wenigstens aus der Nähe wollte er sie einmal, ein einziges Mal sehen. Wenigstens einmal, ein einziges Mal, wollte er ihr in die Augen schauen. Jetzt schlüpfte sie in die flauschigen Ärmel ihrer Jacke. Jetzt zog sie einen

Handschuh an, Stulpen bis über die Ellenbogen. Er stellte sich neben den Türstock, bückte sich, tat so, als schnüre er seinen Schuh. Dabei beobachtete er von unten, wie sie Richtung Ausgang ging. Ihm wurde ganz schwindelig. Er stellte sich wieder aufrecht hin. Er war sich selber ganz fremd in seinen Gefühlen. Aber dieses Mädchen, das war so anders als die grobschlächtigen Bauernmädchen, mit denen er daheim geschäkert hatte, im Wirtshaus nach dem Kirchgang, auf dem Feld, bei der Ernte. Die hier war anders, vielleicht zu anders, mit der konnte man nicht schäkern. Kein Wort hätte er in dem Moment herausgebracht.
Jetzt stand sie vor ihm, kam gar nicht durch die Tür mit ihren Rüschenröcken. Ihre Augen trafen sich für die Länge eines Wimpernschlages. „Dddanke für die Musik!", brachte er mühsam stotternd heraus, dann gab er ihr den Weg frei, trat einen Schritt zurück, ohne seinen Blick von ihr zu nehmen. „Wer war das, dass der mit dir spricht und dich so unverwandt anschaut?", hörte er einen Mann fragen. „Ach, nur so ein Bauer", antwortete sie. „Der kennt es nicht anders."
Ein einfacher Bauer war er, ein Bauerntölpel. Für kurze Zeit hatte er das vergessen. Niedergeschlagen ging er zu seiner Gastfamilie: „Ich gehe jetzt doch mit den anderen mit. Hab's mir anders überlegt. Morgen breche ich auf. Heut' schon danke ich euch für eure Gastfreundschaft. Aber ich muss schauen, dass ich endlich an ein Ziel komme, bin doch ein Bauer und kein Städter." Die Leute schauten sich gegenseitig an und nickten verstehend.

***

Ganz unerwartet wendete sich plötzlich für die Vertriebenen das Blatt: Am 2. Februar 1732 veröffentlichte König Friedrich Wilhelm I. von Preußen sein Einladungspatent, in dem er den Salzburger Protestanten die preußische Staatsbürgerschaft sowie zahlreiche Privilegien im Falle ihrer Ansiedlung in Ostpreußen anbot. Das Königlich Preußische Patent sicherte den Salzburger Exulanten freies Geleit zu. In seiner Verordnung ersuchte er alle Kurfürsten, Fürsten und Stände des Reiches, die Emigranten frei, sicher und ohne Verzögerung durch ihr Land ziehen zu lassen, versehen mit allem, was ein Christ dem anderen schuldig ist. Außerdem ordnete er an, dass jeder Mann täglich vier Groschen, jede Frau drei Groschen und jedes Kind zwei Groschen bekäme. So zog, wer nicht in der Stadt blieb, als freier preußischer Bürger weiter. Einige von ihnen gingen noch zum Sekretär auf dem Bürgermeisteramt, um ihm ein paar Zeilen an die Daheimgebliebenen schreiben zu lassen, auch wenn sie nicht wussten, ob die Briefe jemals den Empfänger erreichten. Ein Mann schrieb an seinen Freund: „Jetzt müssen wir wieder weiter und wissen nicht, was uns erwartet. Ich bin gleichwohl froh, dass mein lieber Vater und meine Mutter und meine Brüder gestorben sind, dass sie dies Elend nicht ansehen müssen. – Im Kopf und im Herzen bin ich immer bei euch. Kann vor Melancholie und schweren Gedanken nicht mehr schreiben", fügte er am Ende des Briefes noch an.

***

Zunehmend fiel es einigen jungen Hitzköpfen schwer, mit der Lage, mit dem ständigen Gehen und mit dem ständigen Betteln um fremde Hilfe ausgeglichen und entspannt umzugehen, auch wenn sich jetzt offensichtlich ein Ende abzeichnete.
„Was ist los mit euch! Werdet ihr euch vertragen!"
„Der hat ..."
„Was hat der! Sind wir nicht alle gleich und haben wir nicht alle dasselbe Ziel? Schwer ist's uns doch allen ums Herz und dunkel im Gemüt. Aber wenn wir jetzt auch noch unterein-

ander und miteinander das Streiten anfangen, dann ist's doch ganz vorbei. Am Ende bringt ihr euch noch um. Dazu haben wir uns doch nicht auf den Weg gemacht. Was meint ihr, wie der Firmian sich eins ins Fäustchen lachen täte, wenn er euch jetzt sehen könnte!"

Immer wieder musste Philipp Streit schlichten bei den einen, trösten bei den anderen, in die Rolle des Vaters schlüpfen für elternlose Kinder und sich vorsagen, dass diese Zwölf-, Dreizehn-, Vierzehnjährigen oft stärker und reifer waren als die Erwachsenen.

„Mathias, magst nicht die Anna endlich in Ruhe lassen! Du stellst ihr nach und sie will doch nur ihren Frieden. Jetzt komm mit mir nach vorn. Arbeit habe ich für dich, da kannst dir wieder einen klaren Kopf holen. Die Räder vom Leiterwagen müssen frisch geschmiert werden. Hart ist das Fett geworden. Wenn es so weitergeht, kommen wir nirgendwo hin. Nimm dir den Tiegel und kontrolliere mal die Deichseln. Die Pferde versorgen, da kannst auch mit Hand anlegen. Der Martin und der Rupprecht und der Jakob, an denen nimm dir ein Beispiel. Von früh bis in die Nacht sind die im Einsatz. Und du? Gispelig bist du nur, schaust dem Weiberrock nach. Sie mag dich ja, aber doch nicht jetzt!"

Die Alten machten Philipp Kummer. Kaum noch Kraft zum Liegen hatten manche, und wenn sie erst mal lagen, wollten sie nicht mehr aufstehen. In den Schnee legen und die Augen zumachen, einfach hinübergehen über die Schwelle und ein Ende machen. Keiner konnte sich bei all dieser Mühsal recht vorstellen, wo die Bucheggerin ihre Kraft hernahm. Tapfer wie keine ging sie am Ende der langen Schlange, gestützt mal auf den einen Arm und mal auf den anderen. Oder auf ihren Stock mit dem Wurzelknauf. „So einen schönen Stock hat keiner! Der ist noch vom Ahn und der hat ihn auch schon von seinem Vater, hat er mir erzählt. ‚Den kriegst mal du', hat er zu mir gesagt, wenn ich auf seinem Schoß gesessen bin, als ich klein war. Das war ja noch letztes Jahrhundert. Kann es mir gar nicht vorstellen, wo die Zeit geblieben ist. Und jetzt? Was haben wir jetzt? Ja, Philipp, ich weiß schon, nichts als das Evangelium treibt uns ins Exilium. Verlassen wir das Vaterland, so sind wir doch in Gottes Hand. Aber manchmal ist er schon arg weit weg."

„Bucheggerin, wie macht ihr das nur, dass ihr mithaltet mit uns. Musst du nicht oft denken, wie schön es daheim jetzt wäre! Hättest dein Essen und dein bequemes Schlafen und deine Bank vor dem Haus, hättest deine Socken zum Stricken und warme Hände und warme Füße. Und hier? Musst doch frieren in deinem Gewand, wenn es auch noch so ein dicker Wollstoff ist. Ist ja wirklich kein Spaziergang, den wir hier machen, so weit und doch kein Ende."

„Ach weißt du, Philipp, das Ende kennen wir alle nicht. Auch daheim kennen wir das Ende nicht. Ob wir jetzt hier sind, im Niemandsland, oder ob wir in Werfen sind. Die da im Kerker schmachten müssen, haben sich doch ihr Ende auch anders vorgestellt. Was meinst du, ob sich unser Heiland derer noch erbarmt? Und sie bald in ihrem Seelenfrieden sterben lässt?" Darauf konnte ihr Philipp keine Antwort geben. Schweigend gingen sie nebeneinander her, bis Philipp fragte: „Bucheggerin, wie alt bist du denn eigentlich. Keiner weiß es so recht."

„Weiß es ja selber nicht mehr so genau. Neunzig werde ich sein. So alt wird keine Kuh. Das weiß ich gewiss!" Sie konnte herzhaft lachen über ihren Witz.

„Weißt, Bucheggerin, wenn wir nur mehr solche hätten wie dich. Wenn wir nur mehr junge hätten so wie dich!"

Philipp ging noch eine ganze Weile an ihrer Seite, seinen Arm bei ihr untergehakt.

„Neunzig bin ich, glaube ich, wie die Heilige Sara, aber die hat mit 90 noch ein Kind gekriegt. Das möchte ich jetzt doch nicht mehr!" Wieder lachten sie miteinander.

„Vorstellen kann ich es mir nicht, dass Sara mit neunzig noch ein Kind bekommen hat. Oder waren neunzig Jahre damals gar keine neunzig Jahre? Jedenfalls hätte ich nicht die Sara sein mögen. Irgendwann muss doch damit Schluss sein. Zehn Kinder habe ich gekriegt. Sechs davon habe ich aufgezogen. Jetzt sind alle schon da oben!" Sie fuchtelte mit ihrem Stock zum Himmel. „Jetzt sind sie alle schon da oben und schauen runter zu ihrer alten Mutter. Ja, und dann ist Isaak geboren. Darum habe ich meinem Jüngsten den Namen Isaak gegeben, weil mir die Geschichte so gut gefallen hat."
Ganz genau musste ihr der Philipp zuhören, weil die Wörter nicht mehr so deutlich aus ihrem zahnlosen Mund kamen.
„Und jetzt hast du weg müssen von allem? Und, und du bist, du bist irgendwie gar nicht verzweifelt? Andere sind doch ganz verzweifelt, weil sie alles in ihrem Leben verloren haben und weil sie ja jetzt gar nicht wissen, wo es hingeht, und weil sie ja gar nicht wissen, ob sie irgendwann überhaupt wieder eigenen Boden unter den Füßen haben, und du nimmst deinen Stock fest in die Hand und gehst und gehst und gehst und hast genug Kraft, dass du noch mir was abgeben kannst."
„Ach Bub, weißt, und wenn es noch so weit ist, jeder Weg besteht doch aus kleinen Schritten. Kleine Schritte, die kann ich schon noch machen."

„Und du, Baltasar? Wie geht's dir heute? Hab schon g'sehen, wie's dir schwerg'fallen ist. Ach, was ist das für eine Welt. Deine Agathe hat daheim bleiben müssen, und es hat dir so zum Schaffen gegeben. Wäre ja nicht lange hin gewesen, dann hättet ihr Hochzeit machen können. Ich glaube, der Vater von der Agathe hat dich gern gesehen."
Baltasar ging stumpfsinnig vor sich hin. Presste die Lippen zusammen. Zog seine Jacke bis über die Ohren. Der Wind blies. Der Weg war gefroren. Dass man nicht bei jedem Schritt die matschige Soße in den Schuhen hatte. Schuhe, oder das, was

noch davon übrig war. Das Leder aufgeweicht, die Filzgamaschen starrend vor Schmutz.

„Was hast, Baltasar, magst nicht reden?"

„Reden, was soll ich sagen. Habe mein Liebstes zurücklassen müssen und hätte doch nicht anders handeln können. Wollte doch kein Verräter sein an unserem Herrgott, kann doch nicht heucheln. Sie hat mich verstanden, aber schwer ist es ihr gefallen. Ob wir uns noch einmal wiedersehen, das weiß keiner. Die Eltern haben mich gern mögen, das weiß ich. Bei ihrem Vater war ich schon in der Werkstatt, da war ich noch ein kleiner Bub. Wenn mir der Vater ein Stück Holz gegeben hat, dann bin ich ganz zufrieden da gesessen und hab ihm zugeschaut, was er alles mit dem Holz macht. Schränke hat er bauen können, so schöne wie kein anderer, und schnitzen und drechseln. Da waren Blumen auf der Schranktür, gerade wie draußen auf der Wiese. Wenn er Zeit gehabt hat, dann hat er Schüsseln und Teller gedrechselt, glatt und sauber geschliffen. Ach, was rede ich vom Vater und denke doch bloß an die Agathe, wie es ihr jetzt geht und wo ich wohl sein werde in einem halben Jahr, wenn sie mein Kind zur Welt bringt, was ich vielleicht nie im Leben sehen werde. Aber Baltasar wird sie es nennen, wenn es ein Bub wird, damit sie mich nicht vergisst, habe ich ihr gesagt." Dann verschlossen ihm die Sorgen und das Heimweh wieder den Mund. Er schaute auf die Seite und verbarg sein Gesicht im hochgezogenen Kragen.

Abends, wenn die Schatten lang wurden und nur noch spärliches Licht verriet, dass es eine Sonne gab, kroch die Kälte durch die Knochen, erst in die Hände, dann in die Füße, in die Knie, in die Schultern und dann dachte der ganze Kerl nur noch an eine einzige Kälte und jede Antwort war nur noch: es ist so kalt.

***

Simon, einer der Jüngsten, ging immer ganz allein, fing sofort zu kreischen und zu schlagen an, wenn er sich von allen Seiten eingekeilt fühlte. Von seiner Familie wusste man nicht viel. Gesund sah er aus, verglichen mit den anderen. Dem Pfleger hatte er angegeben, dass er aus St. Veit und ungefähr fünfzehn Jahre alt war, das stand auch auf dem Pass. Ohne Eltern und Geschwister. Seine Statur war kräftig, auch jetzt noch. Keiner hätte es erklären können, wie er ohne Essen noch so gut bei Kräften sein konnte. Da waren Mächte in seinem Körper, die nicht von dieser Welt schienen. Simon ging den ganzen Tag. Wie ein Uhrwerk setzte er einen Fuß vor den anderen und wenn die anderen Rast machten, ging er immer noch weiter, als ginge er an Stricken gezogen. Wenn der Weg durch einen Wald führte, wurde er besonders unruhig. Kaum fand er einen Tannenzapfen, bückte er sich hastig, spähte gehetzt nach allen Seiten, dann pulte er die Samen aus den Schuppen und zählte sie und wickelte sie in ein Stück Stoff ein, als wären es wertvolle Goldmünzen. In solch einem Moment war er ganz allein in seiner Welt voller Tannensamen. In diese Welt hatte kein anderer Zutritt. Zeichnen konnte er gut. Woher er das Papier hatte, konnte keiner sagen, er auch nicht, wenn ihn einer fragte. Manchmal ließ er sich beim Zeichnen über die Schulter schauen. Tannen, die sich an die Felsen klammerten. Die Blockhütte im Wald spielte eine besondere Rolle. Die anderen vermuteten, dass er dort seine Großeltern besucht hatte, die zu alt und zu schwach waren zum Mitgehen. Auf einem anderen Blatt entstand aus dem Gedächtnis die Kapelle im Dorf, mit den dicken Mauern und dem Sprossenfenster. Das Dach war geschindelt und der sechseckige Turm auch. Seine neuesten Kunstwerke waren geschindelte Hütte, an die sich die Holzbeige lehnte, und sein Lieblingsfelsen, unter dem er Zuflucht fand und sich versteckte, wenn der Vater wieder angetrunken heimkam. Dann ging er da hinauf, mit schlafwandlerischer Sicherheit, jeden Stein kannte er, an dem er sich

halten konnte. Von da oben schaute er auf alle hinunter, ganz klein war dann alles und er stellte sich vor, dass sein Vater unten im Dorf auch ganz klein war und von einem großen Tier gefressen wurde. Dieses große Tier hieß Bier und Schnaps. Dieses große Tier verschlang den Vater Stück für Stück, aber der Vater hat es gar nicht gemerkt, wie er verschlungen wurde, wie der Alkohol ihn kaputt machte und zertrat, als wäre er eine kleine jämmerliche Laus. Die ganze Familie wurde vom Alkohol des Vaters kaputt gemacht. Simon wehrte sich dagegen, darum ging er in die Berge, wartete da oben, bis das Tier wieder draußen war bei der Türe, bis man mit dem Vater wieder normal reden konnte. Aber wenn er dann wieder hinunterging, war der Vater doch wieder so groß wie immer und prügelte jeden, die Mutter und die Schwester und ihn, bis ihn der Suff zu Boden warf. Die Mutter hat er dabei immer angeschrien: „Wenn ich das richtige Weib hätte, müsste ich nicht saufen!" Ohne Schnaps liebte er alle und erinnerte sich nicht mehr, welche Bestie er eigentlich war. Letzten Sommer, noch gar nicht lange her, durfte der Simon dem Vater helfen beim Zaunmachen. Jeden Tag gingen sie miteinander in den Wald. Gute Tage waren das, wenn der Vater arbeitete. Ganze Berge von Latten und Stecken schnitten sie dann miteinander, bis der Vater sagte, das sei genug. 300 Latten und 600 Stecken brauchten sie für den Schrägzaun, der um den Gemüseacker lief. Am Abend zeigte sich der Vater ganz stolz auf seinen Sohn und schenkte ihm ein Messer zum Rindeschnitzen. Dann stellte er sich die Schnapsflasche auf den Tisch und die Bestie kam wieder zum Vorschein. Der Mutter verbot er, in die Kirche zu gehen. Dabei wäre sie froh gewesen, wenn sie ihm manchmal hätte davonlaufen können. Gleich nach der Arbeit in der Werkstatt verlangte er seinen Krug Bier und eine ordentliche Mahlzeit. Wo hätte die Mutter die ordentliche Mahlzeit immer herbringen sollen, wenn sie nicht selber häufig darauf verzichtet hätte.

Der Bub war ein richtiger Eigenbrötler geworden, den keiner verstand. Manchmal hörte und sah er gar nichts um sich herum, als wäre er im Dorfteich mit dem Kopf unter dem Wasser. Nur eine durfte neben ihm gehen und verstand es mit ihm, das war die Hohmann Magdalena, die war gerade mal sechzehn und war doch zu ihm wie eine Mutter zu ihrem Kind. Wenn sie neben ihm ging, blieb er ganz ruhig und schlug nicht gleich um sich. Wenn er einen Tannenzap-

fen aufhob, dann hob auch sie einen auf, wenn er die Samen aus den Schuppen fingerte, tat sie es ihm nach. Dann knüpfte er wieder seinen kleinen Lumpen auf und zeigte ihr seine Sammlung. Dabei sprachen sie kein Wort. Er sprach sowieso nie, als hätte er es einfach verlernt. Einmal fand sie auf dem Weg eine pechschwarze Krähenfeder. Magdalena hob sie auf und ging damit zu Simon. Er holte sein Bündel, legte die Feder zu all den gefundenen Sachen, streichelte darüber und sein Gesicht entspannte sich fast zu einem Lächeln. Das erste Mal, dass er lächelte, seit sie im Salzburgischen aufgebrochen waren.

Ihm war, als wäre Magdalena seine Mutter, nein, noch besser. Seine Mutter konnte eine recht lockere Hand haben. „Es tut mir selber weh, aber es muss sein!", und schon hatte er eine Watschen auf dem Hosenboden oder im Gesicht, was sie gerade mit der Hand erwischte. Ja, sie war wie seine Mutter, nur ohne Watschen. Dabei war sie kaum älter als er und bemutterte ihn voller Zuneigung. Ihr fehlten seine Worte nicht. Als gäbe es eine andere Sprache in ihrer Verständigung, so wie bei Müttern, die genau verstehen, was ihr neugeborenes Kind braucht, wenn es weint, so, wie jeder seinen Hund und sein Ross versteht. So, genau so verstand sie ihn, wortlos.

Im letzten Quartier hatte der Bauer den Flüchtlingen den Heuboden hergerichtet, Rossdecken und Säcke aus dem Stall geholt. „Katholisch, protestantisch, in die Kirche gehe ich nicht, dafür bleibt mir die Zeit zum Helfen. Schaut euch doch an! So etwas gibt es ja nicht noch einmal auf der Welt." Das war alles, was der Bauer gesagt hat. Dann tat es ihm der Nachbarbauer gleich, die Bäuerin hat die Frauen und die Kinder versorgt, hat selber einen Stall voll Kinder gehabt, hat gewusst, wo es fehlt. Jeder wollte den anderen übertreffen und es noch besser machen. Die Bäuerin brachte warme Suppe im Topf und wenn der Topf leer war, kochte die Bäuerin noch einmal Suppe. Wenn man darin rührte, fand man Speckwürfel und Nudeln und die Brühe roch nach Fleisch und schmeckte nach Fleisch. Warme Suppe – lange hatten sie darauf verzichten müssen. Simon fischte von seiner Portion die Speckwürfel heraus und kippte seinen Löffel auf Magdalenas Teller. Dann lächelte sie ihn an, dass es ihn im ganzen Körper warm durchflutete. So war noch nie jemand zu ihm und er hatte doch nichts zu geben. „Du musst mir nichts geben", sagte sie dann, als hätte sie seine Gedanken gelesen, und ließ jeden Speckwürfel auf der Zunge zergehen wie ein Stück Zucker.

Erschöpft ließen sich alle ins Heu fallen, Müdigkeit überkam sie von einem Moment auf den anderen. Magdalena schüttelte das Heu, wie sie es bei ihrer Stiefmutter getan hatte, zupfte die Klumpen auseinander. Er legte eine Decke darüber und bereitete ein Lager. Sie schaute ihn mit großen Augen an, hob die Decke auf und schlüpfte darunter. Eine Rossdecke, wie daheim. Daheim. Er hob die Decke hoch und ließ sich ebenfalls ins Heu fallen, nahe genug, dass er ihren Atem spüren konnte – fast. Sie hatte die Augen geschlossen und atmete ganz gleichmäßig und doch konnte er nicht glauben, dass sie so schnell eingeschlafen war. Zu dunkel, als dass er ihr Gesicht sehen konnte. Er lag auf dem Rücken wie sie und im Schlaf suchte ihre Hand die seine, im Schlaf. Zum ersten Mal fühlte er ein inneres Zur-Ruhe-Kommen, etwas, was gut tat, was Angst nahm und Hoffnung gab. Vielleicht würde ja doch noch alles gut werden. Wenn er die Augen zumachte, sah er alles, Vergangenheit und Zukunft, Heimat und Fremde. Der Geruch von Heu und der Streifen Hoffnung lullten ihn ein.

***

„Wie schön leuchtet der Morgenstern!" Mit diesem Gedanken kam er zu sich und wischte sich die Nacht aus den Augen, als er sich aus dem Heu schälte. Männer waren bereits vor der Tennentüre, räkelten sich, warfen sich am Hofbrunnen ein paar Handvoll Wasser ins Gesicht. Oder waren schon damit beschäftigt, für die Pferde den Futtersack zu füllen, die Ösen am Kummet und die Zugseile zu kontrollieren. „Wie schön leuchtet der Morgenstern" – immer wieder erschien ihm dieser Morgenstern am klaren Februarhimmel, so als wäre er ein Symbol für Hoffnung. Diese letzte Nacht war anders als die Nächte davor. Die Nacht war ... alles miteinander: Reden, Schweigen, Schauen, Denken, Stille. Der Tag war auch voller Reden, Schweigen, Schauen, Denken, Stille – und Gehen. Wenn Magdalena schwieg, dann sprach sie mit den Augen, wenn sie redete, dann kam Simon zur Ruhe.

Bei einer Rast hatte er sich abgesondert. Nur Magdalena war es aufgefallen und sie ging ihn suchen. Er saß an eine Scheune gelehnt, die Knie zu sich gezogen. Sie schaute ihm über die Schulter: Er zeichnete. „Wo hast du das Papier her?" Völlig verblüfft drehte sie das Blatt um und erkannte das Emigrationspatent vom Firmian, das er wohl irgendwo abgerissen hatte, einfach nur um wenigstens Papier zu haben, wenn er schon weg musste von daheim. Groß genug war der Bogen, da würde er viele Bilder aus seinem Kopf loswerden. „Wie du schön zeichnen kannst! Das habe ich wirklich noch nie gesehen. Von wem hast du das gelernt?" Sprechen mochte er auch jetzt nicht. Mit der Faust klopfte er sich auf die Brust und zeigte ihr, was er bis jetzt mit dem Stift festgehalten hatte. Holzkohlestückchen hatten ihm wohl meistens als Zeichenstift gedient, aber ihr fiel ein, dass wandernde Händler aus Nürnberg Bleistifte auf dem Markt feilgeboten hatten. Sicher hatte ihm die Ahnfrau hie und da einen Kreuzer oder wenigstens einen Groschen zugesteckt. Mit seinem Messer hatte er die Mine vorsichtig gespitzt und schraffierte mit leichter Hand Flächen, die im Schatten lagen. Wie lebendig alles wirkte – die Tanne, das Gehöft, das Mädchen mit den Zöpfen, vielleicht seine Schwester. Diese lebendigen Augen! Was sie da auf dem Papier sah, zum Greifen nah wurde ihr die Heimat. Sie schaute die Zeichnungen an, die Geschichten, die sich dahinter verbargen, kannte nur er selbst. Jeder hatte seine Geschichte. Viele brachten kein Wort mehr über die Lippen, erschöpft vom Marsch ins Ungewisse. Aber es war wenigstens ein wenig milder geworden, Sturm und Kälte hatten aufgehört, die Winterlandschaft verschwand langsam, wurde verdrängt von Dreck und Matsch. Nachts, wenn der Atem gefror, war es fast nicht zum Aushalten. Ab und zu rief einer: „Schau mal, da raucht der Schornstein", und mit der Sehnsucht nach Wärme und Ofen war alles noch schlimmer.

Arthus, eines der fünf Pferde, war bereits beim Abmarsch schwach und alt. Jeder Tag, den er durchhielt, war ein gewonnener Tag. Schwerfällig rappelte er sich jeden Morgen auf. Noch einen Tag und noch einen, aber als dieser Morgen anbrach, stand auch er nicht mehr auf. Er hatte sich hingelegt zum Schlafen, schweigend hatte er die Augen geschlossen – und nicht mehr aufgemacht. Die Traurigkeit hatte sie so ausgelaugt, dass sie für das Tier keine Tränen hatten, zu viele Menschen hatten sie schon beweinen müssen. Was sie tragen konnten, holten sie aus dem Wagen, den Arthus gezogen hatte. Es war mittlerweile nicht mehr viel. Wer ein Messer sein Eigen nannte, schnitt sich noch Fleisch aus dem Kadaver. So war sein Tod doch noch für etwas gut.

Das Schnarren von Krähen, der schrille Schrei des Bussards waren ihre Begleiter. Eine Gabelweihe gab ihnen kurzes Geleit. Tagsüber riss der Nebel auf. Die Sonne hatte schon Kraft. Der Weg folgte dem Waldrand. Ab und zu ein liegender Baumstamm, zum Rasten, für die Alten, Kinder auf dem Schoß.

„Was hast denn heute, lässt ja den Kopf so hängen und sagst gar nichts, sonst hast doch die anderen immer noch aufge-

heitert, aber heute?" Philipp ging neben einem Buben her, der ihm mit seinem nahezu unerschütterlichen Frohsinn und seinem Zukunftsglauben immer wieder aufgefallen war, einer der vielen Namenlosen in dieser Kolonne.
„Ach Philipp, weißt, ich stelle mir gerade das Sterben vor. Mir ist jetzt schon ganz bang davor. Wenn ich das hier alles sehe, das grüne Gras, die ersten Blumen und Falter, das ist alles so schön, das möchte ich nie wieder verlieren. Das gibt es doch da, wo wir hingehen, bestimmt auch?" Sie gingen eine Weile schweigend nebeneinander her. Was sollte Philipp dem Buben sagen? Der Bub hatte recht, in allem Gram durften sie doch die Schönheit der Schöpfung nicht übersehen. Ein Kohlweißling taumelte nieder und setzte sich geradewegs auf Philipps Arm. „Siehst, der ist jetzt extra zu uns gekommen, will dir bestimmt sagen, dass du deine lustigen Augen behalten sollst. Es wird schon alles recht, man muss nur dran glauben, ganz fest dran glauben."

Am Wegrand verfaultes Gestrüpp, braune abgestorbene Blätter, vom vergangenen Schnee niedergedrückt. Eine Frau, noch gar nicht so alt, war so verwirrt, dass sie vor sich hin redete, als wäre sie zu Hause, erklärte, wie man Äpfel schälte: „Zuerst in Viertel schneiden, dann mit dem Messer die Viertel schälen. Nur wenn ich Strudel mache, dann schäle ich im Ganzen und mache Schnitze und dann schnipseln." Sie murmelte: „Müde bin ich, aber ich muss noch Äpfel schälen, magst mir helfen?" Dann kramte sie in ihrem Beutel und fuhr mit dem ganzen Arm hinein bis auf den Grund und hatte doch keinen Apfel in der Hand, als sie so tat, als gäbe sie jedem einen ab. Sie sah Dinge, die es nicht gab, sie fühlte Dinge, die es nicht gab, und wenn auf dem Weg Holzspreigel lagen, bückte sie sich und nahm sie mit. Fürs Feuer, für den Apfelstrudel, dann lachte sie vor sich hin und war für einen Moment ganz zufrieden. Ahorn und Buche,

Eiche und Lärche standen am Weg, ab und zu auch eine Kastanie. An der Böschung wuchsen Augentrost und Frauenmantel.
Sie kamen erstaunlich gut voran, erfreulich gut, wenn auch der Zug weit auseinanderzog, vorn die Jungen, die Alten und Gebrechlichen hinten. Dörfer, reiche Häuser, geschnitzte Giebel, Kirchen von Ost nach West, geschindelt, die Mauern grau, gegerbt von Wetter und Wind.
Es roch nach Frühling. Immer häufiger gab es Tage, die nach Frühling rochen, blauer Himmel spannte sich über das Tal.

Ebermergen

Ein weißer, dicker Kirchturm kündigte die nächste Ortschaft an, davor lagen kleine, rot gedeckte Häuschen, eingebettet zwischen malerischen Hügeln. Der Weg führte nah an der Kirche vorbei. Kaum dass sie den Ort erreicht hatten, waren sie auch schon wieder draußen auf freiem Feld. Es dauerte nicht lange, da kam ihnen der Pfarrer mit einer Schulklasse nachgerannt, um sie willkommen zu heißen. Dabei war er sichtbar stolz, dass diese Protestanten, deren Ruf wohl schon vorausgeeilt war, ausgerechnet bei ihm in Ebermergen vorbeikamen, als wäre das sein ganz persönliches Verdienst. Volkslieder, ein einstudierter Kanon, der Pfarrer dirigierte mit begeistertem Schwung und hielt obendrein eine mitreißende Rede. Das gefiel Simon. Er wurde ganz nachdenklich. Magdalena spürte, wie es in seinem Innersten aussah. Sie fasste sich ein Herz und fragte den Pastor, ob der diesen Buben brauchen konnte, in der Kirche vielleicht, zum Gesangbücher Austeilen, oder zum Holzmachen, Gartenanbauen, Hofkehren. Sie pries den Simon an wie ein Bauer auf dem Markt seine Kuh. „Ich kann kochen. Zwar bin ich nicht einmal sechzehn, aber daheim habe ich auch kochen müssen. Bei der Tante und bei der Nachbarin habe ich immer zugeschaut beim Kochen, immer, wenn ich nicht im Stall habe mithelfen müssen. Der Simon, er ist ein bisschen sonderlich, hat sich aber gut angestellt, wenn man ihm was gezeigt hat, lesen und schreiben kann er auch. Der kann dir bestimmt helfen. Fünfzehn ist er geworden, kurz bevor wir weg gehen mussten. Der Simon war vorher schon immer anders als die anderen, aber als wir dann vertrieben worden sind, da hat er fast gar nicht mehr reden können, hat doch vorher schon wenig gesagt. Wenn du uns beide mitnimmst – einen schlechten Fang würdest du sicher nicht machen mit uns. Ich richte dir dein Hauswesen und der Simon, der ist handwerklich recht geschickt und beim Gottesdienst ..."

„Ja, jetzt habe ich dich schon richtig verstanden, glaube es dir ja. Hast ja recht, kannst meiner Frau helfen. Wirst gut auskommen mit ihr, sie hat sich ja immer eine Tochter gewünscht, so eine wie dich." Der Pfarrer lachte und freute sich herzlich. „Da geht man allein aus dem Haus und kommt zu dritt wieder heim. Das muss mir mal einer nachmachen. Morgen gehen wir zum Amt, dass alles seine Richtigkeit hat."

Magdalena erschrak, als sie „Amt" hörte, zu schlechte Erfahrungen lagen hinter ihnen. „Musst nicht erschrecken, ich habe schon gesehen, wie du die Farbe gewechselt hast. Wir gehen aufs Amt und melden dich an, melden euch an, dass ihr jetzt im Pfarrhaus wohnt, dort euer Essen und Wohnen habt und auch euren Lohn. Das Pfarrhaus ist groß genug und die Türen stehen offen für rechtschaffene Leute."

Nachdem der Pfarrer mit seinen Scholaren noch ein Lied zum Besten gab, ließ er die Schar ziehen. Sie waren sichtlich gestärkt durch die frohen Melodien und von dem Gedanken, dass ihnen Wohlwollen entgegengebracht wurde. Magdalena und Simon folgten dem Gottesmann, der es sehr wichtig hatte, ihnen zu erklären, was alles auf sie zukam. „Zuerst könnt ihr euch erst einmal richtig satt essen." Magdalena konnte ihm erklären, dass Simon nicht ihr Bruder war, sondern noch viel mehr als das, dass sie sich verantwortlich fühlte für ihn wie Mutter, Vater und Schwester in einer Person. Einige Schüler boten sich gleich an, ihnen etwas Frisches zum Anziehen zu bringen.

Durch den großen Garten gingen sie miteinander aufs Haus zu. Die Pfarrerin stand auf der Treppe. Es war nicht das erste Mal, dass ihr Mann jemanden von der Straße mit heimbrachte: „Das ist die Magdalena." Das Mädchen machte einen Knicks und gab ihr die Hand.

„Und das ist der Simon!" Auch der Bub begrüßte die Frau des Hauses, linkisch zwar, aber mit einem ehrlichen Lächeln. In groben Zügen erklärte der Hausherr, wie er zu diesem Mädchen und zu diesem Buben gekommen ist. Zu seiner Frau gewandt sagte er abschließend noch: „Kannst dich der beiden ja schon einmal annehmen. Waschen werden sie sich müssen und Hunger haben sie. Du weißt schon. Die beiden bleiben da. Magdalena wird dir zur Hand gehen, Simon kann mir helfen. Morgen. Heute genügt es, wenn sie mit uns essen und uns erzählen, wenn sie überhaupt erzählen wollen. Vielleicht wollen sie nach dem Essen nur noch schlafen! Oder einfach einmal allein sein."
Simon nickte zustimmend, Magdalena tat es ihm gleich. Sie konnten es beide noch gar nicht fassen, dass für sie das Marschieren so schnell ein Ende gefunden hatte.

Am anderen Tag führte der Pfarrer die beiden durchs Haus. In einem Zimmer stand ein großer Schreibtisch: „Da schreibe ich meine Predigten", aber das hat den Simon gar nicht so interessiert. Wie magisch angezogen fühlte er sich vom Bücherschrank, ganz verblüfft war der Hausherr darüber. „Mach die Glastüren ruhig auf." Voller Ehrfurcht und Erstaunen schlug Simon seine Hände vors Gesicht angesichts dieses Reichtums: Homer, Ovid, Savonarola, „Lehrgebäude der evangelischen Glaubens- und Sittenlehre", mehrere Bände Allgemeine Historie der Natur nebst einer Beschreibung der Naturalienkammer, Tabernaemontanus, J.T. Kräuter-Buch. 1731, vollkommenes Kräuterbuch, mit allen Gewächsen, die in den Teutschen und Welschen Landen, auch in Hispanien wachsen. Holzdeckel mit Schließen. So etwas hatte er noch nie gesehen, nicht einmal gedacht, dass es das gibt. Außerdem stand da eine Sammlung der besten Schriftsteller der Geschichte der Kreuzzüge, Tägliches Handbuch in guten und bösen Tagen von Joh. Friedr. Starck mit Haus-

chronik der Familie auf den ersten Seiten und einem wunderschönen Bild von Jesus Christus mit dem Wanderstab und darunter stand „Siehe, ich stehe vor der Tür und klopfe an. Offb. 3,20". Auf dem Bild war Christus barfuß. Das gefiel ihm. Ein paar Seiten weiter war der Gelehrte abgebildet, mit Lockenperücke und Halskrause, wie der Pfarrer in Kaufbeuren auch eine gehabt hatte. Ein Gelehrter! Dabei war Starck der Sohn eines einfachen Bäckermeisters und einer Bäckerstochter. Aber einfache Leute wussten eben, was einfachen Leuten fehlte. Aus dem Lebenslauf erfuhr er, dass Starck am 10. Oktober 1680 geboren war, am gleichen Tag wie er selbst. Das machte ihn sehr stolz. Er blätterte das Buch durch und fand auf Seite 21 den Psalm 27,4: „Eins bitte ich vom Herrn, das hätte ich gerne, dass ich im Hause des Herrn bleiben möge mein Leben lang, zu schauen die schönen Gottesdienste des Herrn, und seinen Tempel zu besuchen." Mit dieser Seite aufgeschlagen ging er zu seinem Pfarrer und zeigte auch dem diese Zeilen. Sagen hätte er es ja doch nicht können.
Dann war da noch das Buch: „Die Ehre Gottes aus der Betrachtung des Himmels und der Erde", eine Wochenschrift in 6 Bänden, wo er gleich vorn bei den Bauernregeln hängen blieb:

„Regnets am Tag unsrer lieben Frauen,
Da sie das Gebürg thät beschauen,
So wird sich das Regenwetter mehren
Und vierzig Tag nach einander währen."

Auf dem Buchdeckel war ein Christuskopf mit Dornenkrone eingeprägt. Er faltete seinen großen Bogen Papier auseinander, legte eine freie Stelle darauf und schraffierte vorsichtig mit dem Bleistift darüber, bis man das Gesicht deutlich erkennen konnte. Jetzt hatte er auch ein Bild von Christus!

„Hast heute gar keinen Hunger?", fragte der Pfarrer scherzhaft, als es auf Mittag zuging und Simon noch immer ganz vertieft war in seine Lektüre. Am liebsten hätte der Bub wohl alle Bücher gleichzeitig angeschaut und gestreichelt und berührt, vorsichtig, ehrfürchtig. „Nach dem Essen kannst du ja weitermachen." Er legte seinem Zögling kameradschaftlich den Arm auf die Schulter. Der ließ es gerne geschehen. „Kannst alles lesen. Wasch dir halt vorher die Hände, und stell wieder jedes Buch zurück, bevor du ein anderes nimmst", sagte der Pfarrer und schmunzelte, weil dem Simon der Mund offen stehen blieb. Außer einem Märchenbuch, der Bibel und seiner Fibel, die schon durch hundert Hände gewandert war, hatte er noch kein Buch in der Hand gehabt. Jetzt, hier im Schrank, das waren richtige Bücher von richtigen Gelehrten. Am Anfang ist er nur langsam vorangekommen. Mit seinem Finger unter den Zeilen hat er sich von Seite zu Seite gekämpft. Bald hat er dann keinen Finger mehr gebraucht. Zuerst hat er einfach nur gelesen, weil er glücklich war, dass er hat lesen können und lesen dürfen, nicht so wie daheim, wo ihm der Vater gleich eine hinter die Ohren gegeben hat, wenn er ihn beim Lesen erwischt hat. Im Pfarrhaus hat er immer lesen dürfen, wenn keine Arbeit war. Fremde Wörter hat er sich gemerkt und den Herrn Pfarrer gefragt, was sie bedeuten. Der hat sich manchmal ganz schön das Lachen verkneifen müssen, wenn er beim Fragen Buchstaben vergessen und manche Wörter bis zur Unkenntlichkeit verstümmelt hat, aber die Antwort hat er immer gewusst. Im Konfirmandenzimmer standen Bücher im Schrank, die er sich hat nehmen dürfen, ohne zu fragen: „Lehrgebäude der evangelischen Glaubens- und Sittenlehre; beydes, sowohl zum Unterricht der Jugend, als zur erbaulichen Wiederholung der Religions-Wahrheiten für den gemeinen Mann" von D. Georg Friedrich Seiler.

Ganz andächtig nahm Simon das Buch in die Hand, legte liebevoll die Hand auf den marmorierten Einband, ließ es in seiner rechten Hand ruhen und ließ die Blätter über den Daumen laufen. Wenn ein Bild vorbeihuschte, blätterte er zurück, um es zu betrachten, sich einzuprägen. Wie unwissend er doch war, dachte er sich dabei. Vor dem Titelblatt und auf der Rückseite der Bilder waren unbedruckte Seiten, die wohl irgendwann früher ein Kind ungelenk mit Feder und Tinte beschrieben hat, Wortfragmente, abgemalte Namen und Sätze, die links oder rechts daneben abgedruckt waren. Auf einer Seite war eine Kuh mit Hörnern gezeichnet, die sah aus wie das Einhorn in seinem Märchenbuch. Die handschriftlichen Buchstaben waren schnörkelig und schwungvoll. Simon beneidete den unbekannten Schreiber. So schön brachte er die Schriftzüge noch nicht aufs Papier. Er zeigte dem Pfarrer die leeren Seiten, die ja nicht mehr leer waren, nicht dass der noch meinte, der Simon schmiert alles voll, dem kann man gar kein Buch geben.

Simons erste Arbeit war es, in der Kirche die verstaubten Simse, die geschnitzten Ornamente an der Empore und an den Bänken zu waschen, den Steinboden zu schrubben, auch die Türe zur Sakristei, zuallerletzt den Corpus des Heilands am Kruzifix, der gedunkelt war durch Generationen von Kerzen. Ganz ergriffen hat Simon mit dem feuchten Lumpen das Kruzifix abgestreichelt und hat sich dann noch beim Pfarrer bedankt, dass er diese heilige Arbeit hat tun dürfen. Bei der Arbeit hat er ganz viel denken müssen, an die Wochen und Monate, die hinter ihm lagen, an die Magdalena, an die verlorene Heimat, an die Magdalena, an die Angst, die er hat, an die Magdalena. Immer hat sich die Magdalena dazwischengedrängt und ihm ist dabei ganz anders geworden. Beinahe hat er sich gar nicht getraut, sich zu freuen, nicht dass ihm diese Freude dann noch jemand wegnahm. Auch nachts überfielen ihn Träume, die ihn dann den ganzen Tag nicht mehr losließen, einmal in dunkle Ecken zogen, dann wieder in Ecken, wo ein ganz, ganz großes Licht auf sie beide schien.

Der Pfarrer kam und setzte sich an die Orgel, um die Lieder für den kommenden Sonntag zu spielen. Simon hielt in seiner Arbeit inne und stellte sich vor, dass die Töne bis jetzt eingesperrt waren in dieser Holztruhe und jetzt freigelassen, endlich freigelassen wurden und auf den Holzdielen des Bodens entlang liefen, die Wände hinauf kletterten, über die Kirchendecke huschten und wieder zum Herrn Pfarrer zurück kamen, ringsum Töne, die wie ein Lauffeuer die Kirche ergriffen – und er mittendrin.

Als Simon mit seiner Arbeit fertig war, ging er wieder zu dem Buch „Lehrgebäude der evangelischen Glaubens- und Sittenlehre", in dem er ganz viele Antworten auf ganz viele Fragen fand: „Das heil. Abendmahl ist die heil. Handlung, da die erwachsenen Christen gesegnetes Brod und gesegneten Wein zur Erinnerung des Todes Christi geniessen, und dadurch des Leibes und Blutes Christi teilhaftig werden … Das heil. Abendmahl ist ein öffentliches Bekenntniß, daß wir Jünger und Nachfolger Jesu Christi sind". Er las vom Vaterunser und von den Zehn Geboten. ‚Es wäre doch gar nicht so schwer, eigentlich steht da alles drin, wie man es machen muss, so wie ein Vater uns sagt, wie wir es machen sollen, so steht es in dem Buch. Vielleicht muss jemand einmal dem Firmian und seinen Handlangern das Buch zum Lesen geben, dann weiß der auch, was richtig ist', dachte Simon, als er sich wieder vertiefte. „Der Satan ist der Urheber der Lügen. Wer seinen Nächsten durch böse Nachreden kränkt, ist ein Mörder", stand da auf Seite 100. Das hat den Simon schon arg zum Nachdenken gebracht.

Überhaupt hat er bei all seiner Arbeit auch gut über sein eigenes Woher nachdenken können. Die Stiefmutter fiel ihm ein, er wusste gar nicht, warum der Vater ausgerechnet dieses böse Weib genommen hatte. Der Mutter ist auch manchmal die Hand ausgerutscht, aber die hat ihn lieb gehabt. Als die

Mutter dann an Bräune gestorben war, kam diese fremde Frau ins Haus. Die hat dem Vater gefallen, wahrscheinlich, weil sie so sparsam war, da wusste er noch nicht, dass das bloß der blanke Geiz war. Einmal ist der Vater heim gekommen von der schweren Arbeit im Bergwerk und hat sich unterm Fenster auf die Bank gelegt, die sie mit in die Ehe gebracht hatte. Da ist sie einfach zum Vater hin gegangen, hat ihn an den Armen gepackt und auf den Boden geworfen. Der Vater hat gar nichts gesagt, der war einfach viel zu müde und zu erschöpft, dass er hätte was sagen können. Die Söhne, denen ist es dann gar nicht schwer gefallen, weg zu gehen, weil der Vater sich auch immer mehr verändert hat. Ins Wirtshaus ist er gegangen, fast jeden Tag hat er da sein Geld hingetragen, weil er es daheim fast nicht mehr ausgehalten hat, aber was hätte er denn machen sollen? Hat doch auf dem Hof bleiben müssen, bei seinen Viechern. Im Wirtshaus hat er sich dann auch noch angelegt mit den anderen, hat nur noch über alles geschimpft. Früher ist er zufrieden gewesen mit seinem Leben, richtig gut ist es ihm gegangen, auf jeden Fall hat er das daheim immer gesagt zu seinen Buben. Und jetzt? Über alles hat er sich ereifern können und immer gleich die Faust reden lassen. Wer hätte denn da noch bleiben mögen? Vielleicht kam er doch noch zur Vernunft? Vielleicht ging er doch noch weg von diesem bösen Weib? Vielleicht sah er ja doch noch ein, dass es nicht so gut war, dass er sich hatte katholisch machen lassen? Er würde es sicher erfahren, wenn sein Vater sich auch noch auf den Weg gemacht hatte, irgendwie würde es ihm schon zu Ohren kommen. Dass er und Magdalena diesen wunderbaren Platz gefunden hatten – fast wie Weihnachten. Er hatte schon gar nicht mehr daran glauben können, dass es eines Tages für ihn etwas anderes gab als Hunger, Erschöpfung und das tägliche Laufen, Laufen, Laufen. Endlich war er angekommen.

Nachmittags rief die Frau Pfarrer die beiden in die Küche: „Kommt! Hab euch ein Wurstbrot gemacht. Leberwurst! Ihr mögt doch Leberwurst?" Da konnte sie noch fragen. Sie musste lachen, so schnell saß Magdalena am Tisch. „Meine Mutter hat immer gesagt: ‚Butter und Leberwurst müssen so dick gestrichen sein, dass man die Zähne drin sehen kann!'", sagte die Pfarrerin lachend, als die Kinder herzhaft in ihre Scheibe Brot bissen.
Nach der Vesper winkte Simon seiner Freundin recht geheimnistuerisch zu. Sie folgte ihm in den Garten. Am Zaun entlang hatte er bereits ein Stück Erde umgegraben. Er knüpfte sein Bündel auf. Recht schmutzig war der Stoff mittlerweile. Da lag alles matschig verklebt durcheinander: Tannensamen, Schlehenkerne, Hagebutten, eingedellte Kastanien, die er aus dem Schnee befreit hatte – alles legte er in diese Furche und schob wieder Erde darüber. Die zwei Krähenfedern steckte er Magdalena in ihre Zöpfe.

***

„Über den Simon brauchen wir uns keine Sorgen mehr machen, der hat es gut getroffen. Die Magdalena, die hat sicher ein Auge auf ihn."
„Ja, und er auf sie!"
So konnte man Leute reden hören, nachdem sie sich von den beiden verabschiedet hatten und weiter ihres Weges zogen.
Sie kamen vorbei an Alerheim, wo sie die markante Kirche bewunderten, die mit farbigen Rauten und ihrem wehrhaft trutzigen Turm etwas ganz Besonderes ausstrahlte. Auf dem Dorfplatz verweilten sie für eine kurze Verschnaufpause, ließen ihren Blick über das Schloss wandern, über die Wiesen, die im Dunst lagen.
Die Faszination der Landschaft und der Reichtum an Blumen im Frühling erfüllten vor allem die Frauen mit melan-

cholischer Freude und ließen sie manche der Entbehrungen vergessen. Woran sie sich nie gewöhnten, war die nächtliche Kälte und der Gedanke: ‚Wir haben keine Heimat mehr.'

Die hier vorbeiführende Römerstraße hatte schon von Alters her dafür gesorgt, dass in diesem Gebiet viele Händler und Kaufleute unterwegs waren. Immer wieder begegneten sie Fuhrleuten, die sie nach dem Woher und Wohin fragten und die nach einem kurzen Gespräch tief berührt waren über das unbeschreibliche Elend dieser Leute. Wenn sie von weitem einen Kirchturm erblickten, dachten sie an Simon und Magdalena und in jedem keimte die Hoffnung, dass auch er hier jemanden treffe, der zu ihm sagte: „Bleib da, bleib einfach da, ich habe für dich Arbeit und Lohn, kriegst was zu essen, kannst dich hinlegen, wir helfen dir!" Aber da waren nur ein paar neugierige Frauen, die fast ängstlich hinter dem Fenster standen, oder Kinder, die davonrannten, als sie kamen.
Das Dorf war nicht groß, kaum drinnen, schon wieder draußen. Am Weg Heckenrosenbüsche mit dornigen Trieben, die sich in die Beine krallten und kratzten wie Katzen. Ein paar Schritte weiter rankten sich Heckenrosen im Holunderbusch empor. Der Himmel spannte sich über ihnen in hellem Azur, weiße feine Wolken bauschten sich zusammen. Schwalben stießen herab.
Der talwärts fallende Acker lag da wie ein großes braunes Tuch. Dicht bei der Straße stand ein großer Bauernhof: „Schau mal, da drüben, da ginge unser Haus bestimmt dreimal hinein. Der heruntergezogene Giebel, so breit. Aber die Fassade ganz dreckig und verwahrlost. Unsere geschindelten Häuser haben dagegen immer ordentlich ausgesehen. Ob wir da, wo wir irgendwann einmal hinkommen, auch wieder unsere Häuser verschindeln können? Was meinst du, wird es genügend Holz geben? Du musst eben eine neue Schindelbank bauen, das ist für dich bestimmt kein Problem? Hast doch so gern auf dei-

nem Schneidesel gesessen", schwärmte Sara. Wenn sie in ihrer Erinnerung lebte, ging es ihr gut. Philipp musste fast lachen: „Natürlich. Aber erst müssen wir ankommen, dann brauchen wir ein Haus, dann können wir ans Verschindeln denken." Da lachten sie beide und Sara zeigte noch einmal hinüber zu dem Haus, um das jetzt grunzend ein paar Schweine zogen: „Der Baum im Vorgarten, sicher ein Obstbaum." Sara stützte sich auf einen Zaunpfosten, um ein wenig zu verschnaufen.
„Macht, dass ihr weiterkommt, brauchen keine Bettler, Gesindel, wüstes Gesindel!". Eine Frau mit Kopftuch fuchtelte wild mit ihrem Besen.
„Bestimmt katholisch!", meinte Sara aufgebracht, aber Philipp nahm jetzt die Katholiken doch in Schutz und beschwichtigte seine Frau: „Die, katholisch? Vielleicht stimmt's ja, aber musst zugeben, dass unterwegs viele nicht erst gefragt haben, wer wir sind und was wir sind, wenn sie uns Geld oder sonst was gegeben und Quartier angeboten haben."
„Hast ja recht, aber ist doch wahr. Hätte doch nicht gleich so aufgebracht sein müssen. Wollte mich ja einfach nur ein paar Minuten ausruhen."
„Ach Weib, wirst sehen, im nächsten Ort wirst rasten können, oder im übernächsten."
„Weißt Philipp, es wird mir so schwer, jeder Schritt, jeder Tag wird mir schwer, seit ich meinen Buben nicht mehr hab."
Sara stützte sich schwer auf den Arm ihres Mannes. Er war recht in Sorge, als er spürte, wie kraftlos sie geworden war.
Sie gingen die gepflasterte Straße entlang. Endlich standen sie nicht ständig knöcheltief im Matsch. Alte Ahornbäume säumten ihren Weg. Neben ihnen wälzte sich ein dreckiger Bach. Eine Kuh graste angepflockt am Ufer und strengte sich an, mit ihrer Zunge das Büschel Gras zu bekommen, das halb im Wasser stand. Um die Kirche an der Pfarrgasse gruppierten sich einfache Siedlerhäuser. Davor eine Gruppe von Linden, noch kahl, in den Gärten Obstbäume, die zögerlich anfingen,

Knospen zu treiben, am Brunnen plattgetretene Erde, aus der sich an manchen Stellen junger Löwenzahn schob.

Ab Donauwörth waren sie der Wörnitz flussaufwärts gefolgt, einem eher unscheinbaren Wiesenbächlein, das sich in zahlreichen Mäandern träge durch die Felder schlängelte. Uralte Weiden säumten seinen Lauf. Niedergedrücktes Gras zeigte ihnen an, dass das Flüsschen bis an die Straße kam, wenn es Hochwasser führte. Oben im Birkenwipfel keckerte eine Elster. Zweige der Salweide, dick besetzt mit Palmkätzchen, streckten sich zwischen dem kahlen Ahorn in den Himmel. Es herrschten milde Temperaturen. Ein Bussard kreiste über der Wiese, wo ihm schwarze Maulwurfshügel einen reich gedeckten Tisch versprachen.

Harburg

Als die Ankömmlinge unweit Harburg evangelischen Boden betraten, fielen sie ergriffen auf die Knie, streckten ihre Hände zum Himmel und dankten, dass ihnen Gott in seiner großen Gnade so weit geholfen hatte. Voller Inbrunst sangen sie gemeinsam das Lied „Wer nur den lieben Gott lässt walten", überzeugt, dass ER immer die Hand über sie gehalten hatte. So zogen sie in Harburg ein, wo man ihnen einen freudigen Empfang bereitete.
Beeindruckt von der trutzigen Burg, die gewichtig auf einem breiten Jurafelsen thronte und den Eingang zum Ries bewachte, legten sie hier gerne eine Rast ein und sie freuten sich über die Einladung, die Nacht über in dieser kleinen Stadt zu bleiben. Alle im Ort, Katholische und Juden, waren ergriffen von der tiefen Gläubigkeit dieser Menschen. Auch der kleine Ort Ronheim, drüben auf der anderen Seite des Flusses, war stolz darauf, eine Gruppe von ihnen aufnehmen zu können. Bezüglich Religion hatten sie stets eine äußerst wechselvolle Geschichte über sich ergehen lassen müssen:

1493 entstanden durch Erbfolge die Teilgrafschaften Oettingen-Oettingen und Oettingen-Wallerstein, die sich auf Grund der Einführung der Reformation im Jahre 1539 sehr schnell auseinanderentwickelten. Die Grafen von Oettingen-Oettingen und damit auch ihre Untertanen bekannten sich zur „neuen Lehre". Für Ronheim begann damit ein Jahrhundert ständig wiederkehrender Probleme. Ronheim gehörte zum Landesteil der Grafen von Oettingen. Diese waren die Landesherren und bestimmten die Religion. Da Ronheim aber nach Mündling gepfarrt war, das zu Pfalz-Neuburg gehörte, waren Schwierigkeiten unvermeidbar, sofern die Landesherren in Glaubensfragen nicht einer Meinung waren.

Als Pfalz-Neuburg 1618 zum Katholizismus zurückkehrte, mussten auch die Ronheimer den Glauben wechseln. Der Verlauf des 30-jährigen Krieges führte 1632 zu einem erneuten Glaubenswechsel. Ronheim wurde wieder protestantisch – und dabei blieb es.

***

In Höhe Ronheim war das Flüsschen nicht allzu breit und auch nicht allzu tief – normalerweise, aber um diese Jahreszeit, mit Schneeschmelze und Frühlingsregengüssen, war es zu einem beängstigenden Wasser angeschwollen, das Treibholz, Buschwerk und sogar Bäume mitbrachte und in den Fluten mit sich führte. So malerisch die Wörnitz sonst durchs Land plätscherte, zu diesem Zeitpunkt jagte sie allen Angst und Schrecken ein – und doch: „Wir sind in SEINER Hand, was sollen wir fürchten, auch das Hochwasser ist ein Teil von uns."
Für den Tag nach ihrer Ankunft wurde ein Gottesdienst vorbereitet, den der Superintendent persönlich halten wollte. Wer in Ronheim übernachtet hatte, sollte mit einem Boot über den Fluss gebracht werden. Noch waren sie gezeichnet von ihrer Fahrt auf der Salzach, doch das Verlangen nach Kirche und Pfarrer war größer als ihre Angst.
Die kahlen Ruten der knorrigen Weiden hingen übers Ufer, hochgewachsenes Schilfkraut säumte das Ufer. Das angrenzende Grasland wirkte in seinem faulen Braun recht unansehnlich und öde. „Die Wenz tritt immer wieder über die Ufer", sagten die Einheimischen. „Man sieht es ihr nicht an, wenn sie harmlos dahin dümpelt. Wild kann sie manchmal werden, dann sind diese kleinen Kiesbänke nicht mehr zu sehen, auf denen jetzt die Sträucher umspült werden."
Der Fuhrmann mit seinem Ruderboot wartete bereits, als die Gläubigen kamen, um sich übersetzen zu lassen. Sie

waren ganz beruhigt beim Anblick dieses kleinen Kahns. „Ich bin der Gottfried, werde euch schon auf die andere Seite bringen, seid ja nicht viel, ich teile euch in zwei Gruppen!" Er machte mit der nach unten fahrenden Handkante zwischen ihnen einen symbolischen Schnitt und half dem ersten Häuflein ins Boot. Wo nötig, fand er beruhigende Worte, bevor er das Handgelenk umklammerte und ihnen ein Gefühl der Sicherheit gab. „Was zitterst du denn so! Hab dich doch ganz fest. Stell dir vor, du müsstest wie Jesus zu Fuß hinübergehen, was meinst, wie schwierig das erst wäre!" Sie lachten, zwar ein wenig gequält, aber es half ihnen doch, sich ein wenig zu entspannen und Vertrauen zu fassen. Vielleicht trug auch der Name Gottfried dazu bei, dass zunehmend Ruhe eintrat. Sie stimmten das Lied „Es kommt ein Schiff, geladen bis an sein' höchsten Bord ..." an, dass es ein adventlicher Choral war, störte dabei keinen. „Das Schiff geht still im Triebe, es trägt eine teure Last; das Segel ist die Liebe, der Heilig Geist der Mast." Das galt schließlich nicht nur in der Weihnachtszeit.
Der Gottfried verstand sein Handwerk. Er stellte das Schiff geschickt gegen die Strömung, tauchte das Ruderblatt im richtigen Winkel ein, brachte mit seiner ganzen Kraft das Boot voran. Diejenigen, die am Ufer noch zurückblieben, winkten ihren Glaubensbrüdern hinterher und wunderten sich, wie schnell das Boot drüben war. Die im Boot saßen, trauten sich kaum eine Hand zu heben und wünschten sich, doch endlich bald drüben zu sein.
Gottfried setzte die Leute am anderen Ufer ab, wo sie vom Pfarrer, einem Lehrer und seiner Schuljugend empfangen wurden. Zusammen sangen sie kräftig gegen die Angst dieser Menschen an, denen immer noch die Aufregung im Gesicht stand. „Das hat es ja noch nie hier gegeben. Was ihr alles fertig bringt! Ich fahr hinüber und man singt mir ein Ständchen am Ufer und die anderen singen für mich, als wäre ich in der

Kirche." Dann setzte Gottfried noch einmal über, um den Rest der Gläubigen auch noch zu holen.

Er kannte den Fluss wie seine Westentasche und verstand es, mit seinem Humor die Leute geschickt abzulenken, auch wenn es gar nicht in seinen Kopf gehen wollte, dass es Personen gab, die sich im Wasser nicht genauso wohl fühlten wie er. Zugegeben, sein Fluss – natürlich war es sein Fluss – konnte sich auch von der unfreundlichen Seite zeigen. Dann überschwemmte er die Wiesen, Entenpärchen paddelten um die Wette. Sogar Forellen hat er schon im nassen Gras gefunden. Es wäre doch gelacht, wenn er nicht die paar Leutchen vom Ronheimer Ufer zum Harburger Ufer bringen könnte.

Die Männer und Frauen standen in respektvollem Abstand vom Ufer entfernt, als er wieder anlegte, um die zweite Fuhre abzuholen. Das Warten hatte ihre Angst noch erhöht. „Von Salzburg kommt ihr? Auf der Salzach habt ihr fahren müssen? Das ist ja sicher was ganz Besonderes. Ich wollte, ich hätte schon einmal auf der Salzach fahren dürfen!" Während Gottfried jedem ins Boot half, begleitete er ihre Angst mit allerlei humorigen Redensarten, aber er spürte, dass sie ihm gar nicht zuhören konnten vor lauter Schwachsein von dem Zurückliegenden und Angsthaben vor dem Neuen. Ein paar waren so unruhig, konnten sich kaum entscheiden zwischen „lasst mich da, lasst mich doch einfach da!" und „endlich bekommen wir wieder einen Gottesdienst, der wird uns Kraft geben!" So ging es durch die Gruppe, bis er endlich sein Machtwort sprach: „Ich habe doch schon hunderte hinübergebracht, was seid ihr denn für ein unruhiger Haufen. Jetzt bleibt endlich in der Ruhe. Du, setz dich doch hin, kannst doch nicht einfach aufstehen! Setz dich hin, oder ..." Aber da war es schon passiert. Eine stand auf, weil sie Angst hatte, die nächste stand auf, weil sie helfen wollte. Das Boot schwankte von einer zur anderen Seite, die Bordwand lag auf dem Wasser, fing sich noch einmal zur anderen Seite, zwei konnten sich nicht mehr halten, fielen ins Wasser, wurden sofort von einem Strudel erfasst, zwei andere bekamen ebenfalls das Übergewicht, tauchten sofort unter, da, ein Kopf, zwei Köpfe, ein paar Beine, aufgebauschter Stoff, wieder Köpfe – dann schlugen die Wellen über ihnen zusammen.

Im Schatten der Trauer zogen sie anderntags weiter nach Nördlingen, von wo aus ihnen vierzig Schüler mit ihrem Lehrer zum Empfang entgegengelaufen waren. Kurz vor der Stadt wurden sie auf der Wiesenbach von den Geistlichen Metzger und Ammerbacher mit einer Rede empfangen. Unter dem Gesang geistlicher Lieder und unter Begleitung von mehr als tausend Bürgern zogen sie feierlich in die Stadt ein.

Nördlingen

Auf dem Platz vor dem Rathaus versammelten sie sich zu einem Gottesdienst unter freiem Himmel. Pfarrer Metzger legte seiner Predigt Matth. 19, 29 zu Grunde: „Und wer verlässt Häuser oder Brüder oder Schwestern oder Vater oder Mutter oder Weib oder Kinder oder Äcker um meines Namens willen, der wird's hundertfältig nehmen und das ewige Leben ererben."
Pater Ammerbacher predigte über 1. Mose 12, 1 u. 2: „Und der HERR sprach zu Abram: Gehe aus deinem Vaterlande und von deiner Freundschaft und aus deines Vaters Hause in ein Land, das ich dir zeigen will. Und ich will dich zum großen Volk machen und will dich segnen und dir einen großen Namen machen, und sollst ein Segen sein."
Im Anschluss daran wurden sie von dem Magistrat in 12 Wirtshäuser verlegt. Viele wurden auch von Bürgern in ihre Häuser aufgenommen. Am nächsten Tag, es war ein Sonntag, führte man sie in die Kirche, wo Superintendent Welsch predigte und für den folgenden Tag eine Kollekte verkündete. Sein Wunsch ging reichlich in Erfüllung. 771 fl kamen zusammen. Kantor Schöpperlin und Studiosus Bleicher brachten ihnen das Gotteswort sogar bis in die Wirtshäuser. Nördlingen zeigte sich von seiner besten Seite. Einige durften sogar in der Stadt bleiben. Der Pfarrer ging auch hier mit gutem Beispiel voran und behielt eine Frauensperson in seinem Haushalt. 23 Paare wurden getraut, 160 wurden als Dienstboten und Schutzverwandte aufgenommen, 26 im Spital und sechs mussten ins Lazarett eingeliefert werden. Sie alle konnten den Stadtherren gar nicht genug danken, in dieser Stadt das Wohnrecht zu bekommen, mit der Erlaubnis, von den allgemeinen Anstalten der Gemeinde zu profitieren. Dreizehn weitere wurden in Dienste nach Pappenheim vermittelt,

wo sie von dem Grafen selbst verlangt worden waren. Als drei Wochen später nochmals ein Zug Salzburger von 700 Personen in Nördlingen ankam, stritt sich die Bevölkerung darum, wie viele jeder zu freier Verpflegung aufnehmen durfte. Bei der Aufteilung meldeten sich so viele Einwohner, dass es dafür gar nicht genug Flüchtlinge gab.

Wer nicht bleiben konnte, freute sich auch aufs Weiterziehen, schließlich brachte sie jeder Tag ihrem Ziel näher.

Kleinerdlingen

Obwohl es erst Frühling war, wurde es ganz unvermutet fast hochsommerlich heiß. Sie waren es einfach gar nicht mehr gewohnt, derartig der Sonne preisgegeben zu sein. Hätte sie jemand gefragt, was ihnen lieber war, die Kälte oder die Hitze – an diesem Tag hätten alle einstimmig erklärt, dass es die Hitze war, die ihnen besonders zusetzte. Das Gelände bot kaum Schatten. Wassergräben waren entweder völlig ausgetrocknet oder nur noch eine stinkende Kloake, in der Fäkalien schwammen oder wo Unrat im Gestrüpp der Uferböschung hing. Neugeborene schrien, weil sich die Haut an manchen Stellen im Gesicht und an den Ärmchen abschälte. Alte Männer, die keine Haare mehr auf dem Kopf hatten, fühlten sich benommen und taumelten nur noch dahin, fast ohne Besinnung, gestützt auf einen anderen. Einige brachen zusammen und verloren ihr Bewusstsein, kaum dass man sie notdürftig versorgen konnte. „Wasser! Wasser!" Ständiges Stöhnen begleitete jeden Schritt. Sie sehnten sich die kühlen Tage herbei, an denen wenigstens keiner Durst leiden musste. Sie litten unsäglich, zumal es noch am Vortag regnerisch und kalt war. Der ständige Wetterumschwung und der Temperaturwechsel von einem auf den anderen Tag gingen einher mit Kreislaufschwäche.

Agnes taumelte, verdrehte die Augen und brach zusammen, schneller, als ihr jemand unter die Arme greifen konnte. „Anton, komm!", rief einer und fuchtelte mit seinem rot-weißen Sacktuch, damit er auch wirklich auffiel unter all diesen Leuten. Anton kam mit Sultan zu ihnen gepreschst, sprang vom Pferd und bückte sich zu dem jungen Mädchen hinunter. Sie hatte geschlossene Augen, atmete jedoch gleichmäßig. Aus seinem Tornister holte er ein kleines Fläschchen, Leder ummantelt, zog den Holzstöpsel heraus und setzte ihr den

Flaschenhals an die Lippen. Wohl war ihr der penetrante Geruch dermaßen unangenehm, dass sie instinktiv ihr Gesicht zur Seite drehte und erschrocken wieder die Augen öffnete.
„Komm, es wird dir gut tun!" Er legte seine Hand unter ihren Kopf und stützte sie gerade so viel, dass sie einen kleinen Schluck nippen konnte. Sie schaute ihn groß an:
„Was hast du da, das schmeckt ja abscheulich!"
„Geheimwaffe!", erwiderte er und schmunzelte erleichtert.
„Geht's dir wieder besser? Das ist bestimmt besser für dich als dieses Wasser!", meinte er und zeigte auf das Rinnsal, eine braune Brühe, die alles andere als einladend aussah.
Mütter hatten Mühe, ihre kleinen Kinder vor der Sonne zu schützen. Wenn möglich bedeckten sie die kahlen Köpfchen und ihre empfindliche Haut mit Stoff und machten ihnen Hoffnung: „Bald kommt ein Dorf, da können wir endlich wieder trinken, die haben Brunnen, ganz bestimmt bekommen wir dort krügeweise Wasser."

***

In Kleinerdlingen hatte der Pfarrer seinen Schäfchen die Anweisung gegeben, diesen lutherischen Sektierern ja kein Wasser zu geben. „Überhaupt hilft denen keiner! Wäre ja noch schöner! Horden von Bettlern, sollen schauen, dass sie weiterkommen!" Alle gehorchten ihm bereitwillig. Die Bauern nahmen die Eimer von allen Brunnen, so dass die Unglücklichen weder ihren Durst stillen noch die Pferde tränken konnten.
„Geht doch zum Bach, den Bach könnt ihr austrinken, der wird ja reichen für euch!", lachten sie nur.
„Wir haben Geld! Nicht viel, aber unsere paar Kreuzer, die könnt ihr haben", schluchzten sie und wühlten in ihren Taschen – vergeblich. Aber auch mit Geld konnten sie nichts erreichen. Verhöhnt, verspottet, beleidigt zogen sie bis zur Wiese am Ortsrand, wo sie erschöpft lagerten.

„Warum macht das einer? Warum macht das einer?" Sie konnten nur verständnislos und resigniert den Kopf schütteln.
„Als ob das Wasser im Brunnen evangelisch oder katholisch sein kann." Sie kamen sich vor wie Freiwild, einer aufgebrachten Meute hetzender Hunde ausgeliefert.
Juden des Dorfes beobachteten diese menschenunwürdige Behandlung der Flüchtlinge und waren sichtlich entsetzt. Was spielte denn der Glaube für eine Rolle, wenn Menschen in Not waren! Diese Menschen waren doch Menschen!
Die jüdische Gemeinde hatte ihre eigenen Brunnen und lud die Protestanten dazu ein, zu schöpfen und ihre Wasserbeutel zu füllen, so viel und so oft sie wollten. „Nein, gebt uns doch kein Geld! Kommt zu uns, lasst euch zusammen mit uns nieder. Bier und Brot haben wir für euch hergerichtet, satt sollt ihr bei uns werden." Als die Salzburger wieder aufbrachen, gaben ihnen die Juden noch Reisegeld mit auf den Weg.

Natürlich konnten sich so viele Menschen auf freiem Feld nicht verstecken, als sie von Hügel zu Hügel zogen und an diesem trockenen Tag eine Menge Staub aufwirbelten. Von Dorf zu Dorf erzählte man sich von diesem nie da gewesenen Ereignis. „Musst hinausgehen, vor die Türe, dann kannst sie sehen, wie sie daherkommen.", sagten die einen. „Mir reicht es schon, wenn ich davon höre. Nimm nur die Wäsche von der Leine und verriegle die Fenster, wer weiß, was das für welche sind", sagten die anderen und schlossen ihre Türen aus Angst, dass die zum Betteln kamen. Der nächste stand mit abgelegten Kleidungsstücken am Straßenrand, weil ihm jemand erzählt hatte: „Da sind nackete Kinder dabei und Leut', die barfuß laufen, so kaputt sind die Schuhe, dass sie nicht mehr verdienen, so genannt zu werden."
„Jammervoll, nackete Kinder, stöhnende Alte, leblose Wöchnerinnen, die ihre ganze Kraft hingegeben haben für totgeborene Kinder." Ohne großes Aufhebens gaben einfache Bürger

hin, was sie entbehren konnten. Viele hatten beim Bäcker, beim Metzger, am Stammtisch schon von diesem tausendfachen Schicksal erfahren und gingen heim, um ihre Schränke nach Kleidung und Bettzeug, Decken und Kissen zu durchstöbern. Dann trugen sie den Leuten die Sachen entgegen und freuten sich, dass sie etwas zum Verschenken hatten. An der Straße oder am Marktbrunnen warteten auch Handwerksmeister. Schon öfter waren Handwerksburschen aus dem Salzburgischen hier durchgekommen und ihre Arbeit erfüllten sie stets zur großen Zufriedenheit. Vielleicht waren ja zwei, drei Männer dabei, die mit dem Schmiedehammer umzugehen wussten oder sich geschickt anstellten beim Restaurieren der Fachwerkgiebel.
Hosen, Röcke, starrend vor Dreck. Von Hitze und Anstrengung glühten die Gesichter, mit dem Ärmel der Bluse wischten sich die Frauen den Schweiß aus dem Gesicht. Mütter fragten nach Stofffetzen, um die kahlen Köpfchen ihrer ein paar Wochen alten Kinder vor der Sonne zu schützen. Man brachte ihnen Wäsche, sogar Häubchen oder Taufkleidchen waren dabei. Sie fühlten sich nahezu beschämt, umgeben von dieser Welle der Hilfsbereitschaft.

***

Im August 1731 hatte der preußische Gesandte, der in Augsburg saß, bei der Regierung in Berlin angefragt, ob Preußen einige protestantische Bauern als Kolonisten annehmen könnte. In einem Schreiben vom 4. Januar 1732 antwortete der König, dass er „einige der protestantischen Emigranten aus Salzburg nach Preußen als Kolonisten engagieren wolle." Am 30. Januar reiste Johann Goebel als preußischer Commissar nach Süddeutschland, zunächst nach Regensburg. Inzwischen unterzeichnete der preußische König am 2. Februar das berühmte Ansiedlungspatent. Infolge des langwierigen diplomatischen Weges wurde dieses Patent erst am 9. März dem Salzburger Gesandten mitgeteilt. Johann Goebel erreichte am 28. März das Städtchen Harburg, wo er erstmals auf Salzburger Emigranten traf. Schier unglaublich war es ihnen, dass sie tatsächlich nach Preußen und Ostpreußen gebracht werden sollten, um dort angesiedelt zu werden, mit eigenem Hof und Land. Schon jetzt dankten sie Goebel voller Überschwang für alles, was sie künftig erwartete. Goebel registrierte von jedem einzelnen, aus welcher Familie er stammte, wo sein letzter Wohnort war, wie viel Vermögen er zurücklassen musste. Außerdem hatte er die Aufgabe, die Marschroute festzulegen und darauf zu achten, dass auf der Strecke nicht immer die gleichen Dörfer und Städte mit Verpflegung und Quartier belastet würden.

Oettingen

Mit Goebel zogen sie weiter nach Oettingen. Über die Grafschaft Oettingen regierte damals ein katholischer Fürst, da der letzte Vertreter der evangelischen Linie eben verstorben war. Graf Anton Karl von Wallerstein gab genaue Anweisung, wie die durchziehende Schar aufgenommen werden sollte.

In den Pappeln erstes Grün und das Lied der Drossel. Die Flüchtlinge waren zutiefst beeindruckt von der ländlichen Schönheit dieses Ortes. Als sie durch das Königstor zum Marktplatz gingen, blieben sie erst einmal stehen, legten ihren Kopf zurück und staunten über die Häuser: reiche Häuser, geschnitzte Giebel, eine Kirche, geschindelt, grau gegerbt von Wetter und Wind. Das Gasthaus „Goldene Gans", Fachwerk, Balken mit der Patina der Zeit, Butzenscheiben vor den Fenstern, geschnitzte Fratzen an den Ecken, verschnörkelte Ausleger für schmiedeeiserne Wirtshausschilder und Weinstuben, nach vorn geneigte Schräggiebel – wo man hinsah reiches Fachwerk an Bürgerhäusern und am Rathaus mit dem goldenen Zifferblatt. Das Storchennest auf dem First war noch verwaist, aber lange würde es nicht mehr dauern, dann kamen sicher die Storchenpaare aus dem Süden in ihre Sommerresidenz. Sie kamen immer – außer in den Jahren der Pest, da kamen sie nicht.
Auch wenn an manchen Häuserfronten die Farbe fleckig war und der Verputz bröckelte, spürte man auf Schritt und Tritt wohlhabendes Bürgertum. Am Ende der Königstraße war das mächtige Schloss, kurz vorher ging es links hinein in die Judengasse mit ihren schmalen Häuschen und der jüdischen Schule am Eck. Agnes ging neugierig in diese Gasse hinein, weil der Zug auf dem Schlossplatz zum Stehen gekommen war. „Suchst du was?", wurde sie sogleich von einem Juden

angesprochen, der sie ohne Scheu freundlich anlächelte. „Nein, ich will nur schauen, einfach nur schauen und sehen, wo ich hier bin."
„Wart!"
‚Was soll ich denn sonst tun außer warten', dachte sie sich im Stillen, als er ihr auch schon einen Teller Suppe aus dem Haus brachte und sich daran freute, wie es ihr offensichtlich schmeckte. Rechts des Schlosses lag die Gastwirtschaft „Goldener Löwen". Die Wirtin hatte das offensichtlich beobachtet und schickte sofort das Serviermädchen in die Küche: „Schau in die Vorratskammern und in den Keller, stell die Töpfe aufs Feuer, mir scheint, da gibt es heute noch viele hungrige Mäuler zu stopfen."

In der Schlossstraße, einen Steinwurf entfernt vom Schloss, lag das Wohnhaus für Hofbeamte, ein herrschaftlicher Besitz auf der evangelischen Straßenseite. Als die ersten von ihnen gerade daran vorbeigingen, öffnete sich die schwere Eichentüre mit den blitzblanken Messingbeschlägen und dem Türklopfer. Neugierige Kinder stellten sich auf die oberste Stufe der Steintreppe, riefen aufgeregt nach den Eltern und zeigten mit dem Finger auf dieses arme Völkchen, das angesichts des Renaissance-Schlosses verstummte und inne hielt ob dieser majestätischen Würde, die dieses Gebäude ausstrahlte. Angrenzend an den Wohntrakt lag der Marstall. Davor herrschte geschäftiges Treiben. Im Hof stand eine mehrstöckige Mariensäule, die mit grinsenden und feixenden Putten verziert war. Aus den vier Himmelsrichtungen der Säule spieen steinerne Fische sauberstes Wasser in das Brunnenbecken. Sie füllten Krüge und Becher mit diesem kristallklaren Wasser und tranken begierig davon. Seitens der herrschaftlichen Familie wunderte man sich, wie ruhig und diszipliniert die Verteilung vonstatten ging. Endlich konnten die Neuankömmlinge wieder sauberes Wasser trinken. Einige von ihnen hatten schon äußerst bedenkliche Magenschmerzen und krümmten sich bei jedem Schritt. Der fürstliche Apotheker und seine Helferinnen mischten getrocknete Kräuter, rührten Salben, brühten Tees, um wenigstens die gröbsten Leiden zu lindern. Der Apotheker tränkte außerdem saubere Leinenlappen mit heilenden Tinkturen und konnte mit seinem Wundverband gleich an Ort und Stelle die eine oder andere Lädierung behandeln. Kutscher und Stallburschen brachten Pferdedecken, die man im Hof ausbreitete, damit sich die Schwachen und Verwundeten hinlegen konnten. Zimperlich waren sie ja nicht. Es dauerte nicht lange, als ein Mann im grünen Rock zu ihnen stieß: „Wo kommt ihr denn her?" Sein Dialekt war gefärbt, als wäre er einer von ihnen. „Vertrieben hat uns der Firmian, aus Salzburg sind wir." Der Mann lachte und freute sich, als wären sie einmal Nachbarn gewesen und kannten sich doch nicht. Es stellte sich schnell heraus, dass er als Kind mit den protestantischen Eltern aus Kärnten emigrierte und hängen blieb. Hier durfte er dann in die Schule gehen und bekam eine Anstellung beim Grafen, zuerst als Forsteleve. Später hat das Fürstenhaus ihm dann ermöglicht, seine Jagdprüfung zu machen. Seither stand er in den Diensten des Schlossherrn als Heger und Pfleger des Waldes und als Jäger auf Rot- und Niederwild. Er konnte gar nicht genug berichten von dieser Ehre und natürlich von der unermesslichen Schönheit, in der sich im Rhythmus des Jahres der Wald darbot. Auch eine Falknerei gehörte zu seiner Aufgabe und er musste ihnen ganz genau erklären, was es damit auf sich hatte. Sie kamen aus dem Staunen nicht heraus, wie er ihnen mit reichen Gebärden, vielleicht auch gefärbt mit dem ein oder anderen Jägerlatein, von seiner Jagd auf Wild mit Hilfe seines abgerichteten Falken und Adlers berichtete.

Dass er hier einmal Landsleute treffen würde, Ei der daus, wer rechnete denn mit so was. Er machte ihnen Mut, nachdem ihm schon so viel Gutes widerfahren sei, würden sie bestimmt auch ihren Weg machen, ganz bestimmt sogar, schließlich käme mit dem Glauben und dem Beten auch das Glück und ohne Glück ginge gar nichts.

Die ganze Stadt war auf den Beinen, um die Salzburger auf Geheiß ihres Fürsten mit großer Herzlichkeit zu empfangen. Die katholische Familie Oettingen-Spielberg setzte alles daran, es ihnen an nichts fehlen zu lassen. Nach ihrer Ankunft ließ der Graf von Oettingen-Spielberg den preußischen Commissar Göbel zu sich zitieren und lud nicht nur ihn zur Tafel, sondern ersuchte förmlich darum, dass er zwölf Salzburger mitbringen sollte. Diese Einladung war den einfachen Leuten ganz und gar unvorstellbar und löste eine große Unruhe aus.

„Wie sollen wir dermaßen heruntergekommen vor die Augen des Fürsten treten? Wer darf zu ihm, wen können wir denn auswählen für diese Ehre?" Fragen über Fragen. Schnell fanden sich zwölf aus ihrer Gruppe, die redegewandt erzählen konnten, des Schreibens und Lesens kundig waren und sich bei Tisch nicht allzu bäurisch benahmen. Philipp und Sara, Agnes, Johannes, Margret, die sich immer rührend um das Kind ihrer verstorbenen Freundin sorgte, Georg Forsttretter und Michael Käßwurm, die sich schon in Augsburg beim amtlichen Verhör hervorgetan hatten, Joseph Höller, der seinen Ramos im Stall einem Burschen anvertrauen konnte, Nikolaus, der dem Joseph nicht mehr von der Seite gewichen war, seit sie losgegangen sind, Georg Kleiner, der noch immer von diesem besonderen Mädchen in Augsburg träumte, Hans Bühler, sehr geschwächt vom Hunger und dem langen Weg, allen voran der Commissar Göbel, der sich schnell hineinfand in seine Aufgabe. Beschützen wollte er diese Protestanten, bis er sie dem König überstellen konnte.

***

Was musste das für ein gütiger Gott gewesen sein, der das Herz des Königs derartig gelenkt hatte, dass er sie unter seinen Schutz stellte. Alle miteinander besuchten sie für ein Vaterunser noch die evangelische Pfarrkirche St. Jakob direkt neben dem Schloss, ehe sie mit zitternden Knien die breiten Granitstufen zum Schlosseingang hinaufschritten. Im endlos langen Korridor lag ein dicker roter Teppich, der alle Geräusche dämpfte und ihr Flüstern noch vollends verschluckte. Über dem Gang wölbte sich die Decke, verziert mit Fürstenlilien. Von den Wänden schauten gestreng die goldgerahmten Ahnen. Zwischen den Gemälden hingen Trophäen von Hirsch und Gams und das gedrehte Gehörn einer Antilope. In regelmäßigen Abständen hingen Kronleuchter mit aufgesteckten Kerzen von der Decke. Die Ahnengalerie war unterbrochen von Messingleuchtern, an denen kunstvoll geschmiedete Kröten herumturnten. Am Ende des Ganges stand ein großer Ofen, der vom Boden bis zur himmelhohen Decke reichte und dessen wunderschöne glasierte Kacheln sie in Staunen versetzte. Sie warteten an einer Glastür, deren matte Scheiben eingravierte Blumenranken zierten, getrauten sich nicht weiterzugehen, bis ein uniformierter Lakai mit weißer Lockenperücke sie als Erstes in den Salon führte, der normalerweise nur den Damen vorbehalten war. Hier verteilten sie sich auf Chaiselongue, Lederfauteuil und Stühle, um aufs Essen zu warten. Die Frauen saßen ganz vorne auf der Kante ihres Sitzmöbels, beide Füße fest auf den Boden gestemmt, damit niemand ihre Unsicherheit merkte. Der Parkettboden knarrte. „Zu trocken", sagte einer hinein in die Stille. Agnes schaute sich eingehend den Schrank an, der sie mit seinen Intarsien kolossal faszinierte: ein Adler auf der Mitteltür, feinste Einlegearbeit, der untere Teil breit und geschwungen, auf Hochglanz poliert, die Beine geschnitzt wie Hundepfoten, darüber ein Aufsatz mit einer Türe, auf der ein wunderschöner Fantasievogel mit langem Schwanz prangte. „Kirsche", sagte der sonst wortkarge Nikolaus, der ihr Interesse beobachtet hatte. „Ah, Kirsche", gab sie ihm zurück. Dann hörte man wieder nur entferntes Murmeln oder eine Türe, die ins Schloss fiel. Sie schauten Richtung Eingang, auf den Kerzenleuchter daneben, hinter der Kerze ein Spiegel, der das Licht noch einmal zurückwarf. Auf der anderen Seite das überlebensgroße Porträt der Fürstin, ihre Haare bedeckt von einer Mantille aus feinster Spitze, die vom Kopf über die Arme fiel. Ihre Schultern waren keusch bedeckt von einem Samtüberwurf. Wie schön, wie wunderschön diese Frau doch war. Auf dem Tisch standen Gläser und eine geschliffene Karaffe mit Wasser und eine mit Wein, die der Lakai für sie hingestellt hatte. Agnes wollte sich gerade einschenken, als ein Küchenmädchen mit weißer Schürze durch die Tür kam und sie mit einem angedeuteten Knicks aufforderte: „Es ist angerichtet!" Agnes hätte vor Schreck beinahe ihr Glas fallen lassen. Die freundliche Stimme ließ auch die anderen zusammenfahren.

„Ich darf vorausgehen?" Sie folgten ihr in den Speisesalon, wo zwei runde Tische eingedeckt waren. Auf dem Damasttuch standen weiße Teller mit Goldrand und goldener Fürstenlilie, daneben glänzendes silbernes Besteck, über dem Messer das Trinkglas, neben der Gabel die Damastserviette mit Monogramm, in der Tischmitte die Terrinen mit Suppe, die Platten mit Fleisch, die Schüsseln mit Gemüse und Knödeln. Unter der Türe stand der Graf mit wallender, weißer Perücke und hieß die Schar aufs herzlichste willkommen: „Setzt euch, ich freu mich, dass ich euch heute bewirten darf. Vielleicht kann ich ... ach lassen wir das – katholisch, evangelisch, jüdisch, hier in Oettingen lebt man zusammen, jeder nach seiner Fasson, würde ich die Evangelischen wegschicken, indiskutabel, dann wäre jedes zweite Haus leer. Wer soll dann noch Steuern zahlen? Ach, ich rede von Steuern und ihr habt Hunger und sitzt mit knurrendem Magen vor dem Trog. Einen guten

Appetit wünsche ich euch." Sie schauten sich gegenseitig an. Mit Philipp falteten sie die Hände und beteten mit gesenkten Köpfen: „Aller Augen warten auf dich, und du gibst ihnen ihre Speise zur rechten Zeit, du tust deine Hand auf und sättigst alles, was lebt, nach deinem Wohlgefallen. Amen."
Als sie wieder aufschauten, saß der Graf tief beeindruckt mit gefalteten Händen vor seinem Teller und bekreuzigte sich, ehe er seinen Löffel in die Flädlesuppe tauchte als Zeichen, dass sie ebenfalls anfangen durften. Ein Lächeln ging über ihre Gesichter: Frittattensuppe, die kannten sie, die schmeckte, fast wie daheim. Daheim. Jetzt nicht daran denken, jetzt nicht.
Der Graf zeigte echtes Interesse an ihrem Schicksal und Philipp, den man neben ihn platziert hatte, musste ihm nochmals den Weggang schildern und beschreiben, wie es in Kaufbeuren und Augsburg war. Tief erschüttert war der Graf über den tödlichen Zwischenfall auf der Wörnitz und über das ungebührliche Benehmen des Pfarrers und der Bauern in Kleinerdlingen, für das er sich nur in aller Form entschuldigen könne. „Es gibt eben Katholische, die sind wie die Kleinerdlinger, und es gibt welche, die sind wie die Oettinger", meinte Philipp lakonisch und ließ sich noch eine Portion Knödel und Gulasch auf den Teller schöpfen. Der Graf freute sich, dass es seinen Gästen schmeckte. „Esst euch satt, esst euch richtig satt!" Das musste er ihnen nicht zweimal sagen.
Zum Personal gehörte auch ein Mohr, der ihnen anfangs einen ganz gehörigen Schrecken eingejagt hatte. Nie zuvor hatten sie einen Menschen mit anderer Hautfarbe als der ihrigen gesehen. Ab und zu gab der Papagei, der auf einem Holzreifen angekettet war, ein fröhliches Lachen von sich, dann war wieder nur ein leises Schmatzen und Schlürfen zu hören, auch der eine oder andere Rülpser. „Man hört, wie es euch schmeckt! Das werde ich der Köchin melden, die die ganze

Ehre ihrer Zunft hineingelegt hat in dieses köstliche Mahl", sagte der Graf zwischendurch.

***

„Danket dem Herrn; denn er ist freundlich, und seine Güte währet ewiglich. Amen", so beteten sie nach dem Essen und benutzten die Servietten, wie der Graf es ihnen vormachte.
„Hiermit hebe ich die Tafel auf." Mit diesen Worten bat er sie noch in den Herrensalon, denn, zugegeben, er genoss es sehr, sich mit diesen Männern zu unterhalten, die Weisheit und Witz in ihre klugen Reden einfließen ließen.
„Wie stellt ihr euch die Zukunft vor?"
„Zukunft – Ziele – das sind noch Träume. Nach Ostpreußen geht es, Haus und Land gibt es dort, hat der Preußenkönig uns versprochen. Aber der Weg ist noch mit Angst gepflastert und das Land ist noch nicht bestellt. Doch die göttlichen Tugenden Glaube, Hoffnung und Liebe sind uns täglich aufs neue Quellen der Kraft, ebnen unseren Weg."
Der Edelmann spürte, dass er es mit geradlinigen, redlichen Menschen zu tun hatte, die entschlossen an sich und ihren Herrn glaubten. Über ihre Antworten war er oftmals ungemein gerührt und schloss mit der Äußerung: „Wenn ihr so fortfahrt und beständig bleibt in eurer Gesinnung, so werdet ihr keineswegs verloren gehen, sondern ewig selig werden. Ihr gefallt mir. Und doch kann ich euch nicht aufnehmen, das würden die armen Häusler nicht verstehen und höchstens sagen: ‚Für die da hat er Geld.' Aber noch einen Tag oder auch zwei könnt ihr bleiben zur Rast. Bevor ihr dann meine Stadt wieder verlassen werdet, möchte ich noch ein Fest ausrichten, zu essen und zu trinken wird es reichlich geben. Musik darf nicht fehlen. Ganz ungezwungen könnt ihr euch dabei in diesen Räumen bewegen. Mit dem Schlafen – das werde ich schon mit meinem Hofstaat

arrangieren, dass ihr in Wirtshäusern und bei Bürgerfamilien euer Quartier beziehen könnt."

***

Ein Fest auf dem Schloss extra ihnen zu Ehren – kaum fassen konnten sie es. Die meisten wollten da gar nicht hin: „Was sollen wir da? Sollen wir uns anschauen, wie man lebt, wenn man die Kisten voller Gold hat? Schau uns doch an, was wissen wir, was können wir, was haben wir? So doch nicht!" Aber es gab auch andere, die sich den Abend ausmalten in Gold und Silber und bunter Freude. Wer schon an die Tafel geladen war, wollte gerne noch einmal dieses Märchen erleben. Philipp und Sara, Agnes, Johannes, Margret, Georg Forsttretter und Michael Käßwurm, Joseph Höller, Nikolaus und Georg Kleiner. Hans Bühler war auch nach dem reichlichen Mahl im Schloss so schwach, dass ihm ein Bett lieber war als ein Fest. So entschied sich Philipp für Johanna, die sich noch immer schrecklich grämte, dass sie sich von ihrem Balthasar hatte trennen müssen. Das Fest würde ihr sicherlich gut tun und ablenken von ihrem Seelenschmerz. Auch Commissar Göbel nahm die Einladung zum Fest des Grafen gerne an und schlug vor, auch den Anton mitzunehmen, schließlich habe der sich unterwegs ja wirklich eingesetzt und nachdem er konvertiert sei, gelte er schließlich als einer von ihnen. Natürlich wollte jeder wenigstens einigermaßen standesgemäß bei Hofe auftreten können und nicht schon zwei Meilen gegen den Wind stinken nach Dreck und Armut. Abwaschen wollten sie sich diesen Hautgout von Vertreibung und Flucht.

***

Baden, das kannten sie gar nicht, höchstens das Schwitzbad, wenn der Flachs geröstet wurde, bis die Stängel brüchig waren. Dieses Brechelbad bedeutete dann für sie den höchsten Genuss. Aber sonst genügte die schnelle Wäsche am Brunnen draußen auf dem Hof. Im Winter musste zuerst der Vater gehen, mit dem Eispickel. Baden, das war schon etwas sehr Fremdes!

Das Badehaus in Oettingen wurde normalerweise nur am Samstag beheizt, aber in diesem dringenden Fall galten diese Regeln nicht. Ein Laufbursche wurde zum Bader geschickt, dass er dringend gleich kommen solle, weil auf ihn und sein Personal ein arbeitsreicher Tag warte.

Im Badhaus hatten die Waschfrauen und Waschmänner alle Hände voll zu tun, Wasser auf dem Feuer zu erhitzen, Bottiche bereitzustellen, dass wenigstens diejenigen, die zum Fest des Fürsten gingen, sauber waren. An einem Ende des niedrigen Gemachs stand ein Ofen, daneben ein Kessel mit heißem und ein Kübel mit kaltem Wasser und jeder konnte daraus schöpfen und mischen, bis das Wasser die richtige Temperatur hatte. An den Wänden entlang reihten sich Bänke, auch übereinander, die so genannten Schwitzbänke. Hier konnte sich der Badegast höher oder niedriger setzen, je nach dem, ob er stark oder nicht so stark schwitzen wollte. Wer nass baden wollte, setzte sich in eine Badewanne, die mit Wasser gefüllt war.
Die Badeordnung sorgte dafür, dass es hier nicht zuging wie in Sodom und Gomorrha, wo Laster und Wollust zum Untergang führten. Diese Badestube war anständig nach Frauen und Männern getrennt. Züchtiges Verhalten wurde streng überwacht.

Unter den Salzburgern herrschte große Aufregung, waren ihnen doch diese Umstände etwas völlig Fremdes, manchen auch Unnötiges. Baden in einem öffentlichen Haus unter den

Augen von fremden Menschen: Vor allem für die Frauen war es schrecklich. Aber dass es notwendig war, konnte doch jede von ihnen einsehen.

Jede der Frauen bekam an der Eingangstüre fein säuberlich zusammengelegt ein bodenlanges leinenes Badehemd und eine Badehaube, unter der das lange Haar zusammengesteckt werden konnte. Auf diesem Kleiderstapel lag zuoberst ein Stück Seife. Durch Vorhänge voneinander getrennt, standen die dampfenden Holzbottiche. In einem Drahtkorb lagen Fläschchen mit parfümiertem Öl und mit Essenzen. Offensichtlich hatte man sich seitens des städtischen Amtes vorgenommen, diese Leute einmal richtig zu verwöhnen. Freiwillige Helfer wiesen die Emigranten dazu an, wie sie sich verhalten sollten, denn sie konnten denen an den Augen ablesen, wie unwohl sie sich in ihrer Haut fühlten. „Jetzt ziehst du mal diese Sachen aus. Wie lang hast du das denn schon am Körper? Das kann man ja gar nicht." Dabei schüttelte die junge Frau entsetzt den Kopf. „Die Sachen kannst du auf diesen Hocker legen. Dann streifst du das Badehemd über und steigst in den Zuber. Daneben steht ein Krug mit heißem Wasser und einer mit kaltem. Wenn dir das Wasser zu heiß ist, dann nimmst du den einen Krug, wenn es dir zu kalt ist, den anderen. Ich gehe jetzt mal da hinüber. Wenn du im Wasser bist, komm ich wieder zu dir." Sara und Margret erwartete die gleiche erholsame Prozedur.

Es war für diese Helferinnen gar nicht so einfach, denn nie zuvor hatten sie so verschmutzte, verwahrloste und heruntergekommene Menschen gesehen. Dass sie sich jetzt nicht total ekelten ... sie verstanden es selbst nicht. Wahrscheinlich, weil sie nicht an deren Stelle waren. Wie die Fremdlinge sich schämten und genierten, es machte sie selber ganz verlegen. „Ich bin die Margarete. Du bist die Agnes? Ich habe vorhin gehört, wie man dich gerufen hat. Musst jetzt nicht so tun, als wolltest du in einem Mauseloch verschwinden. Vorstellen kann ich es mir sowieso nicht, dass ihr so lange unterwegs gewesen seid. Da, hast noch was zum Trinken, hast sicher mächtigen Durst, so heiß wie es hier drinnen ist. Kannst ruhig erst trinken, bevor wir weitermachen. Wasser und ein bisschen Holundersirup ist drin. Die Haare wasche ich dir jetzt nicht, damit du dich beim Rausgehen nicht auch noch erkältest. Die steckst du einfach unter das Kopftuch, ich gebe dir nachher ein schönes von mir. Komm, streck mir die Füße raus, dann kann ich dir die mal massieren, wirst sehen, wie dir das gut tun wird. Schuhe, Wäsche, Kleid kann ich dir auch geben. Hast ja ungefähr meine Figur und – bist ein hübsches Mädel, sollst auch hübsch aussehen, wenn du aufs Schloss gehst, wirst den Lakaien ganz schön die Augen verdrehen." Margarete blinzelte dabei recht verstohlen. „Ach, weißt du, Margarete, daheim war ich immer ordentlich angezogen. Die Mama hat aus einem Fetzen noch einen Fetzen zum Anziehen machen können und das hat obendrein noch schön ausgesehen. Wenn ich als Kind etwas Neues wollte, dann habe ich dem Papa seinen Schnauzbart gezwirbelt und ihm recht schön getan, dann hat er mir manchmal was mitgebracht, wenn er auf den Pferdemarkt gegangen ist. Da haben wir dann schon voller Sehnsucht gewartet, was er wohl dabei hat. Jetzt ist es mir ziemlich egal, wie ich aussehe, Hauptsache ist, dass ich nicht mehr so friere und nicht mehr so stinke, ich habe mich ja selber nicht mehr riechen können." Agnes kippte heißes Wasser über ihre Arme, dann rutschte sie noch etwas weiter ins Wasser hinein, so dass nur noch Kopf und Hals heraus schauten. Wie wohlig es ihr war! Sie schloss für einen Moment die Augen. „So stell ich mir den Himmel vor. Bin ich schon im Himmel?" Margarete lachte. „Nein, nein, bist schon noch unten auf der Erde, da sollst du auch noch eine Zeitlang bleiben, jung wie du bist." Agnes hatte sich schnell an dieses wohltuende Bad gewöhnt und hielt ganz still, als ihr das junge Mädchen mit parfümiertem Öl und wohlriechenden Essenzen die Füße massierte. Jetzt erst spürte sie, wie ihr jeder einzelne Zeh, jedes einzelne Gelenk weh tat. Solange sie mechanisch einen Fuß vor den anderen setzte, war sie ja gar nicht zum Nachdenken gekommen. Bei manchen Berührungen hätte sie am liebsten geschrien. Der Druck des Daumens auf den Fußballen und das Streichen über den Rist waren fast nicht auszuhalten, die offenen Blasen an den Fersen mussten dringend behandelt werden. Als hätte Margarete ihre Gedanken gelesen, sagte sie: „Wenn ihr dann alle fertig seid, wird euch unser Bader anschauen und verarzten, der hat schon seine Mittelchen."

Dass sie jetzt hier noch länger rasten durften, dass sich Margarete und die anderen so einsetzten, dass sie saubere Kleider auf den Leib bekamen und satt wurden, dass der Herr ihre Gebete offensichtlich erhört hatte – es war schon eine gewaltige Fügung, dass man sie in diesen Ort geführt hatte.

Der Bader hatte bereits sein Personal angewiesen, auch für frische Wäsche und Kleidung für Männer und Frauen zu sorgen. Aus der Nachbarschaft kamen Spenden: Kleider und Hosen, Schürzen und Tücher, Strümpfe und Schuhe. Sogar ein Hausmantel mit gewebten zweifarbigen Ornamenten war dabei. Später erfuhr man, dass sich der Herr Geheimrat nur ungern von diesem schönen Stück getrennt hatte, aber seine Gemahlin hat einfach nicht nachgegeben und gemeint, er könne sich ja wieder so ein Stück kaufen und übrigens seien die Motten drin.

Die Anziehsachen häuften sich auf den Tischen im Flur der Badestube, so dass die Helfer ihren Schützlingen das passende Stück aussuchen konnten. Die Männer kamen nach dem Baden noch auf den Rasierstuhl. Hier rückte ein Bader dem viel zu langen, struppigen Barthaar zu Leibe und brachte das Kopfhaar in ordentliche Fasson. Als sie sich im Spiegel anschauten, erkannten sie sich selbst nicht mehr.

Auch der Hofdiener erkannte keinen der Männer und Frauen, so sauber und gepflegt, so herausgeputzt und zurechtgemacht waren sie. Er ging mit ihnen durch den Korridor, vorbei an der Ahnengalerie, durch die Doppeltüre mit den geschliffenen Glasfenstern in den Speisesalon mit den silbernen Obstkörben, durch das besondere Zimmer mit der chinesischen Vase auf dem Kaminsims und den üppigen Stuckornamenten, golden, weiß, rosa, mit den aneinandergereihten Königslilien, bis sie endlich in den Konzertsaal kamen, wo für den festlichen Abend mit Musik schon alles vorbereitet war. Welche Pracht! Auch hier bunter Stuck, der Türstock aus Kunstmarmor, der Boden belegt mit Eichenparkett, Raute neben Raute mit eingelegtem Achteck. Wo man hinsah kleine Wunder. An der Wand das Porträt des Fürsten, über dem Portal stuckierte Früchte, Weintrauben, Mandarinen, goldenes Bandelwerk, Schnörkel und Knoten. Aus einem Füllhorn regnete es filigrane Blüten, über dem Kamin türmten sich Austernmuscheln aus Porzellan, eine über der anderen. Unter dem Kachelofen lag ein lebendiger Hund und schlief, ließ sich auch von diesen Menschen nicht stören. Schon bei den Möbeln in anderen Räumen war ihnen aufgefallen, dass der Hund im Hause Oettingen wohl eine große Rolle spielte.

Die geschnörkelten Stühle standen nebeneinander in der Nähe des Fensters.

„Ihr setzt euch erst, wenn der Graf sich hinsetzt", flüsterte Göbel ihnen zu.

Der Fürst hielt eine äußerst herzliche Willkommensrede. Dabei lächelte er begeistert, als er erkannte, dass wohl seine Untertanen alles unternommen hatten, um diese Flüchtlinge zu unterstützen. Kaum zu glauben, dass dies die gleichen Menschen sein sollten wie die Männer und Frauen, die er schon einmal an seinem Tisch bewirtet hatte. Mit einer einladenden Handbewegung hieß er sie, Platz zu nehmen. Einige räusperten sich noch einmal. Dann erhob sich das junge

Mädchen von ihrem Hocker am Cembalo, machte einen Knicks und zeigte ein scheues Lächeln, als sie in die Runde schaute. Georg Kleiner wurde es ganz zweierlei, als sie auch ihn anschaute. Kaum hielt er es für möglich, aber sie war es, es gab keinen Zweifel. Ihr Kleid heute in Gelbtönen, gelb wie eine ganze Löwenzahnwiese, dazwischen das blasse Gelb einer reifen Weizenähre. Sie. Der Graf erhob sich noch einmal: „Isabella Marie, eine Nichte meiner Frau Gemahlin, weilt zur Zeit auf unserem Schloss. Sie lebt sonst in der Nähe von Augsburg. Heute wird sie uns einen reizenden Abend schenken. Isabella, bitte."

Man hätte eine Feder fallen hören können, als dieses liebreizende Geschöpf kurz die Augen zumachte, seine grazilen Finger auf die Tasten legte und dem Instrument fröhliche, aber auch getragene Melodien entlockte. Sie fanden darin die ganze Bandbreite ihres Weges von Salzburg bis hierher: Höhen und Tiefen, Landschaften, hilfreiche Glaubensbrüder und -schwestern. Alles zog an ihnen vorbei, bis sich die gewünschte Entspannung einstellte und endlich ein Lied einfach nur ein Lied war und blieb, bis sie in innerem Gleichklang zufrieden der Musik lauschten und sich mitnehmen ließen auf den Flügeln des Melodienreigens.

So wie Georg jetzt aussah, musste er sich seiner nicht mehr schämen. Es lag nicht mehr der Gestank des wochenlangen Unterwegsseins auf ihm, sein Bart gab ihm fast eine gewisse Würde. Aber – sie hatte ihn sicher nicht einmal erkannt.

Nach dem ersten Stück bekamen die Gäste in der kleinen Pause Gelegenheit, ein paar Häppchen zu sich zu nehmen und sich zu unterhalten. Sie getrauten sich gar nicht, zum reichhaltigen Büfett zu gehen und mussten immer wieder dazu aufgefordert werden. Ungewohnt war dieser Rahmen für sie, sie kamen sich vor wie in einer völlig fremden Welt. Fremd in der Fremde – das spürten sie sehr wohl. Nur die

Anwesenheit ihrer eigenen Landsleute gab ihnen Halt. Am liebsten hätte sich der eine oder andere unbemerkt davongeschlichen.

Georg blieb auf seinem Stuhl sitzen, als wäre er mit Pech angeklebt. Unverwandt schaute er Isabella an, wie sie da saß in ihrer natürlichen Grazie. Die blonden Locken fielen ihr über die Schultern, die von einem veilchenblauen, seidig glänzenden Tuch umschmeichelt wurden. Jetzt stand sie auf und ging geradewegs auf ihn zu. Er drehte sich ab, war gar nicht mehr so mutig, er spürte sein Herzklopfen bis zum Hals. Da blieb Isabella schon neben seinem Stuhl stehen. Zur Salzsäule hätte er in diesem Moment erstarren mögen, als sie ihn musterte. Langsam erhob er sich von seinem Stuhl, dass sie nicht dermaßen auf ihn herabschauen musste.
„Danke für dieses schöne Spiel", stammelte er verlegen.
„Haben wir uns schon einmal gesehen? Im ersten Moment bist du mir bekannt vorgekommen, im zweiten dann doch wieder nicht, dann war es mir wieder, als wärest du mir in Augsburg schon aufgefallen, als die Hochzeit gefeiert wurde? Im Schaurischen Gartenhaus? Hast dich rausgeputzt für heute! Dort warst du noch anders gekleidet!" Sie lächelte, als sie das sagte.
„Dein Lockenkopf und dein Bart haben sich mir eingeprägt. Aber vor allem dein seelenvoller Blick, deine Grübchen in den Wangen und deine Lachfältchen um die Augen. Viel mehr hat dein wuchernder Bart ja nicht frei gelassen." Mit ihrem Lachen nahm sie auch ihm alle Scheu und er konnte einfach nur mitlachen, so ansteckend war es. Sie kam seiner weiteren Frage zuvor:
„Hier in Oettingen bin ich immer sehr gerne, lieber als in der Stadt. Es ist, als ob man auf dem Land mehr Luft bekommt. In Augsburg, da ist es mir immer so, als wäre ich eingesperrt und unfrei. Aber hier ... Der Graf ist mein Oheim, musst du

wissen. Meine Eltern leben nicht mehr und ich stand unter seiner Vormundschaft, solange ich nicht mündig war. Aber auch dann hat sich für mich vom Gefühl her nichts geändert. Es ist mir ganz recht, wenn jemand auf mich aufpasst, solange ich es nicht merke." Die beiden sahen sich an, dachten dasselbe und getrauten sich doch nicht, es dem anderen zu offenbaren.

„Wie heißt du?", riss sie ihn aus seinen Gedanken.

„Kleiner, Georg", sagte er einsilbig und konnte sie immer nur anschauen. Dass er sie noch einmal treffen würde ...

„Kleiner? So klein bist du doch gar nicht." Schnell gelang es ihr damit, die Situation zu entspannen.

„Ich bin Isabella Marie." Dabei reichte sie ihm ihre Hand, die er am liebsten nicht mehr losgelassen hätte. Seine Gedanken formulierten Sätze, die er sich gar nicht getraute, ihr zu sagen. Was hätte sie bei seinen plumpen ungelenken Wörtern über seine Sehnsucht denken sollen und dass es ihm so war, als wäre sie immer neben ihm gegangen, nur mit dem Unterschied, dass er dreckig und staubig war und sie in seinem Tagtraum immer ihr Tüllkleidchen und ihre Seidenschuhe angehabt hatte und dass sie im Traum ihn immer angeschaut hat und jedes Mal hat es ihm dabei einen Stich ins Herz gegeben. Das hat er ihr mit seiner bäuerischen Sprache doch nicht sagen können.

„Hast du was gesagt?"

„Nein, hab nur gedacht, für mich was zusammengedacht!"

„Georg heißt du? Dann bist du ja einer der Nothelfer!" Weil er davon nichts wusste, erzählte sie ihm die Legende vom Heiligen Georg und dass der als Märtyrer gestorben ist, aber davon hat er gar nichts wissen wollen. „Märtyrer? Die sind ja gestorben, ich aber will noch leben, vor allem jetzt, wo es mir so gut geht und ich sogar mit den anderen die Aussicht darauf habe, dass wir wieder was wert sind, den Gedanken hat man uns ja austreiben wollen in unserem Land."

„Was hast du denn gelernt? Hast du was gelernt? Vielleicht irgendetwas, was wir hier brauchen können?"
„Ach weißt du, bei uns, da muss man eigentlich von allem etwas können. Da gibt es keinen, der nur Zimmermann ist oder nur Schmied oder nur Schlosser. Natürlich kann ein Zimmermann auch Möbel bauen und ein Schmied weiß, wie man Eisen- oder Messingbeschläge bearbeitet und lernt schnell das Fertigen eines Türschlosses. Wenn ich einen Amboss vor mir habe und einen Hammer in der Hand und in der Esse brennt das Feuer, dann biege ich für euer Pferd ein neues Eisen für den Huf!", und dir ein Hufeisen, dass es dir Glück bringt, setzte er in Gedanken dazu.

***

Die Salzburger Protestanten waren am anderen Tag recht ausgeruht und gestärkt, um ihre Weiterreise anzutreten. Jeder hatte ein gutes Nachtlager bekommen und ein stärkendes Morgenmahl. Viele Gastgeber hatten noch Speckseiten und Schinken in ein Bündel geschnürt, den Bäckern war es eine Ehre, Brot und Pumpernickel, aber auch Kleingebäck einzupacken. Die Stimmung war fast heiter und man hätte nicht sagen können, wer evangelischen, wer katholischen oder jüdischen Glaubens war, so einträchtig standen die Oettinger zum Abschied an der Straße, als sich die Flüchtlinge zum Abmarsch richteten. Eine lange Menschenschlange vom einen Stadttor zum anderen zog durch die Stadt. Als Georg Kleiner mit seinen Freunden das „Gasthaus zur Goldenen Gans" passierte und seine Blicke im Zickzack von einer Straßenseite zur anderen schickte, entdeckte er in den Reihen der Winkenden seine bezaubernde Isabella – er kannte kein anderes Mädchen mit diesem klangvollen edlen Namen, allein schon, wenn er ihren Namen dachte, war es ihm, als hätte er ein Zuckerstück auf seiner Zunge. Sie wedelte energisch

mit ihrem Spitzentuch so aufgeregt hin und her, dass er noch einmal aus der Reihe ausscherte und zu ihr ging. „Willst du hier bleiben?", fragte sie schüchtern und traute sich gar nicht, ihn dabei anzusehen, war es ihr doch bewusst geworden, dass sie sich in ihrem Gespräch am Vorabend eigentlich recht unschicklich benommen hatte. „Meinem Oheim auf dem Schloss habe ich von dir erzählt, was du alles kannst, dass du alles kannst, da hat er mir erst ganz lang in die Augen geschaut und ich habe mich bemüht, seinem Blick standzuhalten. Länger als diesen Augenblick hat er nicht gebraucht zum Überlegen. ‚In so einem Schloss kann man immer einen brauchen, der alles kann, wenn du ihn noch einmal siehst, zufällig, dann sag ihm, er kann bleiben, wenn er anständig ist', hat er gesagt, dann hat er sich gleich wieder seinen Geschäften zugewandt."
„Und was meinst du, bin ich anständig?"
„Ich glaube schon. Beim Hufschmied könnte man einen brauchen wie dich. Stark bist du, das kann man sehen, einen starken Willen hast du auch, das kann man auch sehen, wenn man zwei Augen hat und auch noch das sieht, was andere vielleicht nicht gleich erkennen. Hufe ausschneiden und hinsehen, wenn die Eisen angepasst werden, verletzte und kranke Tierfüße behandeln, Horn abraspeln, auch Pferdezähne untersuchen und Klaueneisen machen für die Ochsen, die vor den Wagen gespannt werden und Lasten ziehen müssen ..."
„Ja sag mal, woher weißt du das denn alles, hast gewiss auch schon geholfen, so wie du aussiehst?", und er lachte herzlich und sie hatte Freude an seinen Grübchen.
„Nein, geholfen habe ich noch nicht, aber hingegangen bin ich immer gern, schon als Kind, das Lied vom Amboss, die stiebenden Funken in der Esse, das hat mir schon immer gut gefallen. Dieser ganz besondere Geruch von Kohle, Feuer und heißen Eisen ..." Georg schaute Isabella lange an, sie hob ihren Kopf und gab ihm den Blick zurück. „Habe nichts zu

verlieren, alles, was ich besitze, trage ich bei mir, wer allein reist, hat leichtes Gepäck!"
Er ging seinen Leuten nach, um sich von Georg Forsttretter und Michel Käßwurm noch zu verabschieden, mit denen er doch eine sehr schwierige, schicksalhafte Zeit zugebracht hatte. Es war ein anderer Händedruck als der im Salzburgischen von Verwandten und Freunden. Oettingen. Dieses liebenswürdige Fürstenstädtchen als neue Heimat zu finden, nicht zu weit weg von der alten. Vielleicht, wer weiß, konnte er ja eines Tages wieder da hin, wo er her kam, aber jetzt einfach dableiben und zu sich selber sagen können: „Ich bin angekommen!", das war etwas Gutes, weitaus mehr, als er sich unterwegs erträumt hatte. Isabella Marie, diese Begegnung, da hatte wohl einer die Fäden in der Hand gehabt. Katholisch wird sie sein, was sie alles über den Heiligen Georg wusste, aber es störte sie wohl nicht, dass er nicht katholisch war.

Beim Abschied erbot sich der Graf dem Commissar gegenüber, er wollte diesen Leuten alles Liebe und Gute erweisen und sooft wieder solche Auswanderer kämen, allemal zwölf derselben auf die gleiche Art verköstigen. Zuletzt verabschiedete er die Leute mit der Ermahnung, sie sollten nur so weitermachen und beständig bleiben, dann würden sie nicht verloren gehen, sondern selig werden. Diese christliche Weitherzigkeit aus dem Munde eines katholischen Fürsten entschädigte für so manche Beschimpfung, die sie sich hatten anhören müssen.

Unterwegs genossen sie endlich den Reichtum von Pflanzen auf den Wiesen, Kräuter, die ihren Speiseplan bereicherten: Sie sammelten Wasserminze und Sauerampfer, wilde Möhre und Eisenkraut und Taubnessel. Spitzwegerich war ihnen wichtig für Umschläge, wenn Wunden bluteten, Hirtentäschelkraut und manchmal auch Zitronenmelisse für Tee, wenn sie heißes

Wasser bekamen. Auch die Kinder freuten sich darüber, wenn sie Halme vom Hirtentäschelkraut am Weg fanden und die kleinen Blättchen abknabbern konnten. Sie schadeten ihnen ja nicht.

***

Im Land war es, als erlebe das Reich einen neuen Auszug aus Ägypten. Die Vertriebenen hatten unterschiedliche Strecken genommen, dass es fast so aussah, als kämen sie von allen Seiten. Von dem zweiten Zug, der ebenfalls durch das Oettingische ging, fanden 300 in der Stadt Dinkelsbühl gastfreundliche Aufnahme und milde Unterstützung zu ihrer weiteren Reise. Als sie von da aus das Ansbachische betraten, freuten sie sich, in ein fast ganz evangelisches Land gekommen zu sein, wo sie nun nicht mehr, wie an mehreren Orten zuvor, harte Worte hören mussten oder gar verprügelt wurden, sondern ihnen die Bürger mit herzlicher Teilnahme entgegenkamen. In jedem Ort, den sie berührten, läuteten die Kirchenglocken. Die Bevölkerung sah in diesen armseligen Menschen ein rühmliches Beispiel für Glaubenstreue. Später erzählten die Salzburger, man habe sie in dieser Region aufgenommen wie Fürsten, gespeist wie des Königs Töchter und sie obendrein noch mit Geschenken überhäuft. Die Geistlichkeit, die Schule und eine große Menge des Volkes gingen vor jedem Ort den Ankommenden entgegen. Nachdem man sie vor der Stadt mit Gesang und Willkommensreden erwartet hatte, führte man sie in die Kirche und hielt ihnen eine Predigt. Längst war ihnen der Ruf vorausgeeilt, dass ihnen Gottes Wort über allem stand, was man zum täglichen Leben brauchte. Jedem konnte eine Herberge zugewiesen werden und es erging die herzliche Einladung, hier einen erholsamen Rasttag einzulegen. Bürgermeister, Pastoren, Diakone und die Bevölkerung setzten alles daran, die Leute während ihres Aufenthaltes mit Essen, Trinken, Geld und Büchern zu beschenken. Der Markgraf von Ansbach ließ jedem täglich 2 Pfund Brot und 7 ½ kr reichen. Die Bürger verpflegten sie unentgeltlich und erwiesen ihnen jede Wohltat, die in ihrem Ermessen stand. Man veranstaltete eine Sammlung, bei der 155 fl zusammenkamen. Vierzig Salzburger wurden auf Dauer in der Stadt und Umgegend untergebracht, die Übrigen begleitete man nach Windsbach. Dort sorgten die Räte mit Empfehlungsschreiben dafür, dass auch Gunzenhausen, Heidenheim und Schwabach welche aufnahmen oder ihnen zumindest wieder weiterhalfen. In Schwabach fanden sie Glaubensbrüder, welche ein ähnliches Schicksal aus Frankreich vertrieben hatte. Sie fühlten sich verstanden, schon das allein nahm ihnen den Druck vom Herzen.

Wer nicht bleiben konnte – oder wollte – wurde wieder ein Stück weit begleitet. Der Markgraf von Ansbach stellte sogar Wagen für die Weiterreise zur Verfügung.

Nürnberg

Mit besonderer Liebe empfing Nürnberg seine Gäste. Hierher hatte sich schon 1685 Joseph Schaitberger geflüchtet, der als Glaubenskämpfer zu ihrem geistigen Führer geworden war und sie mit seinen Sendbriefen immer und immer wieder in ihrem Glauben bestärkt hatte. Seine Zuversicht strahlte da hin, wo dunkle Wolken ihr Dasein überschatteten. Es ergriff sie tiefe Rührung, dass sie ihn noch einmal sehen durften. Tränen liefen ihnen übers Gesicht und es war keiner dabei, der sich ihrer schämte. Die Bewohner der Stadt wurden ebenfalls angesteckt von dieser grenzenlosen Wiedersehensfreude. Fremde Menschen fielen sich in die Arme. Da war jedes Wort überflüssig, wenn die Herzen überliefen. Schaitberger musste über seine Jahre in dieser Stadt erzählen. Ein 74 Jahre alter Mann war er inzwischen geworden. Ihm hatten sie es zu verdanken, dass sie fest an ihrem Glauben hingen und stets der Überzeugung waren, da ist unser Gott, der uns nicht allein lässt. Man sah ihm an, dass er in Nürnberg seine Erfüllung in seiner Familie gefunden hatte, die ihn achtete und liebte, dass er in dieser evangelischen Stadt ein würdiges Leben führen durfte. Sie mussten ihm erzählen, was mittlerweile alles vorgefallen war. Bei dem Gedanken, welcher Drangsal und Pein er vor Jahren entkommen konnte, wurde ihm ganz leicht.
Vor der Stadt teilte man die große Gruppe in drei Haufen. Der eine zog durch das Frauentor und wurde von dem Prediger bei St. Lorenz vor der großen Waage empfangen. Der andere marschierte durch das Laufer Tor und kam auf dem Laufer Platz in die Obhut des Predigers bei St. Ägidien. Der dritte ging durch das neue Tor auf den Neuen Bau. Da die Menge so groß war, dass der Prediger bei St. Sebald die Ankömmlinge nicht auf freiem Platz begrüßen konnte, ging er in ein nahe gelegenes Haus und hielt seine Rede aus einem

offenen Fenster. Sie fanden Trost in seinen Worten und beteten: „Tu mir kund den Weg, darauf ich gehen soll; denn mich verlanget nach dir."

Die Stadt beherbergte sie in Gostenhof. Im Almosenamt wurden sie geprüft und in Luthers Katechismus unterrichtet, bevor sie am darauffolgenden Sonntag unter ungewöhnlicher Beteiligung der Bevölkerung den Gottesdienst in der Augustinerkirche besuchten. In der überfüllten Kirche predigte Pfarrer Mörl über Philipp. 1, 27 – 29. Am Nachmittag musste nochmals ein Gottesdienst gefeiert werden, in dem Diakon Hirsch über Offenbarung 3, 10 und 11 sprach. Die Opferbüchsen wurden jedes Mal randvoll, denn jeder war bemüht, sein Scherflein für diese armen Leute beizutragen. Andertags wurden die Emigranten öffentlich über ihren Glauben examiniert. Nach der Prüfung bestand kein Zweifel: Sie waren samt und sonders rechtmäßige Glieder der evangelisch-lutherischen Kirche.

Kaufleute und reiche Bürger stellten sie in ihre Dienste. Die Kette der Hilfsbereitschaft riss nicht ab. Als es daran ging, die Fremdlinge unter die Bürger zu verteilen, stritten sie sich regelrecht darum, jemanden zu beherbergen. Kinder nahm man auf die Arme oder mit gutmütigem Zuspruch an die Hand, damit die manchmal noch zögernden, misstrauischen Eltern ihnen nachfolgten. Es gab kaum jemanden, der nicht ein Geschenk aus seinem Hause holte, Essen, Leinen, Tuch und Kattun, denn die Bekleidung war mehr als dürftig und völlig verschlissen, die Schuhe fielen ihnen regelrecht von den Füßen, Holzpantinen hatten die Haut abgescheuert und zu eiternden Entzündungen geführt. Viele waren schon wochenlang barfuß unterwegs, die Füße sahen erbärmlich aus. Sogar einheimische Kinder standen am Straßenrand und rissen sich ihre Kleidung vom Leib, um sie den armen Kindern der Salzburger zu schenken, überwältigt von kindlicher, unfassbarer Traurigkeit. So was hatten sie noch nie gesehen, standen einfach da, sprachlos, mit offenem Mund und streckten den fremden Buben, den fremden Mädchen ihre Sachen hin. Der ein oder andere rannte ins Haus, um seine Puppe, sein geschnitztes Pferdchen oder anderen Tand für so einen verängstigten Hosenmatz zu holen, der in seinem Leben wahrscheinlich noch nie eine Puppe oder ein Holzpferdchen gesehen hatte. Spielzeug gab es reichlich in Nürnberg. Die Kinder wussten, dass sie wieder etwas bekamen, spätestens am Christkindlmarkt.

***

Schon geraume Zeit ging es dem 28-jährigen Hanns Bühler nicht gut. Seit Oettingen war sein Gesundheitszustand zusehends bedenklicher geworden. Er konnte beim besten Willen nicht mehr weitermarschieren und wünschte sich nichts sehnlicher, als in der Stadt bleiben zu dürfen. Das stellte den Altdorfer Pfleger vor ein großes Problem, denn im Armenhaus waren nur alte Frauen, die durch ihre Arbeit am Spinnrad ihren Lebensunterhalt selber verdienen konnten. Endlich sprang der Hersbrucker Pfleger Pömer in die Bresche für diesen erschöpften Mann und sicherte ihm zu, dass er im Spital aufgenommen werden konnte, schließlich führe sein Bruder noch ein kleines Vermögen von 50 fl mit sich. Außerdem wären ja noch weitere 140 fl im Amt Zell deponiert, die könnten ja auch noch irgendwann für seine Pflege und Behandlung herangezogen werden. Irgendwann käme man ja sicher wieder an das Vermögen, irgendwann gäbe es ja auch keinen Firmian mehr. Dann sei sicher alles wieder gut.
Auch in anderen Fällen versuchte die Stadt Nürnberg, das Geld seiner neuen Bürger einzutreiben, aber unter den gegebenen Verhältnissen in Salzburg wieder etwas zu holen, war nahezu aussichtslos. Im Fall Bühler konnte jedoch wirklich ein Erfolg verzeichnet werden: Nach abgezogener Nachsteu-

er wurden ihm von den 140 noch ausstehenden Gulden tatsächlich 90 fl ausgezahlt, so dass der Spitalaufenthalt möglich wurde.

Ein wahres Trauerspiel, als die Salzburger die Stadt wieder verließen! Bleiben konnten nicht alle, weggehen mochten sie auch nicht gerne. Nur der Gedanke ans Ziel, an etwas Eigenes, ließ in ihnen neue Kraft aufkeimen.

Der Nürnberger Rat hatte den Leutnant Rössler als Quartiermeister verpflichtet, der nun auch die Marschroute ausklügelte. Außerdem beschloss der Rat, jedem Exulanten zusätzlich zur Kollekte 4 kr auf 2 Tage „ex Publico" zu verabreichen. 237 Exulanten marschierten von Lauff nach Hiltpoltstein und Großengsee, wo ihnen 79 fl und 24 kr ausgeteilt wurden. Da jedoch dieses Geld nicht ausreichte, streckte der Pfleger noch 2 fl und 24 kr vor. Die Pferde waren untergebracht in den Stallungen der Brauereien. Den Emigranten wurden Wecken und weißes Brot mitgegeben. Die Kosten in Höhe von 42 kr übernahm die Stadt.

Vor allem Kinder und alte Menschen kamen ausgemergelt und ausgehungert an. Der Spitalmeister Henlein war erschüttert, als er die Leute sah. Vater Gruber konnte kaum noch gehen. In Kaufbeuren im Kloster hatte man zwar seinen angefrorenen Fuß behandelt. Unterwegs waren die Frostbeulen jedoch immer wieder aufgebrochen. Statt Verbandszeug hat er bloß Lumpen herumgewickelt, die voller Eiter und Blut bestialisch vor sich hin stanken. Da passte kein Schuh mehr. Als man im Spital seine Lumpen abwickeln wollte, war alles verklebt und er musste den Fuß erst eine Zeitlang in lauwarmes Wasser stellen. Dabei konnte er die Schmerzen kaum ertragen. Endlich löste sich der Stoff und die zarte Hand einer Krankenschwester wusch ihm mit warmem Wasser die Füße, massierte ihm mit einem Gemisch aus Alkohol, Campher und

Menthol die Glieder. Da hat er sicherheitshalber gefragt, ob er jetzt doch schon im Himmel sei. „Könntest ja meine Tochter sein", sagte er nach diesem Späßchen wieder ganz kleinlaut. „Die hat auch so dicke Zöpfe gehabt wie du. Ihr Mann, der hat dableiben müssen, der war katholisch, und das Kind, das haben die ja sowieso behalten. Ich habe geglaubt, meiner Tochter muss das Herz auseinanderfallen, so gebrochen war sie, als man sie hat wegführen müssen. Unterwegs hat man sie dann an einem Morgen im tiefen Schnee gefunden. Gelächelt hat sie, aber ihr Herz hat nicht mehr geschlagen. Ich glaube, wenn sie gewollt hätte, dann wäre sie nach dem Hinfallen auch wieder aufgestanden. Sie wollte einfach einschlafen. Jetzt bin ich nur noch ganz allein übrig. Vielleicht komme ich an, vielleicht auch nicht. Manchmal wäre mir das eine gerade recht, manchmal das andere, dann denke ich wieder, ER wird's schon richten, wie ER's braucht." Seine Schmerzen ließen nach und der alte Gruber hat endlich schlafen können, in seinem sauberen Bett.
Im Glockengießer-Spital konnten 28 Exulanten, Frauen und Kinder, aufgenommen, versorgt und verköstigt werden, ehe sie gestärkt wieder weitergezogen.

Hersbruck

Am Montag brachte ein Kurier die Depesche nach Hersbruck, dass 460 Salzburger auf die Stadt zukommen und am Mittwoch in dem Städtchen eintreffen werden. Stadtpfarrer Oßwald und zwei von den Schulbediensteten wurden noch am Abend ins Schloss berufen, um gemeinsam nach Möglichkeiten zu suchen, wie man in einem solchen Falle vorgehen könne. Schließlich wollte man diesen Glaubensbrüdern und -schwestern nicht nur helfen, sondern ihnen auch alle Ehre zuteil werden lassen. Keiner konnte sich recht vorstellen, wie es diese Menschen überhaupt bis hierher geschafft hatten und man erzählte sich sogar, dass sie schon einen ganzen Winter lang unterwegs waren. Vorschläge für Beherbergung und Verpflegung, aber auch für den Ablauf des Aufenthaltes gingen von einem zum anderen. Die Situation war neu, schließlich hatte keiner von ihnen in seiner Amtszeit etwas Ähnliches erlebt. Sie debattierten und diskutierten, der Herr Stadtpfarrer führte das Wort und fasste die Beschlüsse zusammen: „Der Schulmeister von Altensittenbach soll mit seinen Schülern den Emigranten bis Reichenschwand entgegengehen und sie mit Gesang nach Altensittenbach begleiten. Der Direktor der Hersbrucker Lateinschule würde zusammen mit der Geistlichkeit in der Stadt die Leute empfangen und sie nach einer Willkommensrede in die Stadtkirche führen, wo man mit der Gemeinde das Lied singen kann: ‚Allein Gott in der Höh sei Ehr'. Diakon Höfler würde im Anschluss daran eine außerordentliche Betstunde abhalten. Auf dem Kirchhof könnten sich die Bürger dann melden und registrieren lassen, wie viele der Leute sie mitnehmen und beherbergen wollten. Vielleicht gibt es für ein paar auch Arbeit, der Gebhard Hanns braucht einen Schlosserlehrling und in der Brauerei sucht man jemanden, der ordentlich zupacken kann, außer-

dem auch einen neuen Bierkutscher. Das Schlechteste ist es nicht, wenn da jetzt starke Mannspersonen dabei sind. Der Bierbrauer Hanns Wolf sucht schon lange eine Dienstmagd, am Stammtisch hat er darüber geredet, aber im Vertrauen, in Wirklichkeit sucht er wieder eine Frau, seit er verwitwet ist."
Da meldete sich der Herr Pfarrer: „Einen Mann und eine Frau tät ich auch nehmen, und wenn sie verheiratet wären und ein, zwei Kinder dabei hätten – die würden auch noch satt an unserem Tisch." So gingen jetzt schon die Pläne hin und her und alle waren ganz zuversichtlich, dass man schon gut vorbereitet den Flüchtlingsstrom empfangen würde.
„Am darauf folgenden Donnerstag könnten die Salzburger dann zur Wochenpredigt geführt werden. Diakon Schneider wird in seiner Ansprache Bezug nehmen auf dieses noch nie da gewesene Schicksal und die tiefe Gläubigkeit, die den Menschen geholfen hat, alles bis hierher zu ertragen. Nach dem Gottesdienst werden die Salzburger bis zum Kasernenplatz geführt. Herr Schneider wird dann auch wieder die Abschiedsrede halten, begleitet von der Stadtkapelle – aber so weit sind wir ja noch nicht."
Am Mittwoch, nachmittags um 2 Uhr, näherten sich die angekündigten Salzburger tatsächlich der Stadt Hersbruck. Kinder erwarteten die Leute in Reichenschwand, gingen vor ihnen her und streuten auf der Straße Gras und Blumen, gefolgt von der Stadtkapelle, die mit Zinken und Posaunen dem großen Jubel buchstäblich Flügel verlieh. Die gesamte Schule brach beim Kirchhof auf und ging zum Rathaus. Der ganze Platz war schwarz von Menschen, die gesamte Bürgerschaft schien auf den Beinen zu sein.

Unfreundlich und stürmisch war der Tag, als sie von Schönberg herkamen und sich auf dem Kasernenplatz niederließen, um sich auszuruhen. Als die Hersbrucker diese schmächtigen Leute sahen, gingen sie in ihre Häuser und Wohnungen, um zu holen, was sie für diese Bedürftigen erübrigen konnten. Die Hände schlugen sie über dem Kopf zusammen beim Anblick der nackten Kinder, denen sie Leibchen und Strampler, Windeln und Mützchen brachten, auch Haferbrei zum Sattessen. Zwei Frauen erboten sich, Neugeborenen die Brust zu geben, weil die eigenen Mütter nicht genügend Milch hatten. Eine Frau, die zu Hause auch nicht mehr hatte, als sie selber brauchte, band sich die Schürze ab, um mit diesem Stück Stoff ein Knäblein zu bedecken, das aus voller Lunge schrie – vor Hunger, vor Lärm, wegen der wunden Haut zwischen den Beinen und am Popo.

Unter diesen Ankömmlingen war auch der Weber Leonhard Locher von Rastatt. Sein dreizehnjähriger Sohn, seit Tagen völlig erschöpft von dem langen Transport, saß eingekeilt zwischen Dengelhammer und Gsott-Stock, Rückenkorb und Maischefass, Fughobel und Halbmetzenschaff, Schneehaue und Dunggabel auf dem Wagen, seine Beine baumelten herunter, als würden sie nicht mehr zu ihm gehören. Womm! Der Wagen fuhr durch ein Schlagloch. Das Gefährt schwankte böse hin und her. Durch die starke Erschütterung war es so schnell passiert, keiner konnte es erklären: ein Bein zwischen den Speichen! Der gellende Schmerzensschrei des Buben brachte die Kolonne abrupt zum Stehen. Mit einem Blick erfassten Vater, Mutter und der jüngere Bruder die Situation. Es sah fürchterlich aus: Die Hose saugte sich schnell voll Blut. Der Vater hatte Mühe, mit seinem Messer das Hosenbein aufzuschneiden und das Blutgefäß abzudrücken, bis sich ein anderer Mann einen Ärmel aus dem Hemd gerissen hatte. Die Mutter, in größter Sorge um ihren Sohn, band den Fetzen so straff wie möglich um die blutende Wunde. Der Knochen war gebrochen. Flehentlich, fast entschuldigend schaute der Bub seinen Vater an. Friedrichs Gesicht verfärbte sich zusehends. Das tiefrote Oval auf dem Stoff wurde schnell größer. Der Bub verlor viel Blut.

„Wo bleibt denn der Arzt?", schrien die Leute durcheinander. „Der Hans ist doch schon lange gerannt, ihn zu holen!", rief einer zurück. Begleitet von Friedrichs lautem Stöhnen und Wimmern betteten sie den Buben vorsichtig aufs Gras. Bewusstlos von Schmerz und Schock lag er da, bis endlich im Laufschritt der Wundarzt Ludwig Sörgel zum Unfallort kam. Seine starken Männerarme hoben den schmächtigen leblosen Körper hoch und trugen ihn zum Spital. Eltern und Bruder rannten hinterher, so schnell sie konnten. Der kleine Bruder weinte bitterlich, wollte gar nicht damit aufhören, so sehr die Mutter auch versuchte, ihn im Laufen zu beruhigen. Unter Schluchzen fragte er nur immer wieder:

„Muss er jetzt sterben, muss er jetzt sterben?"

„Nein, natürlich nicht, das Bein hat er gebrochen, warum soll er daran sterben." Aber so sicher waren sie sich da alle nicht. Für den kleinen Bruder klang es jedenfalls wenig überzeugend. Als sie miteinander vor dem Behandlungszimmer warten mussten, sank er in seinem Seelenschmerz mehr und mehr in sich zusammen.

Nach der ersten Versorgung konnte der Spitalbader den verletzten Buben nun doch nicht wie beabsichtigt bei sich behalten, kaum war Platz für die Pflegebedürftigen der Stadt. Er brachte eine notdürftige Bahre – zwei Holzstangen bespannt mit Segeltuch – und zu zweit trugen sie den Verunglückten ins Seelhaus, wo gerade ein Zimmer frei geworden war.

„Das Bein kann ich retten, ihr könnt mir vertrauen. Lasst ihn da. Schlafen, ausschlafen kann er nach der Behandlung, zu essen wird er bekommen. Schaut ihn euch doch mal an, wenn er kräftiger wäre, dann hätte so was wahrscheinlich gar nicht passieren können."

Selbst der Chirurg versicherte, dass er so ein Bein noch nicht gesehen hatte. Im Beisein des Amtsarztes Dr. Knopffen und des Barbiers Dörner gelang es, den Knochen wieder einzurichten und zu schienen.

„Ihr könnt ganz beruhigt sein, über die Kosten braucht ihr euch gar keine Gedanken zu machen, die gehen auf uns. Hauptsache, euer Sohn wird wieder."

„Nichts zahlen, das kommt überhaupt nicht in Frage!" Der Vater sträubte sich vehement dagegen. „Bin ja froh, dass sich jetzt jemand kümmert. Dann werde ich das wenigstens abdienen und bei euch auf dem Feld arbeiten, das ist nicht mehr wie recht." Er fand in seiner Dankbarkeit kaum Worte und war selbst tief berührt über die Hilfe, die völlig fremde Leute ihm und den Seinen angedeihen ließen. Drei seiner Kinder waren schon etliche Wochen vorher Richtung Preußen marschiert, nur die beiden jüngsten waren bei den Eltern geblieben. Nun lebten sie in der Hoffnung, in diesem gelobten Land Preußen wieder zusammenzufinden.

Die paar Wagen, die von dem Tross mitgeführt wurden, waren viel zu schwer beladen, aber was waren zehn, zwanzig Wagen für 400 Menschen! Die meisten hatten ja nichts dabei als nur ihren Glauben. Die mitunter steilen Straßen durch den fränkischen Jura waren eine große Herausforderung für die Fracht, die hin und her schaukelte, für die Räder, die unrund in der Nabe schlingerten und kaum noch die Spur halten konnten. Auch die Eisenbeschläge hatten sich zum Teil gelöst, beim einen Wagen war nur eine Speiche gebrochen, beim anderen schon zwei. Sie hofften, dass die Räder noch halten mochten, bis man im nächsten Dorf einen Wagner fand, der sich die Räder anschaute und die Achsen schmierte, vielleicht auch neue Speichen einsetzen konnte. Das mitgeführte Reserverad, das auf dem Wagen ganz unten lag, wollte man erst im äußersten Notfall verwenden. Eventuell gewährte man ihnen in der Stadt auch einen neuen Vorspann.

Auch für die Pferde war in Hersbruck gesorgt. Die Wirte vom „Goldenen Stern" (32 Pferde) und „Zum Roten Ochsen" (16 Pferde) stellten ihre Stallungen zur Verfügung. Es war nicht nur Nächstenliebe: Für die Nutzung und das Heu erhielten sie pro Pferd 7 ½ kr von der Stadt, den Hafer stellte das Pfarramt.

Leonhard Locher, die Locherin und Friedrichs gesunder Bruder Thomas wurden in der Familie des Baders liebevoll aufgenommen, so dass die Mutter erst einmal bei ihrem Buben bleiben und sogar helfen konnte, andere Patienten mit zu versorgen. Offene Wunden, Erschöpfung, aufgeplatzte Blutblasen an den Füßen, nicht verheilte Frostbeulen, verschorfte Schrunden an den Beinen gab es gerade genug. Als sie den anderen half, wurde ihr selber bewusst, dass sie noch recht gut bei Kräften war. Sie mochte gar nicht darüber nachdenken, welcher Leidensweg hinter ihnen lag. Schmerz und Entbehrungen legten sich über die Bilder der Heimat. Der Bader und seine Familie sorgten für ordentliche Verpflegung und richteten für alle ein Lager.
„Macht euch keine Gedanken. Ihr bleibt einfach da, bis euer Bub wieder kräftig genug ist, um mitzugehen. Der andere", und sie nickten hinüber zu der Buche im Garten, unter die sich der gesunde Bub gesetzt hatte und wo er mit einem Grashalm spielte, den er immer wieder über den Daumennagel zog, „der da kann doch bei uns in die Schule gehen. Wir begleiten euch, wir kennen den Rektor, die werden ihn schon aufnehmen."
„Das geht doch nicht. Der kann doch gerade mal radebrechend lesen und schreiben, und damit hat er schon Mühe. Wir haben doch unsere Kinder nicht mehr in die Schule tun dürfen. Eineinhalb Jahre, länger hat er die Schulbank nicht gedrückt. Was lernt man schon in eineinhalb Jahren. Dem Firmian war ja das Papier zu schade für die Protestanten, den hat die Tinte gereut für unsere Schlangenbrut, das hat

er gesagt, Schlangenbrut, ketzerische Schlangenbrut. Wenn ein Schüler in der Schule die Tinte angerührt und in die Tintenfässer ausgeteilt hat, dann hat er unseren Teufelskindern eben keine gegeben. Teufelskinder waren die für ihn. So einfach war das für die. Schulhaus haben wir eh keins gehabt auf dem Land. In Bauernstuben haben sich die Kinder getroffen. Die Kleinen sind auf dem Boden gesessen, haben meistens den Größeren zugeschaut, was die machen. Der Schulmeister hat die Federn gespitzt, die Kleinen haben keine gekriegt, haben durchs Zuschauen gelernt – oder eben nicht gelernt. Im Winter haben sie ein Stück verkohltes Holz aus dem Ofen genommen und auf den Boden Buchstaben gemalt. Der Weg zum Lehrer war oft so weit, dass auch die Großen zwischen-

durch im Unterricht eingeschlafen sind, die haben ja vorher noch im Stall helfen müssen. Wenn ich nicht daheim in der Stube meinen beiden Buben die Buchstaben vorgeschrieben hätte und Wörter und Sätze ..." Sie wurde für eine Weile ganz nachdenklich, ehe sie fortfuhr: „Mit dem Schreiben hat es immer gehapert. Und jetzt sagt ihr, der soll in die Schule gehen. Er tät sicher gern, aber ..."
„Wisst ihr was, mein Sohn ist gerade so alt, vielleicht ein bisschen älter hin oder her. Mit dem geht euer einfach. Aber nicht so ...", und sie schaute ihn von oben nach unten und wieder zurück an.
„Zum Anziehen kann er von uns auch was kriegen. Dann vergisst er doch mal die ganze Not, die sich seit Monaten an seine Fersen geheftet hat. Das kann doch keiner aushalten, immer nur laufen, laufen, laufen, Hunger, Durst und wer weiß, was sonst noch alles." Sie ging zu der Buche, nahm den Buben an die Hand. „Komm, jetzt gehen wir mal zu meinem Oscar, der wird dir gefallen."

Es war verhältnismäßig kühl und die Leute hatten sich ihre Mäntel übergeworfen. Ein ansehnlicher Haufen zog aus dem Tor Richtung Altensittenbach über die Brücke zu einer großen Wiese. Auch zu den benachbarten Dörfern hatte es sich herumgesprochen, was hier los war. Viele warteten bereits und es war ein einziger Freudentaumel, fast wie auf einem Volksfest. Gleich bei Henfenfeld sah man die Wagen der Emigranten, unweit davon eine Gruppe, die noch auf Landsleute wartete, die in Feucht genächtigt hatten und ebenfalls bald eintreffen würden. Die Wagen zogen über die Wiesen herauf. Durch das Wassertor hielten sie Einzug und konnten den Jubel kaum fassen, der ihnen entgegenschlug. Zuerst konnten sie gar nicht glauben, dass das ihnen galt.
Keiner wollte dem anderen in Hilfsbereitschaft und Unterstützung nachstehen. Sie brachten zu essen und zu trinken.

Als sie die erbärmliche Kleidung sahen, holten sie Hosen und Röcke, Strümpfe und Schuhe und verteilten es. Zu all dem Jubel erklang das Geläut der Kirchenglocken. Dabei waren die Bürger viel aufgebrachter als die Betroffenen, die in Ruhe und Disziplin dastanden oder auf ihren Bündeln hockten, bis man ihnen sagen konnte, was weiter mit ihnen passierte. Mitten hinein in die Rede des Pfarrers kam eine neue Partei Salzburger von Reichenschwand herauf. Sie waren im Wald von den anderen abgekommen und hatten sich beinahe verlaufen, ehe sie den richtigen Weg fanden. Jetzt waren sie von Herzen froh, dass sie wieder bekannte Gesichter sahen und begrüßten sich wie gestorben und wieder auferstanden. Auch ihnen ging der Schulmeister von Altensittenbach mit seinen Schülern entgegen, begrüßte alle in herzlichem Überschwang. Den Schulkindern war es recht, denn Singen und Wandern war bei weitem beliebter als Schulbank und Schiefertafel.

So viele Menschen auf einem Haufen! Unglaublich, wie schnell alle ruhig waren, als der Herr Stadtpfarrer die Hände ausbreitete zum Besänftigen des Gemurmels. Wo man hinsah, standen sie da, erschöpft, ergriffen, weinend, konnten sich kaum auf den Beinen halten. Wie ein Uhrwerk waren sie stundenlang gelaufen. Jetzt, als sie zur Ruhe kommen durften, spürten sie stechende Schmerzen in allen Gliedmaßen, Gelenke waren keine Gelenke mehr, fühlten sich nur noch an wie rostige Scharniere, Knochen waren keine Knochen mehr, der ganze Körper war nur noch ein einziger Schmerz, aber Geist und Seele waren erfüllt von Hoffnung und Zuversicht. Sogar dem Herrn Stadtpfarrer stockte immer wieder der Atem und im religiösen Pathos fehlten ihm alle paar Minuten die passenden Worte, gerade ihm, der allen bekannt war als erstaunlich gefestigt, der in der Seelsorge ein erfahrener Mann war, dem gewöhnlich keiner die Rührung anmerkte, nicht einmal, als er mit seiner Frau am offenen Grab seines fünfjährigen Töchterchens die Abschiedsrede halten musste. Aber jetzt, angesichts der vielen Glaubensflüchtlinge, wurde ihm bewusst, welche Tragödien sich bei jedem Einzelnen abgespielt hatten, auch wenn er das wirkliche Ausmaß nur erahnen konnte. Schluchzende Frauen rissen die Arme zum Himmel empor, weil sie kein Wort über die Lippen brachten, große Männer reckten sich, dass sie auch gewiss kein Wort überhörten, was ihnen der Pfarrer zum Trost predigte, Kinder klammerten sich verängstigt an die Röcke oder Schürzen ihrer Mütter.

Wie sollte man die alle waschen, einkleiden, mit Schuhen versorgen, das waren ganz weltliche Gedanken, die ihn beschäftigten, als sie sich anschickten, von dieser Wiese nach Hersbruck aufzubrechen. Die Sonne stand mittlerweile schon sehr tief.

Die Hersbrucker Schule ging voran, ihr folgten die Herren der Geistlichkeit im Talar, darauf ein ehrbarer Rat, dann der nicht enden wollende Zug der Emigranten, die Bürgerschaft machte das Ende. Mit Begeisterung und Freude sangen sie alle zusammen das Lied „Nun freut euch liebe Christen g'mein". Ihre Dankbarkeit galt dem Vater im Himmel, der sie abermals an das Gute in den Menschen glauben ließ.

Gespräche zwischen den Salzburgern und den Hersbruckern waren nicht ganz einfach. Schnell merkten sie, dass sie so im Dialekt verwurzelt waren, als wären sie in einem fremden Land. Alle sprachen Deutsch und verstanden doch nicht alles, was der andere meinte. Aber im Singen konnten sie alles ausdrücken, ihre ganze Seele legten sie offen, ihrem ganzen Hochgefühl gaben sie Ausdruck im Lied. Es dauerte nicht lange, da sang jeder der drei Chöre ein anderes Lied, aber der Zug war so lang, dass sie sich nicht einmal gegenseitig störten. Die einen sangen „Kommt lasst euch den Herren lehren", die anderen sangen „Frisch auf mein Seel verzage nicht", aber die Emigranten sangen bald lauter als alle anderen. Beim Altersheim gab der Pfarrer ein Zeichen, dass nun in Hersbruck alle Glocken geläutet werden sollten.

Mittlerweile dämmerte es bereits, für die angekündigte Betstunde war es nun doch schon zu spät. Die Bürger der Stadt waren ganz begierig, Flüchtlinge aufzunehmen, bis zu zwanzig kamen in einer einzigen Familie unter. Beim Verteilen zeigten sie sich alle in großer Geduld.

„Da machen ja zwei Bauern in der Wirtschaft mehr Krach als hundert von denen", konnte man immer wieder hören. „Da, komm, Bratwurst, so wie sie berühmt sind bei uns in Franken, und einen Humpen dazu, das ist doch das Richtige, wenn man ausgehungert ist so wie ihr!" Dankend nahmen die Leute an, von sich aus hätten sie nichts verlangt, sagten die Leute und schüttelten den Kopf, so bescheiden waren diese Fremden.

Die Vorratskeller und -schränke wurden weit geöffnet, um aufzutischen, die Einheimischen rutschten eng zusammen, um diesen Leuten ein Lager einzurichten. Wer keine Kammer übrig hatte, zog zu Freunden und überließ den Salzburgern ihre Wohnung. Metzger schlachteten außer der Reihe und räumten ihre Rauchkammern, Bäcker stellten sich mit ihren Lehrbuben in die Backstuben und legten eine Sonderschicht ein. Selbst die Backhäuser in den umliegenden Dörfern wurden befeuert, Frauen kneteten daheim den Teig und brachten große Laibe zum Backen.

„Erzählt, was habt ihr erlebt, wie lang seid ihr schon unterwegs? Bei uns hört man ja nur Gerüchte, so richtig wissen tut ja keiner was. Habt ihr überhaupt zu essen und zu trinken gehabt, wie viel sind in eurer Familie?" Fragen über Fragen, doch die Antworten mussten warten, auch deswegen, weil es bei den meisten immer noch zu wehtat, über all das zu sprechen. Manche schliefen mitten im Reden schon ein, legten einfach die Arme auf den Tisch und den Kopf darauf, kippten auf der Eckbank zur Seite, lehnten sich an den Türstock und machten die Augen zu. Das allgemeine Reden störte sie nicht. Bevor sie aber ihr Quartier im Heuschober, im Schlafzimmer, auf den Fußböden bezogen, fielen sie auf die Knie und mit erhobenen Händen dankten sie ihrem Schöpfer, der sie den ganzen Tag beschützt und ihnen den Weg in diese freundliche evangelische Stadt gewiesen hat, wo sogar eine Bürgerwacht Tag und Nacht auf ihre Wagen und Geräte aufpasste, damit sie nicht geplündert wurden. Anderntags wurde ihrer Bitte entsprochen, das Heilige Abendmahl zu empfangen. Ins Kommunikanten-Register der Stadt Hersbruck wurden 175 Salzburger Exulanten eingetragen, die in drei Gruppen geteilt und den Herren Geistlichen anbefohlen wurden. Nach der Beichte und der Vergebung ihrer Sünden versammelten sie sich in der Stadtkirche. Die große Gemeinde sang mit kräftiger Stimme das Lied „Allein Gott in der Höh' sei Ehr", als Diakon Schneider die Kanzel bestieg, um seine Predigt zu halten. Am Ende standen am Altar drei Geistliche, was es in dieser Stadt noch nie gegeben hatte. Die Salzburger empfingen Leib und Blut Christi in tiefer Andacht und unerschütterlicher Frömmigkeit, dass so mancher in der Gemeinde beschämt den Kopf senkte bei dem Vorsatz, dass er eigentlich öfter in die Kirche gehen sollte, nicht nur an Ostern, Pfingsten und Weihnachten. Die zeigten es ihnen. Mit ihrer Haltung und ihrer tiefen Frömmigkeit beschämten sie die Bevölkerung. Für viele von ihnen wurde Gottes Wort erst in dem Moment wichtig, als sie sahen, wie diese einfachen Menschen es so lange entbehrten und jetzt aufs tiefste genießen konnten.

Gleich im Anschluss an diesen Gottesdienst wurde der Emigrant Joseph Schwager aus dem Gericht St. Johannis mit Anna Dellerin vermählt. Diakon Höfler hielt die Traurede, Johann Christoff Reich und Johann Balthasar Braunher, beide aus Hersbruck, fungierten als Trauzeugen. Ihre Gastfamilien ließen es sich nicht nehmen, die Brautleute und ihre engsten Freunde zu bewirten. Recht ausgelassen waren alle miteinander, Musik spielte zum Tanz. Ganz still starb währenddessen im Elisabeth-Spital der Emigrant Hanns Bühler. „Ohne Angehörige" stand in den Akten. Hier hatte er endlich seinen ewigen Frieden gefunden. Eine Krankenschwester legte liebevoll, fast zärtlich, ihre Hand über seine Augen: „Noch so jung. Was alles hinter ihm liegt. Hat's bis hierher geschafft, so voller Hoffnung." Sie weinte.

Gottesdienste, Betstunden, Abendmahl, Trauung, Beerdigung: Die Pfarrer hatten viel zu tun und erfuhren selbst viel Freude und Dankbarkeit von dieser gläubigen Schar. Sie wunderten sich, wie kräftig die Leute singen konnten, wie selbstverständlich ihnen der Text von den Lippen kam, sogar wenn sie nicht auf der Orgel begleitet wurden. „Ach bleib mit deiner Gnade bei uns Herr Jesus Christ" erhielt in diesem Chor gesungen eine ganz gewaltige Bedeutung. Auch das Lied „Frisch auf mein Seel verzage nicht" passte vortrefflich zu ihrer Stimmung.

Viele Bürger gingen beim Verteilen der Flüchtlinge leer aus, weil sich viel mehr Leute meldeten, als es Flüchtlinge gab. Wer keinen aufnahm, half dem Nachbarn, teilte sich mit ihm die Arbeit beim Betten, beim Kochen. Jeder tischte reichlich Speisen und Getränke auf und legte seinen ganzen Ehrgeiz in die Bewirtung und Beherbergung dieser armen Leute. Aber bevor sie sich erschöpft niederlegten, sprachen sie ihr Nachtgebet, dankten dem Herrn für seine Gnade und seinen Schutz auf ihrem Wege. Manche kamen nach dem Niederknien gar nicht mehr hoch, die Knie waren kraftlos und taub. Dann halfen die Danebenstehenden, griffen ihnen unter die Achseln, stützten ihnen den Rücken.

In der Unterkunft, wo man nicht nur zum Essen enger zusammengerückt war, sondern wo sie auch Zeit und Gelegenheit zum Gespräch fanden, sagte die Hausfrau bei einem Krug Wein zu dem alten Mann, den sie aufgenommen hatte: „Es ist mir bei allem Nachdenken nicht fassbar, wie ihr das alles aushalten könnt." Aber er antwortete ungebrochen: „Es steht in der Heiligen Schrift: ‚Wo dein Wort nicht mein Trost gewesen wäre, so wäre ich vergangen in meinem Elend!'" Nach einer Pause setzte er noch dazu: „Himmel und Erden vergehen, aber meine Worte vergehen nicht, steht bei Luk. 21, 33. Und daran halte ich mich." Fast beschämt fühlte sich die Hausfrau, wie er für alles in der Bibel eine Antwort fand.

Ein betagter Vater, der mit seiner Tochter unterwegs war, die ihren Mann zurückgelassen hatte, erklärte seinen Gastgebern: „Natürlich wäre es für uns alle viel besser gewesen, im Land zu bleiben und im Sommer das Feld zu bestellen. Aber wir durften ja unseren Beruf nicht mehr ausüben. Dann ist Exulant eben jetzt mein neuer Beruf, den ich wieder gewissenhaft erledigen möchte. Was hätte ich daheim bleiben sollen, wenn doch meine Tochter wahrscheinlich meinen Zuspruch braucht. Wenn mir die Worte fehlen, so finde ich Trost in diesem Büchlein." Daraufhin zog er „Arnds wahres Christentum" aus der Tasche. „Hier finde ich allzeit Trost! Jetzt darf ich beten, was ich will, und öffentlich evangelisch sein. Diese Erkenntnis gibt uns allen die Kraft, die wir brauchen, unser Ziel zu erreichen und an unserem Ziel eine neue Heimat zu finden."

Am nächsten Tag hielt ihnen der Herr Diakon Schneider die Predigt. Dieser Frühgottesdienst war erst um ein Uhr mittags zu Ende, für halb drei Uhr war die Nachmittagsbetstunde angesetzt. Alles geriet in Zeitdruck, aber bevor die Emigranten weiterzogen, waren sie begierig nach Gottes Wort und

konnten es genießen, dass man ihnen in dieser Stadt so liebevoll begegnete. Keiner sollte gehen müssen ohne den Segen Gottes.
Bevor man aus der Kirche auszog, sangen alle miteinander das Lied „Ach bleib bei uns Herr Jesus Christ".

Am Donnerstagabend wurde im Pflegschloss jedem 1 Batzen ausgeteilt, den sie mit großer Dankbarkeit annahmen. Jeder ging zum Quartier, um sein Bündel zu schnüren und sich auf den Abmarsch am nächsten Tag vorzubereiten. Die Männer kontrollierten die Gerätschaften auf den Wagen, zurrten Planen zurecht, warfen einen Blick auf Zaumzeug, Deichsel und Räder. Dann versammelten sie sich frühmorgens vor dem Pflegschloss und gingen von dort aus in die Stadtkirche, wo für sie die Passionskantate aufgeführt wurde.

Die Gemeinde war äußerst ergriffen und berührt, als der Stadtpfarrer würdevoll, erhobenen Hauptes die Kanzel betrat, das Evangelienbuch mit der linken Hand an die Brust gedrückt. Die Leidensgeschichte Christi lag der Predigt zugrunde. Im Leiden ihres Heilands fanden sie sich, in der Trauer über das Sterben. Dieser Abschied, dieses Gehen in die Ungewissheit erfüllte alle mit einem großen Traurigsein, auch diejenigen, die da bleiben konnten. Die Stimmung war betrübt, in der Not hat man sich nahe gestanden, so wie sich Geschwister nahe stehen.
Im Anschluss an den Gottesdienst stellten sie sich im Kirchhof auf. Die Gemeinde bildete einen Kreis, in den sie die Emigranten aufnahmen, als wollten sie die notleidenden Menschen mit einem Schutzwall umgeben. Da war kein Drängeln, wie man es bei einer solchen Menge in Kauf genommen hätte, da gab es kein Lamentieren. Sie standen einfach ruhig da und warteten auf das Zeichen zum Abmarsch. Diakon Schneider hielt die Abschiedsrede: „... Dass ihr euren Abscheu vor dem

päpstischen Sauerteig öffentlich zu erkennen gegeben habt und in eurem Glauben geblieben seid, findet bei uns allen hohe Anerkennung." Dass er es gar so hart ausdrückte, konnten ein paar von ihnen nicht recht verstehen.

Kaum waren die ersten Töne eines Liedes gesungen, wurde ihnen die Dramatik dieses Abschieds bewusst, sie konnten sich kaum beherrschen in ihrem Schmerz. Im Weinen fassten sie sich an den Händen. Bürger und Vertriebene, Alte und Junge lagen sich in den Armen: „Wie gut ihr zu uns gewesen seid, alles habt ihr getan für uns, beigestanden seid ihr uns mit Essen, Trinken, Kleidung und Lager, aber auch mit eurer Achtung und Wertschätzung. Wisst ihr, wir waren ja in unserer Heimat nichts mehr wert. Jetzt habt ihr uns wieder an uns selber zurückgegeben. Mit dieser Kraft, bei euch aufgetankt, werden wir unser Ziel erreichen. ER wird es euch im Himmel vergelten. Wir werden für euch beten, wir werden euch und die uns erwiesenen Wohltaten stets im Herzen mitnehmen."

Dann traten die Salzburger aus der Menge, gingen auf ihre Wirte zu, küssten ihnen die Hände oder lagen sich mit ihnen in den Armen.

„Das werden wir nie vergessen. Nie, bis ans Ende unserer Tage nicht." Manche Paare mussten fast gewaltsam getrennt werden.

„Wenn es nichts wird in diesem Ostpreußen, dann kommst halt wieder zurück. Unsere Tür bleibt immer für dich offen, das ist ganz gewiss." Ein Weinen und Schluchzen war an jeder Ecke, wie es die kleine fränkische Stadt noch nie erlebt hatte. Überall dieses Weinen und Schluchzen und wortlose Umarmung, bis sich endlich der Zug in Bewegung setzte.

„Eure Wünsche werden erfüllt, SEINE Engel geben euch Schutz und mit diesem Schutz werdet ihr sicher in euer gelobtes Land kommen, dort in Frieden leben können, im wahren Glauben." Sie sogen das Predigerwort auf wie ein trockener Schwamm das Wasser. Am Schluss sangen sie zusammen das

Lied „Lass uns dein sein und bleiben" und der Pfarrer gab den Segen: „Wir schicken euch tausende und abertausende gute Wünsche mit auf den Weg, die Bürger unserer Stadt und wir Pastoren, die euch das Wort der Seligkeit gepredigt haben. Ich erteile euch meinen priesterlichen Segen und befehle euch Gott und dem Wort seiner Gnade. Möge euer Vertrauen in ihn weiter wachsen. Er lasse euren Fuß nicht gleiten, sondern sei ein Licht auf eurem Wege. Er behüte euch auf eurer weiten Reise. Lebt wohl, liebe Brüder und Schwestern. Lebt wohl!"
Nach diesen Abschiedsworten des Diakons warfen sich viele auf die Knie und dankten ihrem großen Gott. Das Leid war fast nicht zu ertragen. Die Bürger der Stadt konnten sich nur schwer hineinversetzen in diese armen Leute, die kaum mehr hatten, als sie auf dem Leib trugen, die in ihrer Heimat alles aufgegeben hatten um ihres Glaubens Willen.

Eine alte Frau war mit ihrem 93-jährigen Mann zusammen mit ihren Kindern und Enkeln bei einer kinderlieben Familie untergebracht, wo sie aufs Liebevollste bewirtet wurde. Der alte Mann wurde in einem grob zusammengezimmerten Käfig auf einem Wagen mitgeführt, weil er nicht mehr laufen konnte, kaum noch Seh- und Hörvermögen hatte. Der Frau fiel der Abschied ganz besonders schwer. Sie hatte so viel Trost bekommen, Liebe und Zuneigung, war aufgenommen wie eine Großmutter, die zur Familie gehört. Zum Abschied brachte man noch Würste, Kleidung und trostreiche Bücher. Da trat sie weinend heraus auf die Gasse, wischte sich immer wieder mit dem Ärmel über die Augen und betete laut: „Ach Gott, bewahre euer Haus und behüte euch vor allem Übel und Unfall. Lass euch dafür gesegnet sein, was ihr uns Gutes getan habt. Gott behüte euch! Lebt wohl, es fällt uns so schwer, von hier fortzuziehen. Es ist uns schwergefallen, aus unserem Vaterland aufzubrechen, aber mindestens genauso schwer fällt es uns jetzt, aus diesem Ort fort zu gehen, wo wir

so viel Gutes erfahren haben." Auch die Pastoren waren tief berührt und aufgewühlt bis in ihr Innerstes: „Möge die Hand Gottes über euch sein, möget ihr unverletzt und sicher in Preußen ankommen und möge es euch gelingen, in SEINEM Segen zu leben!" Da sprachen sie unter Tränen im kräftigen Ton der Überzeugung:
„Ach wir haben hier schon unser Preußen gehabt und werden die Wohltaten, die wir bei euch genießen durften, auch in Preußen erzählen. So barmherzige Menschen, wie man uns geschickt hat! Jetzt können wir getrost weiterziehen."

Genauso, wie sie Tage zuvor in die Stadt begleitet worden waren, wurden sie jetzt auch hinausbegleitet. Der Schülerchor stimmte das Lied an „Nun lob mein Seel den Herren" und als sie die 5. Strophe gesungen hatten, fingen die Buben und Mädchen wieder von vorn an, bis der Zug der Emigranten zum Schloss, auf den Markt hinauf, die Prager Gasse durch und zum Spitaltor hinaus war. Sie sangen noch, als die armen Leute schon lange über dem Kasernenplatz auf der großen Wiese angelangt waren. Nach dem ersten Lied kamen noch alle sechs Strophen von „Was Gott tut, das ist wohlgetan" und als allerletztes endgültiges Abschiedslied „Ach Gott, erhör mein Seufzen und Wehklagen", das Johann Sebastian Bach schon zehn Jahre zuvor für vier Chorstimmen komponiert hatte. Dabei war es ihnen, als hätte er es gerade für sie geschrieben.

Am Himmel stand noch ein fahler Hauch von Mond.

Viele drängten in jeder Stadt weiter, kaum, dass sie angekommen waren, anderen wiederum fiel es außerordentlich schwer, wenn sie die Geborgenheit eines Ortes und die freundschaftlichen Zuneigungen wieder verlassen mussten. Aus Hersbruck wegzugehen kam ihnen allen besonders hart an, aber das Städtchen war viel zu klein, um Wohnplatz und Arbeit zu bieten.

***

Agnes stützte sich auf Johanna, die neben ihr ging, und zog sich die notdürftig reparierten Schuhe von den Füßen. Ihre Sohlen mochte sie gar nicht anschauen. Die malträtierte Ferse, der Ballen – zum Jammern. Dass jetzt an diesem Sommermorgen die Luft an diese Blutgeschwüre kommen konnte, war eine regelrechte Wohltat, die sie sich jeden neuen Tag, den der Herrgott werden ließ, erträumt hatte. Nie dachte sie morgens etwas anderes als an diese schrecklichen Füße. Neben dem steinigen Weg stand dichtes Gras im Morgentau. Sie stellte sich in den Wiesenstreifen, spielte mit den Zehen, wischte mit der Fußsohle über den weichen Grassoden, ging ein paar Schritte, blieb wieder stehen, pflückte ein paar zarte Triebe von Sauerampfer und genoss die herbe Säure der Blättchen. Sie kniete sich nieder zu den hohen Blättern des Frauenmantels, in denen sich über Nacht Tau gesammelt hatte, und schlürfte diese herrlichen klaren Tropfen, die in den Blattachseln lagen wie Perlen. „Ich danke dir, Gott. Das Leben, es ist schön. Es kann so schön sein!" Sie legte sich auf den Rücken, breitete die Arme aus und fuhr im Gras damit hin und her, wieder und wieder, so wie sie es als Kind im Schnee gemacht hat, dass man meinen konnte, ein Engel hätte seine Spuren hinterlassen. Sie blinzelte in die Morgensonne, hielt sich die Hand vor die Augen, weil der Schein sie blendete. Da schob sich ein Schatten über ihr Gesicht: Anton schaute sie an. „Da, nimm das und tu dir ein paar Tropfen auf die Wunde. Zuerst wird es höllisch brennen, aber dann wird es gut tun! Schnaps, viel ist nicht mehr drin in der Flasche."

***

Der 13-jährige Friedrich erholte sich zusehends. Dabei wurde jedem klar, dass die Jugend eben mehr einstecken konnte als das Alter, dass die Jugend in forschem Tatendrang vieles überwinden und aushalten konnte, wo das Alter verzweifeln musste. Sie hatten ihn wieder gut herausgefüttert und zudem trug die tröstliche Fürsorge dazu bei, dass der Bub mithilfe eines Stockes sogar bald wieder allein gehen konnte. Thomas, sein Bruder, ging fleißig mit Oscar zur Schule. Neue Freude entstand, endlich einmal mit Gleichaltrigen zu spielen, vor allem mit diesen Lausbuben über den Hof zu toben und zu rangeln, wie es sich für Buben gehörte. Ein ganz neues Leben war das. Schule, er war richtig begeistert davon, nicht nur vom Lernen. Einmal war er schon fertig mit seinen Rechenaufgaben und die ganze Schiefertafel war vollgeschrieben mit Zahlen, da beobachtete er einen seiner neuen Freunde. Vor dem saß ein Mädchen mit langen Zöpfen. Das Mädchen merkte gar nicht, dass dieser Bub ihre Zöpfe auf seiner Bank ins Tintenfass tauchte. In der Pause mussten alle furchtbar lachen über die blauen Haare. Das Mädchen weinte. Am liebsten hätte Thomas mitgeweint. Der Lehrer bestand darauf, dass der Bub sich bei dem Mädchen entschuldigte. Der schenkte ihr dann sogar seinen Tafellappen. Da hat das Mädchen dann auch wieder gelacht.

Die ganze Familie schloss sich dem nächsten Emigrantenzug an. Der Arztlohn in Höhe von 10 fl wurde vom Pfarramt übernommen. Das Almosenamt spendete Reisegeld von 6 fl. Oscar und sein neu gewonnener Freund nahmen Abschied mit einem festen Händedruck, wie es sich für junge Männer gehörte. Im Augenwinkel des Lochner Buben stand eine einzelne Träne, als Oscar ihm die Leine mitsamt seinem Hund in die Hand drückte:
„Du brauchst doch wieder einen Freund. Der da hat jetzt eben vier Beine! Der Fips, der wird dich begleiten und

der ist auch so fröhlich, dass du bald wieder fröhlich sein kannst." Er schluckte, bevor er kleinlaut noch anhängte: „Pass gut auf ihn auf!" und zum Hund hinuntergebeugt: „und du passt auf den da auf!" Thomas merkte wieder dieses starke Rauschen in den Ohren, das er immer dann spürte, wenn er Angst hatte, so wie jetzt, dann glaubte er, sein Kopf platze auseinander in zwei Hälften, und dachte: ‚ich muss jetzt schreien!' Aber kein einziger Laut kam aus seiner Kehle. Er ging vorwärts und drehte dabei den Kopf nach hinten, bis es knirschte und ihm der Hals weh tat. Solange er zurückschaute, stand sein Freund Oscar da, erhobenen Hauptes, die Augen geradeaus, den rechten Handrücken unter das Kinn gelegt, als wollte er sagen: Kopf hoch, alter Junge!

Fips lief recht zögerlich neben Thomas her, blieb ab und zu stehen, schaute unschlüssig mal zu seinem alten und mal zu seinem neuen Herrn. Plötzlich kehrte er um und sprang in großen Sätzen zurück, aber Oscar brauchte nur seinen Finger zu heben und zu rufen: „Lauf zurück, geh zu ihm, ab, Marsch!" Da blieb der Hund abermals stehen mit hängenden Ohren und großen fragenden Augen, wedelte langsam, unsicher mit dem Schwanz, drehte seinen Kopf zu seinem neuen Herrchen. „Lauf!", rief ihm Oscar noch einmal energisch hinterher. „Lauf!" Dann wusste der Hund endgültig, wo er jetzt hingehörte.

Zum Verabschieden kam auch der Wundarzt, um sich noch einmal zu vergewissern, dass es seinem Patienten den Umständen entsprechend gut ging.

„Dir haben wir es zu verdanken, dass Friedrich nicht schon auf der Straße verblutet ist. Gott vergelte es euch!", sagte Leonhard Lochner und schenkte ihm eine von seinen Bibeln, die von einem Nürnberger Kaufmann an die Salzburger verteilt worden waren, gedruckt im Voigtland von Abraham Gottlieb Ludewig.

„Papa, wie weit müssen wir denn noch?" Friedrich fiel das lange Gehen recht schwer. Die Fußsohlen brannten ihm, weil er seine Beine so ungleichmäßig belastete. Die Knöchel waren angeschwollen, dass der Vater gar keine Knöchel mehr sah, Friedrich stolperte immer wieder, fiel hin, rappelte sich wieder auf, verbiss sich die Tränen. „Papa, wie weit müssen wir denn noch?" Die weinerliche Stimme war kaum noch zu hören.
Neben dem Weg lag ein Baumstamm, überzogen mit weißen und gelben Flechten. Hier machten sie Rast, setzten sich hin, so wie man sich auf ein Pferd setzt, einander gegenüber. Der Vater streifte die Tragriemen seines Bündels von den Schultern, beugte sich über die Linien, die Holzwurm und Borkenkäfer hinterlassen hatten, hob ein Stöckchen vom Waldboden und begann zu erklären: „Schau, hier ist Werfen!", er deutete auf einen Flecken, der mit ganz feinem Moos überzogen war. „Und hier, bei der Rinde, hier ist die Salzach. Dann ging es da rüber!" Mit dem Stöckchen zeigte er auf kriechende Flechten, Moose und zarte Farne. „Weilheim, Schongau, Kaufbeuren, Augsburg, Nürnberg, Hersbruck, da sind wir jetzt. Morgen geht es weiter Richtung Berlin. Das ist hier, wieder rechts rüber, nach Osten, und weiter, weiter, weiter, bis zum Ende des Stammes. Da ist dann Ostpreußen."
„Papa, da ist ja gar keine Flechte mehr. Da ist ja nur noch nichts."
„Ja, Bub, da ist jetzt nichts, deswegen dürfen wir da hin, dann sind wir da. Dann gibt es da wieder etwas."
„Aber, das ist noch weit, sehr weit."
„Ja, Bub, das ist sehr weit. Aber wenn man ein Ziel hat, dann ist es eben nicht weit. Wirst sehen. Mit einem Ziel vor Augen, da schafft man das." Er zupfte das Moos, wo Werfen war, und das Moos, wo Weilheim und Schongau, Kaufbeuren und Augsburg war, vom Stamm und legte es ans Stammende: „Das da, das sind wir alle zusammen!" Er glaubte daran und

auch sein Bub war fürs erste wieder beruhigt und steckte sich etwas von dem Moos in die Hosentasche.

***

Das Landpflegamt wurde über die weitere Marschroute unterrichtet.
Am nächsten Tag, als sie ein kleines beschauliches Städtchen erreichten, regnete es in Strömen. Von den Dächern rann das Wasser wie aus Kübeln. Einer der Buben stellte sich drunter, den Kopf nach hinten, den Mund weit auf, die Zunge raus – so ließ er sich das Wasser direkt in den Mund laufen, bis die Mutter ihn wegziehen konnte: „Trink doch nicht das Dachwasser, die Regenrinne ist doch von den Vögeln ganz verschissen. Ach du, denkst auch überhaupt nichts!"
In kurzer Zeit hatten sich Pfützen gebildet. Kinder fielen beim Rennen in den Dreck. Vorbeifahrende Pferdewagen hinterließen tiefe Rinnen, die sich gleich wieder mit Wasser füllten. Die Röcke der Frauen saugten sich mit der Brühe voll, die in der Gosse gar nicht mehr abfließen konnte. Über dem Arm den Korb mit Gemüse vom Markt, hochgeschoben bis zur Armbeuge, mit der Faust den schweren Wollrock gerafft und zusammengehalten, so balancierten die Frauen zwischen den Wasserlöchern. Für die Kinder war es Spiel, sie hüpften ins Wasser, dass es nur so spritzte.
„Passt auf die Pferdewagen auf, bleibt von den Pferden weg, stellt euch nicht unter die Traufen, da werdet ihr erst recht klatschnass!", so konnte man die Mütter rufen hören. Aufregung war unter der Bevölkerung zu spüren, diese Menschenansammlungen waren ungewöhnlich in dieser kleinen verschlafenen Stadt. Die Marschordnung ließ nicht zu, dass sie sich hier länger aufhielten, sicher wäre manch einer gern geblieben. Die Füße schmerzten und waren übersät mit Blasen und Aufschürfungen. Verbandszeug gab es unterwegs nicht,

so dass man die Blutblasen nur aufstechen und mit dem eigenen Urin auswaschen konnte. Dann klebten die Strümpfe wieder fest an Blut und Eiter, so dass man lieber barfuß weiterging. Dableiben wollten die einen, so schnell wie möglich weiter drängten die anderen, weiter und endlich ankommen und dann bleiben! Sowieso hatte der Marschcommissar das letzte Wort. Sie sammelten sich auf dem Marktplatz, wo sie kostenlosen Vorspann erhielten und die Pferde wechselten. Bauern und Fuhrleute mit ihren Knechten packten die Habseligkeiten auf die Wagen, auch für Alte, Kinder und Kranke war genügend Platz, dass die sich bis zur nächsten Umspannstation ein wenig erholen konnten. Sie nahmen ihren Weg unter Begleitung weiter nach Schnaittach. Hätten sie nur einen anderen Weg genommen! Sie meinten gerade, alles wird wieder so, wie es bei Firmian war. Das Schloss Velhorn war in Besitz des Bayerischen Kurfürsten. Kraft seines Amtes als Landesfürst erteilte er seinen Soldaten und Büttel die Anweisung, dieses protestantische Gesindel, diese ketzerischen Rebellen auf keinen Fall durch sein Land ziehen zu lassen. Den Flurhütern war es gerade recht, dass sie wieder mal richtig zum Einsatz kamen und dreinschlagen konnten zwischen diese lutherischen Hunde. Doch als sie den Haufen sahen, schämten sie sich für die Willkür ihres Fürsten. Aber was konnten sie schon ausrichten.

„Wes Brot ich ess, des Lied ich sing." In Arbeit und Brot zu stehen, das war ja für keinen selbstverständlich.

Willenlos, verängstigt, eingeschüchtert, zusammengeschlagen, verletzt mussten sich 56 Emigranten ins Gefängnis werfen lassen bei Wasser und Brot, Folter und Verhören. Der Rest wurde brutal fortgejagt und lagerte in der Nähe auf evangelischem Boden, bis man ihre Landsleute entließ, so dass sie nach diesem Zwischenfall wenigstens wieder zusammengeführt werden und nach Betzenstein weitermarschieren konnten.

Betzenstein

Der Stadtschreiber des Ortes ritt den 268 angekündigten Leuten bis Hiltpoltstein entgegen. Durch seine unermüdliche Fürsorge gelang es ihm, 149 von denen direkt in Betzenstein auf Quartiere zu verteilen, die anderen in der Umgebung. Trotz der späten Stunde konnten alle noch in Familien untergebracht werden, wo sie mit herzhafter Hausmannskost aufs Beste bewirtet wurden. Semmelknödel, Leberknödel, Kartoffelknödel, Schweine- und Rinderbraten, Gemüse von gelben Rüben, Gulasch – alles zum Sattessen. So gut und reichlich waren die Schüsseln daheim nicht einmal zu Weihnachten gefüllt. Dazu gab es zur Feier des Tages kühles Bier für die Männer, milden Frankenwein für die Frauen, die aber den Alkohol ganz ablehnten und sich lieber Holundersirup mit Wasser verdünnten. Bei der letzten üppigen Mahlzeit unterwegs hatten einige ihrem Magen zu viel zugemutet, der war ja normales Essen gar nicht mehr gewöhnt und hatte ihnen die Völlerei richtig übel genommen, so dass sie jetzt allgemein recht vorsichtig wurden und nur kleine Portionen zu sich nahmen, wenn es auch noch so gut schmeckte. Gern hätten sie sich was eingepackt, die Knödel waren so unbeschreiblich gut! Aber erst die Soße, da kam man ja schon beim Duft ins Schwelgen.

Auch die Pferde wurden gut versorgt, bekamen in ihren Boxen frische Einstreu, ein dickes Polster aus Stroh zur Schonung der Gelenke, in die Tränken kippte der Stallbursche sauberes Wasser, kontrollierte bei jedem die Hufe und Fesseln, pflegte mit Salben, bandagierte, wo es nötig war, strich den erschöpften Tieren sanft über Flanke und Hals, schüttete Hafer in die Futterraufe und war ganz stolz, dass auch er seinen Teil beitragen konnte.

Beim Rektor der Lateinischen Stadtschule Johann Andreas Bühl war Christian Kattauer einquartiert mit seiner Frau, seinen drei Kindern sowie einer Magd.
Christian Stulebner aus Rauriß war bei Tertio Reinsperger in Quartier mit vier Personen. Pfleger, Pfarrer, Stadtschreiber, Diakon, Kantor, Mesner – alle stellten in ihren Häusern Platz zur Verfügung, begnügten sich selbst auf engstem Raum, damit die Salzburger schlafen und sich erholen konnten. Die Frauen kümmerten sich um die Kinder, fütterten die Kleinen, standen den geschwächten Müttern zur Seite.

***

Samuel Urlsperger hatte von Augsburg aus bereits mit Wernigerode und anderen Städten Kontakt aufgenommen und dafür gesorgt, dass die Emigranten überall angekündigt und wohlwollend aufgenommen worden. Ihn verband eine Brieffreundschaft mit dem Grafen Christian-Ernst von Wernigerode. Der löste unter seiner Bevölkerung einen spontanen Wettbewerb der Hilfsbereitschaft aus. Der Graf von Stolberg-Wernigerode ließ alle Emigranten in seinen Lustgarten führen und im Orangeriesaal verpflegen. Prediger und Katecheten nahmen an dem großen Mahl teil und teilten Bibeln und religiöse Schriften aus. „Die Stärkung, die wir hiermit finden, die bleibt uns bis ans Ende aller Tage. Die Stärkung durch eure vielen Speisen, die vergeht, Gottes Wort aber bleibt, immer."

Waren sie auch mehr ausgehungert als jeder andere, der hier wohnte und arbeitete, so drängten sie sich doch nicht in den Vordergrund, als die Schüsseln und Platten auf den Tisch gestellt wurden. In Ruhe warteten sie, bis der Teller vor ihnen gefüllt wurde. Aus seiner reichen Bibliothek an Gemeindegesangbüchern, theologischen und kirchengeschichtlichen

Schriften verschenkte der Graf so viele wie möglich an die Salzburger und er empfand dabei die gleiche Freude wie die Beschenkten. Die Bürger der Stadt lieferten sich einen Wettbewerb, jeder wollte den anderen übertreffen. Sie kochten, sammelten Kleidung, boten ihnen ihre Hilfe an, wo sie nur konnten. Wer Arbeit hatte, stellte einen Salzburger bei gutem Lohn ein. Jeder bewunderte diese Glaubensflüchtlinge, die nicht nur um ihres Glaubens Willen ihr Land verlassen hatten, sondern auch in aller Not, in allem Elend ihres langen Marsches überzeugt ihren Glauben behielten. Auch in dieser Stadt waren viele Bürger ganz beschämt durch das Verhalten dieser Heimatlosen und fanden durch dieses Vorbild selbst wieder zurück zum Glauben. Dabei erinnerten sie sich der Gottesdienste, wo nur eine Handvoll Leute in den Kirchenbänken saß, mochte sie der Herr Pfarrer auch noch so eindringlich zum Kirchgang ermahnen.

Nach dem Gottesdienst zerstreuten sich die Salzburger, um irgendwo allein zu stehen – am Brunnen, unter der Kastanie, inmitten der Blumenrabatten des gräflichen Anwesens, um in Stille und nachhaltiger Ergriffenheit das Gehörte im Herzen zu bewahren. Oder sie setzten sich in kleinen Gruppen zusammen und versuchten, sich gegenseitig die Rede von der Kanzel, bestimmte Bibelverse oder Liedertexte aufzusagen, dass auch ja kein Wort verlorenging. Sie redeten über das Gleichnis vom Senfkorn, das zwar kleiner war als alle Samenkörner, aber, wenn es aufging, größer wurde als alle Kräuter. So wuchs das Wort wohl auch in ihnen zum starken Baum. Sie sprachen auch über das Matthäus-Wort „Wo zwei oder drei in meinem Namen versammelt sind, da bin ich mitten unter ihnen." Das spürten sie, jeden Tag aufs Neue. Sie hatten gedürstet nach SEINEM Wort und der Durst wurde ihnen gestillt. Im Park standen Apfelbäume in Wolken von Blüten, weißrosa, und Quittenbäume, bei denen noch kaum zu erkennen war, was einmal Blätter und was Blüten werden sollten. So wie auf die Blüte einmal eine Frucht folgte, so gab ihnen dieses Werden in der Natur wieder neue Hoffnung.

***

Philipp hatte mit Sara einen Platz gefunden, wo sie in Ruhe der großen Gnade gedenken konnten, mit welcher Zuneigung sie in dieser Stadt aufgenommen worden waren. Sie kannten Samuel Urlsberger nicht näher, aber sie dankten ihm von Herzen. Wie waren sie immer wieder durch harte Prüfungen gegangen, als ihr Bub starb, als Sara vor Trauer geschwächt fast selber ihr Leben ausgehaucht hätte, als sie in Kälte und Hunger ihr Ziel aus den Augen verloren, als sich Gedanken über die Sinnlosigkeit breit machten. Philipp legte die Arme um seine Frau und drückte sie liebevoll an sich. Sie machte die Augen zu und spürte den gemeinsamen Herzschlag. In solchen Momenten musste man nicht miteinander sprechen. Sie fühlten sich wie ausgeruht und erholt nach dieser reichhaltigen Mahlzeit, dem liebevollen Empfang, der erbaulichen Predigt. In dieser engen Umarmung verharrten sie, bis sie Schritte kommen hörten, scharrende Tritte im Kies, die sich ihnen näherten. Philipp löste seine Arme von seinem Weib und erwartete den Mann, der zögerlich näher kam: „Seid ihr der Steinbacher Philipp? Es war gar nicht so leicht, euch zu finden. Man sagt mir, dass ihr euch unermüdlich kümmert um alle, dass ihr immer die richtigen Worte findet, bei Tod und Geburt, bei Beerdigung, Taufe und Hochzeit, dass ihr abends der Letzte und morgens der Erste seid und euch kaum die Kraft ausgeht! Das alles, dass es überhaupt so etwas geben kann, geben darf, so etwas, wie ihr erlebt habt, es mag mir gar nicht in den Kopf, dass es das in unserer Zeit, in unserem Land, auf unserer Erdkugel geben kann."
Philipp schwieg verlegen, so was mochte er gar nicht, dass Aufhebens um seine Person gemacht wurde. Da sprach der

andere schon weiter: „Ich habe mich ja noch gar nicht vorgestellt. Keller heiße ich, Buchbinder bin ich und bin so ergriffen über das, was man euch angetan hat, und das, was ihr uns da vorlebt im Glauben. Nie habe ich etwas Ähnliches erlebt und nie werde ich Ähnliches erleben. Keiner ist so würdig wie ihr, dieses Buch aus meiner Werkstatt auf eurem Marsch mitzunehmen. Dankt mir nicht! Dass ich solche Menschen, wie ihr seid, erleben darf, ist mir Dank genug. Nehmt dieses Buch mit, es soll euch als Erbauung dienen …" Er konnte vor Ergriffenheit gar nicht weitersprechen, als er Philipp das Buch der Bücher verehrte. Philipp schaute bald auf das Buch, bald auf den fremden Mann: „Dieses Buch …", Philipp musste sich räuspern, bevor er noch einmal Anlauf nahm, „Dieses Buch ist uns Kraft und Stärke, Wegweiser und Weg. Freund, lass dir danken, habe ich auch nichts, was ich dir geben kann, als nur mein Gebet, in das ich dich einschließe." Vorsichtig, als wäre es etwas Zerbrechliches in seinen rauen Händen, fuhr er mit den Fingerkuppen über den Goldschnitt, löste mit zittrigen Fingern die Metallspangen am Leder bezogenen Deckel, ließ den ledernen Rücken in seiner aufgefächerten Hand ruhen, dass das Buch von selber aufschlug. Sara und der Buchbinder schauten ihn erwartungsvoll an und kamen sich vor wie im Gottesdienst, als Philipp ihnen die Stelle vorlas, die da stand: „Wer dem Herrn anhanget, wird ein Geist mit ihm. Ein Leib, ein Fleisch und Blut. Und dem Gläubigen sind alle Dinge möglich. Der Glaube bewahret die Seele vor allem Gift und verdammet alles Widerwärtige!" Sara versuchte ihrem Mann über die Schulter zu schauen.

„Da, Sara, stell dir vor, wir haben jetzt unsere eigene Bibel!" Das Buch in der Rechten, schlang er seinen linken Arm voller Freude um sie. Fast übermütig konnten sie zusammen lachen wie zwei Kinder an Weihnachten. Lachen! Das hatten sie beide schon lange verlernt. „Gebt mir die Ehre, meine Gäste zu sein, meine persönlichen Gäste zu sein. Mein Haus ist groß genug", sagte der Buchbinder, und nach einer Atempause setzte er augenzwinkernd noch dazu: „Und mein Weib eine gute Köchin."

Das Stadtoberhaupt machte bekannt, dass die Leute noch zum Rathaus kommen sollen, um sich ihr Zehrgeld für die weitere Reise abzuholen. „Sollen wir nur des Geldes wegen zum Rathaus kommen? Oder hören wir auch noch einmal Gottes Wort, bevor wir weiterziehen? Um des Geldes Willen sind wir wirklich nicht weg von unserem Land. Unser Vater im Himmel weiß das. Er vergelte es euch!"

Immer wieder kam es vor, dass sich Betrüger das Elend zunutze machten und sich bei der Gelegenheit auch verpflegen ließen und sich bei der Verteilung des Reisegeldes eine Scheibe vom Kuchen abschneiden wollten. So konnte es nicht ausbleiben, dass man die Flüchtlinge über ihren Glauben examinierte. Alle, ohne Ausnahme, kannten sich nicht nur in der Bibel aus, sondern gaben auch im Gespräch so überzeugende Antworten, dass kein Zweifel über ihre religiöse Gesinnung bestand. Eine alte Frau sagte nach Ankunft in der Stadt, als man sie über ihren Glauben prüfte: „Hätten sie uns SEIN Wort im Salzburgischen genauso verkündet, wie wir es jetzt hören dürfen, so wären wir sicher da geblieben. Zuerst haben wir ja mitgeheuchelt und uns im Gottesdienst mit Weihwasser besprengt. Bei den Geheimversammlungen haben wir gelernt, die Heilige Schrift zu lesen und zu deuten und wir haben eine seltene Einigkeit unter uns erlebt, obwohl wir doch so viele waren. Diese Einigkeit hat uns immer und immer wieder neue Kraft gegeben."

Auch wenn sie unterwegs viel Zuwendung und Liebe empfingen, zeugten zahllose Gräber als stumme Zeugen von ihrem Leid. Je weiter sie der Weg führte, desto elender wurde der Haufen.

„Sara, was ist mit dir?" Philipp musste immer häufiger feststellen, dass seine Frau nicht mehr mit den anderen Schritt halten konnte, jetzt, wo die schlechte Jahreszeit endlich überwunden schien, wo die Wege langsam abtrockneten, die Nächte nicht mehr ganz so kalt waren.

„Frau, komm, setz dich her. Wir gönnen uns eine Rast. Sitz her, schau, der Baumstamm und das kühle Blätterdach sind wie gemacht für dich." Er breitete eine Decke aus, die er sonst als Rolle zusammengebunden auf dem Rücken trug. Dann legte er den Arm um sie und wollte sie beim Niedersitzen stützen, doch in dem Moment verdrehte sie nur noch die Augen und brach vor ihm zusammen, sank zu Boden.

Immer wieder hatte er es erleben müssen, dass Frauen, aber auch Männer, die stark wirkten, plötzlich zusammengebrochen waren. Zutiefst erschrocken bettete er sein Weib, rupfte feuchtes kühles Gras vom Boden und legte es ihr auf die Stirn, befeuchtete ihre Schläfen, ihre Lippen. Da schlug sie wieder die Augen auf: „Lass mich ausruhen, lass mich nur ein wenig ausruhen! Dann geht es schon wieder", hauchte sie. Dann zeigte ihm ihr gleichmäßiges Atmen, dass sie eingeschlafen war. Der Platz bot ihnen ideale Bedingungen, um zu lagern.

„Vielleicht liegt es an der plötzlichen Hitze", tröstete sich der Mann, aber die tägliche Anstrengung überstieg bei allen schon lange die Kraft. Hunger, Durst, schmutziges Wasser und schon lange hatten sie sich nicht mehr waschen können. Da empfanden sie das hurtige Bächlein zwischen den Salweiden und Birken wie ein Märchen. Das Wasser war klar und sauber. Sie holten aus dem Gepäck Krüge und Kannen und schöpften und füllten Blechtassen und Tontöpfe, um sich an dem Wasser zu laben.

„Trinkt langsam, das Wasser ist kalt! Langsam, nicht so gierig, kann's ja verstehen, aber euer Magen versteht es nicht! Hat noch jemand von euch hartes Brot? Dann weicht es ein für unsere zahnlosen Alten und unsere Säuglinge. Wird Zeit, dass wir wieder Milch bekommen! Im nächsten Ort müssen wir eine Kuh kaufen oder eine Ziege. Wenn wir Milch haben, geht es auch wieder besser." So gaben sie sich gegenseitig Ratschläge, achteten auf diejenigen, die im Geist zu verwirrt waren, um noch auf sich selbst zu achten.

Philipp betrachtete Sara voller Sorge: „Wie geht's dir? Wie geht's dir heute?"

„Das Sprechen fällt mir schwer."

„Ach, das macht nichts, ich versteh auch jedes Wort, das du schweigst."

„Du, du lieber du. Ist es schon Abend? Es ist so dunkel. Gib mir deine Hand. Ich wollte immer, dass es dir gut geht. Und jetzt?"

„Es geht mir doch gut."

„Ich wollte immer bei dir sein und jetzt muss ich dich doch allein lassen."

„Ich werde nicht allein sein. Du wirst nie ganz weg sein, nur drüben – ja, drüben."

„Jetzt ist es plötzlich ganz hell. Schau, siehst du den Engel? Er bringt mir Licht, ganz viel Licht, er lächelt mich an – und sagt, ich soll keine Angst haben. Weißt du, ich hab keine Angst vor dem Sterben, nur um dich."

„Ich hab auch keine Angst, du bist ja immer da."

„Besuchst du mich mal? Wenigstens in der Erinnerung? Hierher kommst du ja nie mehr zurück."

„Weißt du, wenn du drüben bist, dann bist du ja überall. So, wie Erinnerung ja auch überall ist. Der Erinnerung ist es egal, ob ich hier oder dort bin. Siehst du den blauen Himmel? Und die Sonne? Du wirst sein wie Himmel und Sonne – immer da."

„Da ist er wieder, der Engel – und das Licht. Ich sehe eine Wiese, weiß wie Jasmin im Januar – und Schmetterlinge sitzen im Schnee."
Dann schlief Sara ein, atmete ganz gleichmäßig. Philipp blieb bei ihr sitzen, streichelte ihren Arm, bis sie wieder die Augen aufmachte und ihn ansah: „Da bist du. Schön, dass du da bist. Komm, hilf mir."
Sara kostete es unbeschreibliche Kraft, wieder aufzustehen. „Ach Philipp, ich schaffe es nicht. Ich schaff es doch nicht. Alles verloren, was ein Mensch verlieren kann, die Heimat und unseren Sohn. Was soll ein Leben ohne Heimat und ohne Sohn. Wo wir auch hinkommen, Heimat wird es nie mehr eine werden! Den Daniel gibt uns auch keiner mehr zurück."
Dann schleppte sie sich wieder weiter in Trübsinn und Mutlosigkeit. Sie konnte nichts mehr essen, sie konnte nicht mehr weinen. Zusehends ging es ihr schlechter. Sobald sie abends Quartier bezogen, fiel sie auch schon in tiefen Schlaf. Tagsüber bereitete ihr Philipp auf dem Karren ein Bett zwischen Mangelbrett und Wäscherolle, Lebzeltmodel und Kienspanhobel, Laubrechen und Dreschflegeln, Baumsteigeisen und Holzschüssel, Wollkardätsche, Spinnrad und Schafschere. Unter ihren Kopf legte er seinen schwarzen, rauen Filzhut mit der breiten Krempe.
„Sara, komm zu dir. Du kannst doch nicht einfach gehen und nicht mehr zurückkommen!" Philipp saß neben ihr, stützte ihr den Rücken und versuchte ihr Fleischbrühe einzuflößen, die er im nahen Dorf erbettelt hatte. Sara schaute ihn aus tiefliegenden, dunkelumrandeten Augen an.
„Lieber, ich muss sterben und begraben sein so weit weg von der Heimat. Das ist mir das Schlimmste, dass ich ruhen muss in fremder Erde, wo man mich irgendwann vergessen wird. Aber so, kein Leben war das mehr. Es hat mich alles so angestrengt, konnte dir gar nicht sagen, wie sehr. Hab genug gelebt. Immer unterwegs und kein Ziel. Schau, in den Wol-

ken hundert Fenster. Dahinter die Sonne. Wolken wie Wolle der Schafe. Der Wind, schau, der Wind nimmt mich mit. – Mein Mann!" Mit diesen sehnsuchtsvollen Worten bäumte sie sich noch einmal auf, drückte ganz fest ein letztes Mal seine Hand. Das Wasser, der Wind, die Erde nahmen ihre Seele mit, Licht und Luft trugen sie hinauf in die Weite. Aus der Ferne klang der zaghafte Schlag einer Kirchturmuhr. Im Baum saß eine Amsel und sang ihr Lied. Philipp war es, als ginge er aus dem Hellen in eine Finsternis. Er hatte keine Tränen und es war ihm, als hörte sein Herz auf zu schlagen. Sie war hinübergegangen in die andere Welt. Er hatte es nicht wahrhaben wollen, dass sie zu schwach war und immer noch schwächer wurde. Er wusste es. Wusste er es? Wie lange wusste er es schon? Eine Wolke schob sich vor die Sonne. Sara lebt nicht mehr, Sara lebt nicht mehr, Sara lebt nicht mehr! So hämmerte es unablässig in seinem Kopf. Sara lebt nicht mehr. Das war schon wieder ein Abschied. Abschied aus der Heimat, vor Monaten. Jetzt der Abschied von einem Stück seines Lebens. Als er hochschaute, sah er sich inmitten seiner Leute, umringt von seinen Glaubensbrüdern, die ihm mit ihrem stummen, ernsten Blick ihre Anteilnahme zeigten.

„Schwer ist mir, als hätte mir jemand Ketten um den Hals gelegt. Sara lebt nicht mehr. Wir werden sie betten, dass sie Ruhe und Frieden finden kann." Ein paar Männer traten aus der Menge und gaben ihm fest ihre Hand: „Von allen unser Beileid!"

„Schaufelt ihr das Grab, hab schon so viele Gräber schaufeln müssen. Aber jetzt ... lasst mich in Ruhe Zwiesprache halten – mit ihr – ein letztes Mal – und mit unserem Herrgott." Er ging hinüber zur nahen Fichtenschonung, um in der Stille mit ihr zu sprechen: „Sara, du bist mir vorausgegangen. Eines Tages wirst du am Ende meiner langen Straße warten und mich am Ziel in die Arme nehmen. Du bist tief in mir verwurzelt. Wohin ich auch gehe, wirst du bei mir sein. Wahrhaftige, göttliche, von Gott geschenkte Liebe stirbt nie, die lebt noch weiter, wenn alles andere gestorben und zu Grabe getragen ist. Ich suche nach Momenten der Erinnerung und finde deine Augen. Mein Fühlen und Denken sind bei dir. Ruhe in Frieden. Amen."

Von einem Glaubensbruder wurde Philipp jäh ins Diesseits zurückgeholt: „Komm, es ist alles bereit. Ein Kreuz haben wir auch schon aufgestellt." Philipp folgte dem Mann, der ihn holen sollte. Sie legten Sara einen Strauß aus Wiesenblumen auf die Brust, wickelten sie in eine Decke und legten sie in das vorbereitete Grab. Philipp drehte sich ab, als die Männer das Loch wieder zuscharrten. Dieses Scharren! Einer nach dem anderen trat vor und legte einen Stein auf die frische Erde, andächtig im stillen Gebet, bis Philipp mit seiner Abschiedsrede anhob: „Vater, du hast meine Frau zu dir genommen. Wir sind ein Stück unseres Weges miteinander gegangen, ein glückliches Stück, aber auch ein Stück voller Ungewissheit und Schwere, ein Stück voller Freude, aber auch ein Stück voller Gram. Schenke ihr nun die Ruhe in deinem Frieden, schenke ihr das ewige Leben, bis wir eines Tages wieder bei dir vereint sein werden. Amen."
„Amen!", murmelten auch die anderen und blieben noch mit gesenktem Haupt stehen, bis Philipp selbst leise anfing zu singen: „Ach bleib mit deiner Gnade". Zurückhaltend fielen die Männer und Frauen in dieses Lied ein. Ihr Blick schweifte auf das Wasser des Baches, das ihre Gedanken auf seinen Wellen mittrug. Sein Herz schlug den Takt der Wanderung ihrer beiden Seelen durch das Tor der Zeit in die blühenden Gärten des Himmels, begleitet von bunten Blumen. „Sara! Sara!" Er schrie ihren Namen in seinem tiefsten Inneren. „Du bist krank geworden, du bist gestorben, weil dich die Sehnsucht nach der Sonne umgebracht hat. Dieses schwarze Loch. Schwarz, du hast diese Farbe nicht gemocht. Schwarz, das

ist keine Farbe, hast du gesagt, und jetzt liegst du in diesem schwarzen Loch. Aber aus schwarzen Löchern kommen auch wieder bunte Blumen, irgendwann."

Voller Hoffnung war er losgezogen, voller Trauer war nun sein Herz, doch auch voller Dankbarkeit, dass er diese Frau haben durfte. Wie viele seiner Freunde waren nur eine Zweckverbindung eingegangen, damit sie jemanden hatten, der ihnen helfen konnte, auf dem Feld, im Stall, der die Kinder bekam, die später für sie sorgen würden. Doch bei Sara und ihm war es anders. Liebe – dieses große Wort mochte er gar nicht in den Mund nehmen. Übereinstimmung in den Gedanken, wenn man sich so gut kannte, dass Worte nicht mehr nötig waren. Wenn ein befreites Lächeln, ein beschwichtigender Händedruck mehr sagten als lange Reden. In seiner Trauer, in all seinem Zweifel musste er sich wieder neu dazu durchringen, seinem Gott zu danken – für die guten Freunde, mit denen er unterwegs war und das Schicksal teilte, für die Flügel der Schutzengel, die ihn trugen in der täglichen Gefahr, und für die neue Hoffnung, die ihm Weg und Richtung gab. Licht im Dunkel der Trauer! Er dankte auch für den Beistand, den Sara erfahren hatte. Ihr zufriedenes Lächeln in den letzten Augenblicken hatte gezeigt, dass sie im Frieden heimgegangen war zum HERRN. ER war ihr Hirte. Wie gut, nicht allein zu sein. Wie gut, die Zukunft nicht zu kennen. Wie gut, diesen Glauben zu haben, der ihn stärkte, damit er die Menschen führen und Entscheidungen treffen konnte, der ihm Engel zur Seite stellte, die ihm Hilfe gaben.
Es half alles nichts, sie mussten diese letzte Ruhestätte seiner Frau zurücklassen und weiterziehen. Trauriges Schweigen lag über der Marschkolonne.

***

„Hab beobachtet, wie du den anderen hilfst, wenn es nötig ist. Ja, so ist es recht, beistehen müssen wir uns gegenseitig. Dann schaffen wir, was wir schaffen müssen. Wie heißt du? Ich weiß nicht alle Namen. Bei so vielen. Ich bin der ..." – „Der Philipp bist, kenn dich doch, war so traurig, dass deine Frau sterben hat müssen. Ausgerechnet deine. Ich bin die Barbara", sagte sie und streckte ihm die Hand hin. Sie gingen eine Weile schweigsam nebeneinander her, bis Philipp anfing zu reden: „Weißt, hab immer gedacht, Trauer sei etwas, was man lernen kann, aber das stimmt gar nicht. Trauer ist immer wieder neu. Und bei jedem anders. Dann bist du im Dunkeln ganz allein, die Farben im Regenbogen verblassen, alles wird grau, schwarz, tot. Bei der Sara – bin ganz versunken in die Erinnerung mit ihr. Am Tag, da geht es, aber nachts, da fallen die Sterne herab, der Mond ist allein, am Tag frage ich ‚Sonne, wo bist du, der Himmel über mir ist so leer.' Im Alptraum kamen die Totengeister und tanzten um mich herum. Im Himmel war eine Türe, zu der keine Treppe führte. Da stand eine Frau, die ich nicht kannte. Sie lächelte und winkte mir zu: ‚Komm doch!' Nach so einem Traum denke ich nur noch, ankommen, endlich ankommen. Jede Nacht diese schrecklichen Träume. Jede Nacht falle ich und falle und falle und hoffe, dass unten einer steht, der mich auffängt. Alpträume von Äpfeln, verfault und von Maden durchfressen. Immer sehe ich tiefe dunkle Löcher, in die kein Strahl der Sonne dringt, so wie oben in Werfen oder in Salzburg. Dann warte ich, dass mir jemand zum dunklen Loch eine Leiter hinstellt, weil ich da allein gar nicht mehr rauskomme. Jemand wirft die Leiter um. Alpträume, aus denen ich hochfahre, Schweiß überströmt, und kann doch den schwarzen Vorhang nicht einreißen, der mir die Luft zum Atmen nimmt, dann denke ich, die Sara liegt jetzt allein in diesem Loch und friert. Sie hat auch immer Angst gehabt, dass unser Daniel allein in seinem Gräblein liegt und friert. Da kann mir keiner helfen.

Der Kopf weiß, dass in dem Loch nur noch ihre leibliche Hülle liegt, aber das Herz denkt eben anders. In all diesen Gedanken, die mich umtreiben, fühle ich mich, das sage ich jetzt nur dir, da fühle ich mich hilflos wie ein kleines Kind, dabei gibt es unter uns kaum noch einen, der nicht um einen anderen trauert. Und du? Bist allein? Hast sicher auch einen Mann."
„Nein, Mann habe ich keinen. Manchmal denke ich, das ist besser, manchmal weiß ich es doch nicht so genau. Ein andermal ist es wieder ganz furchtbar, dass ich allein bin. Dir kann ich es ja erzählen, habe hier noch mit niemandem darüber gesprochen, aufgehängt hat er sich, habe ihn selber gefunden. Abends, ich bin immer vor ihm ins Bett. An dem Abend habe ich mir zuerst gar nichts gedacht, bis er dann lange nicht nachgekommen ist. Da bin ich noch mal aufgestanden, im November war das, dunkel war es, aber die Kerze, die ich immer im Wasserglas auf dem Nachttisch gehabt habe, war noch nicht heruntergebrannt. Da bin ich aufgestanden und habe nach ihm geschaut. In der Stube war er nicht, in der Küche war er nicht, in der Tenne habe ich ihn endlich gefunden, da waren genug Haken an der Decke, für die Geräte, weißt es ja selber, und Seile gab es da auch. Habe ihn selber abschneiden müssen, nie krieg ich das Bild aus meinem Kopf. Verrückt ist es. Gut angezogen hat er sich extra und einen Scheitel gezogen und gekämmt hat er sich auch noch, bevor er sich aufgeknüpft hat und auf den Stuhl gestiegen ist. Schön ausschauen hat er wollen, wenn ihn einer findet."
„Weib, was du mir erzählst. Ist das nicht schlimm, was der ganze böse Zauber, den wir daheim erleben mussten, mit den Menschen gemacht hat?"
„Ach, Philipp, wenn der Firmian nur schuld gewesen wäre. Der war gar nicht schuld, die Susann hat ihn auf dem Gewissen, die Susann vom Rothen Ochsen. In die hat er sich vergafft. Kein Wunder, so wie die ausgeschaut hat, so wie die

ihr Dirndl prall ausgefüllt hat. Jeden hat sie hineinschauen lassen, in ihren Ausschnitt, in ihren offenherzigen. Hab schon gewusst, dass die ihm gefällt, aber gedacht habe ich mir erst was dabei, wie er immer noch später und noch später und dann oft gar nicht mehr heimgekommen ist. Am Anfang habe ich meinen Buben ins Wirtshaus geschickt, dass er seinen Vater holt. Am Anfang ist er dann auch heimgekommen mit seinem Buben, dann hat er ihn nur noch ausgelacht. ‚Sagst der Mama, ich finde schon allein den Weg', hat er zu seinem eigenen Buben gesagt. Dann ist er immer wieder weg geblieben und ich habe mir denken können, dass er mit der anderen was hat. Hätte ich ihn da vielleicht auch noch rausholen sollen? Katholisch war mein Mann, wollte auch von dem Lutherischen gar nichts wissen. Wenn er grantig war, hat er mir vorgeworfen, dass ich ja sowieso den Lutherischen nachlaufe und dass die Susann den wahren Römischen Glauben hat. Im Bett hat der Glauben sicher keine Rolle gespielt. Hubert hat mein Mann geheißen. Schlecht war er sicher nicht. Da ist einfach alles zusammengekommen: der Firmian, die Susann, dass ich weg muss, dass ich ihn verlassen muss, auch wenn er das noch nicht gewusst hat, ich weiß ja nicht, was man am Biertisch erzählt hat, sicher mehr, als ich daheim am Herd erfahren habe. Am Biertisch, da hört man doch die Flöhe husten und das Gras wachsen. Am Reformationstag, am 31. Oktober, ist sicher schon was durchgesickert vom Firmian seinem Emigrationspatent, da haben es sicher schon viele gewusst, die Römischen und die Lutherischen, die Susann und mein Hubert. Wahrscheinlich war er froh, dass ich weg muss, vielleicht hat ihn auch das Gewissen geplagt, vielleicht hat er ja gar nicht mehr gewusst, wo er hingehört. Gesprochen hat er ja nicht darüber. Am 3. November hat er Namenstag gehabt, das war für ihn wichtig, der Heilige Hubert, mit dem hat er es gut können, von dem hat er, glaube ich, mehr gewusst als von mir. Schöne Geschichten. Als ich unser erstes Kind ver-

loren habe, hat er mich getröstet und gesagt: ‚Das Weib vom Heiligen Hubert ist gestorben beim ersten Kind, aber du lebst und wir können noch einen Sohn bekommen.' Woher er das alles gewusst hat, weiß ich nicht, wahrscheinlich vom Herrn Pfarrer, wer hätte das denn sonst wissen sollen. Mein Hubert, er war schon recht, bis die Susann ihm den Kopf verdreht hat und sein Verstand in die Hose gerutscht ist. Jedem hat sie den Kopf verdreht, aber keinem so wie meinem Hubert. Einmal habe ich sie getroffen, da habe ich sie einfach gefragt, ob sie mit meinem Hubert ins Bett gegangen ist. Nicht mal rot ist sie dabei geworden. Ein anständiges Mädchen wird wenigstens rot. Sie hat einfach nur gesagt: ‚Ja, freilich.' Da habe ich es gewusst. Das war dann sicher meinem Hubert auch nicht recht, weil mögen hat er mich schon. Dass er sich jetzt nicht mehr heimlich treffen kann mit ihr, weil ich es ja jetzt gewusst habe, das hat sie ihm bestimmt erzählt. Ich glaube, als ich es gewusst habe, da hat er dann gar keine richtige Freude mehr an der Susann gehabt, weil er sich vielleicht doch geschämt hat, auch weil die Leute sich darüber das Maul verrissen haben. Am Hubertustag hat er sich dann aufgehängt. Gut angezogen hat er sich da immer. Ein Samstag war es, ich weiß es noch genau. Wahrscheinlich hätte er am nächsten Tag nicht einmal mehr seinem Heiland unter die Augen treten wollen. Zu seiner Beerdigung ist die Susann dann nicht gekommen, wenigstens so viel Anstand hat sie im Leib gehabt." Es ist nur so aus der Barbara herausgesprudelt. Philipp hat sie nicht unterbrechen wollen.
„Weißt, Philipp, ich habe noch nie mit jemand drüber geredet. Hätt' ja doch nichts geändert, war ja schwer genug, auch für die Susann. Heute denk ich so. Bevor ich habe gehen müssen, bin ich zu ihr und habe ihr gesagt, dass es jetzt schon so ist, wie es ist, und sich nicht ändern lässt, aber dass ich ihr vergebe, ich wollte nicht weggehen, ohne dass ich mit ihr Frieden mache. Wie es dann geheißen hat, dass wir

nicht mal die Kinder mitnehmen dürfen, hat sie gesagt, dass sie meinen Buben nimmt. Dass sie ihn behandelt, als wäre er ihr eigener. Wahrscheinlich hätte sie gern ein Kind gehabt von meinem Hubert. Mein Bub hat sie ja gekannt, weil er ja öfters zu seinem Vater ins Wirtshaus ist, da habe ich mir gedacht, bei der Susann, da ist es für ihn noch zehnmal besser, als wenn er in ein Kloster muss, wer weiß, was die mit ihm gemacht hätten. Das Schaitberger-Lied ist mir dann in den Sinn gekommen, der Vers ‚So geh ich heut von meinem Haus; die Kinder muss ich lassen. Mein Gott! das treibt mir Tränen aus zu wandern fremde Straßen.' Der Schaitberger hat ja auch seine Kinder zurücklassen müssen, hat schon gewusst, von was er da redet."

„Barbara, manchmal denke ich schon, kann man das alles erleben und überleben. Die Toten, die sind wenigstens tot und spüren nichts mehr, aber mit der Trauer um sie muss man weiterleben und weiß doch manchmal nicht, wie. Dann tröste ich mich wieder selber, dass es gut ist, dass ich nicht vor ihr habe sterben müssen, sie hätte das alles ja allein gar nicht schaffen können. Jetzt muss ich auch oft denken, was wird aus den Feldern, ist ja keiner mehr da, der mähen könnte, der die Heinzen aufstellt und das Gras drüberhängt und das Heu einfährt, wenn es trocken ist und in die Tenne muss. Einmal, da sind mir auf dem Berg die Schumpen ausgekommen. Hab ganz schön rennen müssen, bis ich die übermütigen jungen Kühe wieder eingefangen habe. Wer macht das jetzt, wenn sie wieder einmal durch den Zaun brechen, die springen ja, bis sie im Gelände sich verfallen oder die Haxen brechen. Hab schon lange keine Kühe mehr gesehen, dabei habe ich immer gedacht, Kühe gibt es überall. Die fehlen mir. Ganz arg."

Sie waren es aus der Heimat nicht gewöhnt, dass sie bis zum Horizont schauen konnten, ungebremst bis zu der Linie, wo der Himmel auf die Erde stieß. „Hat man uns nicht gesagt, dass wir bald wieder in eine große evangelische Stadt kommen? Kannst ja nicht erwarten, dass zwischen Häusern und Kirchen Kühe rumlaufen. Auf den Straßen die Fladen, aus denen dünnstängelige Pilze wachsen."

Sie konnten sogar wieder einmal lachen. „Ja, hast ja recht. Bis wir aber endlich in Leipzig sind, werden noch Tage vergehen. Der Goebel hat gesagt, das Herzogtum Sachsen hat Straßensteuer erhoben, darum sind wir auf den Feldwegen und müssen in Kauf nehmen, dass die Karren und Leiterwagen im Dreck stecken bleiben. Aber dass wir jetzt schon so weit gekommen sind, ich kann es kaum glauben, es kommt mir vor wie ein Wunder." Philipp ging versonnen weiter und schüttelte immer wieder den Kopf. „Ja, auch da gebe ich dir recht. Aber hat Luther nicht gesagt, die Welt ist voll täglicher, alltäglicher Wunder?" Philipp war fast ein wenig verdutzt, als Barbara das sagte, zog seine Augenbrauen hoch und schaute sie lange versonnen an.

Leipzig

In Leipzig fanden die Salzburger mit ihrem Schicksal große Anteilnahme. Die Flüchtlinge mussten in der 29000 Einwohner zählenden Stadt verpflegt und beherbergt werden, was die Stadtoberhäupter und die Bevölkerung vor eine große Aufgabe stellte. Aus Halle ließ man zwei Theologiestudenten kommen, damit sie den Protestanten während ihres Aufenthalts regelmäßig Morgen- und Abendandachten halten konnten. Am Nachmittag um zwei Uhr wurden sie in die Thomaskirche eingeladen, wo Johann Sebastian Bach für sie die Kreuzstabkantate aufführen ließ, Kantate für Solostimme und Orchester: „Was macht ihr, dass ihr weinet?" Still lauschten sie der Botschaft hinter den Tönen und zwischen den Tönen. Überwältigend! Diese Stimme! Barbara stand neben Philipp, den sie fürderhin als ihren Begleiter ansehen wollte. Das Herz wurde ihr zu klein und wollte zerspringen, als der Thomanerchor durch den Mittelgang vor zum Altar schritt, um mit der Gemeinde den Introitus zu singen, gemäß dem Sonntagsevangelium, das bei Luk. 16 in den Versen 19 bis 31 stand. Buben mit Lockenkopf, jeder ein kleiner Johann Sebastian, voller Würde. Die Kleinen mit Matrosenkragen, die Größeren im dunkelblauen Anzug. Andächtig das Haupt gesenkt die einen, stolz und selbstbewusst nach vorn blickend die anderen, einige kindlich froh im Gemüt, lächelnd und das Lied summend, das die Orgel präludierte. Ja, das Herz wollte ihr zerspringen, weil es zu klein wurde in diesem ergreifenden Moment. Stille Tränen liefen ihr aus den Augen. Es störte sie nicht. Sie schaute zur Seite und sah ihre Freunde, weinend, ergriffen in den Bänken sitzen. Von der Empore klangen Violine und Orgel, legten Trost und Freude auf ihre Seelen. Unter der Kanzel stand ein Kruzifix. Der Diakon entzündete die Kerzen, die vor diesem Kreuz standen.

Die Kirche war so voll, dass die Portale offen bleiben mussten, damit Predigt und Solo mit Orgel, wenigstens in Bruchstükken, auch nach draußen dringen konnten.

Auf dem Vorplatz angepflockt stand ein Esel, der in den Tragekörben rechts und links zwei Neugeborene trug. Tobias und Zacharias Dominikus, die in der Nähe von Kaufbeuren zur Welt gekommen waren, hatten sich dank der Fürsorge von Margret und einer jungen Frau zu zwei prächtigen Buben entwickelt und hatten dieses beste aller Nestchen inzwischen an zwei schwache Mädchen abgetreten.

Seitens der Stadt wurden die Salzburger aufs Beste versorgt. Ihren Gastgebern berichteten sie überwältigt: „Unsere Herzen und Sinne waren kaum groß genug, diese Eindrücke aufzunehmen. Bis an das Ende unserer Tage werden wir diesen Gottesdienst bewahren und Gott dafür danken, dass er uns Ohren gegeben hat, dies zu hören, dass er uns die Gnade geschenkt hat, dass wir an diesen Ort gelangen durften!"

Im evangelischen Kurfürstentum Sachsen konnten über 28000 Taler gesammelt werden. Was davon tatsächlich zu den Hilfsbedürftigen gelangte, konnte keiner mit Bestimmtheit sagen. Hinter vorgehaltener Hand raunte man sich nämlich zu, dass Graf Heinrich von Brühl, der sächsische Premierminister, diesen Betrag unterschlagen und für den Bau der Dresdner Frauenkirche verwendet hat. Mit seinen 32 Jahren war er einer der jüngsten Geheimräte und Minister und verstand es sehr wohl, in großzügiger Pracht Feste zu feiern und sich mit Prunk zu umgeben, wie zum Beispiel bei dem Zeithainer Lustlager, einer Truppenschau Augusts des Starken, die in einem mehrstündigen Feuerwerk auf der Elbe bei Riesa gipfelte.

***

Samuel Urlsperger in Augsburg erlahmte nicht, sich für die Lutheraner einzusetzen und immer und überall zu Spendengeldern aufzurufen. Selbst Städte, die abseits der Protestantenzüge lagen, ließen es sich nicht nehmen, ihre Kollekte für die Salzburger zu opfern. Die deutschsprachigen Zeitungen riefen regelmäßig zu großzügigen Sammlungen auf. Eine Welle der Hilfsbereitschaft ging durch ganz Europa.

Als Emigranten sich Berlin näherten, waren königliche Reitknechte die Ersten, die auf die Gruppe stießen: „Der König ist auf dem Weg von Berlin nach Potsdam. Sicher werdet ihr ihn treffen. Aber nicht auf diesem Weg. Er fährt auf seinem eigenen Königsweg." Commissar Göbel erinnerte sich an die preußische Ordnungsliebe des Staatsoberhauptes und sorgte dafür, dass aus dem schlampigen Haufen ein geordneter Zug wurde, Männer und Frauen paarweise voran, hinter ihnen die Wagen.

Auf einer kleinen Anhöhe in der Nähe von Zehlendorf wurde der König der Leute ansichtig und gab dem Hofkutscher Order, seine Kalesche einfach querfeldein zu dem Emigrantenzug zu lenken. Dabei nahm er gern in Kauf, ordentlich durchgeschüttelt zu werden. Da waren sie nun! Jeder sah ihm seine Ergriffenheit an, als er hier zum ersten Mal auf die Menschen traf, die er eingeladen hatte, die seinem Land wieder Aufschwung bringen sollten. „Warum seid ihr aus eurem Land weggegangen, ins Ungewisse? Ich werde euch aufnehmen, wie ich es euch und euren Landsleuten versprochen habe. Glaubt mir, Ackerland werdet ihr bekommen, wo ihr euch in Frieden niederlassen könnt." Unglaublich – sie standen ihrem König gegenüber, ihrem König, von Angesicht zu Angesicht, und wie gütig und verständnisvoll er sie behandelte. „Singt mir das Lied ‚Auf meinen lieben Gott trau ich in Angst und Not'! Denn das habt ihr bewiesen, weiß Gott, das habt ihr bewiesen. Nie zuvor habe ich Menschen erlebt, die trotz aller Ungemach so fest geblieben sind in ihrem Glauben." Sogleich sangen sie das gewünschte Lied. Als jedoch der König die Melodie nicht erkannte, stimmte er selbst die Melodie an, die bei ihm in Preußen zu diesem Text gesungen wurde. Göbel erklärte ihm, dass sie den Text nach einer anderen Melodie zu singen pflegten. Da war er zufrieden.

Die Wagen fuhren auf dem Hauptweg weiter, alle anderen kürzten den Weg ab über die Wiesen und nahmen die Eindrücke auf, als sähen sie alles zum ersten Mal: Klee, Beinwell und Margeriten, Sauerampfer und Hahnenfuß, Kerbel und Vergissmeinnicht, Lichtnelke, Wegerich, Frauenmantel und sattes Gras, fließend im Wind: Dass es für sie noch einen solchen Sommer geben würde mit all dieser blühenden Schönheit – sie konnten es kaum glauben.

***

Nachdem die Protestanten in Berlin angelangt waren, verfasste ihr geistiger Anführer ein Dankschreiben an den König und entschuldigte sich dafür, dass sie in ihrer Überraschung und in ihrem Schrecken ganz vergessen hätten, ihm gebührend zu danken. Deshalb wollten sie das auf diesem Wege noch einmal zum Ausdruck bringen. Dass der König leibhaftig vor ihnen stehen würde und sogar das Wort an sie richtete: „Kommet, kommet her zu mir", das wäre für sie einfache Menschen fast zu viel gewesen. Sie versprachen ihm, wenn sie tatsächlich, mit Gottes Hilfe, in Preußen ankommen sollten, wo sein brachliegendes Land darauf wartete, von ihnen beackert zu werden, dann würden sie fleißig arbeiten, gehorsam sein und untertänig. Am Schluss fügte er noch an: „Vielleicht kann es sein, dass wir Saalfeldener beisammen wohnen könnten."

Potsdam

Potsdam war ihr nächstes Ziel. Doch hier wüteten die Pokken, so dass sie erst einmal vor den Toren bleiben mussten. Erschüttert mussten sie zusehen, wie diese schmerzhafte, abscheuliche Krankheit Ansteckung und Tod brachte. Besonders Kinder waren davon betroffen und wurden der Reihe nach aufs Totenlager geworfen. Die anderen standen hilflos daneben, wie sie teilnahmslos keinen mehr erkannten, apathisch vor sich hin wimmerten, im Fieber fantasierten, unter ihren Wahnvorstellungen schrien, als sei ihnen der Leibhaftige erschienen. Wen es erwischt hatte, war entstellt von Pusteln, Geschwüren, bösen Beulen. Die Körper stanken nach triefendem Eiter. Mütter und Väter weinten über den Todeskampf ihrer armen Würmchen.

Zu oft hatten sie wohl auf ihrem Weg schlechtes Wasser aus stinkenden Flüssen und Bächen getrunken. Ausgemergelte, kraftlose Kinderkörper leisteten dem Sensenmann keinen Widerstand mehr. Die Holzerin musste gleich über ihren beiden Kindern das Totengebet sprechen. Ihre Gebete bekamen von diesem Tag an noch den Zusatz: „Beschütz uns vor den scheußlichen Pocken und allem Übel. Amen."

Der König sorgte dafür, dass alle ärztlich untersucht und behandelt wurden, ehe man sie unter großem Geleit direkt zum Schlossgarten führte. Diese unvorbereitete Ankunft so vieler Menschen versetzte den ganzen Hofstaat in Aufruhr. Kammerjungfern und -diener, Lakaien und Reitknechte, Kutscher und Musikanten, Silberspülerin und Sattler, Schreiner und Schlosser, Bäcker und Büchsenspanner – alle wollten diesem Moment beiwohnen und mithelfen, wo ihre Unterstützung gebraucht wurde. Mundkoch und Küchenschreiber, denen die Verwaltung der Vorräte oblag, machten dem König Meldung über die bevorrateten Lebensmittel. Der Küfer stand dem weitläufigen Weinkeller des Schlosses vor, wo so manch wertvoller Tropfen reifte und etliche Bouteillen Champagner Wein lagerten. An nichts sollte es mangeln.

Während dieses emsige Treiben im Park herrschte, ließ sich der König von dem begleitenden Commissar, Geheimrat von Herold, und von seinem Gesandten Goebel Bericht erstatten. Dieser konnte nur Gutes über die Glaubensflüchtlinge anführen. Auch Hofrat Cochius bestätigte dem König, er habe eine feine evangelische Gesinnung bei ihnen angetroffen. Doch der König wollte sich persönlich davon überzeugen und stellte den Salzburgern einige Fragen, die ihm zeigten, dass sie allesamt glaubensstark und bibelfest waren. Als die Religionsexamina zu seiner vollsten Zufriedenheit ausfielen, zeigte er sich tief berührt und hielt den Emigranten eine kurze Ansprache, die er mit den Worten beendete: „Ihr sollets gut haben, Kinder, ihr sollets bei mir gut haben."

Alsdann gab er den Befehl, dass die Salzburger einen Tag ausruhen sollten. Die Tische wurden reichlich gedeckt, er ließ Speis und Trank auftischen im Überfluss. Jeder konnte mit eigenen Augen sehen, wie christlich und bescheiden sich diese Menschen aufführten.

Vor dem Abzug wurde eine Betstunde mit ihnen abgehalten. Anschließend marschierten die Emigranten in Richtung Berlin. Viele Bürger aus Potsdam gaben ihnen das Geleit und schickten ihnen tausend Wünsche mit auf den Weg.

Berlin

Am 30. April und 1. Mai erreichte der erste Emigrantenzug Berlin. Insgesamt zogen 843 Menschen durch das Hallesche Tor in die Stadt. Nie zuvor hatten sie eine so gigantische Stadt gesehen. Singend näherten sich die Salzburger der Schaaf-Brücke, wo sich bereits die Prediger, Lehrer und Schüler eingefunden hatten, um mit ihnen gemeinsam das Lutherlied zu singen: „Ein feste Burg ist unser Gott". Danach hielt der Pastor eine Begrüßungsansprache. Der König hatte angeordnet, dass die Leute einen ganz bestimmten Weg nehmen sollten, einem Triumphzug kam es gleich: Die Prozession führte vorbei am Lustgarten und am Königlichen Schloss. Alle sollten von Angesicht zu Angesicht diese erbarmungswürdigen Leute anschauen, sonst hätte es sicher keiner geglaubt. Vor dem Königstor begleitete man sie zu den Quartieren. Es war gar nicht so einfach, in diesen großen Haufen eine preußische Ordnung hineinzubringen: Dem Zug vorweg ritt der Commissar, es folgten paarweise die Schüler, die Prediger, die Seelsorger von den Franckeschen Anstalten in Halle, schließlich kamen die Salzburger: zuerst die Männer, hernach die Weiber und Kinder, den Schluss bildeten 23 Wagen. Alle Gassen und Straßen, durch die sie zogen, waren mit unzähligen Zuschauern gesäumt. Sie wurden durch den jämmerlichen Anblick dieser Pilger aufs tiefste gerührt und jeder überlegte sofort, wie er diesen Leuten Gutes tun konnte. Schon als sie sich an den Trauben von Neugierigen vorbeibewegten, streckte man ihnen auf allen Straßen und von allen Seiten Hände mit Geld entgegen. Viele, die selber kaum etwas hatten, schenkten das Wenige oder kauften im nächsten Laden Brot oder Zuckerkuchen. Nicht nur die lutherischen Einwohner zeigten sich derart spendierfreudig, auch Reformierte und einige Franzosen waren von Herzen freigebig. Ansässige Ju-

den verteilten Geld unter den Emigranten und sammelten anderntags in ihrer Synagoge reichliche Kollekte. Sogar einige Papstanhänger verteilten Almosen und zeigten sich tief beschämt, als sie erfuhren, was man diesen Andersgläubigen angetan hatte. Sichtlich erschüttert war ein papistischer Soldat, der ganz betroffen am Straßenrand in der Menge stand und sich zusammennehmen musste, dass er nicht mit den anderen losheulte. Von Mitleid bewegt, zog er drei Dreier aus der Tasche und streckte sie einem Salzburger entgegen: „Ich bin ein Papist und auf meinen Glauben will ich auch leben und sterben. Aber eine solche Verfolgung und Verjagung anderer Religions-Verwandter kommt nicht von Gott, sondern von dem Teufel her." Ein anderer ließ sich genau erklären, wo die Gruppe her kam. Kaum zu glauben war ihm diese Geschichte. Als Philipp mit seiner Erzählung endete, setzte er noch abschließend dazu: „Genau so war es. Was hättest du denn gemacht, wenn du nichts mehr lernen darfst, wenn keiner mehr deine Milch kauft, wenn nur noch der katholische Hufschmied ein Pferd beschlagen darf und niemand deine Toten auf dem Gottesacker unter die Erde bringt. Hm, was hättest du da wohl gemacht?"
„Ick hätt' mir uffjebammelt!"

***

Eine mehrtägige Rast tat ihnen außerordentlich gut, auch wenn die meisten sich ihre Erschöpfung kaum anmerken ließen. Die Berliner Bevölkerung wetteiferte während dieser Zeit in der Fürsorge um die Vertriebenen. Viele Bürger, die nicht genannt werden wollten, sandten dem Commissar etliche Fass Bier, 60, 70, 80 und noch mehr Brote, über 200 Käse und andere Esswaren. Ein bejahrter Pfefferkuchenbäcker aus Schlesien brachte einen großen Kasten mit seinem Gebäck. Einige Einwohner bettelten richtig darum 16, 20, 30, 40, 50,

bis zu 100 Emigranten mit sich nach Hause nehmen zu dürfen. „So wahr ich stolzer Bürger dieser Stadt bin, auf das Beste werde ich sie bewirten. Die Liebe der Einwohner ging so weit, dass kaum so viele Salzburger da waren wie Wohltäter. Eine Frau wollte gar fünfzig Personen verpflegen, musste aber leer nach Hause gehen und war darüber ganz niedergeschlagen, weil keiner mehr da war, den sie hätte mitnehmen können, alle waren bereits verteilt.
Doch nicht nur Essen und Trinken standen während der Marschpause im Vordergrund. Man lud die Emigranten zu Geburtstagsfeiern ein, gab jungvermählten Emigrantenpaaren ein Hochzeitsmahl. Einem anderen lag daran, dreißig steinalte Leute, die über sechzig Jahre sein mochten, zu verpflegen und ihnen jeden Wunsch von den Augen abzulesen. Es waren viele darunter, die sich anstrengten, die Leute nach deren Landesart zu verköstigen, und ließen es sich nicht nehmen, zu diesem Zweck extra eine gute Köchin in der Stadt auszusuchen, die alles nach Salzburger Art zubereiten musste. Kaiserschmarrn und Apfelstrudel, aber auch Beuscherl und Lungenhaschee kamen dampfend auf den Tisch: „Wie daheim!"
Weinen und Lachen waren an dieser Tafel nah beieinander.

Barbara suchte mehr und mehr Philipps Nähe. Ihm war es nicht unangenehm, zumal sie ohne viel Aufhebens beherzt anpackte, wo Hilfe gebraucht wurde, und ihn mit seinem Schmerz in Ruhe ließ, wenn eine Welle der Traurigkeit ihm fast den Boden unter den Füßen wegzog. Wie hatte er mit Sara Pläne geschmiedet, ihr Mut zugesprochen, wenn sie verzweifeln wollte. Jetzt brauchte er selber jemanden, der ihm den Mut zurückgab und ihm erneut wieder die Zuversicht schenkte, dass doch noch alles zu einem guten Ende kommen würde. Ohne sein unerschütterliches Gottvertrauen, wer weiß, wie es um ihn gestanden hätte. Wenn die Kolonne unterwegs lagerte, um eine Rast einzulegen, setzte er sich gerne von der Gruppe ab, um für sich einfach nur einen freien Kopf zu bekommen, seine Gedanken zu ordnen, ein Gebet zu sprechen, Sara und Daniel zu sagen, dass sie bei ihm waren in seinem Herzen und er bei ihnen war im Himmel. In solchen Momenten war er dann richtig froh, wenn er für einen Augenblick für sich sein durfte, wenn er für seine Trauer die Einsamkeit fand.

Barbara – natürlich spürte er, dass sie gerne neben ihm ging. Wenn es ihr gut tat ... ihm war es nicht unrecht. Wenn sie so blieb, wie sie sich jetzt zeigte, nicht redete, wenn ihm nicht nach reden war, wenn sie ihn nicht zu körperlicher Nähe herausforderte, einfach nur da war. Das war ihm genug. Nebeneinander und miteinander. Ob Sara was dagegen hätte? Das hatte der Barbara auch keiner an der Wiege gesungen, dass es ihr einmal so erginge. Die Welt ist voll täglicher, alltäglicher Wunder – wie oft hatte er an diesen Satz gedacht. Dass Barbara gerade diese Worte von Luther zitierte, ob sie da wohl auf etwas anspielen wollte? Sicher hätte Sara nichts dagegen gehabt, wenn er sich um eine junge Frau kümmerte, die es auch nicht leicht hatte. Oder war es mehr? Von ihrer Seite? Von seiner Seite?
Auch Barbara hing ihren Gedanken nach. Allein war's im Himmel nicht schön. Fast mühelos setzte sie ihre Schritte mit festem Tritt und hoffte, dass ihr Mut sie nicht verließ, ja, mutig wollte sie ihrem neuen Ziel entgegengehen. Dabei überlegte sie, ob Philipp so war, wie sie sich ihren Mann erträumte? Still, wenn er nachdachte, zügellos in seiner Leidenschaft, Kind, wenn er lachte, aber ernst im Leben. Ach, dass ihre Wunschträume doch immer derartig der Realität vorauseilten!

In Berlin teilte sich der Trupp: Wer Tiere und Wagen hatte, steuerte Danzig an. Die übrigen zogen am 12. Mai 1732 weiter Richtung Stettin. Sie konnten es immer noch nicht wahrhaben, dass sie über die See nach Preußen gehen würden, dass sie irgendwann irgendwo ankamen! Vaterland Preußen. Das Wort Heimat wollte dabei keiner in den Mund nehmen. Die Kunde war ihnen schon vorausgeeilt. Überall erlebten sie eine ungeahnte Herzlichkeit. Reiche und Arme, Hohe und Niedrige – egal, welchen Standes die einzelnen waren, jeder war darauf aus, den Flüchtlingen ein herzliches Willkommen zu bereiten. Bauersleute in Closterdorfe sammelten unter sich eine freiwillige Spende, obwohl im Jahr zuvor ganze Heere von Heuschrecken über ihre Felder hergefallen waren und der Sprengselfraß die Ernte vernichtet hatte. Schweine und Hühner hatten sie zur Bekämpfung der Schädlinge auf den Acker geschickt, aber die konnten das Schlimme doch nicht verhindern. Erst zwei Jahre zuvor hatte außerdem eine schlimme Seuche ihr Vieh dahingerafft und die Bauersleute fast an den Bettelstab gebracht. Jetzt lebten sie immer noch in großer Not, aber gemessen am Elend dieser vertriebenen Salzburger fühlten sie sich dennoch reich. Der Gedanke, jemand würde sie von ihrem eigenen Land verjagen, war ihnen unvorstellbar und ließ sie großen Anteil nehmen an ihnen. Drei Taler konnten sie aufbringen, Geld, das von Herzen kam.

Wenn sie an den bitteren Winter, an Kälte, Eis und Schnee dachten, dann waren sie ganz zufrieden, wie gut es die Natur jetzt mit ihnen meinte. In den Bauerngärten hatten die Johannisbeeren schon üppigen Blütenansatz, die Kiefern dufteten an diesen warmen Maitagen ganz besonders gut und hatten schon ihre Kerzen aufgesteckt. Es blühten Wiesenschaumkraut und Gänseblümchen. Bei der Rast setzten sich die Kinder mitten in die Wiese und steckten die Stiele zu Kränzen zusammen, die Buben halfen den Mädchen, wenn auch ihre Finger etwas ungelenk zu sein schienen. Der starke Regen der Nacht hatte zwar die Löwenzahnstängel zu Boden gepeitscht, aber das satte Grün war überall frisch gewaschen. Jetzt schien wohltuend die Sonne. Wegerich schob seine Blattrosetten aus dem Kies und stand neben munteren Bächlein in guter Nachbarschaft mit Wasserminze, Blutströpfchen, Silbermantel, Frauenmantel und kriechendem Günsel. Eine Frau brach einen Stängel ab und hielt ihrem Mann die blaue Blütenähre waagrecht unter die Nase. „Blaubart!", und sie lachten miteinander. Dann sammelte sie Blumenköpfe ringsum zum Tee, gegen Entzündungen, als Schlaftrunk, sie kannte sich aus. Lichtnelken und Hahnenfuß setzten Farbflecken zwischen den Klee. Ein Vierblättriges war nicht dabei. Ein Gewirr von Brombeertrieben wucherte neben dem Weg. Zwischen den schwarzen Kolben des Spitzwegerichs entdeckten sie zarten Sauerampfer. Mücken tanzten. Ein Buchfink schnappte sich eine im Flug, setzte sich an einer Pfütze nieder und pickte ein paar Tropfen Wasser auf.

Ein naher Wald bot für eine kurze Rast Schutz vor der stechenden Hitze. Ahorn und Buche breiteten ihr Schirmdach über sie.

Ladeburg

Zum Nachtquartier erreichten sie Ladeburg. Die kreuzförmige Dorfanlage wurde dominiert von der Kirche, die in der Nähe des Dorfpfuhls fast wie eine Burg in den Himmel ragte, trutzig, uneinnehmbar. Der warme Maientag lud dazu ein, auf der Wiese unter einem Baum zu lagern, wo Breuer, ein Theologe aus Halle, mit ihnen Gottesdienst feierte und noch einmal über die Menschenfurcht predigte. Zusehends wurden die Leute ruhiger. Zwei Männer kamen nach seiner Ansprache zu ihm, gaben ihm die Hand und sagten ihm mit großer Freude: „Jetzt fürchten wir uns nicht mehr, weder vor Wasser noch Feuer und Gefängnis, wenn wir auch dabei sterben." Der Pfarrer kümmerte sich unermüdlich um jeden, dem noch bange war vor der Ungewissheit, bis er allen, auch sich selbst, die Furcht genommen hatte. Ein heller Mond stand zwischen den Bäumen, tiefe Stille kehrte über den Wiesen und Wäldern ein, zwei Bussarde kreisten noch am Himmel, das verhaltene Rufen eines Kuckucks – dann friedlicher Abend.

Am nächsten Tag, kurz vor Abmarsch, wurde ein Kind geboren. Der Gemeindevorsteher gewährte der jungen Familie das Aufenthaltsrecht in seinem Ort, nicht nur, weil die Frau viel zu schwach war, ihre Reise fortzusetzen, sondern auch aus seiner moralischen Pflicht heraus. Viele wären jetzt auch gerne hier am Fläming geblieben, wo die grünen Hügel ein wenig von dem Schmerz nahmen, den sie über ihr verlorenes Land im Herzen trugen. Pastor Breuer betreute seine Schäfchen in all ihrem Leid und es schien ihm, als würde jeder Tag, den sie ihrem Ziel näher kamen, ein Stück leichter.

Biesenthal

Gegen Mittag erreichten sie das Städtchen Biesenthal. Eigentlich war hier keine längere Unterbrechung vorgesehen, aber eine Frau kämpfte schon seit Tagen mit dem Tod und Breuer entschied, dass die Gruppe ein Recht darauf haben sollte, ihr in ihrem Heimgang beizustehen, über ihr zu singen und zu beten und in ihrem Todeskampf ihre Hände zu halten.
Die Kirche aus behauenen Granitquadern wäre viel zu klein gewesen und das Wetter ließ es zu, dass sich alle im Kirchhof trafen. Wie hatte diese Frau mit Händen und Füßen mit dem Tode gerungen und sich gewehrt gegen den Sensenmann! „Oh Gott, ich muss sterben, weg von daheim werde ich verscharrt. Jesus, Jesus, Allmächtiger." Dann kam noch ein schweres Ausatmen und es war vorbei.
Es war allen ein Trost, dass sie wenigstens nicht auf freiem Feld gestorben ist, wenn es ihnen auch jedes Mal einen Stich ins Herz gab, vor allem jetzt, so nah am Ziel. Wie hätten sie auch dieser Frau nach all den Strapazen gewünscht, heil ans Ziel zu kommen. Was sie alles durchmachen musste! Insgeheim dachte jeder: „Wer von uns wird wohl der nächste sein?"
Zufällig hatte der Tischler einen fertigen Sarg. Sie wickelten die Frau in ein weißes Tuch, legten sie hinein und ließen sie nachmittags um 2 Uhr zu Grabe tragen. Der ortsansässige Prediger Lüderwald folgte mit der Schuljugend hinter dem Sarg und begleitete den Leichnam zur Gruft. Die Stadtleute wollten aus Liebe und Ehrfurcht den Sarg tragen, aber die Salzburger ließen es nicht zu. „Sie ist unsere Schwester, sie hat unser Los geteilt, über Berge und durch Täler sind wir miteinander gegangen, oft ist ihr das Gehen schwer gefallen! Nun soll sie auf ihrem letzten Weg von uns getragen werden!"

Gemeinsam zogen sie in einer Prozession zur Kirche. Keinem war es wichtig, seine Tränen zurückzuhalten. Das Gotteshaus mit seinen wehrhaften Feldsteinmauern beeindruckte zutiefst. Im Eingangsraum verweilten sie für einen Moment, ließen die Kraft der Steine auf sich wirken. Sie wischten sich übers Gesicht und hörten ihrem Mitbruder zu, der ihnen einen Spruch vorlas, der an den Wänden in Stein gehauen war:
„Aspera vox ‚ite'
sed vox benedicta ‚venite'
‚ite' malis vox est
apta ‚venite' bonis"

Und er übersetzte es mit den Worten:
„‚Geht' – ein schreckliches Wort,
‚Kommt her' – ein seliger Zuruf
Bösen ertönet das ‚geht',
aber den Guten das ‚Kommt'"

Auf der anderen Wand stand der Vers:
„quantus erit luctus
cum judex dicerit ‚ite'
tantus erit fructus
cum dicerit ipse ‚venite'

Und das hieß:
„Groß wie die Not sein wird,
so der Richtende ‚gehet' gesagt hat,
eben so groß der Gewinn,
so er einst sein ‚kommet' gesprochen."

In der Kirche herrschte eine ungewöhnliche Ruhe, eine friedliche, endlos scheinende Ruhe, eine Ruhe, geschenkt von dikken Wehrmauern, durch die kein Laut, kein Gedanke drang, die den Frieden störten. Das Schluchzen verebbte, die Trau-

ergemeinde kniete nieder und hielt in Andacht inne, richtete ihre Augen zum Altar, wo neben dem Taufbecken eine Kerze entzündet war. Der Prediger sprach die Leichenrede über die Worte: „Wir haben hier keine bleibende Stadt". Er führte ihnen vor Augen, dass der Mensch nichts sei als ein Gast und Pilger auf Erden und endete mit den Worten: „Die Finsternis ist nicht finster. Die ewige Nacht ist licht wie der Tag. Wohl dem, der im Glauben stirbt. Amen".
Den Taler für die Leichenpredigt übernahm die Gemeinde.

Unter dem Klang des Totenglöckleins gingen sie zu dem ausgehobenen Grab. Das Sonnenlicht spielte in den Zweigen einer alten Esche. Schatten fielen auf die armdicken Wurzeln einer bejahrten Fichte, dazwischen Polster von Moos und Grashalme. Neues Leben und das Sterben, Geburt und Tod – wie nah lagen diese Geschwister zusammen.

Angermünde

In Angermünde wurde die Gruppe von Pastor Vahl überaus herzlich empfangen, der mit den Salzburgern auf die Knie fiel und bewegende Worte fand. Auch der Pastor selbst konnte vor tiefer Rührung kaum an sich halten, angesichts dieser tiefen Frömmigkeit, die diese Menschen zeigten. Genauso erging es der einheimischen Bevölkerung, die sofort unter sich Geld sammelte. Jeder, der auch nur einen Groschen erübrigen konnte, wollte etwas für diese Glaubensflüchtlinge geben. Die Kollekte erbrachte die ansehnliche Summe von 14 Reichstalern. Es kamen immer noch mehr Dörfler, die dem Seelsorger Geld für seine Schützlinge brachten. Als er das ablehnte, weil er erkannte, dass diese einfachen Bürger wirklich nichts übrig hatten, steckten sie ihm heimlich Münzen, drei, vier und mehr Schillinge, in seine Jackentasche, als er auf seinem Heimweg den Marktplatz überquerte. Als er zu Hause ankam und die Münzen zählte, waren es insgesamt zwei Reichstaler in lauter Schillingen, die Pastor Vahl sogleich verteilte, ehe er sie vor den Toren mit seinem Segen entließ. Für seinen Amtsbruder im nächsten Ort hatte er noch ein Empfehlungsschreiben verfasst, das nachhaltend zu einer überaus guten Stimmung unter den Emigranten beitrug.

Nie zuvor haben die Leute so viel und so freudig gesungen wie an diesem Tag. Hilfsbereitschaft und Freundlichkeit, der Umgang mit dem Ortspfarrer und der erteilte Segen – das alles schenkte ihnen wieder Mut und Zuversicht, so dass sie gut vorwärts kamen. Der Wettergott war ihnen so wohl gesinnt wie selten. Sie mochten gar nicht daran denken, welche Unbilden hinter ihnen lagen. Gegenseitig sprachen sie sich Kraft zu, das Vergangene ruhen zu lassen, sich auf Künftiges einzustellen und für die Gegenwart zu danken.

In Selchow hatten die Adeligen schon von einem Depeschenreiter die Nachricht erfahren, dass sich eine große Gruppe singender Menschen auf den Ort zu bewege, zwar ärmlich anzusehen, in Begleitung von ein paar Pferden und Wagen, eine gar seltsame Schar, aber offenbar im Herzen frohen Mutes. Der Graf hieß seine Dienstboten, im Park Tische und Bänke aufzustellen, dass sich die Leute zur Rast, zum Essen und Trinken niederlassen konnten. Schließlich sei es eine große Ehre, wenn die Protestanten, von denen er schon viel gehört hatte, durch seinen Ort kämen. Auch er wolle dazu beitragen, dass sie den Namen des Ortes mit unvergesslichen Erinnerungen verbinden konnten. Alles war aufs Beste vorbereitet, wenn es auch nur eine kurze Rast wurde. Goebel drängte weiter. „Eine Sägemühle gehört zu unserem Ort und auch eine Getreidemühle, wo ein guter Arbeiter gebraucht wird. Die Holzbrücke über den Mühlfluss muss ausgebessert werden, ein Zimmermann könnte hier bleiben und gleich anfangen, sobald er sich erholt hat. Auch gute Pflasterer bräuchten wir für unseren Marktplatz", meinte der Graf. Ein paar junge Männer ohne Familie traten vor. Ihnen gefiel es in dieser Gegend.

So sehr sich bei den einen die Vorfreude auf die Ankunft breit machte, so sehr war bei den anderen zu spüren, dass sie körperlich, geistig und seelisch ihre Grenze schon lange überschritten hatten. Die Alten wurden stumm, die Jungen gerieten immer häufiger aneinander, weil sie keine Hoffnung mehr sahen.

Auf ihrem Weg kamen ihnen ein paar Männer entgegen, denen sie ansahen, dass es sich um welche von ihnen handelte:
„Wo kommt ihr denn her?"
„Zurück wollen wir. Es hat doch alles keinen Sinn! Glaubt ihr wirklich, uns will jemand haben? Keiner will uns haben. Hunger. Obdachlos. Dann doch lieber daheim sterben."

„Dann nehmt wenigstens einen Brief mit für die daheim und erzählt ihnen, wie es war und dass sie froh sein sollen, dass sie daheim sind, aber wir wollen es versuchen, wenigstens versuchen. Was ist das denn für ein Leben. Da hat ja nicht einmal mehr das Sterben einen Sinn."

Stettin

Dass sie jemals die Hafenstadt Stettin erreichen würden – keiner hatte mehr so recht daran glauben wollen. Nun wurden sie fast erschlagen vom Prunk dieser herrlichen Stadt. Die Augen gingen ihnen über ob dieser Pracht. Häuser und Kirchen, höher als jemals von ihnen gedacht. Sie mussten den Kopf so weit in den Nacken legen, dass ihnen der Hals weh tat, als sie an den Gebäuden hinaufschauten. Am erhabenen Schloss entdeckten sie eine riesige Sonnenuhr, eine für den Vormittag, eine für den Nachmittag, und ihr Pfarrer übersetzte ihnen die lateinischen Sprüche: „Carpe diem" – nütze den Tag, stand da oben auf der Wand. Ach, wie sehr sie dem Zeitpunkt entgegenfieberten, dass auch sie wieder den Tag nutzen konnten. Auf der gegenüberliegenden Seite war zu lesen: „vita brevis" – das Leben geht vorbei. Doch Breuer übersetzte es ihnen mit: „Der Tag geht vorbei – oder so ähnlich", wollte sie doch nicht jetzt schon wieder an ihr Ende gemahnen in all ihrer Not.
So schön alles war, es flößte ihnen Angst ein. Menschen, die sie nicht verstanden, Orte, die ihnen fremd und Bauwerke, die ihnen zu groß waren. Die Stadt lebte mit und vom Wasser, das zu betreten ihnen so unheimlich war, als hätte man von ihnen verlangt, den Mann im Mond zu besuchen. Aber es gab auch herrliches Trinkwasser in der Stadt, das aus Brunnen sprudelte in einer Klarheit wie eine Quelle im Gebirge. Sie konnten gar nicht genug kriegen von diesem Labsal. Immer, wenn sie meinten, sie hätten jetzt eigentlich schon so viel getrunken wie daheim eine Kuh, dann holten sie kurz Luft und tranken weiter aus der hohlen Hand. Könnten sie es doch nur mitnehmen! Die Brunnenbecken waren groß genug, dass Kinder zur Abkühlung darin herumlaufen und plantschen konnten. Dass sie immer noch lange nicht am Ziel waren,

sagte ihnen erst einmal keiner. Zu unbeschwert war das Bild, das sich dem Betrachter bot.

Als man sie durch die Stadt geführt hatte, blieben sie an der Hafenmohle sitzen und beäugten skeptisch das Treiben um sich herum und schauten sich die Schiffe an, die vor Anker lagen. Wer wollte, wurde auch von einem Matrosen an Deck begleitet, damit er sich einen Eindruck über die räumlichen Verhältnisse verschaffen konnte. Die Besatzung war gerne bereit, ihnen an Deck alles zu zeigen und zu erklären, gut zuzureden, wo es nötig war. Die Jungen fanden es faszinierend, herausfordernd, abenteuerlich, fast sahen sie schon die Erfüllung ihrer Wünsche.

Agnes und Anton saßen sich im Gras gegenüber, suchten nach vierblättrigen Kleeblättern, so wie es jeder von ihnen als Kind getan hatte. Für kurze Zeit vergaßen sie die Welt.

Von den umliegenden Gasthäusern kamen Köchinnen und Wirte und versorgten sie mit Essen, brachten Bierfässer und Brot. Sie mussten erzählen und die Stettiner hörten ihnen zu, kopfschüttelnd, zweifelnd, kaum einer mochte es wirklich glauben, zu unwahrscheinlich klang ihnen das, was diese Fremdlinge da sagten. Bei all den schrecklichen Auswirkungen hegten sie nicht einmal Hass gegen diesen Bischof oder ihren Gerichtspfleger. Das musste am meisten verwundern. Die nahmen ihr Schicksal hin und legten ihr Leben in SEINE Hand. Was waren denn das für Menschen!

So sehr sie sich von den Reizen dieser Stadt angezogen fühlten, so sehr fühlten sie sich auch unwohl, waren es einfach nicht gewöhnt, auf Pflaster zu gehen, vorbei an dichtgedrängten Häusern, zwischen denen Fuhrwerke unterwegs waren, so schnell, dass sie ständig Angst um ihre Kinder haben mussten und auch um sich selbst. Außerdem waren sie so gestärkt durch die Predigten und Wohltaten, die ihnen auf diesem letzten Wegestück zuteil geworden waren, dass sie nun endlich auch die letzte Hürde nehmen wollten – mit Gottes Hilfe.

Das Schiff legt ab

Unter Aufsicht des Commissars Herrmann gingen mit dem Schiffer Joachim Schmidten junior am 28. Mai 108 Männer, 95 Frauen und 52 Kinder an Bord. Am Himmel kreischten die Möwen.
Sobald der Schiffer das große Segelschiff vom Ufer absetzte, stimmten sie das Lied „Von Gott will ich nicht lassen" an. Die Stadtleute, die mit ihren Armen oder gar mit großen weißen Tüchern nachwinkten, weinten wie nie. In einer Hafenstadt wie Stettin gehörte ein ablegendes Schiff zum Alltäglichen, aber was sie von diesen Flüchtlingen aus Salzburg erfahren, was sie gesehen hatten, das verschlug jedem die Sprache, dafür wollten ihnen keine Worte einfallen. Salzburg und Werfen, Verliese und Folter, unbeschreibliche Grausamkeiten, das war einfach nur unvergleichlich empörend und musste jeden, der ein Herz im Leibe hatte, maßlos traurig stimmen. Schluchzen, Weinen, Tränen. Die letzte Landverbindung blieb nun hinter ihnen. Sie fielen sich einander wehklagend in die Arme, Halt suchend, sich festhaltend an der Verzweiflung des anderen. Sie kamen aus dem Gebirge, wo ein Berg, ein Hügel sofort die Sicht begrenzte, und jetzt verschlang sie die Weite, fraß sie die Unendlichkeit auf, waren sie nur noch wie ein kleiner Tropfen im Meer. Das Schiff drehte im Hafenbecken. Ihnen war dabei ganz schwindelig im Kopf. Sie lehnten sich an einen Mast. „Legt euch auf den Boden, legt euch hin, das ist am besten", riet ihnen im Vorbeigehen der Smutje, der gerade unterwegs zu seiner Kombüse war. Es schnitt ihm ins Herz, wie sie da weinten und noch obendrein zusehends blass wurden, als müsste alles Blut aus ihrem Leben weichen. Mit ihrem Singen machten sie sich gegenseitig Mut.
Eine ganz schreckliche Angst hatte von allen Besitz ergriffen, dabei war das Mündungsgebiet der Oder mit all seinen Fluss-

armen noch lange nicht die offene See. Manche lagen mit rebellierendem Magen auf den Deckplanken oder saßen da und umklammerten ihre angezogenen Knie. Andere waren einfach nur froh, dass sie nicht mehr laufen mussten. Alles wäre ihnen recht gewesen, nur nicht laufen. Einige konnten es genießen, hin und her gewiegt zu werden, und schliefen sofort ein oder beobachteten die Störche, Kraniche und Seeadler, die über den Himmel zogen. Die Ufer waren gesäumt von Schilfstreifen, Inseln von Binsen standen im Wasser. Blässhühner brüteten zwischen den langen Halmen. Im Vorbeifahren staunten sie, dass dieses Schilf mancherorts geerntet wurde, zum Decken der Hausdächer, wie ihnen schien, denn ab und an kamen sie dem Ufer gefährlich nahe und erkannten die kleinen Katen mit ihren Schilfgrasdächern. Aber auch die Häuser aus Natursteinfachwerk fielen ihnen auf, die so ganz anders als ihre schindelverkleideten Bauernhäuser daheim aussahen.

Auf den ufernahen Wiesen standen Kühe, als wären sie ihnen zum Gruß da hingestellt worden. Jeder schaute verklärt hinüber, die meisten behielten ihre Gedanken dabei für sich, zu sehr schmerzte noch die Sehnsucht nach der Heimat. Andere Bilder, andere Gespräche legten sie über die weidenden Rinder, nur nichts hervorholen aus der Tiefe, in der es verborgen bleiben sollte. Nur sich jetzt nicht fallen lassen in das schwarze Loch der Wehmut, nach vorn schauen, das Zurück war nicht mehr, das Früher war nicht mehr, dem Weißt-du-noch keinen Platz einräumen, es tat einfach nur weh. Gegen diese Wunden war kein Kraut gewachsen. Lieber dem Reiher zuschauen, wie er unterwegs auf Futtersuche war. Oder den Kranichen, ja, Kraniche hatte es in der alten Heimat nicht gegeben. Alte Heimat – die gab es nur, wenn es auch eine neue Heimat gab, aber die gab es ja noch nicht.

Wiesen wurden von Wäldern abgelöst. Den meisten war das Wasser etwas Unheimliches – und doch: Jetzt einfach nur hier zu stehen und die Landschaft zu sehen und zu staunen, tat gut, vor allem ihren Füßen. Die Erschöpften konnten sich erholen, ausgemergelte Körper fanden Ruhe und Schlaf.

An Deck waren auch Leonhard Lochner mit seinem Weib und seinen beiden Buben. Friedrich war froh, dass er sich endlich hinsetzen konnte. Sein Bein sah noch schlimm aus, aber die Schmerzen waren erträglich, auch dank des Hundes, der sich rasch an alle gewöhnt hatte und sie mit seinen Späßen zum Lachen brachte. Jetzt kam auch der zur Ruhe. Etwas abseits hob er sein Bein und kam zu seiner Familie zurück. Fips drehte sich gegen den Uhrzeiger zu einem engen Kreis, Kopf an Schwanz, ließ sich entspannt fallen, Vorder- und Hinterbeine verzopft. Er schlief sofort ein, seine Pfoten zuckten im Traum. Durch das laute Rufen eines Matrosen wachte er auf, erhob sich langsam, dehnte und schüttelte sich und schaute sich um, dann drehte er sich im Uhrzeiger zu einem engen Kreis, Kopf an Schwanz, ließ sich wieder entspannt fallen, schob die Hinterläufe unter die Vorderpfoten und bedeckte die Nase mit der Schwanzspitze. So blieb er eine Weile liegen, schnaufte tief, bis es ihn am Schwanz juckte, dann knubbelte er mit den Zähnen sein Fell durch, drehte sich wieder andersherum, legte den schweren Kopf auf seine Vorderpfoten und schlief weiter.

Am Ostufer der Oder weitete sich der Fluss zu einem großen See, ehe er in sein Bett zurückkehrte und in das Stettiner Haff mündete. Sie kamen sich vor, als wären sie ein Spielball in einer blauen Kugel, Himmel blau, Wasser blau, Horizontlinie kaum zu erkennen. Nichts änderte sich, da war nur immer Wasser, das Klatschen von Wasser an die Bordwand, gekräuseltes Wasser, welliges Wasser, Wasser wie ein Brett, Wasser wie Berg und Tal. Wolkenfetzen, Wolkenstriche, Wolkenklumpen, eine Möwe, die sich vom Wind mittragen ließ. Schließlich mündete die Oder ins Haff. Warmer Wind wehte ihnen entgegen. Sie befuhren die Oder und glaubten nicht, dass es sich wirklich um einen Fluss handelte, so breit wie sie war. Wie winzig zeigte sich die Salzach dagegen und doch war die Bootsfahrt für alle zur großen Gefahr geworden. Wie noch winziger war die Wörnitz und doch ertranken beim Übersetzen von Ronheim nach Harburg ein paar Frauen. Jetzt, die Oder, dieser breite Strom! So groß – hundertmal die Salzach! Vielleicht sogar noch mehr. Wald und Buschwerk hüben und drüben, Schilfinseln, abgestorbene Weiden. „Schau, Enten, fast wie bei uns", rief eine Frau ihrem Mann durch den Wind zu.

Anton trat zu Agnes: „Mach die Augen zu!", sagte er zärtlich.
„Nein, kann nicht die Augen zumachen, muss doch sehen, was um mich geschieht, will es sehen, will es erzählen können, will erzählen können, was keiner glauben kann, der davon hört."
„Mach die Augen zu, nur einen Wimpernschlag lang. Leg die Hände zusammen zu einer Schale, dass ich sie füllen kann, bitte." Er flehte es fast.
Sie schloss die Augen und an ihren Mundwinkeln erkannte er, dass sie lächelte. Sie lächelte – nach all ihrem Stolz, den sie ihn bisher hatte spüren lassen, war dieses Lächeln fast unglaublich für ihn. In ihre Hände legte er einen honigfarbenen Klumpen, der aussah wie ein Stein und doch nicht so schwer und rau war, sondern glatt wie ein frisch gepflückter Apfel oder wie ein Karamellbonbon, das man schon eine Zeitlang auf der Zunge schmelzen ließ.
„Jetzt kannst du die Augen wieder aufmachen!" Sie schaute zuerst diesen Klumpen an, dann ihn, dann wieder diesen Klumpen. Zögerlich, misstrauisch schleckte sie über die Oberfläche, aber da war nichts als nur sein Lachen: „Nein, essen kann man das nicht."

„Was ist es dann?", fragte sie ungläubig.

„Die Leute finden es hier manchmal am Wasser, keiner weiß, was es ist. Im salzigen Wasser kann es schwimmen, also kann es kein Stein sein, oder hast du schon einmal einen Stein gesehen, der nicht untergeht? Gefällt er dir?"

„Wie fest gewordener Honig." Ihre Stimme klang ganz verklärt, als sie das sagte.

„Ja, wirklich, wie Honig!"

„Magst du das Stück Honig behalten?"

„Für mich? Wo hast du das her?" –

„Ich hab's eben, bin mit einer Frau am Hafen schnell handelseinig geworden, für dich wollte ich's." Sie legte sich den Brocken auf die hohle Hand und strich fast zärtlich mit den Fingerkuppen der anderen Hand darüber, immer wieder.

„So was Schönes hat hier niemand. Warum schenkst du mir das?", flüsterte sie. Aber darauf gab er keine Antwort. Er schaute sie nur an.

„Wer bist du? Sagst du mir, wer du bist? Wenn ich schon nicht mehr weiß, wer ich selber bin, was ich denken soll, was ich hoffen soll? Ich träume von Bildern der Heimat, aber die Bilder werden immer blasser. Ich träume vom blühenden Apfelbaum, in dem Bergfinken sitzen und Amseln singen, aber es ist schon so lange her, dass ich sie gehört habe." Verwirrt schaute sie zur Seite, aufs Wasser, dann wieder zu ihm. Ihre Augen trafen sich. Dann legte er seine Arme um sie. Ihr Kopf ruhte an seiner Schulter. Ganz ruhig wurde sie innerlich dabei.

Als es dunkel wurde, wiesen Leuchtfeuer am Ufer den Weg. Weil sie aber keinen guten Wind hatten, mussten sie die ganze Nacht lavieren.

Wolgast

An Anklam vorbei erreichte das Schiff endlich Wolgast. Die Stadt stand unter schwedischer Herrschaft, und es dauerte Tage, bis die Zollformalitäten abgewickelt waren. Erst nach Entrichtung horrender Gebühren konnte das Schiff noch einmal Proviant ergänzen, ehe die Ankerkette eingeholt wurde. Sie machten Fahrt über den Peenestrom, steuerbords zog die Insel Usedom vorbei. Dann erreichten sie das offene Meer.

Pfarrer Johann Friedrich Breuer erwies sich für die Flüchtlinge auf der Überfahrt als Fels in der Brandung. Er verstand es wie kaum einer, ihr unumstößliches Vertrauen zu gewinnen, und half mit seinem Beistand, dass viele wenigstens zeitweise ihre Angst überwinden konnten. Wenn er einem die Hand auf die Schulter legte, kam es dem vor, als berühre ihn eine besondere Kraft, die durch ihn hindurch floss. „Nehmt euch an den Händen, umklammert euch am Handgelenk, so fest ihr könnt, das ist noch besser, dann verliert ihr nicht den Halt. Wenn es dir schlecht ist, leg dich auf den Boden, glaub mir, was Besseres kannst du nicht machen."
Überall stank es nach Erbrochenem. Schwach, wie sie waren, schafften sie es nicht jedes Mal, ihren Kopf über die Bordwand zu halten. Leichenblasse Menschen lagen auf den Planken, fast schon tot. Andere wimmerten vor sich hin, hegten nur noch den einen Wunsch in sich, endlich sterben zu dürfen, wenn sich der leere Magen zusammenkrampfte.
Wieder schwappte eine Welle an Deck, spülte Erbrochenes über die Holzdielen, wer da lag, versuchte das Bein des Freundes, der Mutter zu fassen, damit die nicht weggespült wurde, einer fiel hin, ein anderer drauf, sie klammerten sich gegenseitig fest. Dann warteten sie wieder auf den nächsten Brecher. Breuer ruhte nicht, immer mitten unter seinen Schäflein zu sein.

„Passt auf, haltet eure Kinder fest!" Seekrankheit beherrschte alle und die Furcht vor den Schrecken des Meeres. Eine Frau stimmte das Lied an: „Wer nur den lieben Gott lässt walten". Dumpf klang der Chor gegen die Brandung der Wellen.

Zum ersten Mal in ihrem Leben sahen sie ein nicht enden wollendes Wasser. Die Linie des Horizonts unterteilte Himmel und Erde, der Himmel im hellen Grauweiß, das Wasser im dunklen Blau. Als sie von den Wellen durchgeschüttelt wurden, wussten sie, dass das flache Haffwasser nur ein kleiner Vorgeschmack auf ihre Seefahrt war.
Anton schaute in der Hoffnung nach oben, er könnte die Wolken deuten, aber dieser Himmel schien ihm fremd. Zwei Wolken standen beieinander, als wollten sie sich küssen. „Schau, da oben." Er streckte seinen Arm aus und schaute zu Agnes. Sie sah ihn an und lächelte. „Ja, die Wolken, die Wolken!" Mehr sagte sie nicht. Er verharrte in seinem Blick und begleitete mit den Augen zwei Möwen, die steuerbords mitsegelten. Beneiden wollte er diese geschickten Vögel, aber neben ihm musste sich gerade eine Frau übergeben, schaffte es nicht mehr bis zur Reling. Ihr Kind hielt sie dennoch fest umklammert. Es rührte ihn. Wie hilflos sie war. Aber der Instinkt einer Mutter gab ihr genug Kraft, das Kind nicht loszulassen. Daneben stand der Sohn, der seinen Vater umarmte, die Hand auf seiner Schulter ruhen ließ: „Reg dich nicht auf, ich bin ja bei dir, du bist nicht allein." Es herrschte große Hitze an diesem Tag, mit Tüchern und Lumpen schützten Mütter die Köpfchen der Kinder.
Wolken, weiße Flecken im Blau, immer mehr und mehr. „So viele! Die hätten bei uns daheim gar keinen Platz am Himmel!" Wind kam auf und blähte die Segel, gab dem Schiff volle Fahrt.
Agnes war müde, wäre am liebsten eingeschlafen, aber die Tage waren hier viel länger als zu Hause, jetzt, zur Zeit der

Sonnenwende. Bei ihnen war die Sonne weg, wenn sie hinter dem Eiskogel verschwand. Hier vollendete sie ihren Weg erst, wenn sie ins Wasser tauchte oder mit der Luft hinter dem Horizont zu rötlichen Schwaden verschmolz. Sie konnte sich kaum sattsehen an diesem Schauspiel, wenn die Strahlen goldene Straßen über das Wasser schickten, so wunderschön wie der runde Klumpen in ihrer Hand, den sie festhielt, als wäre er pures Gold. Es musste wohl an diesem goldenen Stein liegen, dass sie schläfrig wurde und sich einen Platz suchte, wo sie sich an der Bordwand anlehnen konnte. Da setzte sie sich auf die Planken, legte ihren Kopf in den Schoß und fiel in einen ruhigen Schlaf. Ein heftiger Donnerschlag ließ sie erschrocken hochfahren. Im selben Augenblick brach ein Gewitter los, das die Welt erzittern ließ. Im Licht der Blitze sah man angstgeweitete Augen, Kinder, die sich festklammerten an Vätern und Müttern, Männer, Frauen, die ihre Mäntel über den Kopf zogen und die Köpfe zusammensteckten. Keiner fragte mehr, wann kommen wir an, jeder spürte, dass es nur noch darum ging, überhaupt anzukommen. Sie saßen die ganze Nacht an Deck und starrten aufs Wasser, Donner, Schlag auf Schlag, man konnte nicht mehr sagen, welcher Blitz zu welchem Donner gehörte, so schnell folgten sie aufeinander. Sie meinten, das Schiff müsse bersten, laut wie Kanonenschläge krachte es um sie herum. Schwere Tropfen fielen auf die Planken, ehe der Sturm loswütete und heftiger Regen auf sie herniederprasselte. Die meisten waren dem Wetter schutzlos ausgeliefert. Endlos dehnte sich die Nacht.

Ihrem begleitenden Pfarrer Breuer gestanden sie ein, dass ihnen jede schreckliche Stunde dieser nicht enden wollenden Nacht über und über bange machte. Doch er zeigte sich so fest im Glauben, dass er sie beruhigen konnte: „Wenn der lie-

be Gott euch bis hierher geholfen hat, dann wird er euch auch noch weiter helfen. Es soll euch auf dem Wasser gut gehen. Sehet, ich fürchte mich auch gar nicht vor der See."
Aber sie zweifelten noch immer. Unheimlich war ihnen das Wasser, das doch schon auf der Salzach und sogar auf der kleinen Wörnitz Glaubensbrüder und -schwestern verschlungen hatte. Sie entgegneten ihm: „Ja, der Herr ist vielleicht schon auf der See gewesen. Wir aber noch nicht!" Doch Breuer tröstete sie und erwiderte: „Ich auch nicht. Ich habe die See auch noch nie zuvor gesehen, fürchte mich aber nicht im Geringsten. Wir sind des Herrn, wir sind in SEINER Hand, sowohl auf dem Land als zu Wasser. Darum lasst uns miteinander singen!" Er stimmte mit ihnen das Lied „Auf meinen lieben Gott" an und nacheinander fielen sie ein in die Melodie, zuerst recht zaghaft, doch dann immer lauter, als wollten sie im Geiste noch ansingen gegen Blitz und Donner und künftige Fährnis. Als all diese vielen Menschen sangen, war es, als flögen die Töne mit ihren Gedanken und Wünschen direkt in den Himmel. Dann ging Pfarrer Breuer zum Mastbaum, stellte eine leere Tonne vor sich hin, die ihm als Kanzel diente, legte seine Bibel darauf und las ihnen das Evangelium aus Matth. 8, 23 – 27. Alle, auch die Besatzung, auch der Smutje, auch der Schiffer mit seinen Ruderknechten standen um ihn herum wie die hungrigen Schafe und hörten mit großer Aufmerksamkeit zu und lauschten unter vielen Seufzern dem Worte Gottes: „Und er stieg in das Boot und seine Jünger folgten ihm. Und siehe, da erhob sich ein gewaltiger Sturm auf dem See, so dass auch das Boot von Wellen zugedeckt wurde. Er aber schlief. Und sie traten zu ihm, weckten ihn auf und sprachen: Herr hilf, wir kommen um! Da sagt er zu ihnen: ‚Ihr Kleingläubigen, warum seid ihr so furchtsam?' und stand auf und bedrohte den Wind und das Meer. Da wurde es ganz still. Die Menschen aber wunderten sich und sprachen: ‚Was ist das für ein Mann, dass ihm Wind und Meer gehor-

sam sind?'" Breuer hob den Kopf und schaute begütigend in die Runde, ehe er fortfuhr: „Bis hierher SEIN Wort. Er schläft – mitten im Sturm schläft er. Was ihn umgibt, sind nicht die anstürmenden Wogen, sondern einzig die Hände Gottes. Er ist geborgen in Gott. Von Jesus geht ein Vertrauen aus, in dem er uns den unsichtbaren Händen Gottes zurückgibt,
die uns schufen,
die uns geformt haben,
die uns tragen, so lange wir sind,
die uns aufnehmen am jenseitigen Ufer.
Mit seinem Wort bringt Jesus den Sturm und die Wellen zur Ruhe. Darum dürfen wir in tiefer Dankbarkeit, in der Sonne und dem Licht dieses neuen Tages, im Anblick der ziehenden Wolken sagen: ‚HERR, deine Güte reicht, so weit der Himmel ist, und deine Wahrheit, so weit die Wolken gehen. Deine Gerechtigkeit steht wie die Berge Gottes und dein Recht wie die große Tiefe. HERR, du hilfst Menschen und Tieren. Wie köstlich ist deine Güte, Gott, dass Menschenkinder Zuflucht haben unter dem Schatten deiner Flügel! Denn bei dir ist die Quelle des Lebens, und in deinem Lichte sehen wir das Licht, das uns begleitet für und für.' Amen."

Er konnte spüren, wie sich die Kraft des Wortes in diese bunt gewürfelte Gemeinde senkte. Selbst davon gestärkt sprach er weiter: „Als junger Mann ist unser Martin Luther einmal in ein Gewitter gekommen, als er mit einem Freund unterwegs war. Unmittelbar an seiner Seite wurde der Freund vom Blitz erschlagen. Später hat Luther darüber gesagt: ‚Wenn es dich trifft, dann sollst du von Gott zu Gott fliehen, von dem in der Naturerfahrung verborgenen Gott zu dem in Jesus Christus offenbaren Gott. Dort, nur dort, in SEINEM Wort, in Christus, offenbart Gott seine Liebe, seine Güte, sein ewiges Erbarmen.'

Da schläft Jesus mitten im Sturm. Dass ihm Wind und Meer gehorsam sind, bedeutet: Die Mächte und Gewalten der Natur haben nicht das letzte Wort. Das letzte Wort hat der auferstandene Christus. An ihn glauben, heißt zur Ruhe kommen, Frieden finden, trotz allem, was gewesen ist und was noch kommen wird. An ihn glauben, heißt schlafen können, so wie er geschlafen hat im Boot – trotz des Sturmes! Im Schlaf lassen wir uns selber los – in dem Vertrauen, dass wir wieder aufwachen werden. Glauben heißt, in der Angst getröstet werden, so wie es die Jünger erfahren haben. Glauben heißt, der Angst ein Vertrauen entgegensetzen können.
Herr Jesus Christus, dir ist nun alle Macht gegeben im Himmel und auf Erden.
Du hast gesagt: ‚In der Welt habt ihr Angst, aber seid getrost, ich habe die Welt überwunden!' Darum bitten wir dich, sei bei uns
wenn ein Sturm unser Lebensschiff ins Wanken bringt, wenn wir kein Vertrauen mehr haben,
wenn wir Angst haben unterzugehen.
Herr Jesus Christus, in deinem Namen beten wir für unsere Familien, die nicht mit uns gehen konnten, für die Menschen, die uns zum Herrn vorausgegangen sind, für die, die uns und unseren Lieben, die zurückbleiben mussten, das Leben schwer gemacht haben.
Wir beten für die Kranken.
In tiefer Dankbarkeit für das Licht und die Schönheit dieses Tages öffnen wir unser Herz und bringen alles, was uns bewegt vor Gott, mit den Worten, die Jesus uns geschenkt hat:
Vater unser ..."

Mit dieser Andacht hatte der Geistliche ihnen Trost und Mut zugesprochen und ihnen geholfen, ihre Angst zu besiegen. Anton, noch ganz ergriffen, begleitete Philipp zu Breuer. Gemeinsam dankten sie ihm: „Weil der Herr Pfarrer sich nicht fürchtet, so wollen wir uns auch nicht fürchten."

Als endlich der Tag heraufzog, schien alles nur ein Spuk gewesen zu sein. Der Himmel zeigte sich makellos, das Wasser plätscherte unschuldig gegen die Bordwand. Alle waren am Leben, das war die Hauptsache.

„Woran denkst du?" Agnes hatte nicht gemerkt, dass Anton zu ihr getreten war und zuckte kaum merklich zusammen, als er die Rede an sie richtete.
„Ach, weißt du, nichts Bestimmtes, ich bin einfach nur nachdenklich hier am Meer, weil meine Gedanken so in der Unendlichkeit verschwinden. Wenn man aus den Bergen kommt, ist man das nicht gewöhnt, wo man auch ist, stößt man bald an seine Grenzen. Das schränkt ein – und gibt Halt gleichermaßen. Jetzt am Meer schicke ich meine Gedanken und Sehnsüchte zum Horizont, wo sich Himmel und Wasser begegnen und vereinen zu einem Land, das unerreichbar ist, das es gar nicht gibt. Ich bin nur ein winziger Punkt, stehe wie verloren da und versuche zu glauben, dass ich doch nicht verloren bin. Dann stelle ich mir den einen Menschen vor, der vielleicht jetzt auch zu mir herüberschaut, in diesem Moment, mit der gleichen Sehnsucht nach dem Unerreichbaren. Und du, woran denkst du?"
Anton schaute sie nachdenklich an:
„Ach, die letzten Tage waren so trostlos, aber die Gedanken an dich waren mir dann – wie die Sonne!"
„In diesen schrecklichen Stunden? Es war so dunkel! Auch am Tag, Nacht auch im Gemüt! Dabei weiß ich, dass die Sonne immer da ist, auch wenn wir sie nicht sehen! Weißt du, ich hatte heute Nacht einen ganz schrecklichen Traum: Ein Schiff fuhr gen Himmel, in dem Schiff saß der Papst mit Bischof Firmian. Unser Pfarrer, der Pfarrer von Schwarzach und der

Pfarrer von Abtenau saßen am Ruder und wir alle schwammen im Wasser um das Schiff herum, rettungslos verloren. Ab und zu warf einer von den Pfarrern einen Strick ins Wasser, an dem sich welche festhielten. Ich selber habe mich auch im Traum gesehen, wie mir ein Pfarrer einen Strick zuwarf, an dem ich mich festgeklammert habe. Dann bin ich aufgewacht. Welcher Pfarrer das war, weiß ich nicht, sein Gesicht konnte ich nicht sehen, es war zu dunkel, er war zu weit weg."
Da fasste Anton in die Tasche seines Uniformrockes. „Ich bin zwar kein Pfarrer, aber die Schnur kann ich dir schon zuwerfen."
Sie schaute ihn fragend an. „Wo bringst du jetzt diese Schnur her?"
„Agnes, lang ist es her, ich war Rekrut, da hat uns der Ausbilder eingeschärft, immer ein kleines Überlebenspäckchen im Tornister zu haben. Ja, Überlebenspäckchen hat er es genannt: ein großes sauberes Schnupftuch, wenn einmal einer verwundet ist, einen Hirschfänger, dass jeder auch im Notfall einen Hasen schlachten kann, und eine Schnur. Man konnte ja nie wissen ..." Auf sein Schnupftuch träufelte er die letzten Tropfen Alkohol und band es ihr so um die Fußsohle, dass die Schwielen bedeckt waren.

Der Rossbacherin ging es gar nicht gut. Sie legte ihre Hand unter den gewölbten Bauch. „Nicht jetzt, nicht jetzt!", jammerte sie vor sich hin, als die ersten Wehen einsetzten. Rechts und links wurde sie von Frauen gestützt, die ihr trostreiche Worte zuflüsterten.
„Du schaffst es, bist stark, bist noch jung. Gesund obendrein. Bist ja nicht allein. Wirst sehen, alles wird gut!" Ein paar Männer hielten sich in der Nähe auf, vielleicht wurden ja starke Arme gebraucht, starke helfende Arme. So wie unterwegs bei der Veronika, wo die Mutter am Ende noch getragen werden musste, weil der Weg gar zu beschwerlich war. Die

Rossbacherin krümmte sich, als sie abermals von einer heftigen Wehe überrollt wurde.
„Nicht jetzt! Nicht hier auf den schmierigen Planken", stöhnte sie.
Das Segelschiff passierte auf der Peene gerade den Durchschlupf zwischen Rügen und Usedom, als die nächste Wehe einsetzte, heftiger als zuvor. Eine der Frauen ging zu einem Matrosen und fragte, wo es wohl am wenigsten schaukelte. Er zeigte ihr mittschiffs einen geschützten Platz, wo das Schiff nicht allzu stark rollte. Auch der Wind war erträglich. Die Männer legten Decken und Mäntel auf den Bretterboden und bereiteten wenigstens ein notdürftiges Lager, auf dem sich die Kreißende niederlegen konnte. Einer brachte frisches Wasser, ein anderer saubere Tücher, eine absolute Rarität.
„Dann ist ja alles für den Empfang gerichtet", hauchte die werdende Mutter und lächelte sogar schwach dabei. Agnes wischte ihr den Schweiß aus dem Gesicht und strich ihr liebevoll die Haare aus der Stirn, stützte ihr den Rücken, als sie sich erneut vor Schmerzen aufbäumte.
Pfarrer Breuer stand in der Nähe, es konnte ja sein, dass sie nach ihm verlangte.
„Wie soll dein Kind heißen? Weißt du schon, welchen Namen du ihm geben willst?" Auch der Mann wurde befragt, aber der war viel zu aufgeregt, als dass ihm was Passendes eingefallen wäre.
„Ignatius!"
„Nein, das doch nicht!"
„Dann Benediktus oder Adalbert!"
„Dir fallen ja nur Bubennamen ein!", sagten die anderen verächtlich.
„Was machst du, wenn es ein Mädchen wird?"
Da meldete sich die Rossbacherin selbst wieder, die Stimme nur noch ein Hauchen: „Christine Luise. Ja, Christine Luise. Luise werd ich sie rufen, weil ..." Weiter kam sie nicht.

„Komm, bringt sie hier rein, sie soll in meiner Kajüte in meiner Koje liegen, das geht doch nicht, dass die Frau hier ihr Kind bekommt, gerade so wie eine streunende Hündin, und sogar die sucht sich ihren geschützten Platz." Unbemerkt war ein vollbärtiger Seemann mit dem Vorwand an die Reling getreten, das Tauwerk zu prüfen. Er zog eine kleine Flasche aus der Tasche: „Da, nimm die Buddel."
„Und was ist da drin?"
„Kööm is'n Suupke, wat maakt warrt döör Kööm un Anis op Koorn- or Kantöffelbrannt trekken to laten."
Da schauten sie sich gegenseitig an, als hätte er Chinesisch geredet.
„Jetzt hab ich in der Aufregung Plattdütsch gesnackt." Zur Bekräftigung haute er sich donnernd auf den Schenkel, ehe er weitersprach: „Kööm, das ist Schnaps aus Korn, der wird oft mit Kümmel gemacht, darum sagen wir im Plattdüütschen Kööm. Das ist Medizin, ganz bestimmt, Kööm hilft immer, der hilft bestimmt auch beim Kinderkriegen. Sie soll einen kräftigen Schluck nehmen."
„Die kann doch nicht ..."
Aber schon wurde der Kindsvater barsch unterbrochen: „Doch, die kann, in einem solchen Fall kann sie." Eine Frau schob der Rossbacherin die Flasche zwischen die Lippen und kippte die Flasche ganz vorsichtig, dass kaum ein paar Tropfen die Zunge benetzten, ehe wieder eine Wehe ihren Körper zusammenkrampfte.
„Koje, was ist eine Koje, schon wieder so ein Wort."
„So heißt meine Bettstatt. Ich bin hier der Steuermann, die Mannschaft hat nur Hängematten, Kapitän und Steuermann haben eine eigene Kajüte, so wie ein eigenes Zimmer, nur viel kleiner, und eine Koje, das heißt ein eigenes Bett. Kann dir für die erste Nacht meine Koje geben, nicht das Beste vom Besten, aber zum Ausruhen doch besser als die Planken. Eine Mutter mit ihrem Neugeborenen an der Brust muss doch ein

Bett haben." Er zog die Nase hoch, als hätte er Schnupfen, aber hatte ja keinen. Dann sprach er weiter: „Ich habe eine Längskoje, das ist gut, wenn wir auf dem offenen Wasser sind und wir anfangen zu schaukeln. Dass auf unserem Schiff so ein kleiner Wurm auf die Welt kommt, das kann nur Glück bringen." Er fasste sich ins Gesicht und wischte sich über die Augen: „Jetzt ist mir doch da eine Mücke reingeflogen!", sagte er und drehte sich zur Seite.

„Christine Luise, das hat es bei uns ja noch nie gegeben", murmelte der Vater vor sich hin, als sie die Wöchnerin zu ihrer Ruhestatt brachten.
„Bei uns sind wir auch nicht mehr – und klingen tut der Name gerade so wie von einer Königin", fuhr Agnes dem Vater über den Mund, nicht vorlaut, eher mit Wehmut, verbittert über den Verlust der Heimat.
„Ja, kann ruhig so klingen. Wird auch meine Königin. Wenn sie alt genug sein wird, eines Tages wird sie alt genug sein, dann werde ich ihr erzählen, wo sie geboren ist. In einer Koje, werde ich ihr sagen und sie wird fragen, was ist eine Koje. Ich werde ihr beschreiben, wo ihre Mutter sie zur Welt gebracht hat. Sie wird zuhören, glauben wird sie es nicht."

Gegen Morgen wurde eine Christine Luise geboren. Es war keine komplizierte Geburt. Der Mutter ging es gut. Sie war schwach, aber glücklich, zählte die Finger, schob ihr den Zeigefinger in die Hand, den Christine Luise gleich fest umklammerte. Die Mutter zählte auch die Zehen: „Alles dran!" Agnes wusch Mutter und Kind ab, so gut es mit diesen Tüchern und dem frischen Wasser in der Schüssel möglich war, wickelte das Kind und legte es der Mutter an die Brust. Es dauerte nicht lange, dann schliefen beide ein.

Als die Mutter erwachte, war der Tag bereits mehrere Stunden alt. Die Kajüte war stickig und muffig und der Steuermann hatte Schichtwechsel und war müde. Agnes half Sybilla, der glücklichen Mutter, aus der Schlafkoje und stützte sie auf der engen Treppe, als sie miteinander hinaufgingen. Barbara hatte das kleine Mädchen sauber gemacht und trug es vorsichtig, als wäre es zerbrechlich, die Stiege hinauf ans Tageslicht.

Wer gerade keine Arbeit hatte und gesund genug war, hatte sich in der Nähe der Luke versammelt. Keiner konnte sich dem unschuldigen Liebreiz eines solchen Gottesgeschöpfes entziehen, nicht der wildeste Seebär. „Na, dann wollen wir doch dieses neue Menschlein jubelnd begrüßen! Lasst uns singen, an diesem besonderen Tag!" Er ließ eine Strophe von Paul Gerhardt singen: „Breit aus die Flügel beide". Wer den Text kannte, sang gerne mit. Die letzte Zeile „dies Kind soll unverletzet sein" sang Breuer mit besonders kräftiger Stimme. Keinen störte es, dass sie sich den Vers aus einem Abendlied entlehnt hatten. Keiner konnte seinen Blick von der strahlenden Mutter wenden, die nach dieser anstrengenden Nacht echte Glückseligkeit ausstrahlte. Barbara hatte ihr das Kind wieder in den Arm gelegt. Es gluckste zufrieden vor sich hin. Ein Matrose zog aus seiner Hose ein Brummeisen und begleitete die Melodie mit seinen fremdartigen Tönen, setzte noch eigene Klänge obendrauf. „Die Königin muss doch mit Musik empfangen werden." Christine Luises Glucksen, das leise Klirren einer Kette, der Wind in den geblähten Segeln, das Eintauchen der Ruderblätter ins Wasser – sonst war nichts zu hören.

Erst jetzt merkte Sybilla, dass sie in der Nacht von Flöhen gezwickt und von Wanzen gebissen worden ist. Auch das würde sie einmal ihrer Tochter erzählen.

Als Pfarrer Breuer merkte, wie diese Schiffsgemeinde Freude fand am Singen, begann er, leise das Lied zu summen „Gott

des Himmels und der Erden". Wer die Melodie nicht kannte, sprach den Text. Die letzte Strophe hatten sie schon oft miteinander gebetet. Pfarrer Breuer wiederholte die letzte Zeile noch einmal in die Stille hinein: „Nirgends als von dir allein kann ich recht bewahret sein. Amen."
In diesem Moment fing Christine Luise aus voller Lunge an zu krähen. Wie sie sich alle darüber freuten und herzhaft lachen konnten.

Pillau

Am 27. Mai 1732 kam das erste Schiff mit 120 Salzburger Emigranten in Pillau an. Eine unglaubliche Volksmenge war in großen Scharen unterwegs zum Hafen, um diese armen Leute zu bewillkommnen. Gerührt zeigte die Bevölkerung tiefstes Mitgefühl und überwältigende Hilfsbereitschaft. Jeder brachte Geld, Bier oder Brot. Das Stadtoberhaupt ließ reichlich Proviant an Bord schaffen. Weil die Nacht bereits anbrach, mussten alle noch auf dem Schiff bleiben. Es kam ihnen so vor, als wäre das die längste Nacht ihres Lebens.
Umso größer empfanden sie am anderen Morgen die Freude, als sie die Umrisse der Fachwerkspeicher im diffusen Licht erkannten. Endlich durften sie das Schiff verlassen.
Von Bord ging Jakob mit seiner Katze, die ängstlich unter seine Joppe schlüpfte und frech herauslugte. Johannes blieb vor dem Verlassen des Schiffes kurz stehen und schaute hinter sich, dann ging er von Bord mit sehr entschlossenem Blick auf die Zukunft gerichtet. Ihm folgten Thomas mit seinem Hund Fips und sein älterer Bruder, begleitet von Leonhard Lochner und seinem Weib. „Dass wir das wirklich noch erleben dürfen! Dass ich das erleben darf", flüsterte sie. Ihre Knie wollten nachgeben und Leonhard gelang es gerade noch, seine Frau unterzufassen. Beinahe wäre sie gestrauchelt, so dicht beim Wasser.
„Der feste Boden, bin es gar nicht mehr gewöhnt. Unter mir und in mir schaukelt noch alles." Sie machte für einen Moment die Augen zu.
„Lass mich nur, alles geht auf und ab und hin und her, alles dreht sich um mich herum im Kreis." Friedrich, ihr Bub, stand neben ihr und hielt ihre Hand: „Mama, ich bin auch froh, dass ich das noch erleben darf, dass ich bei euch bin,

aber ohne den Bader ..." – Er bückte sich und schlug sich, kräftiger als er wollte, gegen das Bein.
„Der hat mir das Bein neu geschenkt."
Thomas kam dazu: „Ja, und sein Oscar hat mir seinen Hund geschenkt. Ich habe ihm gar nichts schenken können." Traurig schaute er zu Boden, wo ihn der Hund gleich anwedelte.
„Ach Thomas, du hast ihm deine Freundschaft schenken können. An die wird er noch lange denken. Die wird ihn vielleicht durch sein ganzes Leben begleiten und, wer weiß, irgendwann, wenn es uns einmal gut geht, dann ..."
„Mama, so lang, wie wir jetzt mit dem Schiff unterwegs waren, so lang, wie wir von Hersbruck bis Stettin unterwegs waren, du weißt genau, da kommen wir nie mehr hin, kein Weg führt mehr zurück. Aber schreiben, ich werde ihm schreiben."
„Dass wir hier sind, dass wir noch leben ..." Sie gingen Hand in Hand von Bord, unfassbar war es ihnen, angekommen zu sein. Viele knieten sich nieder, senkten betend den Kopf, küssten den neuen Boden und sprachen ein Dankgebet. Da standen harte Männer, die mit den Tränen kämpften, Mütter mit Neugeborenen auf dem Rücken oder im Arm, rechts und links an der Hand ihre halbwüchsigen Kinder, da kamen Mädchen und Buben ohne Eltern, die sich inniglich in den Arm nahmen und sich gegenseitig festhielten, junge Frauen, die in all ihrer Neugierde die innere Erregung für einen Moment vergaßen. Da waren alte Frauen, alte Männer, die sich erst einmal auf den Schiffsplanken niedersetzen mussten, so schwach waren sie und doch so voller Freude, dass ihnen nur ohne Worte die Tränen über die Wangen liefen. Sie waren da. Sie waren wirklich endlich da.
Nein, Pillau war nur der Hafen am Frischen Haff, sie hatten sich zu früh gefreut. Fast wollten sie verzweifeln, wäre es ihrem Pfarrer nicht gelungen, ihnen auch hier wieder gut zuzureden. Er ging zu jedem Einzelnen und zeigte Anteilnahme

und Verständnis, auch für streitbares Verhalten, das es einzudämmen galt. Die Leute waren an ihrer seelischen Grenze, viele wollten einfach nur bleiben, aufgeben. Ziel und noch kein Ziel, immer wieder noch kein Ziel!

„Jetzt kommt! Seid doch froh, dass wir wenigstens wieder festen Boden unter den Füßen haben, Straße, Häuser – und gesund sind wir auch – noch."
Philipp ging noch einmal an die Mole zurück, bückte sich und hob einen Kiesel auf. Der lag gut in seiner Hand, rund, geschmeidig, glatt. Dann ging er ans Wasser, tauchte den Finger hinein und leckte ihn ab. „Salzig!", sagte er zu Barbara gewandt. Seine Erinnerungen an Schwarzach holten ihn ein und es war ihm, als läge das alles ein Menschenalter zurück. Ja, irgendwie war seitdem ein ganzes Menschenalter vergangen, als wäre es in einem anderen Leben gewesen, nein, es war tatsächlich in einem anderen Leben. Er tauchte seine drei Finger in eine Welle, die ihre Gischt an Land spülte, und leckte seine drei Finger ab. Damit besiegelte er endgültig sein Ankommen, bevor er Barbara an der Hand nahm und sich zu seinen Leuten drehte. Wie gerne hätte er jetzt allen ein paar Worte gesagt, aber er spürte, wie sich seine Kehle zuschnürte und wie er nur mit Mühe das Zittern am ganzen Körper unterdrücken konnte. Singen wollte er, aber da kam kein Laut aus seinem Mund. Er räusperte sich. Als seine Stimme wieder zurückgekehrt war, hob er an mit dem Lied: „Lobe den Herren, den mächtigen König der Ehren! Meine geliebte Seele, das ist mein Begehren. Kommet zu Hauf. Psalter und Harfe wacht auf, Lasset den Lobgesang hören!"

Den anderen ging es genauso. Nach und nach kam Ruhe in den Haufen, langsam legte sich die erste Erregung und die Trauer über diejenigen, die sich mit ihnen auf den Weg gemacht hatten und denen es nicht vergönnt war, das Ziel zu

erreichen. Immer mehr Stimmen setzten ein. Ergriffen hielten die Matrosen in ihrer Arbeit inne, nahmen ihre Mützen vom Kopf und verharrten reglos auf der Stelle, wo sie gerade ihrer Arbeit nachgingen. So etwas hatten sie noch nie erlebt. Wer das Lied kannte, sang verhalten jede Strophe mit oder brummte wenigstens dazu.
Jeder senkte seinen Kopf oder blickte zum Himmel, um sein persönliches Gebet zu sprechen.
Philipp trug den Dank in seinem Herzen: „Oh Herr, du hast mir Kraft gegeben, für die anderen zu denken und zu handeln. Ich danke dir für die Gnade, hier neues Land zu finden. Alles, was du schenkst, hat einen Sinn, auch wenn wir das oft nicht erkennen wollen. Hab Daniel verloren, hab Sara verloren und weiß beide in Frieden bei dir. Aber wie oft habe ich mit dir gehadert! Und gefragt: Für wen soll ich leben, für wen soll ich arbeiten, für wen soll ich Land urbar machen? Danke, Herr, dass Barbara in mein Leben gekommen ist."
„Allein ankommen, allein neu anfangen – das geht ja gar nicht. – Ach, jetzt habe ich laut gedacht." Dabei schaute er Barbara zum ersten Mal tief in die Augen. Sie wich ihm nicht aus. Dann gab er ihre Hand wieder frei.

Angetrieben von ihrem Hunger nach Freiheit des Geistes und der Religion hatten sie nun fast schon ihr Ziel erreicht. Langsam wurden sie sich dessen bewusst und zwangen sich bei jedem Schritt, die weit reichende Bedeutung ihrer Landung zu begreifen.

Landweg Berlin – Königsberg

In der Zwischenzeit waren die Emigranten, die Vieh und Pferde, Wagen und Hausrat besaßen, auf dem Landweg unterwegs. Elf von Dragonern geschützte Züge marschierten von Berlin der Weichsel entgegen, weiter über Pommern, Polnisch-Preußen nach Königsberg und von dort nach Preußisch Litauen. Hatten schon die Menschen große Angst, auf Schiffe zu gehen und sich dem Wasser anzuvertrauen, war es den Pferden, Ochsen, Kühen und Ziegen schon ganz unmöglich. Für einzelne Pferde hätte sicher der Platz ausgereicht, aber es wäre doch nur ein Kampf gewesen. Nicht alle Gäule waren so ausgeglichen stoisch wie Josephs Ramos. Der ging auf Zuruf: „Hin einen Tritt!" Dann ging der hin einen Tritt. Der Ramos hätte es den anderen vorgemacht. Aber die Tiere waren schon einmal unterwegs in Panik geraten, als einem der Soldaten abends eine Fackel aus der Hand und zu Boden gefallen war. Da stiegen die Pferde und schlugen mit den Hufen, dass man Mühe hatte, dieser Kraft auszuweichen. Lederriemen rissen auseinander, sie sahen nur noch ein Gewirr von Pferdeleibern, mehrere Gäule drohten in die Menge zu galoppieren und alles umzustürmen. Wenn sie daran dachten, steckte ihnen noch der Schrecken in den Gliedern. „Gott sei mit uns!"
Joseph hatte stets Besonnenheit gezeigt, die allen wohl tat. Er traute sich zu, das beruhigende Bindeglied zwischen den ortskundigen preußischen Begleitern und seinen Leuten zu sein. Nikolaus hatte das Pferd von Anton bekommen und so war beiden gedient: Nikolaus zog mit über Land und blieb bei Joseph und Ramos, Anton wollte mit aufs Schiff. Es konnte ja sein, dass Agnes seine Hilfe brauchte. Auf jeden Fall war er dann schnell zur Stelle.
Joseph richtete noch einmal das Wort an seine Landsleute, streng darauf bedacht, sich mit seinen Äußerungen keine

Angst anmerken zu lassen: „Wir wollen ja über Land und sind dabei voller Freude! Jetzt haben wir es bis hierher geschafft, dann werden wir doch auch den Rest schaffen." „Leute, stellt euch vor, was hinter uns liegt!", er wischte sich die Augen, „und was vor uns liegt. Man könnte sagen: ‚Land in Sicht', wenn vor uns nicht noch die Ostsee läge. Wir sind wirklich bald da. Haltet jetzt noch durch." Dabei wusste er, dass dieses Wort „bald" nicht wirklich zutreffend war.

Danzig

Jakobi war schon von alters her für die Hirten ein großer Festtag. So traf es sich gut, dass sie an diesem 25. Juli in Danzig eintrafen, wo ihnen ein würdiger, großer Empfang bereitet wurde. Viele helfende Hände trugen dazu bei. Die ganze Stadt war auf den Beinen. Zur Unterhaltung spielte die Musik. Wer konnte, half im Hospital, die Kranken zu pflegen, Verletzte zu versorgen. Mehrere Wagner der Stadt kontrollierten die Gespanne und standen oftmals kopfschüttelnd neben dem Gefährt: „Da könnt ihr von Glück sagen, dass ihr mit dem Rad noch bis hierher gekommen seid. Ein einziger Schutzengel allein hat da nicht ausgereicht.", und er klopfte dagegen, „die Speiche ist schon angebrochen. So kann man doch nicht fahren! Aber – ich weiß schon, könnt ja nichts dafür. Wenn ich mir vorstelle, ich müsste jetzt mit meinem Wagen da hin, wo ihr her kommt, um des Himmels Willen, Gott bewahre mich vor so einem Unglück." Bärenstarke Männer werkelten und hantierten, man hätte ihnen zugetraut, dass sie den ganzen Wagen hochheben können, um ein kaputtes Rad aus der Nabe zu hebeln. War die eine Reparatur fertig, zogen sie unbeirrt zur nächsten.

Auch die Hufschmiede des Ortes kamen zum Sammelplatz und schauten sich die Pferde aus der Nähe an. „Gib Huf!", sagten sie energisch, oder sie zogen kräftig am Fesselbehang der Kaltblüter. Die meisten Tiere waren viel zu schwach, um sich gegen die Prozedur zu sträuben. In der Lederschürze steckten Raspeln und Hufnägel. Wo sich nur ein Eisen gelockert hatte, konnte das Malheur fürs Erste an Ort und Stelle behoben werden. Schwierigere Fälle führten sie zur Schmiede, um neue Eisen anzupassen, überstehendes Horn mit dem scharfen Messer abzuschneiden. Als wüssten die Rösser, dass man es gut mit ihnen meinte und ihnen Erleichterung ver-

schaffen wollte, hielten sie still. Die fertigen Pferde wurden am Eisenring vorn neben dem Eingang festgeknotet. Ein aufsehenerregendes Bild bot sich den Passanten. Wer zufällig vorbeikam und zwei gesunde Hände hatte, bot seine Unterstützung an. Kinder standen mit offenem Mund am Straßenrand und staunten und hielten sich die Nase zu, weil es nach einer Mischung aus verbranntem Horn und Rossbollen stank.
Während das Überprüfen von Wagen und Geräten die Männer völlig in Beschlag nahm, waren die Frauen unterwegs, um ihre Lebensmittelvorräte wieder aufzufüllen. Wo sie auch in der Stadt einkauften, alle Geschäfte und Marktbuden hatten sich offensichtlich abgesprochen, von diesen armen Leuten kein Geld zu verlangen.
„Das ist doch das Geringste, was wir für die da tun können. Das ist einfach Christenpflicht. Nein, bitte gebt uns doch kein Geld. Wir würden uns ganz schändlich fühlen, auch nur einen einzigen Kreuzer von euch anzunehmen. Habt doch schon genug durchgemacht. Aber jetzt seid ihr ja bald da. Euer Geld werdet ihr noch brauchen!"
Joseph stand mit Ramos gedankenverloren am Wasser. Das Rauschen der Ostsee vermischte sich in seinem Kopf mit dem Rauschen des Waldes, wenn er mit Ramos Holz rückte. Dabei spürte er schmerzhaft, dass sein Wald schon sehr, sehr weit weg war.
Die Uferböschung war bewachsen mit Heckenrosen und Sanddorn. Wellen brachen sich an großen Steinen, zu denen das Wasser zurückfloss und sich beruhigte. Luftblasen zergurgelten zwischen rötlichen, grünlichen und gesprenkelten Gesteinsbrocken, an die sich Tang hängte, Kiesel wurden eingewickelt in grüngelbes Meereskraut, Wellenberge und Wellentäler zerschellten am Fels, im Kommen und Gehen, im Rauschen der Wellen, im Kreischen der Möwen vergaß er die Zeit, bis es endlich hieß: „Wir müssen weiter."

***

Der Treck rumpelte über die Straße, die von der Stadt weiter nach Osten führte. Die Wagen füllten die ganze Breite der Hauptstraße. Starker Wind warf ihnen den Regen ins Gesicht. Frauen hatten sich mit ihren Kindern auf den Leiterwagen unter den Planen verkrochen. Der ganze Tag wurde begleitet vom eintönigen Knarren und Poltern der Wagen, vom Gescharre und Gestampfe der Pferde, die dem „Hü! Hü!" ihres Fuhrmanns folgten. Eine Mutter im Schreikrampf hielt verzweifelt ihr verhungertes Kind im Arm. Keiner konnte ihr helfen.
Der erste Landtransport traf am 6. August 1732 in Königsberg ein.
Joseph stand mit ein paar Männern zusammen, aber es war ihm fast, als hielte er ein Selbstgespräch: „Abreise – und jetzt am Ziel, nicht ganz am Ziel, aber zumindest in diesem Ostpreußen, wo uns der König neues Land versprochen hat. Abreise und Ziel – und dazwischen Monat für Monat ein Trauerspiel, das eigene und das der anderen. Abreise November, Ziel August – und dazwischen Elend. An jedem Tag mussten wir leben, durften wir leben, auch an den lebensunwerten. Oder sind es alle wert zu leben? Wer weiß das? Können wir wirklich glauben, dass wir jetzt hier sind, dass es jetzt mit uns weitergeht, dass uns unser König ein zweites Leben geschenkt hat?"
Er drehte sich um und hielt nach Nikolaus Ausschau, der sich für einen Moment an Ramos gelehnt hatte, um sich auszuruhen. Er ging die paar Schritte zu ihm: „Nikolaus, kannst du glauben, dass wir jetzt in Ostpreußen sind, dass uns unser König ein zweites Leben geschenkt hat? Nach allem?"
„Nein, nicht glauben!" Dann brach seine ganze Traurigkeit über die verlorene Heimat aus ihm heraus. Er schlug die rissigen Hände vors Gesicht und weinte bitterlich.

Königsberg

Dass auch Königsberg noch nicht das endgültige Ziel war – unfassbar für viele. Ein paar Dienstboten und Tagelöhner fanden hier Arbeit, aber Bauern, Mägde und Stallknechte, die brauchten Ackerland, was hätten sie denn in der Stadt tun sollen, wenn die Häuser so eng standen, dass sie schon beim Hinschauen Platzangst bekamen.
„Vier, vielleicht fünf Tagesmärsche noch!" So vertröstete man sie vom einen auf den anderen Tag.
Ein paar Kinder hatten sich unterwegs eine böse Lungenentzündung geholt, starben auf der Alleestraße, die zu einem Gut führte. Hilfe kam zu spät. Gräblein im Park blieben zurück.
Eine junge Mutter war an Nervenfieber erkrankt, schon wochenlang ging es ihr sehr schlecht, aber der Gedanke an das bevorstehende Ziel ließ sie von einem Tag auf den anderen überleben, mehr bewusstlos als lebendig. Sie kannte ihr Kind nicht mehr, um das sich andere Frauen aufopfernd kümmerten. Für Alte und Geschwächte mussten sie immer wieder Pausen einlegen, auch fürs Vieh, Pferde füttern, wo es möglich war, auch neue einspannen und die alten an den Wagen binden. Dass die Gegend waldig war, trotz des nahen Meeres, das gefiel ihnen. Fast wie daheim – aber eben nur fast. Waldig, aber doch so weit weg von Bergen. Barbara ging neben Philipp, ließ ihn in seinem Schweigen, wenn er nicht reden wollte. „Schau, am Feldrain Klatschmohn, da drüben Kornblumen!"
„Mhm."
„Und da oben, die Wolken, so weiß, so viele, die hätten bei uns gar nicht alle Platz am Himmel!"
„Hm."
Philipp war einsilbig an diesem Tag, dann würde sie ihn erst einmal in Ruhe lassen.

Hinter einer Kurve trafen sie auf zwei Frauen mit Kindern auf dem Schoß. Sie saßen erschöpft auf ihrem Bündel und baten darum, mitgenommen zu werden. „Nur ein Stück, wir haben es jetzt nicht mehr weit", bettelten sie.
„Aber unsere Wagen sind voll!", erwiderte Barbara. Als die beiden jungen Männer, die unterwegs zusammengebrochen waren, das hörten, stiegen sie vom Wagen, damit die beiden Frauen mit ihren Kindern aufsitzen konnten. Der eine Mann brach nach zwei Schritten schon wieder zusammen und setzte sich an den Wegrand. Sein Knöchel war ganz blau angelaufen, dick geschwollen wie das ganze Bein. Ein paar große Blätter von Sauerampfer hatte er sich zum Kühlen unter die Hose geschoben. Mehr konnte er ohnehin nicht tun: „Geht schon wieder. Wird schon wieder gehen nach dem Ausruhen", tröstete er sich und die anderen.
„Nichts da, du gehst wieder auf den Wagen! Wenn ihr zusammenrutscht, habt ihr miteinander Platz!" Sie halfen ihm wieder hinauf, von oben zog eine der Frauen, von unten schoben sie ihn, weil er nicht mehr genügend Kraft hatte, sich richtig vom Boden abzustemmen. Endlich saß er und lehnte sich mit schmerzverzerrtem Gesicht an die Gerätschaften.
„Was seid ihr denn für welche? So viele in so einem langen Zug durch unser Land – das hat es hier ja noch nie gegeben!" Die wurden ganz blass, als sie hörten, welchen Weg sie hinter sich hatten. Vorstellen konnten sie es sich ohnehin nicht. Von Salzburg, durch die vielen Fürstentümer, durchs Königreich bis hierher. Seit November schon! Da wurde es den beiden Frauen ganz anders und sie stiegen samt ihren Kindern wieder ab, weil sie sich schämten. Verglichen mit denen, ging es ihnen ja wirklich noch gut!
Bis zum nächsten Ort schlossen sich die Frauen dem Treck an. Als sie ihr Haus erreicht hatten, gaben sie den Fremden zu trinken und holten die Vorräte aus ihren Kammern, sammelten Kräuter hinter dem Haus, setzten Wasser auf für Tee.

Einer der Bauern ging hinter seinen Hof, wo er ein kleines Stück seiner Weide für ein paar Skudden eingezäunt hatte. An Ort und Stelle ging er einfach in die Hocke, um seine Zibben zu melken. Die Kinder mussten doch schließlich Milch trinken, und Schafsmilch war wertvoll, das sah er ja an sich selbst, wenn man Schafsmilch hatte, wurde man steinalt. Wer Platz hatte, durfte sich im Haus niederlassen, wo auf jedem Tisch, auf jeder Kommode gefüllte Teller standen, von denen sie sich bedienen sollten. Doch als Erstes stellten sie sich mit gefalteten Händen hinter ihre Stühle und sprachen gemeinsam das Tischgebet.
Diese Rast war nicht eingeplant, aber sie tat ihnen gut.
„Morgen ist auch wieder ein Tag", lud die Hausfrau sie zum Bleiben ein. Auch bei Nachbarn und Nachbarn von Nachbarn war es selbstverständlich, alles zu tun, was in ihrer Macht stand, um ihnen diesen Zwischenaufenthalt so angenehm wie möglich zu gestalten. Hände über dem Kopf zusammenschlagen, das war ja schließlich nicht genug. Waschküchen wurden mit Stroh aufgeschüttet, dass sie für alle eine Notunterkunft schaffen konnten. Alle wurden satt, Wasser gab es auch genügend, sauberes Wasser, und sie legten sich in den Kleidern hin und schliefen sofort ein.

Gumbinnen

Nach weiteren drei Tagen kamen sie zu malerischen Auen, durch die sich ein trübes Gewässer träge dahinwälzte: „Ihr habt es geschafft! Sagt es nach hinten durch. Wir sind gleich da", riefen die preußischen Commissare begeistert.
„Wir selber haben es auch geschafft, endlich!", dachten sie im Geheimen.
Am 18. Juni erreichten sie völlig entkräftet die Mündung der Rominte in die Pissa, wo an einer Flusskrümmung Gumbinnen lag, Gumbach, wie die Einheimischen ihre Stadt nannten. Hier sollte die neue Heimat sein, aber Wohnung und Acker – das war noch lange nicht Heimat!

„Dass ihr das geschafft habt!" Die Bewohner schüttelten nur immer wieder den Kopf. „Erzählt, wie war das?" Darüber sprechen, das ging noch gar nicht. Es war, als würden sie neben sich selbst stehen und die endlose Menschenschlange an sich vorbeiziehen lassen. „Erzählen? Das kann keiner erzählen! Das Leid, das wir durchleben mussten, ist nur Gott bekannt."
Den Einheimischen war es unfassbar, dass ein Mensch dies alles in einem einzigen Leben überhaupt aushalten konnte, was diese Menschen aushalten mussten. Zurückhaltend hielten sich einige Bürger erst einmal im Hintergrund, der eine oder andere auch beladen mit Vorurteilen, doch Achtung und Einfühlungsnahme führten langsam zum gegenseitigen Verstehen.
Kartoffeln, Karotten, Kohlrüben, Möhren, Pastinaken, Petersilienwurzeln, Rote Bete – was Garten und Acker hergaben, durften sie sich holen. Wer Raum übrig hatte, nahm jemanden auf, obwohl der eine kaum die Sprache verstand, die der andere sprach, so unterschiedlich waren ihre Ausdrücke.

„Fleißig sind sie ja, die Salzburger. Aber ich verstehe sie nicht!", so hörte man die Leute sagen. Die Frauen und jungen Mädchen gingen in der Küche zur Hand und machten sich im Garten nützlich, Männer halfen beim Hausbau oder in einer Werkstatt. „Nett sind sie zu uns, aber wenn die mit uns reden ... Und beim Essen – also, was die alles auf den Tisch stellen, das kann unser Magen ja gar nicht vertragen", so tönte es aus dem anderen Feld. Wruken und Schucke, Kartoffelkeilchen mit Spirkel und Königsberger Fleck, Kakalinski und Schupinis, das ging ja alles noch, außer dass sich diese Namen keiner von ihnen merken konnte. Wenn sie zum Essen eingeladen wurden und fragten: „Was gibt es denn?", dann gab man ihnen ein „ut Pott un Pann" zurück und sie mussten sich erst einmal zusammenreimen, was das heißen sollte. Dass Klopse eben Knödel waren und Kalkuhnenbraten vom Truthahn kam, das lernten sie auch nach und nach, aber Schmand und Mostrich, Grue Arften, Klunkermus – das machte ja im Kopf ganz verrückt. Der viele Fisch, den es zum Essen gab, da rebellierten ihnen die Eingeweide schon beim bloßen Anschauen. Einmal lag ein Karpfen schon erschlagen auf dem Brett und schlug trotzdem noch mit der Schwanzflosse! Ihrem Magen ging es sowieso nicht gut und jetzt noch das! Wie sie sich nach Fleischpflanzl und Speckknödel sehnten.
Umeinanderpfoadln, anbampfln und ausbeinderln, Ribisln und Tagmolter, das konnten dann die Ansässigen nicht verstehen und die Bewohner mussten sich richtig beschettern. „Ei, was is dat?" Dabei sagten die hier nicht einfach nur Ei, so wie das Ei in Reich, sondern e und i kamen auch noch hintereinander, manch einer schob dabei richtig den Unterkiefer vor. Da gab es Flinsen und Flunsch, Glumse und Kruppzeug, Kumst, Beetenbartsch, Gelböhrchen. Wo waren sie nur gelandet?

**

Agnes und Anton blieben zusammen. Anton bekam von Nikolaus sein Pferd zurück, musste jedoch erkennen, dass Sultan nur noch fürs Gnadenbrot taugte und einem Weitermarsch nicht gewachsen war. Bei einem Bauern durfte er sein treues Tier auf die Koppel stellen.
Dieser ganze Rummel und das Durcheinander, auch die Auseinandersetzungen, die es immer wieder mit Einheimischen gab, führten dazu, dass sie sich um einen geringen Fuhrlohn Richtung Insterburg mitnehmen ließen.
„Wenn wir schon in der Fremde sein müssen, dann wollen wir nicht nur mit unseren Landsleuten zusammen sein, mit ihren Klagen und ihrem Schmerz. Haben unsere eigenen Klagen, unseren eigenen Schmerz. Ach, was sag ich, Agnes. Wollen doch gar nicht klagen. Das Ende ist doch auch ein neuer Anfang. Mit dir ..." Dabei legte er liebevoll seinen Arm um ihre Schulter.
„Weißt du, Anton, man braucht ja gar nicht so viel zum Leben. Aber ich glaube, dich brauch ich."

***

Philipp mit Barbara und Johannes mit seinem Esel Lisa wurden zusammen auf einem leerstehenden Bauernhof untergebracht. Jakob mit seinem Kätzchen hatte sich immer mehr den beiden angeschlossen und in ihnen seine neuen Eltern gefunden. Auch Margret mit dem kleinen Tobias ihrer Freundin und die Burgstallerin mit ihrem Zacharias Dominikus konnten dort bleiben. Schließlich waren die beiden Buben fast gleich alt und all die Monate aufgewachsen wie Brüder.

In der Nachbarschaft waren junge Familien zusammengewürfelt. Die Kinder spielten gerne miteinander im Garten und auf der angrenzenden Wiese. Johannes verstand sich besonders gut mit ihnen und doch waren alle diese Kinder kein Ersatz für dieses eine ungeborene Kind, das er zurückgelassen hatte. Er setzte die fröhlichen Rangen zwischendurch auf seine Lisa, und die warf hurtig ihre Beinchen, wenn sie im Rund lief. Plötzlich blieb sie stehen – dann hatte sie einfach genug und war nicht zu bewegen, auch nur einen Schritt noch zu machen. Da, ein ausgelassenes Kinderlachen, weil eine Amsel vor Schreck ihren Regenwurm verloren hatte. Man sah allen an, wie die kindliche Unbeschwertheit Balsam für ihre Wunden war.

Eines Tages stieß auch Georg Kleiner wieder zu ihnen. Keiner fragte ihn, wie es in Oettingen war, er sagte nur kurz: „Ich werde ihr schreiben, wo ich bin, vielleicht kommt sie nach, vielleicht auch nicht, aber der einzige von uns zu sein in diesem Städtchen – ich hab es nicht ausgehalten." Mehr erfuhren sie nicht.

Nachdem sie sich einigermaßen körperlich erholt hatten, erkundeten sie das Umland, wanderten nach und nach die Alleen hinauf mit Blick auf Felder und Weideland. Auf den Pferdekoppeln wuchsen die köstlichsten weiß leuchtenden Champignons. Die Kinder steckten die Pilze in Taschen oder zogen den Rocksaum nach oben, um die reiche Ernte einzusammeln.

***

Johanna war recht überrascht, als sie am nächsten Tag auf dem Weg vom Kräutergarten zum Haus Baltasar begegnete. „Du hier? Ich dachte schon, ich bin ganz allein mit den Hiesigen. Wo bist du hingekommen? Hast es gut getroffen?"
„Ja, schon, bei einem Tischler bin ich, dem helfe ich beim Schränkebauen. Der Agathe ihr Vater hat mir ein Schnitzmesser mitgegeben, da habe ich einmal angefangen, an einer Türe Blumen zu schnitzen, solche, wie sie bei uns wachsen,

Alpenrosen und Enzian. Das hat dem Meister so gefallen, dass ich jetzt immer bei seinen Schränken Blumen auf die Türen schnitzen soll, manchmal auch auf Stuhllehnen, wenn einer das möchte. Der Meister ist recht zufrieden. ‚Das kann hier keiner', hat er zu mir gesagt. Weißt ja selber, es geht uns ja nicht schlecht, aber fremd sind wir hier, fremd in der Fremde. Das wird schon noch dauern ... und du? Wie ist es bei dir, wie hast du es getroffen?"

Johanna schaute zum Haus hin und dann wieder zu Baltasar: „Habe es nicht schlecht getroffen. Die Bäuerin, bei der ich im Haus und in der Wirtschaft helfe, hat gesagt, ich kann bleiben, bis für uns die Häuser fertig sind. Aber, schau selber. Mit den Häusern, das sieht schlecht aus, die haben ja noch gar nicht angefangen. Wenn jetzt mein Balthasar da wäre ..."

„Ja, und meine Agathe ..."

„Dass du gerade auch ausgerechnet Baltasar heißt. Das ist ... ja das ist ... schön ist das. Viele von uns sind ja irgendwo verstreut, mitten unter Einheimischen, wo sie wieder niemanden kennen. Schön, dass wir uns wenigstens kennen!"

„Johanna, ich glaube, meine Agathe hat jetzt schon unser Kind auf die Welt gebracht. Was meinst: Ob es ihr gut geht?"

„Sicher wird es ihr gut gehen, das glaube ich ganz sicher, gesund ist sie ja gewesen. Was meinst du, wie geht es wohl meinem Balthasar? Die Kette ist von ihm. Kinder waren wir noch. Jetzt bin ich kein Kind mehr. Und er wird sicher bald eine andere heimführen, wer soll ihm denn sonst auf dem Hof helfen. Gern mögen hat er mich, aber die Zeit war gegen uns. Schlimm genug ist es, aber jetzt sind wir da und müssen anfangen. Nach dem bösen Ende gibt es jetzt einen Anfang, der nur besser sein kann. Schön war es, dass ich wieder mit einem habe reden können, den ich kenne. Morgen darf ich in die Kirche gehen, hat die Bäuerin gesagt. Vielleicht gehst du morgen auch in die Kirche?"

***

Johannes war zwar kein gelernter Landwirt, war ja in der Heimat nur immer die helfende Hand gewesen, aber von klein auf war er gern bei den Pferden, kannte sich aus, wenn sie auch nur einen Huster machten oder lahm gingen. Umschläge und Streicheleinheiten, abtasten der Gelenke und Einrichten der Knochen und sie wurden tatsächlich wieder gesund, wenn die anderen auch hundertmal sagten, der muss erschossen werden. Wo der Johannes hinkam, da wurde kein Pferd erschossen. Seine Fähigkeiten sprachen sich schnell herum und jeder holte ihn, wenn er einmal nicht mehr weiter wusste. „Der macht das, der kriegt das wieder hin, den muss man nur lassen. Wo der die Hand drauflegt, ... reden tut er nicht viel, aber mit den Pferden versteht er sich. Denen schaut er in die Augen, die streichelt er über die Blesse und das verrückteste Tier wird ganz ruhig dabei, wie hypnotisiert. Die Pferde versteht er und die verstehen ihn. Dass der in unser Dorf gekommen ist – ein komischer Kauz mehr, aber der tut keinem was, der bestimmt nicht, ist ja froh, wenn ihm keiner was tut. Ich hatte eine rossige Stute, die keinen Hengst in ihre Nähe gelassen hat. Der Johann hat den richtigen Beschäler für sie gefunden. Als gäbe es bei den Pferden auch noch so etwas wie Zuneigung. Als ob das gar nicht mit rechten Dingen zuginge", erzählten sich die Bauern und nickten anerkennend.

Wie lange war es her, dass er Tage erlebte, an denen er sorglos erwachte. Jetzt war so ein Tag. Seine Liebe zu den Pferden, sein Geschick, wenn er die Zügel in der Hand hatte. Jedes Mal aufs Neue gelang es ihm, den Gutsbesitzer zu begeistern. Zehn Minuten brauchte er, dann gingen Luna und Lotte, die beiden Trakehnerstuten, im Gleichschritt vor dem Landauer. Wenn er an so einem Tag auf dem Kutschbock saß und den gleichmäßigen Trab beobachtete, wenn die Mähnen flogen, dann war er der stolzeste Mensch unter der Sonne, dann gehörte ihm alles, was über der Erde war, die Luft zum Atmen und das Blau des Himmels. Wenn er die Herrschaften zu anderen Herrschaften brachte, saßen sie hinter den trabenden Pferden und er schnalzte fröhlich mit der Peitsche, dass es in der Luft nur so schwirrte. In flotter Fahrt ging es weit über Land. Ihm war's recht. Was andere als Arbeit sahen, war für ihn Vergnügen. Endlos wogende Kornfelder, Chausseen mit weichen, sandigen Sommerwegen für Reiter und Fuhrwerke, holprige Pfade, alte Alleen, flankiert von Eichen oder Linden. Die Zweige berührten sich wie zu einem Dom und es war, als führe man durch ein gotisches Portal. Während die Herrschaften tafelten, erging er sich im Park, streifte durch den Wald, der sich hinter dem Gut erstreckte. Die Pferde führte er in den Stall, legte ihnen Decken über die dampfenden Leiber und band ihnen den Hafersack um.

„Bin zufrieden mit dir, hast sicher schon gemerkt. Als Kutscher könntest du gleich anfangen bei mir, ach, was sag ich, angefangen hast du ja schon lange. Wie du es mit den Pferden kannst – nicht dass dich noch einer von den Bauern mir vor der Nase wegschnappt. Wohnen kannst du dann natürlich auch auf dem Gut, bescheiden, gleich über dem Pferdestall, wenn einmal was ist, 's kann ja immer einmal was sein mit den Pferden. Kommst, wenn du die Luna und die Lotte versorgt hast, zu mir, dann machen wir den Vertrag und die Herrin zeigt dir, wo du schlafen kannst. Deine Lisa, die kannst du natürlich auch bei mir einstellen. Ein Esel auf einem Gestüt in Ostpreußen – das gab es wirklich noch nie!" Der Gutsherr konnte bei dieser Vorstellung schallend lachen.
„Ach, noch etwas, wenn wir ausfahren, bekommst du eine ordentliche Livree, bist doch ein stattlicher junger Mann, das können die Leute ruhig sehen. Sack und Asche, das war gestern."

Am Abend bekam Johannes seine Kammer zugewiesen: Wenn er sich einmal drehte, stieß er mit dem Knie ans Bett. Als er sein Bündel aufschnürte, landete er fast im Schrank. Aber für ihn war es wie ein herrschaftliches Schloss.

Joseph Höller bekam Arbeit im Wald, wo Ramos, als er wieder rausgefüttert war, als Rückepferd endlich wieder Stämme ziehen und mit Stolz seine Pflicht erfüllen konnte. Nikolaus blieb bei Joseph. Bei dem wusste er, dass er nicht reden brauchte, der verstand ihn trotzdem, und wenn der ihn nicht verstand, ließ er ihn einfach machen. Wohnen konnten sie in einem einfachen Siedlerhaus, hinter dem sich Weideland für Ramos und Brachland erstreckte: „Da lässt sich was draus machen!", sagte Joseph hinein in den Abendwind.
„Was draus machen!", sagte Nikolaus und schaute abwesend in die gleiche Richtung.

Margret und die Burgstallerin mit ihren munteren Buben Zacharias Dominikus und Tobias kamen bei einem Bauern in Bergenbrück unter, wo eine Steinbrücke über die Angerapp führte, so dass sie jederzeit zu ihren Landsleuten gehen konnten, wenn ihnen das Fremdländische wieder einmal zu fremd und das Heimweh zu weh wurde. Wenigstens so reden wie daheim wollten sie ab und zu, in der Sprache, die sie mit der Muttermilch aufgenommen hatten.

Auf dem Hof zurück blieben Philipp mit Barbara und Jakob. Barbara kümmerte sich gerne um den Buben, brachte das Hauswesen in Ordnung, während Philipp auf den Ämtern das Nötige erledigte. Als er zurückkam, war sie gerade dabei, den Strudelteig auszuziehen. Er half ihr beim Äpfelschnipseln und erzählte dabei, was sich alles zugetragen hatte.
„Komm, lass uns raus sitzen, bis das Essen fertig ist."
„Barbara, mir scheint, als wären wir jetzt wirklich angekommen? So weit weg, wie schon alles ist! Dass wir diese Alpträume selber erlebt haben, ich glaub es ja nicht!"

Dann saß er einfach nur da.

„Philipp, schau, ein Pfauenauge!"

„Hm – ach Barbara – darf gar nicht daran denken."

„Dann denk nicht daran!"

„Hast ja recht, aber wenn das so leicht wäre. Die Bilder, die kommen ja ganz von allein."

„Dann schieb sie weg! Muss meine Bilder ja auch wegschieben."

„All unsere Toten!"

„Ja, Philipp. Aber für die Lebenden geht es weiter!"

Er blieb ihr eine Erwiderung schuldig, stand von seiner Bank auf und ging zur Hausecke, wo ein Spaten lehnte. Dann begab er sich zu seinem brachliegenden Garten, setzte den Spaten auf den Boden, trat ihn mit seinem ganzen Gewicht in die Erde und kippte sie zur Seite, setzte die Kante daneben abermals auf den Boden, trat mit seinem ganzen Gewicht auf die Schaufel und kippte die Erde zur Seite. In dem Moment kam ein Fuhrwerk des Weges und hielt an, wohl, weil der Bauer sich einmal umschauen wollte, wie die so sind, die Neuen: „Na, hast wohl schon gemerkt, unsere Erde ist hart, sehr hart."

„Ja, hab es schon gemerkt. Aber wir haben starke Wurzeln. Sehr starke."

Epilog

Die gewaltsame Trennung von ihrer Heimat und von ihren Kindern lastete sehr schwer auf den Menschen. Einige kehrten bereits unterwegs um und versuchten, ihr Kind zu holen oder zumindest an einen Teil ihres ohnehin geringen Vermögens zu gelangen. Sie wurden aber schon an der Grenze abgefangen. Selbst mit behördlicher Unterstützung gelang es ihnen nicht, Heimatboden zu betreten.
Wer später sein Kind holen wollte, musste die bittere Erfahrung machen, dass ihn sein Sohn, seine Tochter nicht mehr erkannte.

Zahlreiche Emigranten fanden auf Vermittlung des Seniors Urlsperger in Georgia, Amerika sowie in Holland eine neue Heimat.

Der letzte in Salzburg ausgestellte Emigrantenpass datierte den 6. Mai 1732 und lautete auf den Weber Georg Gruber aus einem Dorf im Landgerichtsbezirk Gastein, der auch der Rebellion beschuldigt war. Der 32. und damit letzte Transport bestand aus Berchtesgadenern, die zum kleineren Teil nach Preußen, zum größeren nach Hannover gingen.

Auf dem Seeweg von Stettin aus nach Ostpreußen gingen insgesamt 19 Transporte mit 10780 Personen. Über 500 Emigranten überlebten die Überfahrt nicht. Viele von ihnen, hauptsächlich Kinder, waren so geschwächt und ausgezehrt, dass ihnen die Seekrankheit noch die letzte Kraft nahm. Die tobende Ostsee wurde ihr Grab.

Über Land gingen 11 Transporte mit 5533 Personen, von denen 805 unterwegs starben.

Von Königsberg aus wurden die Salzburger weiter ins Land geleitet, vorwiegend in das damalig preußische Litauen, dem nordöstlichen Teil der Provinz Ostpreußen. Auf diesem Wege kamen sie über Insterburg auch den Pregel entlang, wo ein Teil in der Stadt und auf dem Land festgesetzt wurde, und weiter nach Gumbinnen, dem preußischen Regierungssitz von Preußisch-Litauen. Somit kamen insgesamt 15508 Personen in Ostpreußen an und wurden hier angesiedelt.

Am 27. Mai 1732 kam das erste Schiff nach stürmischer Überfahrt in Pillau an. Bis zum 8. November folgten ihm weitere 64. In Ostpreußen wurden die Salzburger durch von Goerne übernommen, den Leiter der ostpreußischen Kolonisation.

Die meisten Salzburger Protestanten wurden während des ersten Winters in Ostpreußen bei Einheimischen einquartiert. Anschließend verteilte die preußische Verwaltung sie auf mehr als 200 Ortschaften.

Neben Land gewährte der König den Einwanderern auch Steuerfreiheit und Bauholz, doch es war nicht leicht für das Gebirgsvolk, sich an das ganz anders geartete Klima und das Flachland zu gewöhnen. Die fremdartige Umgebung, die Feuchtigkeit und die rauen Ostseewinde setzten den Exulanten derartig zu, dass innerhalb der nächsten Jahre ein Viertel von ihnen starb. Die Strapazen der Wanderung, das raue Klima, die andere Lebensweise und das Heimweh hatten ihre Widerstandskraft geschwächt.
Die ostpreußische Lebensweise führte zu einer gewissen Diskrepanz, doch das gemeinsame evangelische Bekenntnis verband sie immer wieder mit den Alteingesessenen. Mit viel Geduld, immensem Fleiß und unerschütterlichem Gottvertrauen gelang es den Einwanderern nach und nach, im rauen Ost-

preußen Fuß zu fassen, ohne ihre heimatliche Eigenart aufzugeben. Langsam wuchsen sie in das Ostpreußische hinein. Ihre Sprache, ihre Tracht und ihren Speiseplan erhielten sie sich als Relikt aus der Heimat, der sie immer verbunden blieben.

Jeder hatte auf der weiten Reise seinen eigenen Traum von der neuen Heimat geträumt. Und jetzt: dürftige Notquartiere inmitten von Einheimischen, die ihre Sprache schlecht oder überhaupt nicht verstanden, vielleicht auch nicht verstehen wollten. Das war nicht das erhoffte Paradies. Statt hinter dem Pferd und hinter der Pflugschar zu gehen und Furchen durch den brachliegenden Acker zu ziehen, waren sie erst einmal zum Nichtstun verurteilt. Statt innere Ruhe zu finden, war da nur noch innere Leere. Erst im Frühjahr 1733 verbesserte sich die Lage.

Man kann Gumbinnen als den Mittelpunkt der ostpreußischen Salzburgersiedlung und -ansiedlung betrachten. In den Jahren 1709 bis 1711 wütete in Ostpreußen die Pest und entvölkerte viele Ortschaften, auch Gumbinnen. Dem Preußenkönig Friedrich Wilhelm I., der 1714 den Thron bestiegen hatte, lag die Wiederbesiedelung jener Gegend des Preußischen Litauens sehr am Herzen. Aus Mitleid hatte er das Dorf Gumbinnen am 6. April 1722 zur Stadt erklärt, ernannte im Januar 1724 den Magistrat und erließ am 25. Mai 1724 das Fundationsprivileg. Dieser Tag gilt als Stadtgründungstag Gumbinnens.

Der König ließ Gumbinnen großzügig ausbauen. Straßen wurden verbreitert, neue Häuser wuchsen aus dem Boden. Die Salzburger mussten sich mit einer Siedlungsweise abfinden, die der ihren zu Hause so ganz gegensätzlich war. Statt in verstreuten Einzelgehöften lebten sie hier eng auf eng beieinander, sie konnten auch nicht, wie erhofft, nach

Pfleggerichten zusammenbleiben, waren am Anfang Fremde unter Fremden.

Einige zogen weiter ins Großfürstentum Litauen. In wenigen Fällen wurden litauische Bauern umgesiedelt, damit Salzburger in einem Dorf als Gruppe angesiedelt werden konnten. Die einheimischen Bauern zollten ihnen ihren vollen Respekt, weil ihre Arbeitsweise auf den Feldern größere Erträge erzielte. Ihre Ackergeräte fanden unter der ostpreußischen Bauernschaft Nachahmungen. Strohgedeckte Häuser wichen geschindelten Dächern. Kartoffeln wurden angebaut. Handwerker hatten sich schnell einen Namen gemacht. Leinenwebern aus Salzburg wurde zinsfreier Vorschuss auf vier Jahre zugesichert, weil sie immer wieder ihre ausgesprochene Tüchtigkeit bewiesen.

Ende August 1733 bekam Breuer, der Emigrantenprediger, den Auftrag zu untersuchen, wo die besten Standorte für Schulen wären. Hans Hoyer aus Saalfelden begleitete den Emigrantenprediger auf seiner Suche nach diesen Standorten. Er war mit seinen Brüdern Bartolomäus und Sebastian in dieser Schulbewegung zu einer bedeutenden Persönlichkeit geworden. Die waren zwar nicht für diesen Beruf ausgebildet, galten aber in ihrem redlichen Charakter den Kindern als Vorbild. Durch das Studium der Bücher konnten sie mittlerweile aus einem umfangreichen Wissen schöpfen. Ihr Glaube half ihnen auch bei dieser Aufgabe. Durch ihre Laienschulen bildeten die Salzburger die Grundlage für das gesamte preußische Schulwesen. Ein alter Zimmermann hat in Gumbinnen zusammen mit seinen beiden kleinen Kindern die Schule besucht. Was er nicht verstand, hat er sich von seiner Tochter erklären lassen. Da staunten die litauischen Bauern nicht wenig, denn sie hatten eher eine Abneigung gegen die Schule und konnten sich gar nicht vorstellen, außer dem Gesangbuch und der Bibel ein anderes Buch zu lesen oder gar in ihrem Haus zu haben.

1734 gab es bereits 16 Männer, die als Lehrer unterrichteten. Im Winter, wenn es auf Acker und Hof keine Arbeit gab, drückten auch die Erwachsenen die Schulbank, um in ihrem Wissen den Kindern nicht hintan zu stehen. 1736 war die Ansiedlung der Salzburger Exulanten abgeschlossen.

Zu den Anführern zählten außer Hans Hoyer auch Rupert Stulebner und Matthias Bacher. Sie wurden vom König in die Einwanderungskommission mit einbezogen. Als Gegenleistung für den abgelegten Treueid gewährte ihnen der König am 17. September 1736 eine Art Selbstverwaltung.

Langsam begann sich das Leben zu normalisieren und 1735 konnte nach Berlin berichtet werden: „Man sieht jetzt auf dem Feld ungemein viele Salzburger in ihren rohen, kurzen Röckchen, welche bei ihrem Ackerbau sich lustig, munter, vergnügt, gut und emsig zeigen. Man sieht bei allem, dass sie in ihrem Lande gute Wirte müssen gewesen sein, denn ihre Wirtschaft ist auf das Ordentlichste eingerichtet. Es bleibt auch dabei, dass diese Leute allen anderen Kolonisten den Ruhm nehmen werden."

Mit der Ansiedlung der Salzburger Emigranten in Ostpreußen folgte der König nicht nur wirtschaftlichen Interessen. Es gelang ihm gleichzeitig, sich als Führer der Protestanten in Deutschland und Europa zu profilieren.
Zeitgenössische Schriften, Bilderfolgen, Gedenkgrafiken und Flugblätter machten das Schicksal der Salzburger Protestanten europaweit publik und lösten eine große Hilfsbereitschaft und Spendenflut aus:

Württemberg	30.000 Reichstaler
Dänemark	33.300 Reichstaler

Norwegen	16.600 Reichstaler
Hannover	64.000 Reichstaler
Gotha und Altenburg	8.000 Reichstaler
England, Schottland, Irland	168.000 Reichstaler
Niederlande	250.000 Reichstaler
versch. jüdische Bürger	12.500 Reichstaler
Ostfriesland	4.000 Reichstaler
Hessen-Darmstadt	3.000 Reichstaler
Baden	1.600 Reichstaler
Bremen	2.700 Reichstaler
Frankfurt (Main)	3.600 Reichstaler
Hamburg	13.000 Reichstaler
Ortschaften außerhalb Hamburg	5.960 Reichstaler
Nürnberg	6.000 Reichstaler
Regensburg	3.558 Reichstaler
Speyr	106 Reichstaler
Wetzlar	266 Reichstaler
Worms	400 Reichstaler
Die evangelischen Bürger Wiens	6.000 Reichstaler

Im Winter 1944/45 mussten die Salzburger Emigranten Ostpreußen wieder verlassen und wie einst ihre Vorfahren bei Schnee und Kälte, zu Fuß oder mit Pferd und Wagen in endlosen Flüchtlingstrecks in eine ungewisse Zukunft ziehen.

Darum, solange wir noch Zeit haben, lasset uns Gutes tun an jedermann, allermeist aber an des Glaubens Genossen.
(Galater 6,10)

Was entspricht den Tatsachen?

Die Kapitel „Kurze Zusammenfassung der Ausgangssituation", „Es brodelt im Land" und „Epilog" schildern Fakten, die geschichtlich überliefert sind. Ebenso handelt es sich bei den Orten, durch die die Flüchtlinge kamen, um tatsächliche Stationen auf ihrem Weg nach Norden. Empfang und Aufenthalt in den Städten wurden gewissenhaft recherchiert.

S. 57: „Der Offizier ließ – Feuer auf sie geben." Dabei handelt es sich um eine aktenkundige Geschichte, die von Pfarrer Karl Friedrich Dobel, Kempten, in seinem Buch „Kurze Geschichte der Auswanderung der evangelischen Salzburger" überliefert wurde.

Das Buch soll ein Denkmal sein für die vertriebenen Protestanten, aber auch für die erwähnten Bürgermeister sowie Geistlichen, die tatsächlich gelebt haben und sich oft bis zur Selbstaufopferung der schwierigen Aufgabe gestellt haben.

Die Namen der Menschen, die sich im Winter auf den Weg machen mussten, entsprechen realen Namen, die unterwegs in Listen festgehalten wurden. Diese Menschen sind mit Einfühlungsvermögen in die Handlung eingebettet. Charakter und Handlungsweise der Personen sind frei erfunden, bleiben jedoch sehr dicht am tatsächlichen Geschehen.

Verschiedene Orte von Hallein bis Stettin hat die Autorin selbst besucht, um an Ort und Stelle die Atmosphäre aufzunehmen und die Marschroute zu rekonstruieren.

Dank

Als ich anfing, für dieses Buch zu recherchieren und Fakten zusammenzutragen, betrat ich ein unbekanntes Territorium, ehe sich meiner akribischen Suche eine wahre Fundgrube an Unterstützung auftat. Bekannte überhäuften mich mit Literatur über Ostpreußen, Theologen und Historiker unterstützten mich mit ihrem Wissen. Ich stieß auf direkte Nachfahren von Salzburger Protestanten, die sich freuten, dass ich dieses Buch schreibe.

Fritz Steinwender, geboren in Gumbinnen, schickte mir Bücher und persönliche Informationen über Gumbinnen bzw. Ostpreußen. Er ist ein Nachkomme der Familie des „Stummen Gefangenen" Josef Steinwender, der als Bauer auf dem Peyrlgut in Lasaberg im Lungau lebte, bis er im Jahre 1760 bei einem Geheimtreffen verraten wurde. Um Verhören zu entgehen, stellte er sich stumm. 22 Jahre war er Gefangener auf Schloss Werfen.

Gerhard Hoyer, ein Nachkomme aus der Familie der Brüder Hans, Bartolomäus und Sebastian Hoyer, versorgte mich u. a. mit einem wertvollen Nachschlagewerk über die Emigrationsgeschichte der Salzburger. Mit seiner Begeisterung und seinem Wissen gelang es ihm außerdem immer wieder, mich auf Durststrecken erneut anzuspornen, den Weg dieser vertriebenen Salzburger Protestanten zu begleiten und ihrem Schicksal ein Denkmal zu setzen.

Dank gebührt meinen Erstlesern, vor allem Kay Wolfinger M. A., der mit seiner kritischen Betrachtung dem Manuskript immer wieder wichtige Impulse gab.

Bedanken möchte ich mich bei den zahlreichen Archiven, die mir Zugang zu wertvollen Originalen von Protokollen oder anderen Dokumenten gewährten oder sich auf meine Anfragen hin stets die Mühe machten, mit Auszügen aus Veröffentlichungen oder Hinweisen zur Historie meine Arbeit zu unterstützen. Besonders hilfreich war die angenehme Zusammenarbeit mit Herrn Schmidt, einem ehemaligen Mitarbeiter im Archiv der Evang.-Luth. Kirchengemeinde Kaufbeuren.

Mein ganz besonderer Dank gilt meinem Partner, der mich in meiner Dichterklause mit Essen und Trinken versorgte und voller Verständnis war, wenn ich in Gedanken und Worten tagein, tagaus die Vertriebenen auf ihrem Weg des Elends von Salzburg bis Ostpreußen begleitete.

Namensliste

Agnes bekam vom Soldaten ein Stück Komissbrot und freundete sich mit Anton, dem Soldaten, an.
Johanna trottete vor sich hin wie ein Esel, eingehüllt in Tücher wie eine alte Frau. Ihr Freund zu Hause hieß Balthasar.
Sara Steinbacherin hatte das kleine Söhnchen mitgenommen, versteckt auf einem Bollerwagen, bis sie außer Reichweite von St. Veit war.
Daniel, ihr Sohn
Anton Büchel war schon seit Jahren Soldat
Philipp Steinbacher, Saras Mann
Rosina, eine Frau in einem Dorf unterwegs
Lucia Hirschbühlerin, eine Frau, die unterwegs gestorben ist
Die **Hofnerin** hatte ihren Tobias noch in die Arme der Freundin legen können
Margret, die Freundin der Hofnerin, die deren Kind übernommen hat
Tobias, das Kind der Hofnerin
Johannes, ein junger Mann
Georg Forsttretter, 40 Jahre alt; der Erste, der in Augsburg verhört wurde
Michael Kaeßwurm, 34 Jahre alt, wurde in Augsburg verhört.
Simon, einer der Jüngsten
Magdalena Hohmann begleitete Simon
Georg Heinzelmann, Marschcommissar, begleitete die Gruppe nach Augsburg.
Christian Reinpacher und seine Frau **Anna** heiraten in Augsburg
Gertraud und Mathias Burgschwaiger haben in Augsburg geheiratet
Joseph Höller mit seinem Pferd Ramos
Christina, Joseph Höllers verstorbene Frau

Eligius sein Sohn
Bäuerlsteinbäuerin, seine Nachbarin, die aufs Kind aufpasst
Zenz, Bedienung im Wirtshaus
Eustachius, der Handwerksbursch bei Joseph Höller
Schäfer Nikolaus, der sich Joseph Höller anschließt
Joseph Schaitberger (* 19. März 1658 in Dürrnberg bei Hallein, Erzstift Salzburg; † 3. Oktober 1733 in Nürnberg) war ein evangelischer Glaubenskämpfer und Bergmann. Joseph Schaitberger wurde 1686 als Ketzer des Landes verwiesen und kam nach Nürnberg. Dort verfasste er sogenannte evangelische Sendbriefe, die vor allem an seine lutherischen Landsleute und Glaubensbrüder am Dürrnberg, im damals salzburgischen Defreggertal und an die im Exil lebenden Salzburger gerichtet waren.
Hieronymus Nikolaus
Anton Cristani von Rall(* 1692/93; † 28. Juni 1751) war von 1731 bis 1751 Salzburger Hofkanzler und als maßgebender Staatsmann im März 1731 von Firmian in die Regierung berufen.
Familie Unterberger, vom Gut Schützach
Nikolaus Forstreuter aus St. Johann und **Peter Höllensteiner** aus Werfen waren beim König.
Konsistorialräte **Roloff** und **Reinbeck** prüften in Religion
Vater Gruber hatte sich den Fuß angefroren. So kam er in Kaufbeuren an.
Johannes Pfeffer, der bayer. Commissar
Veronika – frühere Freundin von Anton Büchel
Sedelbauerin, eine alte Frau unterwegs
Tobias, Kind der Hofnerin
Matthias schaute immer, dass er mit seinem Gespann in Philipps Nähe blieb
Maria Burgstallerin lag in den Wehen
Jakob, 14 Jahre, ist allein mitgegangen mit seiner Katze
Oma Bucheggerin konnte nicht mehr beißen

Maria Mittersteinerin, das Kräuterweib
Barbara, eine Frau, deren Mann sich zu Hause erhängt hat
Margaretha Püchlerin, eine Frau
Maria Scheibelpranderin weiß nicht, ob die Mutter mit den Geschwistern auch auf die Reise gegangen ist. Soldaten haben sie mit Gewalt aus der Stube geholt, sie hat mit niemandem mehr reden können.
Ursula Plonknerin, eine einfache Frau
Christina Lintaler ist unterwegs verschwunden
Katharina Steinberger bleibt bei einem Bäcker in Kaufbeuren
Paul Georg Albrecht, der Bäckermeister in Kaufbeuren; bei ihm bleibt Katharina
Martha, die Tochter vom Bäcker
Georg Kleiner hatte nur Augen für das Mädchen am Cembalo, das er in Oettingen wieder sieht.
Baltasar hat seine schwangere Frau zurückgelassen
Arthus, eines der fünf Pferde
Sultan, Antons Pferd
Ramos, Joseph Höllers Pferd
Isabella Marie, Mädchen am Cembalo in Oettingen
Henlein, Spitalmeister
Leonhard Locher von Rastatt mit seinen Buben **Friedrich** und **Thomas**

Glossar

Augsburger Bekenntnis: Die Confessio Augustana (CA), auch Augsburger Bekenntnis (A. B.) bzw. Augsburger Konfession, ist ein grundlegendes Bekenntnis der lutherischen Reichsstände zu ihrem Glauben. Die Confessio Augustana wurde am 25. Juni 1530 auf dem Reichstag zu Augsburg Kaiser Karl V. von den Reichsständen der lutherischen Reformation dargelegt. Sie gehört noch heute zu den verbindlichen Bekenntnisschriften der lutherischen Kirchen.

1 Batzen: Der Batzen ist eine Münze, die zwischen 1492 und 1850 in Bern geprägt wurde. Namensgeber war das Wappentier des Kantons, der Bär bzw. „Bätz", der auf der Rückseite der Münze aufgeprägt war. Der Wert eines Berner Batzen entsprach vier Kreuzern. Da der Gulden 60 Kreuzer beinhaltete, war ein Batzen auch ein Fünfzehntel des Guldens.

Bräune: Diphtherie

Brechelbad: Schwitzbad, wenn der Flachs geröstet wurde, bis die Stängel brüchig waren, damit die zum Spinnen tauglichen Flachsteile aus den Stängeln gelöst werden konnten.

Charlottenburger: ein bedrucktes Tuch, in das der Wandergeselle sein Hab und Gut einwickelt.

Corpus Evangelicorum: Das Corpus Evangelicorum wurde im Jahre 1653 konstituiert und umfasste alle lutherischen und reformierten Reichsstände. Das Direktorium befand sich in Kursachsen. Seit Gründung des Corpus Evangelicorum wurden Beschlüsse in Religionsfragen nur in Übereinstimmung beider Körperschaften, des Corpus Evangelicorum und des Corpus Catholicorum, gefasst.

Dechant: Dekan
dengeln: das Schärfen der Schneide einer Sense
Deut: ursprünglich eine im 17. bzw. 18. Jahrhundert in Geldern, Kleve und den Niederlanden im Umlauf befindliche Kupfermünze.
Dreier: alte deutsche Münze
Dreschflegel: bäuerliches Werkzeug zum Dreschen des Getreides nach der Ernte, um die Getreidekörner der Weiterverarbeitung zuführen zu können. *Flegel* ist ein romanisches Lehnwort (von latein. *flagellum*) und vermutlich aus dem Römischen Reich in den germanischen Sprachraum gelangt.

Der Dreschflegel besteht aus einem hölzernen Stiel, an dem mittels eines beweglichen Bauteils (meist aus Leder) der eigentliche *Flegel* befestigt ist. Dieser ist ein ca. 6 bis 8 cm dicker, grob bearbeiteter Holzprügel aus Hartholz.

Dukaten: Der Dukat ist eine Goldmünze, die in ganz Europa verbreitet war. Er besitzt einen Feingehalt von 986/1000 und wiegt etwa 3,5g.
ex Publiko: aus der Staatskasse
Fäustlinge: Handschuhe, bei denen im Gegensatz zu Fingerhandschuhen nur der Daumen extra gestrickt ist.
Festung Hohensalzburg: Die Festung Hohensalzburg ist das Wahrzeichen der Stadt Salzburg. Sie liegt auf einem Stadtberg oberhalb der Stadt.
fl: Gulden = Florenus aureus

Die Abkürzung für Gulden leitet sich aus *Florenus aureus* ab. 60 Kreuzer ergaben einen Gulden.

Der so genannte Rheinische Gulden war zur Zeit der Salzburger die gängigste Währungseinheit im Heiligen Römischen Reiche. Auch der Ungarische Gulden war gebräuchlich. Als kleinste Währungseinheit unter dem Kreuzer gab es noch den Heller.

3 Gulden waren 1 Reichstaler. Die Kaufkraft des Gulden: Um 1730 kostet in Frankfurt z. B. ein Essen während der Messe, mit Suppe Fleisch Beigemüse, Nachtisch und Wein oder Bier in einem gehobenen Gasthaus 60 Kreuzer, also einen Gulden. Da regional die Kaufkraft schwankte, setzt man heute den Wert eines Gulden ungefähr mit ca. 25 bis 35 Euro an.

Flädle: Suppeneinlage aus kleingeschnittenen Pfannkuchen

Fughobel: spezieller Hobel der Zimmerleute, verwendet auch beim Fachwerkbau

fuadan: füttern

Gegenreformation: Als Gegenreformation bezeichnet man allgemein die Reaktion der katholischen Kirche auf die von Martin Luther in Wittenberg ausgehende Reformation.

Grind: in Süddeutschland und Österreich häufiges Wort für Kopf

Gsott-Stock: Futterhäcksler

Gutsche: Schlafplatz, Liege, zur damaligen Zeit in erster Linie dem Bauern bzw. dem Vater vorbehalten, für den Schlaf zwischendurch

Haber: Hafer

Halbmetzenschaff: siehe Metzen

Hallasche: Salzschiff auf der Salzach

Haxen: Füße

Heinzen: Holzgestelle, auf denen frisch geschnittenes, abgetrocknetes Gras zum vollständigen Trocken aufgehängt wird. Sie bestehen aus einem Pfahl (etwa 2 m lang) der in den Boden eingeschlagen wird, und aus 3 bis 4 Querstäben, auf denen das Gras aufgehängt wird. Die Bezeichnung Heinzen ist wohl abgeleitet von Heu-Zahn.

Hei Schowa: Scheunen, in denen Heu gelagert wird

Höker: Kleinhändler auf Märkten

Holzspreigel: ein Stück ofenfertiges Holz
Jakobitag: 25. Juli
Jesuiten: Als Jesuiten werden die Mitglieder der katholischen Ordensgemeinschaft Gesellschaft Jesu *(Societas Jesu, Ordenskürzel: SJ)* bezeichnet, die am 15. August 1534 von einem Freundeskreis um Ignatius von Loyola gegründet wurde. Neben den üblichen drei Ordensgelübden – Armut, Ehelosigkeit und Gehorsam – verpflichten sich Ordensangehörige durch das vierte Gelübde zu besonderem Gehorsam gegenüber dem Papst.
Johannistag: 27. Dezember, damals auch 3. Weihnachtsfeiertag, Fest des Apostels und Evangelisten Johannes
Kegel: unehelich geborene Kinder
Kienspanhobel: Bevor um 1860 Streichhölzer gebräuchlich wurden, dienten gedrehte Holzspäne dazu, Feuer von einer Stelle zur anderen zu transportieren, z. B. vom Ofen zu einer Kerze oder Laterne. Um gedrehte Späne zu erzeugen, wurde ein spezieller Hobel verwendet. Damit hergestellte Späne brennen langsamer und gleichmäßiger als Papier oder sonstiges Zundermaterial.
Klafter: Das Klafter ist definiert als das Maß zwischen den ausgestreckten Armen eines erwachsenen Mannes. Vom Längenmaß leitete sich dann das alte Raummaß für Scheitholz ab. Ein Klafter Holz entsprach einem Holzstapel mit einer Länge und Höhe von je einem Klafter, die Tiefe dieses Stapels entsprach der Länge der Holzscheite.
Knoschpn: Holzschuhe
Koschblkübel: Trog für Schweinefutter
kr: Kreuzer, siehe fl = Gulden
Kreuzer: siehe Gulden
Kreuzstabkantate: Hatte J. S. Bach ursprünglich für die Sopranstimme seiner zweiten Ehefrau Anna Magdalena anlässlich des 19. Sonntags nach Trinitatis geschrieben,

der im Entstehungsjahr 1726 auf den 27. Oktober fiel.

Kummet: Das Kummet oder auch Kumt ist ein steifer, gepolsterter Ring oder besteht aus ebensolchen Ringsegmenten. Es wird dem Zugtier um den Hals gelegt und erlaubt es, die Zugkraft durch eine der Tierart entsprechende Gestaltung sinnvoll auf Brustkorb, Schultern und Widerrist zu verteilen.

Kumpf: Behälter für den Wetzstein, oft aus Leder

Laubrechen: ein gefächerter Rechen fürs Laub

Lebzeltmodel: Reliefform für Lebkuchen

Maischefass: Maischen ist ein Arbeitsverfahren beim Bierbrauen und bei der Herstellung von Schnaps

Mangelbrett: meist ein Brett mit Griff aus Eichenholz, oft schön geschnitzt, zum Glätten von Wäsche. Zum Mangelbrett gehörte eine runde, etwa armdicke Holzstange, um die das zu glättende Wäschestück gewunden wurde.

Metze: Zur damaligen Zeit waren Maße regional nicht einheitlich: z. B. 6,489 l (Sachsen); 37,06 l (Bayern); 61,478 l (Österreich)

Michaelistag: 29. September

Ochsenziemer: Der Ochsenziemer ist eine Schlagwaffe, die aus einem getrockneten Bullenpenis hergestellt wird.

Papist: Papist ist eine von dem Wort *Papst* abgeleitete, abwertende Bezeichnung für Katholiken durch andere, vor allem protestantische Christen. Der Ausdruck kam erstmals in der Reformationszeit auf und wurde damals ausschließlich in polemischen Zusammenhängen gebraucht. Er reduzierte das Gesamtphänomen Katholizismus bewusst auf das Papsttum, das als herausragendes Einheits- und Abgrenzungssymbol gesehen wird.

Pfleger: Ein Pfleger war im Mittelalter eine Art „Burggraf", der für Verwaltung und Verteidigung einer Burg oder eines Klosters verantwortlich war. Im Spätmittelalter entwickelte sich der Pfleger hin zu einem Amtsträger mit administrativen und juristischen Aufgaben.

Reff: Tragegestell für den Rücken

Rückenkorb: Korb, mit dem Lasten auf dem Rücken getragen werden konnten

Rupertitag: 24. September

Schafschere: eine Bügelschere aus einem U-förmigen Stück Metall, dessen Schenkel zu Klingen geschmiedet sind. Sie schneidet, indem die beiden Klingenarme mit einer Hand zum Schneiden zusammengedrückt werden und sich für den nächsten Schnitt durch Entspannen der Handmuskulatur wieder selbst öffnen.

Schlamassel: verfahrene Situation

Schneidesel: andere Bezeichnung für Schindelbank. Man setzte sich drauf wie auf einen Esel und fertigte mit einem besonderen Hobel Schindeln.

Schöffleute: hießen die Schiffer auf der Salzach, die das Salz zum Schwarzen Meer brachten

Schumpen: Jungrind

Schutzverwandter: Die Schutzverwandten hatten zwar nicht das Bürgerrecht inne, nach Ableistung ihres Schutzverwandteneides genossen sie jedoch einen gewissen Schutz durch das Gemeinwesen, da sie der Polizei und der Gerichtsbarkeit der Stadt unterstanden.

„Stehst auf der Saf": Stehst du auf der Leitung?

Stenz: Wanderstab des zünftigen Gesellen auf der Walz, ein in der Natur gewachsener Stock

Vorspann: Wenn die Salzburger „Vorspann" bekamen, dann wurden aus dem Ort noch zusätzlich Pferde eingespannt.

Werfen: Die Festung Hohenwerfen ist eine mittelalterliche Burg in Werfen im Salzburger Land zwischen Tennen- und Hagengebirge sowie Hochkönig im Salzachtal.

Wollkardätsche: Die Kardätsche (von lat. *carduus* ‚Distel') bezeichnet eine relativ feine Bürste zum Reinigen und Glattstreichen des Fells (z.B. eines Pferdes oder Rindes) oder zum Bürsten von Wolle. Früher wurde die Kardätsche aus den Fruchtständen der Kardendistel hergestellt.

Zibeben: Unter Zibeben (Arabisch *zibiba*, Sizilianisch *zibibba*) versteht man Trockenbeeren am Rebstock.

In Süddeutschland und Teilen von Österreich ist „Zibebe" ein allgemeiner Ausdruck für getrocknete Weinbeeren.

Quellenliteratur

Aberger, Paul: Ergänzungen – APG 13.(1965) Bd.4, S.102-103
  Sonderschriften des Vereins für Familienforschung in Ost- und Westpreußen e. V. Nr. 100
  Die Veröffentlichungen des Vereins für Familienforschung in Ost- und Westpreußen 1953 bis 2000
  Ein thematisch gegliedertes Verzeichnis aller Beiträge von Erwin Spehr, Hamburg 2000, im Selbstverlag des Vereins
Baerfacker, Hanns: Kalender für die Jahre der Salzburger Emigration 1731 bis 1734, Bielefeld: Salzburger Verein e. V. 1997.
Büchner, Barbara: Die Frau des Ketzers, Moers: Brendow Verlag 2007.
Die Züge der Salzburger Emigranten durch das Nürnberger Land und der Empfang in Hersbruck am 16. Juli 1732
  Verfasser Rektor Bühel der lateinischen Stadtschule Hersbruck, Faksimiledruck
Dobel, Karl Friedrich: Kurze Geschichte der Auswanderung der evangelischen Salzburger, Kempten: Dannheimer 1835.
Faltin, Friedrich: Salzburger und andere Kolonisten auf dem Wege nach Ostpreußen in Stettin. [1732, Kirchenbuchfunde] – APG 2.(1954) Bd.1b, Sp.44 (1.Aufl.), S.133-135 (2.Aufl.)
Sonderschriften des Vereins für Familienforschung in Ost- und Westpreußen e. V.
Die Veröffentlichungen des Vereins für Familienforschung in Ost- und Westpreußen 1953 bis 2000
Ein thematisch gegliedertes Verzeichnis aller Beiträge von Erwin Spehr, Hamburg 2000, im Selbstverlag des Vereins

Florey, Gerhard: Geschichte der Salzburger Protestanten und ihrer Emigration 1731/32, Wien, Köln u. a.: Böhlau Verlag 1977.

Ganghofer, Ludwig: Das große Jagen, Droemersche Verlagsanstalt Th. Knaur Nachf.: München 1987.

Goecking, Gerhard Gottlieb Günther: Emigrations-Geschichte Von denen Aus dem Ertz.-Bißthum Saltzburg vertriebenen Und in dem Koenigreich Preussen groessesten Theils aufgenommenen Lutheranern, Zweyter Theil, In sich haltend Eine genaue Beschreibung des Koenigreichs Preussen, Und die besonders hierher gehoerige Geschichte voriger und jetziger Zeiten, Frankfurt, Leipzig 1737.

Herrmann-Skrodzki, Gisela: Pfarrer, Gutsherren und Gelehrte. Historische Skizzen aus der Chronik einer ostpreußischen Familie 1545-1945, München: Ost- und Westpreußenstiftung in Bayern 1991.

Kaufbeurer Geschichtsblätter
Mitteilungsblatt des Heimatvereins Kaufbeuren e. V. Band 6 – Nr. 7 (August 1973), Nr. 9 (April 1974), Nr. 10 (Juli 1974)
Die Salzburger Emigranten in Kaufbeuren von Dr. Gertrud Zasche

Krauß, Eberhard und Manfred Enzner: Exulanten in der Reichsstadt Regensburg. Eine familiengeschichtliche Untersuchung, Nürnberg: Gesellschaft für Familienforschung in Franken e. V. 2008.

Lehmann, Leonhard (Hrsg.): Das Erbe eines Armen. Die Schriften des Franz von Assisi., Kevelaer: Topos Plus 2003.

Marsch, Angelika: Die Aufnahme der Salzburger Emigranten in Preußen,

Marsch, Angelika: Die Salzburger Emigration in Bildern, Weißenhorn: Konrad Verlag 1979.

Mauerhofer, Walter und Reinhard Sessler: Um des Glaubens willen. Die Vertreibung der Salzburger, 1990.

Miller, Arthur Maximilian: Kleine Kostbarkeiten im Allgäu, Adolf Adamer 1904 – 1963, Kempten: Verlag für Heimatpflege 1981.

Miller, Arthur Maximilian: Crescentia von Kaufbeuren. Das Leben einer schwäbischen Mystikerin, Stein am Rhein: Christiana Verlag 1976.

Ohne Autor: Kurtze und mit denen dazu gehörigen Beylagen begleitete Relation wie von dem des H. Röm. Reichs freien Stadt Nürnberg zugehörigen Amt und Städtlein Herspruck die den 16. Juli 1732 daselbsten durchpassirte Saltzburgische Emigranten empfangen/bewirthet und begleitet worden. Nürnberg: Gedruckt bey Lorentz Bieling

Ungenannter Verfasser Rektor Bühel der lateinischen Stadtschule Hersbruck – heute Paul Pfinzing Gymnasium Original im Staatsarchiv Nbg., Diff. Akte 712/642
Die Züge der Salzburger Emigranten durch das Nürnberger Land und der Empfang in Hersbruck am 16. Juli 1732
Verfasser Rektor Bühel der lateinischen Stadtschule Hersbruck
Faksimiledruck

Seiler, D. Georg Friedrich: Lehrgebäude der evangelischen Glaubens- und Sittenlehre, Erlangen 1774.

Steiner, Stephan: Reisen ohne Wiederkehr. Die Deportation von Protestanten aus Kärnten 1734 – 1736, Wien, München: Oldenbourg Verlag 2007.

Turner, George: Die Heimat nehmen wir mit. Ein Beitrag zur Auswanderung Salzburger Protestanten im Jahr 1732, ihrer Ansiedlung in Ostpreußen und der Vertreibung 1944/45, Berlin: Berliner Wissenschaftsverlag 2008.

Zaisberger, Friederike (Red.): Reformation, Emigration. Protestanten in Salzburg. Katalog der 2. Landesausstellung auf Schloß Goldegg, Salzburg 1981.
Ausstellung der Universitätsbibliothek Augsburg im Rahmen der 11. Rieser Kulturtage 13. – 24. Mai 1996
Exulantenlied Joseph Schaitberger (1658 – 1733)

Bibelstellen

1. Mose 12, 1 u. 2
1. Mose 24, 31
Apostelgeschichte Kapitel 8, 26 – 40
Daniel 12,1
Lukas 16,19 - 31
Matthäus 6,19-21
Matthäus 8, 23 – 27
Matthäus 10, 30
Matthäus 13,31-32
Matthäus 19, 29
Matthäus 28,20
Offenbarung 2,8-12
Offenbarung 3, 10 und 11
Philipper 1, 27 – 29
Psalm 27,4
Psalm 104
Psalm 106,1
Psalm 145,15.16
Psalm 119,92
Psalm 119, 105
Psalm 143

Liedtitel

Ach bleib bei uns Herr Jesu Christ
Ach bleib mit deiner Gnade
Ach Gott, erhör mein Seufzen und Wehklagen
Allein Gott in der Höh sei Ehr
Auf meinen lieben Gott
Befiehl du deine Wege
Breit aus die Flügel beide
Ein feste Burg ist unser Gott
Es kommt ein Schiff, geladen bis an sein' höchsten Bord
Frisch auf mein Seel verzage nicht
Gott des Himmels und der Erden
Herr Gott, dich loben wir
In dir ist Freude in allem Leide
Jesu, geh voran auf der Lebensbahn!
Lass uns dein sein und bleiben
Lobe den Herren, den mächtigen König der Ehren
Mach End oh Herr mach Ende
Mein herzer Vater, weint ihr noch?
Nun danket alle Gott
Nun freut euch, lieben Christen g'mein
Nun lob, mein Seel, den Herren
O treuer Gott und Vater mein
Verleih uns Frieden gnädiglich
Von Gott will ich nicht lassen
Was Gott tut, das ist wohlgetan
Wer nur den lieben Gott lässt walten
Wir danken dir, Herr Jesu Christ

Transkription des Textes S. 164

Kurtze Relation *[Bericht]* über die Ankunfft derer Salzburger Exulantii, so aus dem Löbl. Fürst-Ertzbistumb und dessen Gerichten umb der Lehre Lutheri willen, so diese nicht lassen wollen, zwangsweis vertrieben worden, in des Heyl: Römischen Reiches Statt-Kauffbeyren, an S. Joannis Tag, den 27ten Decembris 1731.

Den 27ten Decembris 1731 seynd an die etlich 800 Köpf derer exulirten Salzburger aus den dasigen Landgerichten des Löbl: Fürst-Ertzbistumbs, des Abends als man hat die Einlaß-Thore, halben es Zeit gewest, schließen wollen, in des Heyl. Röm: Reiches Statt dahier ankommen.

Sie haben gnädiglich um Einlaß gebetten. Nachdeme eine eingehende Prüfung durch E[inen]. E[hrsamen]. Rath vorgenommen worden, ist deme Willfahrt worden und man hat sie eingelassen.

Die armen Leut hat man auff die Ev. Burger und Würths-Häuser partirt *[verteilt]* und sie mit Speiß und Trank und Kleydern versorget, und sie haben sich allesammt sehr dankbar und devot erwiesen.

Allein die H.H. *[Herren]* Catholici in Magistratus haben protestiret.

Nachdeme man allesammt die Salzburger registriret hatte, es waren arme Leut, Taglöhner, Bauren und Handwerker, auch Kinder ohne Parentes *[Eltern]* unter ihnen, hat man einen solennen *[feierlichen]* Gottes-Dienst vor sie in der Kirchen zur Heyl: Dreyfaltigkeit abgehalten, und der Herr Adjunct. Jacob Brucker hat eine tröstlich Predigt vor die armen Leut gehalten und ihnen Muth und Krafft durch Christi Wort zugesprochen. Man hat sie dann in drey Hauffen partirt und den 30ten Dec. 1731 mit Begleit-Commissarii nacher Augspurg, Memmingen und der Löbl: Reichs-Statt Kempten geführt.

Canzley Kauffb:
H. R. Schmidtmp *[manu propria = eigenhändig]*

Umschlag:
Kurtze Relation über die Ankunfft derer Salzburger Exulantii in der Löbl: Reichs-Statt Kauffbeuren, den 27ten Xbris 1731

Canzley Kauffb.
Den 17. Augusti 2010

Verzeichnis der Zeichnungen

Zeichnung S. 119 Agnes Rupp
Zeichnung S. 180 Agnes Rupp
Zeichnung S. 27 Adolf Adamer
Zeichnung S. 36 Adolf Adamer
Zeichnung S. 43 Adolf Adamer
Zeichnung S. 82 Adolf Adamer
Zeichnung S. 94 Adolf Adamer
Zeichnung S. 121 Adolf Adamer
Zeichnung S. 150 Adolf Adamer
Zeichnung S. 248 Adolf Adamer
Zeichnung S. 250 Adolf Adamer
Zeichnung S. 315 Adolf Adamer

Die Zeichnungen des Lehrers Adolf Adamer wurden mit freundlicher Genehmigung des Verlags für Heimatpflege, Kempten, dem Büchlein „Kleine Kostbarkeiten im Allgäu 1981" entnommen. (siehe Quellenliteratur)

S. 164
Beispiel für die historische Schrift dieser Zeit im Stil einer Kanzleinotiz, angefertigt von Heinz Richard Schmidt, Kaufbeuren, Transkription S. 437

Marschroutenkarte auf der Innenseite des Deckels entnommen dem Buch:
Die Salzburger Emigration in Bildern von Angelika Marsch mit freundlicher Genehmigung der Autorin

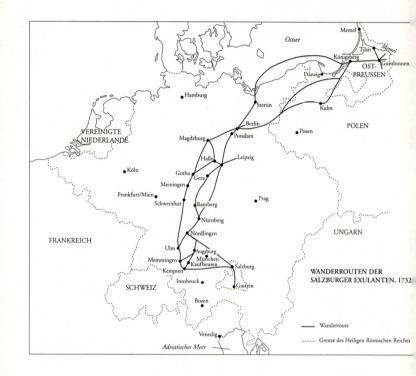

Die Autorin

Brigitte Günther

Brigitte Günther wurde 1948 in Kempten im Allgäu geboren. Bis zu ihrem Ruhestand arbeitete sie im Lehrberuf. Als langjährige Autorin von Reiseführern ist sie für einen Verlag tätig. Daneben verfasst sie Erzählungen und Reportagen für Anthologien und Zeitschriften.

Euch ein neues Vaterland ist nach dem erzählenden Dokumentarbericht über eine Fahrradtour zum Schwarzen Meer und dem Familienroman *Der Vogelschrank* ihr neuestes Werk. Ihre Suche nach den eigenen Wurzeln ging mit dem Wunsch einher, Vergangenes festzuhalten, ehe es verblasst. Bei ihren Forschungen über das Leben der Ahnen entdeckte sie mehr und mehr ihre Begeisterung für längst zurückliegende Zeitabschnitte. Die Spurensuche über die Vorfahren mündete letztendlich in eine akribische Recherche, die den Grundstock legte zu dem vorliegenden Roman.

Brigitte Günther lebt und schreibt in Sonthofen im Allgäu.

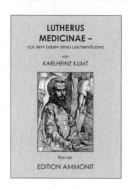

Karlheinz Klimt

Lutherus Medicinae

aus dem Leben eines Leichenräubers

1562.
Dr. Andreas Vesalius aus Brüssel, Arzt am Hofe Philipps II. überdenkt als Gefangener der Inquisition sein bisheriges Leben. Da steht der Kraftakt seiner grünen Jahre, in der er gegen alle von der Kirche abgesegneten Autoritäten mit seinen Händen und Augen die moderne menschliche Anatomie schuf. Neid, Gehässigkeiten und Niedertracht seiner Gegner, doch auch eigene Zweifel ringen ihn fast nieder. Er stellt sich unter den Schutz von Kaiser Karl V., zieht mit ihm als Leibarzt durch dessen Kriege gegen Frankreich und die deutschen protestantischen Fürsten. Später, im Dienste des spanischen Königs Philipp II., blutet seine Lebenskraft fast restlos aus. Dann aber will der alternde Arzt zurück zu seinen Quellen, seinen Jugendidealen ...

Preis: 15,00 Euro   Paperback
ISBN 978-3-86237-228-7   333 Seiten, 12,8 x 19,6 cm

Preis: 20,00 Euro   Hardcover
ISBN 978-3-86237-227-0   331 Seiten, 13,5 x 20,2 cm

Walther Menhardt
Die Gegenwart Uhlings
Roman

Uhling liegt im Morgengrauen in der großen Klinik. Er wird sie nicht mehr verlassen. Aber er hat seine Gedanken und freut sich in unsinniger Weise auf jeden neuen Tag. Psyris hätte er lassen sollen.
Uhling ist Steuerungstechniker. Er ging über die Brücke, abends, als alle gingen. Ermelinde, die Aufrechte, konnte er nicht halten. Sie schritt schon vor Jahren von ihm weg. Aber sie ließ ihm ihr Kind. Der Vater ist unbekannt. Uhling wurde sein Vater, und das Kind brachte ihn zu begeisterter Lebendigkeit.
Das Kind und das kalte Wasser des Flusses inspirierten ihn, das Gerät Psyris zu entwickeln. Psyris kann die Seele verwandeln, zur Fröhlichkeit oder zu dämonischen Intentionen. Damit wollen die Kohorten ihre Doktrinen verbreiten. Uhling hätte Psyris nicht veröffentlichen sollen. Monique bewacht auch nachts sein Bett.

Preis: 15,00 Euro	Paperback
ISBN 978-3-86237-229-4	369 Seiten, 12,8 x 19,6 cm

Preis: 20,00 Euro	Hardcover
ISBN 978-3-86237-120-4	369 Seiten, 13,5 x 20,2 cm